미디어의 역사

Histoires des mèdias

by Jacques Attali

© Librairie Arthème Fayard, Paris, 2021
Korean Translation Copyright © Cum Libro, 2022
All rights reserved

This Korean edition was published by arrangement
with Librairie Artheme Fayard, (Paris)
through Bestun Korea Agency Co., Seoul

HISTOIRES DES MÉDIAS

미디어의 역사

연기 신호에서 SNS까지, 오늘까지의 매체와 그 미래

자크 아탈리 지음 · 전경훈 옮김

책과
함께

우리는 텔레비전에서 진실을 말할 수 없다.

보고 있는 사람이 너무 많다.

콜뤼슈(프랑스의 풍자 코미디언)

차례

일러두기

• 이 책은 Jacques Attali의 *Histoires des médias*(Fayard, 2021)를 우리말로 옮긴 것이다.
• 각주는 옮긴이가 덧붙인 해설이다.

서론

　정보를 제공한다는 것은 무슨 의미일까? 정보, 설득, 교육, 오락 사이의 관계는 무엇일까? 오늘날의 팬데믹 상황은 정보 전달 방식에 어떤 변화를 일으켰을까? 물밀듯이 흘러나오는 루머와 가짜뉴스를 어떻게 제어해야 할까? 어떤 미디어가 오늘날의 위기에서 살아남게 될까? 사람들은 언제부터, 어떻게 정보를 얻기 시작했을까? 최초의 저술가는 누구일까? 신문, 라디오, 텔레비전, 소셜네트워크, 저널리스트는 2050년에도 존재할까? 2100년에는 어떨까? 사람들은 거짓에서 진실을 가려낼 수 있게 될까? 오락용 정보는 어떻게 될까? 다른 이들에게 우리를 감시할 수단을 넘겨주기 위한 것일 뿐이라면 정보를 제공받는다는 건 대체 무슨 소용이 있을까? 참된 정보이든 거짓된 정보이든, 이미 존재하고 앞으로도 존재할 정보의 홍수는 오늘과 내일의 문제를 다루는 우리의 방식에 어떤 영향을 미칠까? 민주주의는 수많은 형태의 검열과 감시에 맞설 수 있을까? 또한 이 세계에 지금 일어나고 있으며 앞으로도 일어날 허위의 눈사태를 견뎌내고 지속될 수 있을까? 어떤 나라에서는 계속해서 저널리즘을 수상쩍은 활동으로 여기고 감시하게 될까?

　소셜네트워크는 훨씬 더 강력한 또 다른 기술의 물결에 의해 대체될까?

내일은 누가 미디어를 소유할까? 우리는 정보를 잘 알고, 지식을 나누고, 거짓말에 맞서 싸울 수많은 도구를 공유하게 될까? 저널리스트는 자동기계로 대체될까? 아니면 여전히 대체될 수 없는 민주주의의 행위자이자 진실의 보증인으로 남게 될까? 모든 개인이 다른 이들의 무한한 홀로그램에 접근할 수 있을까? 언젠가는 사람들이 자신의 생각을 타인에게 직접 전송할 수 있을까? 미래의 기술들은 세상을 이해하고, 진실을 말하고, 단결하고, 행동하고, 새로운 압제에 굴하지 않고, 새로운 자유를 쟁취하는 데 어떻게 기여해야 할까?

자고로 인간은 무엇이 자신을 위협하는지 알 필요가 있었다. 또한 무엇이 다른 이들에게 해가 되는지, 혹은 득이 되는지를 알아야 했다.

역사 초기의 수만 년 동안 거의 모든 인류는 그들의 가족, 부족, 방문자, 침입자, 자연환경을 통해 얻는 정보 말고는 다른 정보에 접근할 방법이 없었다. 훨씬 후대에 이르러서야 인류는 자신의 마을이 속한 제국의 군대 및 종교 지도자들과 민간 지도자들에게서 정보를 얻기 시작했다. 제국은 사람들에게 법과 이야기를 부여했다.

다시 오랜 시간이 흐르는 동안에도 민중들의 정보와 마찬가지로 권력자들의 정보 또한 자기 발로 직접 걷는 사람들을 통해 널리 전달되었다. 연기를 신호로 사용하여 빠르게 전달하는 경우도 종종 있었다. 시간이 흐르자 어떤 민족들은 문자 체계를 이용해 정보를 더 정확하게 전달하게 되었고, 말馬을 이용해 정보를 더 빨리 전달할 수 있게 되었다.

이후 3000년 동안 사람들은 신호를 보내고, 말하고, 소리치고, 노래하고, 음악을 만들고, 글을 쓰고, 돌과 직물과 갈대에 새기는 커뮤니케이션 방식들에 만족했다. 제후, 장군, 종교인, 상인들 사이에서는 제각기 가장 정확한 정보가 유통되었다. 다시 아주 오랜 시간이 흐르는 동안에도 정보의 역사는 우편의 역사와 구분되지 않았다. 유통되는 개별 메시지들은 사적인 메시지뿐이었고, 수신자는 받은 메시지를 다른 이들과 공유할지 아니면 홀로 간직할지 선택할 수 있었다. 문자를 이용한 통신은 여전히 권력자들이 독점했으나, 얼마 되지 않아 민중에게 그들의 명령을 알리는 데에도 사용되었다.

그런 다음, 중국에서는 1000년 전에, 유럽에서는 500년 전에 인쇄술이 등장하여 텍스트의 확산이 다소 쉬워졌다. 이제 반드시 손으로 필사할 필요가 없게 되었다.

유럽에서는 글을 읽을 줄 아는 매우 소수의 사람만이 텍스트 정보에 접근할 수 있었다. 이 정보들은 대개 사적으로 오가는 서신들에서 나오는 것이었다. 그런데 앞으로는 이러한 정보를 모아놓은 신문이 등장하게 된다. 먼저 이탈리아에서 아비조avviso라고 불린 소식지들이 등장했고, 이어서 플랑드르에서도 같은 현상이 일어났다. 처음에는 필사본으로 제작되었으나 인쇄술이 보급되면서 가제트gazette라는 제호를 단 인쇄본 소식지들이 확산되었다. 또한 텍스트 정보는 유럽을 신성로마제국과 로마 가톨릭교회의 속박에서 해방하려는 팸플릿들에 담겨서 파괴적인 힘을 발휘하기도 했다. 18세기 중반까지 아직 '저널리스트'라는 이름으로 불리지 않았던, 저널리스트의 선배들은 대부분의 지역에서(검열이 사라진 최초의 국가인 네덜란드공화국은 제외) 권력자에게 고용되어 그의 공덕을 찬양해야 했다. 이후로도 오랫동안 세계 전역의 민중은 오직 권력자의 명령과 사제의 이야기, 시장의 소문과 유랑하는 음유시인의 노래를 들을 수 있었다.

18세기 말, 네덜란드에 이어 영국과 미국에서 (아주 드러나지 않게 프랑스에서도) 정보를 찾고 확인한 다음 그것을 전달하는 일을 직업으로 삼는 사람들, 곧 저널리스트가 등장했다. 그밖에 다른 지역에서는 19세기 말에야 이런 전문인들이 등장했다.

당시 저널리스트는 아직 초보 단계에 있긴 했지만, 민주주의에 필수적인 훌륭한 직업이었다.

자유의 직업인 저널리스트는 자본 권력(오늘날 민주주의 국가들에서도 여전히 소셜네트워크를 포함하여 가장 큰 미디어들을 소유하고 있다)과 경찰 권력(오늘날 독재 국가들에서 여전히 커뮤니케이션 네트워크를 통제하고 있다) 사이에 끼어서 진실을 밝히기 위해 싸움을 벌이는 직업이기도 하다.

저널리스트는 부차적인 일화와 거짓된 소문과 남을 해치는 비방을 생산함으로써 정도正道에서 벗어나는 경우도 많다.

저널리스트는 이제 사라질 위기에 처해 있다. 기술의 발달로 각 개인이 진실의 제약이나 통제를 받지 않는 저널리스트가 되어, 소셜네트워크가 그 열쇠를 쥐고 있는 공동체를 향해 오직 자기 자신에 관한 이야기만 할 수 있게 되었다.

저널리스트는 점점 더 무산계급화되어가고 있다. 자동기계가 기사를 작성하고 시청각 보도를 할 수 있게 되었기 때문이다.

저널리스트는 그 어느 때보다도 필요한 직업이다. 사건을 취재하고 사실을 알리고 부정을 고발하고 가짜뉴스를 찾아내고 논쟁을 일으키고 상반된 시각들을 대조하기 위해 저널리스트는 반드시 있어야 한다.

오늘날에는 훌륭한 미디어들이 진실을 알리고 의견의 자유를 살리기 위해 곳곳에서 최선을 다하고 있다. 하지만 다른 미디어들은 권력 앞에서 허리를 굽히고, 의식하든 못하든 거짓된 정보, 허황된 뉴스, 경박한 소동, 가소로운 오락거리를 사방에 퍼뜨리고 있다. 이들은 소란을 일으킬 수 있는지 여부를 따질 뿐 중요한 것과 중요하지 않은 것을 더 이상 구분하지 않는다. 이들 미디어 가운데 다수는 자신들이 맞서 싸우고 있다고 주장하는 다른 모든 권력기관과 마찬가지로 신뢰를 상실하고, 무시당하며, 증오의 대상이 되었다(또는 순식간에 더욱 그렇게 될 것이다). 오늘날 사람들이 미디어가 그들에게 정보를 제공하는 동시에 행동 수단 또한 제시하기를 바란다는 것을 이해하는 미디어는 드물다.

그렇다면 내일은 어떠할까? 진짜 현실과 만들어진 사실의 구분이 불가능해진다면 미디어는, 그리고 민주주의는 여전히 존재하고 있을까? 사생활이 속속들이 대중에게 공개된다면 어떨까? 로봇들이 소셜네트워크를 능가하여 진위를 확인할 수 없는 기사와 통제할 수 없는 소문과 멈출 수 없는 정치 선전을 무한대로 생산할 수 있게 된다면? 감시와 경찰의 수단들이 오늘날 상상할 수 있는 것 이상으로 확대된다면? 더 나아가 현실의 홀로그램과 타인의 상상 속에 직접 뛰어드는 일이 가능해진다면? 그리고 얼핏 보기엔 불가능할 것 같지만, 이미 그 실현이 임박해 있는 터무니없는 기술에서 또 다른 기술이 탄생한다면?

아직 우리는 세상을 이해하고, 진실을 말하고, 서로를 통합하고, 행동하고, 민주주의를 옹호하며 심화하고, 성취하기 어려운 자유를 구축하기 위해 이들 기술로부터 최선의 것을 끌어낼 수 있다.

그렇다면 이러한 미래의 경로들을 어떻게 예측할 수 있을까? 바로 역사를 통해서다. 내가 이제껏 미래를 예측하고자 시도했던 다른 모든 영역(음악, 의학, 시간 측정, 정주생활, 유대교, 근대성, 이동생활, 소유 재산, 국가 채무, 사랑, 바다, 식품, 전염병)과 마찬가지로 현기증이 나는 미디어의 미래 또한 오직 그 역사, 혹은 그 역사에서 아주 멀리까지 거슬러 올라감으로써 정확하게 상상하고 파악할 수 있다.

참을성이란 조금도 없이 조급하기만 한 이 세상에, 이제 내가 기술할 긴 역사들을 즐겨 읽고자 하는 사람은 거의 없을 것이다. 그럼에도 그 역사들은 우리가 누구이며, 우리는 어디로 가고 있고 어떻게 우리의 운명을 지배하게 될지 이해하는 데 아주 흥미롭고 절대 없어서는 안 될 것이다.

성급한 독자들에게 도움을 주고자, 우선 몇 줄에 걸친 개요를 제시하고, 그런 다음에 몇 쪽에 걸친 개요를 제시하려 한다.

몇 줄에 걸친 개요

이 매혹적인 역사는 말과 노래의 등장으로 시작했다. 이어서 소문과 연기, 북과 기념비, 돌에 새긴 글과 동굴에 그린 그림, 이야기를 들려주는 사람과 소식을 외치는 사람, 시인과 서기, 행상과 우편이 등장했고 발로 걸어 다니던 사람들은 말을 타고 다니게 되었다. 그런 다음 유럽에서는 우선 필사본으로 된 아비조가 등장했는데, 이는 새로운 소식을 텍스트에 담아서 판매한 최초의 사례였다. 인쇄술이 나온 뒤로는 가제트, 리벨libelle, 팸플릿, 크로니크chronique, 벽보, 플루크슈리프트Flugschrift, 뉴스, 신문, 통신사, 잡지, 광고, 사진, 전화, 라디오, 영화, 만화, 텔레비전, 인터넷, 소셜 네트워크, 온라인 마켓플레이스, 소셜그래프 등등이 등장했다. 오늘날 가장 중요한 매체가 된 인터넷 또한 언젠가 다른 기술과 다른 형태의 미디어에 추월당할 것이다. 이 새로운 기술과 미디어는 개개인이 가상의 사건들 속으로 들어가는 것은 물론, 자기의식을 지닌 가공의 인물이 언젠가는 이러한 의식을 다른 사람에게 전송하는 것을 가능하게 할 것이다. 그러한 기술과 미디어가 등장하게 되면 진실과 거짓을 구분하는 최후의 수단들도 사라질 것이다.

자유를 지키고 미래의 미디어에 의미를 부여하기 위해서는 모든 층위에서 방대한 개혁이 속히 이루어져야 한다. 비판 정신을 계발하고, 참과 거짓을 구분할 수단을 갖추어야 하며, 저널리스트 양성을 개선하고, 소셜 네트워크를 해체하고, 소셜네트워크와 그 계승자들의 발톱에서 벗어나 기 위해 미래의 기술을 사용하는 새로운 미디어를 태동시켜야 한다. 나는 이러한 미디어를 가리켜 '디지털 아비조'라고 명명하겠다.

몇 쪽에 걸친 개요

우리는 역사에서 몇 가지 법칙을 밝혀낼 수 있다. 이 법칙들은 수천 년 동안 유효했으며 앞으로 적어도 수십 년 동안 계속 그렇게 유지될 것이다.

1. 사적 메시지의 전달 수단은 매스 커뮤니케이션의 수단으로 변화 한다. 우편은 신문이 되었고, 전화는 라디오가, 사진은 텔레비전이, 전자 메시지는 인터넷이 되었다. 다른 정보 전달 방식들 또한 그러 할 것이다.

2. 정보 전달의 수단들은 스스로를 계발하고, 교양을 쌓고, 오락을 즐 기고, 예술 작품을 창조하는 데에도 도움이 된다. 그것들은 조소彫塑, 인쇄, 사진, 음반, 영화, 라디오, 텔레비전, 비디오게임, 온라인 게임 등을 가능하게 했다.

3. 정보를 생산하고 배포하는 다양한 방식들은 상업 활동의 일환이 되 었으며, 차례로 자동화되고, (인쇄에서 소셜네트워크로 변화했듯이) 실 물이 아닌 인공물로 대체되었다.

4. 하나의 커뮤니케이션 도구는 정치에서는 권력의 원천이며, 자산가 들에게는 이윤의 원천이고, 그 고객들에게는 오락의 원천이다.

5. 각 사회의 이념·문화·경제의 형태는 개인들이 정보를 얻는 방식,

혹은 정보를 얻기 위해 선택하는 방식을 폭넓게 결정한다.

6. 역으로, 각 사회의 정치·문화·경제·사회의 미래는 그 사회 구성원 개개인이 정보를 얼마나 갖고 있느냐에 달려 있다.

7. 한 시대에 가장 중요한 지정학적 지배력을 가진 나라는 당대의 커뮤니케이션과 정보의 수단을 가장 잘 지배하고 그것을 이용하여 국경 밖으로 정보를 전파할 줄 아는 나라다.

8. 권력은 정말로 중요한 사안들에 관한 정보를 먼저 전달받고, 어떤 정보를 다른 이들에게 전달할지 결정하는 수단을 확보해야 한다.

9. 예부터 미디어는 그 고객들의 취향을 알고자 했다. 이는 권력이 자신에게 종속된 대중의 취향을 알고자 했던 것과 같다. 서로가 서로를 감시하고, 유혹하고, 겁주고, 어르고, 관심을 끌려 한다. 그리고 그렇게 획득한 데이터를 경찰이나 정치나 금전의 차원에서 가장 적절하게 활용하고자 한다.

10. 상대적 수치는 물론 절대적 수치에서도 점점 더 많은 사람이 확인할 수 있고 증명할 수 있는 정보에 접근할 수 있게 되었다. 또한 점점 더 많은 사람이 스스로 증언할 수 있고 그 결과를 분석할 수 있는 정보를 공급할 수 있게 되었다.

11. 실제 행동에 적합하고 유효한 모든 정보에 대한 평등하고 자유로운 접근은 민주주의의 필요조건이다. 하지만 그것만으로는 독재의 등장을 막기에 충분하지 않다.

12. 모든 감각은 소통과 정보 전달, 조작과 제어, 선동과 해방에 연속적으로 일조하고 있고 앞으로도 일조할 것이다. 시각과 청각 다음에는 촉각과 후각과 미각의 전달이 가능해질 것이다. 그리고 더 많은 것이 가능해질 것이다.

지난 수천 년 동안 진행되어온 이 모든 경향이 계속 이어진다면(이를 통제하기 위해 어떤 중요한 조치가 전혀 취해지지 않는다면 이 모든 경향은 계속 이어질 것이다), 인류는 더욱더 분명하게 다음과 같은 세 집단으로 구분되어 조직될 것이다. 첫 번째 집단은 대부분의 지식과 부富를 통제하며 풍족한 유랑생활을 하는 소수의 사람들이다. 두 번째 집단은 유용한 거의 모든 정보에 접근할 수 없어서 비참한 유랑생활을 하는 대다수 사람들이다. 그리고 이 두 집단 사이에 위치한 세 번째 집단은 위협에 처해 있으면서 첫 번째 집단에 들어가기를 바라지만 두 번째 집단으로 이동하게 될까 봐 염려하는 사람들이다.

국가는 정보를 수집하고 생산하는 거대한 집단들 앞에서 점차 권력을 잃고, 언젠가는 이 집단들이 모든 권력을 행사하며, 수집된 정보를 가지고 출생에서 사망까지, 교육에서 오락까지, 생산에서 건강까지 모든 서비스를 보장할 것이다.

우리는 오늘날 우리가 처한 고도 감시로부터 자율 감시로 넘어가게 될 것이다. 그렇게 되면 모든 개인은 보호받기 위해 체념하게 되고 더 많은 개인정보를 권력자들에게 자발적으로 제공할 것이다. 또한 오락을 통해서, 더 나아가서는 어떤 신앙이나 의식儀式을 통해서 죽음을 회피하게 될 것이다. 개인의 이 같은 순응과 타협을 통해 민주주의는 덜 존중되고 덜 옹호될 것이다. 국가 자체는 이 지구적 기업들의 명의 대여인에 불과한 존재가 될 것이다.

이 세계의 몇몇 나라에서 앞으로 수십 년 동안은 계속해서 종이 신문을 사서 읽고, 라디오를 듣고 텔레비전을 보고 소셜네트워크를 이용하는 사람들이 있을 것이다. 특권층은 언제나 다른 이들보다 앞서 다른 방식으로 결정적인 정보들을 확보함으로써 이익을 취할 것이다. 그리고 그 정보들로부터 엄청난 부를 축적할 기회를 만들거나, 아니면 적어도 자신들의 특권을 공고히 할 것이다. 그 자체로 민주적이라고 여겨지는 정보의 대중화도 종국에는 중산층의 무산계급화를 위한 책략이자 그들을 종속적으로 유지하는 수단이 되고 말 것이다.

대부분의 저널리스트는 점점 더 불안한 상황에 처할 것이다. 이전에 그들에게 부여되었던 많은 과업이 로봇이나 셀 수 없이 많은 아마추어에게 맡겨질 것이다. 오직 새로운 틈새 미디어나 알고리즘을 (혹은 둘 다를) 만들 줄 아는 저널리스트만이 한동안 살아남을 수 있을 것이다.

하지만 그런 뒤에도 오늘날 우리가 알고 있는 형태의 미디어들은 하나둘씩 사라지고 말 것이다. 그러면 인류는 가공된 사건들 속에 던져져 그 사건들의 전개에 대한 정보만을 얻게 될 것이다. 인류는 각기 낱낱의 외로운 존재가 되고, 다만 소셜그래프가 그들에게 자연스러운 동무로 붙여주는 이들과 함께하게 될 것이다. 더 시간이 흐른 뒤에는 홀로그래피를 통해 재현되는 게임이나 공연이나 사건 안으로 관객의 홀로그램이 들어갈 것이다. 그 안에서 개개인은 해당 사건의 진짜 관객으로서 행동하고 실제 그 사건을 사는 이들과 교류할 것이다.

자연스레 권력과 반反권력, 정치 운동과 테러리즘에서는 오락, 감시, 충족, 공포, 처벌을 위해 이 모든 기술을 사용할 것이다.

더 시간이 흘러 촉각과 후각까지 전송할 수 있게 되면 실제와 가상의 식별이 불가능해질 것이다.

어쩌면 언젠가 두 사람의 뇌가 직접 소통하게 될지도 모른다. 그러면 우선 개인적인 메시지들을 서로 전달할 것이고, 이후에는 동시에 다수의 뇌를 향해 정보를 전송하게 될 것이다.

이러한 기술의 발전이 극단에 이르면 언젠가 생각의 전송을 통해 기억,

의견, 취향, 심지어는 자의식까지 홀로그램이나, 전적으로 다른 종류의 인공물이나, 클론으로 이전하는 것이 가능해질 것이다. 그러면 돈 많고 힘 있는 사람들은 생화학적인 불멸의 알고리즘이 되어 있을 것이다. 그들은 죽음에 대한 두려움을 잊기 위해 오락을 즐길 필요도 없을 것이다.

정보 전달은 그 궁극의 목적을 달성할 것이다. 그리고 역사의 주된 동력인 살아 있는 존재의 인공화는 마침내 유토피아를 실현할 것이다. 자의식을 가진, 불멸하는 인공의 자아를 창조하는 것이다. 그것은 인공이기에 불멸하며 불멸하기에 인공이다.

그러므로 우리는 미디어의 역사에서 관건이 되는 것은 인간 조건 전체라는 것을 발견하게 된다.

이러한 미래를 지배하기 위해, 또한 이러한 탈선들을 방지하기 위해, 어떤 집단들은 정착·폐쇄·신앙·파벌주의·공동체주의의 이데올로기들을 옹호할 것이다. 그들은 우리가 거기에 순응하도록 만들기 위해 공포를 퍼뜨릴 것이다. 어떤 나라들에서는 그들이 승리하고 한동안 종교나 정체성 혹은 생태학의 독재정치를 정착시킬 것이다. 그리고 역사적으로 수많은 정권이 그러했듯이 미디어에 재갈을 물려 정치 선전의 도구로 사용할 것이다. 그렇게 한동안은 성공을 거둘 것이다.

다른 집단들은 진실에 대한 존중, 권력의 균형, 현실적 민주주의 확립을 위해, 전 인류의 자기계발·정보 습득·비판·연구·사고·자유의 수단을 획득하기 위해 싸울 것이다.

이를 위해서는 수많은 개혁을 실행해야 한다. 교육을 개혁하여 참과 거짓을 구별하는 법을 가르쳐야 한다. 저널리스트 양성 과정을 개혁하여 저널리스트들에게 이 싸움을 수행할 수단을 제공해야 한다. 기술적 도구들을 개혁하여 모든 개인이 주어진 정보를 자기 것으로 소화하고, 정보 찾는 법을 익히고 반추할 시간을 가져야 한다. 그러려면 결국 거대한 플랫폼들을 해체해야 할 것이고, 이는 곧 전 지구적인 싸움이 될 수밖에 없다.

필연적으로 만평적일 수밖에 없었던 이 개요를 넘어, 나는 이 중요한 주제에 할애할 시간이 조금 더 있는 독자들에게 이 책의 1장부터 10장까지 통독하면서 적어도 모든 중간 표제어를 읽고 흥미로운 단락들은 집중해서 읽기를 바란다. 그런 다음 나머지 세 장을 더 읽고 그로부터 어떤 결론을 끌어낼 수 있기를 기대한다.

나는 이 역사가 무척이나 흥미진진하다는 것을 역사 속 세세한 사실들을 통해 깨달았다. 이 모든 모험의 거대함 앞에서 느낀 경이를 독자들에게 전달하는 데 성공했기를 바랄 따름이다.

1

군주의 소식, 민중의 소식

❦

기원전 3만 년부터 기원후 1세기까지

인류 이전에 존재했던 생물들도 이미 소리, 냄새, 몸짓과 움직임을 통해 서로 정보를 주고받았다. 생존하기 위해서는 물론이고, 이성을 유혹하거나 위험을 예측하고, 양분을 찾거나 집단생활을 조직하며, 진화하기 위해서는 정보 전달이 필요했다.

오늘날 동물들 또한 서로 정보를 주고받는다. 쥐는 위험을 감지하면 초음파를 발산하여 도움을 청한다. 고래는 아주 다양한 방식으로 노래해서 서로에게 위험을 알린다. 새들도 노래를 불러 그만큼 다양한 구체적인 메시지를 전달한다. 앵무새는 인간의 목소리를 흉내 내 서로 소통한다. 꿀벌은 먹이가 있는 장소 주변을 돌며 둥글게 춤을 추는데, 만약 그 장소의 상황이 좋지 않을 때는 8자 모양으로 춤을 춘다. 자신을 위장하거나 상대를 위험에 빠뜨리기 위해 거짓이나 속임수로 이러한 메시지를 보내기도 한다.

사람과hominidae의 유인원들은 호모 사피엔스 사피엔스가 등장하기 훨씬 전에 이미 연기·외침·소음·언어를 통해 소통하기 시작했다. 물론 아직 문자는 등장하지 않았다.

지금까지 알려진 최초의 커뮤니케이션 기호는 인도네시아 자바섬의 트리닐에서 발견된 조개껍데기에 새겨진 Z자 문양이다. 이 문양은 대략 50만 년 전에 만들어진 것으로 보인다. 그리고 얼마 지나지 않아 인류는 동굴 벽에 그림을 새겼는데, 이는 분명히 이후에 그곳에 올 사람들을 위해 남겨둔 메시지로 기능했다.

그것은 단지 가까운 이웃 간의 커뮤니케이션에 그치지 않았다. 당시 인류는 유랑하며 살았고, 커뮤니케이션 역시 그 본성상 그러했다. 사람들은 아직 짐승을 이용하지 않고 직접 자기 발로 걸어서 이곳저곳으로 이동했다. 그들과 함께 정보도 유통되었다. 의심할 바 없이 이미 강력한 힘을 지닌 몇몇 사람들은 가장 귀중한 메시지들을 독점했을 것이다.

기원전 3만 년경, 구석기 그라베트Gravette 문화기에 인류는 아주 먼 거리를 가로질러 그들의 생각과 작업을 소통했던 게 거의 분명하다. 프랑스 랑드에서 발견되어 '브라상푸이 부인Dame de Brassempouy'이라 불리는 이 시기의 조각상이 있는데, 이 조각상을 본뜬 듯한 여성 조각상들이 이탈리아, 오스트리아, 체코, 우크라이나, 시베리아에서도 발견되었기 때문이다.

기원전 1만 7000년에서 1만 3000년 사이, 구석기 후반의 마지막 단계에 프랑스 라스코 동굴에 새겨진 그림들 또한 그곳에 피신했을 사람들이 위험한 동물을 식별할 수 있게 도움을 주고자 남겨놓은 메시지였을 것이다. 동굴 벽에 그려진 그 동물들의 그림에는 화살을 쏘아 맞힌 흔적들이 남아 있다.

기원전 8500년경 신석기 시대에는 조개와 매끄러운 도끼를 교환하는 진정한 연결망이 아시아에서 알자스에 이르기까지 넓게 펼쳐졌다. 이 연결망은 민족들 사이의 정보 교환을 뒷받침하는 역할을 했다. 오늘날 오스트레일리아에서는 연기 신호를 담당한 단 한 명의 원주민만 연기 신호를 이해할 수 있다. 우리는 적어도 60만 년 동안 연기 신호를 사용해왔다. 6000년 전부터 파타고니아에 살아온 야간족은 해변으로 밀려온 고래가 있음을 알리거나 은밀한 메시지를 보내기 위해 연기 신호를 사용하는 것을 볼 수 있다. 1520년 마젤란은 항해 중 해안에서 연기 신호를 알아보고 그곳을 티에라 델 우모Tierra del Humo('연기의 땅')라 불렀는데, 이것이 후대에 티에라델푸에고Tierra del Fuego('불의 땅')가 되었다.

이 시대에 사람들은 아직 글을 몰랐지만 이미 항아리나 도기, 나무나 뼈에 새긴 기호라든가 동굴이나 바위에 그리거나 새긴 기호를 사용했다. 거기에 담긴 메시지들은 아직도 풀리지 않는 미스터리로 남아 있다. 물론 여기에서도 핵심은 구성원의 죽음, 적의 접근, 질병, 위협적인 짐승 등 집단의 안전에 관한 것이었다. 조금 더 시간이 흐른 뒤에 이러한 신호들은 힘 있는 자들의 욕망, 특히 남자들의 욕망을 드러냈다. 그들은 자신의 자취를 남기고 역사를 이야기하길 원하되, 무엇보다도 자신의 업적을 드러내길 원했다.

기원전 4800년경 순동기 시대에서 기원전 2700년 청동기 시대(이동생활을 하던 이들이 정착생활을 하게 되고 최초의 촌락을 이루기 시작했을 때)까지 사람들은 바위에 전사戰士의 상징(말과 갑옷)과 종교의 상징(태양과 손)을 새겼다. 여기에서도 그 상징들은 우선 남자들의 것이었다.

이 시대에도 사람들은 정보를 전달하기 위해 오래전부터 해오던 대로 계속해서 고함소리를 이용했다. 훨씬 더 많은 시간이 흐른 뒤에 율리우스 카이사르가《갈리아 전기》에서 골족에 대해 비슷한 이야기를 전한다.

"어떤 중요한 사건이 벌어지면 그것을 가장 먼저 알게 된 이들은 들판에서 크게 고함을 질러 소식을 알린다. 고함소리를 들은 이들은 다시 고함을 질러 다른 이들에게 소식을 전한다. 이렇게 고함소리가 이어지며 마을에서 마을로 소식이 전해진다. 그리하여 나는 새와 같이 빠르게 새로운 소식이 갈리아 전역에 퍼진다."

이어지는 수천 년 동안 가장 정보를 잘 갖추고 있던 이들은 사제, 장군, 군주, 상인이었다. 이들은 자신의 활동 대상이 되는 사람들을 감시하면서 개인적인 전령들을 통해 특권적 정보들을 획득했다. 그렇게 획득한 정보들을 자신만 간직하기도 했지만, 때로는 기념비나 고함꾼을 통해 다른 이들에게 알렸다. 하지만 그럴 경우 자신에게 득이 되는 방향으로 정보를 가공하는 것이 일반적이었다.

기원전 3300년경 세 가지 혁명이 거의 동시에 일어나면서 모든 것이 바뀌었다. 세 가지 혁명이란 말의 가축화, 바퀴의 발명, 글의 발명이었다.

세 가지 혁명이 일어난 뒤 4000년 동안은 정보 전달에서 중요한 혁신은 더 이상 일어나지 않았다.

메소포타미아: 말과 바퀴와 글이 모든 것을 바꾸어놓다

말이 가축화되었다는 최초의 고고학적 증거는 기원전 3500년으로 거슬러 올라간다. 오늘날 카자흐스탄 북부의 스텝 지역은 당시에 보타이 문화의 수렵·채집민이 차지하고 있었다. 그들은 당시 거의 모든 인류가 그러했듯이 이동생활을 했으며, 사냥을 하거나 양 떼를 지키는 데 말을 이용했고 잡아먹기도 했다.

같은 시대에 바퀴도 등장했다. 오늘날 알려진 것들 가운데 가장 오래된 바퀴는 슬로베니아 류블랴나의 습지에 묻혀 있다가 발견된 것으로 기원전 3340년경에 만들어진 것으로 추정된다. 그 뒤에 고대 근동 지역에서는 바퀴 달린 수레가 등장하여 농경과 정복활동은 물론 메시지 전달에도 사용되었다.

같은 시대에 메소포타미아의 큰 강들 주변 지역에서는 농경이 시작되었고, 그 가운데 수메르에서 세 번째 주요 발명이 이어졌다. 즉 글자가 쓰이기 시작한 것이다.

처음엔 점토판에 새긴 그림문자가 쓰였다. 그리고 이 그림문자가 다듬어져서 설형문자(쐐기 모양의 글자)가 되었다. 최초의 문자는 농경은 물론 상인, 세관, 군사, 대상隊商, 항해에 필요한 계산법을 확립하는 데 쓰였고, 달력, 황제의 업적, 수학 연습문제, 증표를 민중에게 전달하는 데 쓰였다. 또한 주권자가 그 봉신들과 관리들에게 보낸 메시지에도 사용되었다.

주권자는 자신의 결정을 알리고자 그 내용을 옮겨 적은 청동판을 제작해 신전 벽에 붙이게 했다. 사원과 군용 도로에는 왕의 법과 군사 지도자의 명령을 새긴 비석들이 세워졌다. 기원전 2450년경 메소포타미아의 기르수에 세워졌던 기념비는 적대 도시인 움마에 맞서 거둔 승리를 기념하고 있다. 이 기념비에는 아카드어로 기록된 이야기가 새겨졌지만, 남겨진 인간들을 집어삼키는 독수리들과 함께 전투 장면을 묘사한 삽화가 곁들여져서 글을 모르는 사람도 메시지를 이해할 수 있었다.

기원전 2100년경 칼데아에서는 아카드 제국의 사르곤 왕이 자신만 사용할 목적으로 점토판에 정보를 써서 전달하는 제도를 만들었는데, 이것이 아마도 최초의 조직화된 정보 전달 시스템이었을 것이다. 그는 "기쁜 소식의 전령들"로 이루어진 부대를 조직했다. 시리아의 도시국가 마리의 짐리림 왕 치세(기원전 1775~1761)에는 말을 타거나 직접 도보로 이동하는 전령 164명을 두었다. 이들은 기쁜 소식을 전할 때면 특별 상여금을 받았다. 일반 민중 사이에서는 주로 입에서 입으로 새로운 소식이 전해졌고, 특히 신전에서 설교를 통해 소식이 전달되었다

기원전 2000년에서 1800년까지 구^舊아시리아 시대 상부 메소포타미아에 위치한 도시국가 아수르에서는 오직 종교인들과 상인들만 그림문자를 쓰고 내용을 읽을 줄 알았다. 왕을 포함한 다른 이들은 메시지가 낭독되는 것을 들었다. 왕에게는 특별한 서기가 있어서 왕에게 메시지를 읽어주고 왕의 말을 받아 적어 메시지에 응답했다.

기원전 1500년경 서기들은 늘 그래 왔듯이 점토판에 역사 이야기들을 정리하여 기술하고, 그런 다음 군사적 승리들을 열거했다. 기원전 745년 바빌로니아의 연대기들은 여전히 점토판에 새겨졌고 이 점토판들은 이전 700년 동안 그래 왔듯이 역참을 이용한 우편제도를 통해 운송되었다.

아직 다른 형태의 정보 커뮤니케이션은 등장하지 않았다.

기원전 500년, 페르세폴리스를 건설한 다리우스 1세는 아람어 알파벳(당대의 매개 언어로서 히브리어 알파벳에서 유래)을 사용했고, 전임 군주들에게서 물려받은 왕립 우편 체계를 더욱 강화했다.

같은 시기에 바빌론에 유배되어 있던 히브리인 중 하나인 에스테르는 자신의 보호자이며 페르시아 왕의 고문이기도 한 모르도카이가 왕의 메시지를 쓰고 전하는 일을 맡아 최고의 특권을 누렸다고 이야기한다. "이렇게 모르도카이는 크세르크세스 임금의 이름으로 문서를 작성하고 임금의 인장 반지로 봉인하여, 서신들을 말 탄 파발꾼, 곧 혈통 좋은 종마 태생인 왕실 역마를 탄 사람들 손에 들려 발송하였다."(《에스테르기》 8장 10절)

이집트: 파피루스

기원전 3000년, 나일강 변에는 또 다른 형태의 글이 등장했다. 이집트

의 문자는 메소포타미아의 설형문자보다 단순했으며, 논리적인 그림들의 체계(상형문자)에 근거했다.

기원전 2500년에서 2300년 사이에 이집트 제5왕조 파라오 네페레프레의 치세에는 사람들이 종교적인 텍스트와 법령을 파피루스와 도자기에 적기 시작했다. 종교적 텍스트들은 신전 벽에 게시되었다. 왕의 법률과 칙령, 상업적인 고시, 중요한 사건들(전투, 혼인, 화평 등)은 공공 광장과 통행 장소에 놓인 기념비와 도자기 표면의 조판影版과 그림을 통해 공지되었다. 파피루스에 쓰인 행정 문서들 또한 왕과 지역 행정관들과 주민들 사이에서 나일강의 선박들을 통해 전달되었다. 아직 다른 형태의 정보 커뮤니케이션은 이루어지지 않았다. 이집트에서도 글을 읽을 줄 아는 사람은 매우 적었으며, 그들은 대체로 남성이었다.

기원전 1600년, 동방에서 힉소스족이 침입해오면서 이집트에도 말과 바퀴가 도입되었다. 힉소스족은 제15왕조를 세우고 중부 이집트를 다스렸다. 하지만 그들은 테베의 군주들이 통치하고 있던 상부 이집트는 정복하지 못했다. 말 다루는 법을 익힌 테베의 군주들은 기원전 1570년에서 1546년 사이에 힉소스족을 몰아냈다.

같은 시기에 시나이에서는 히브리 노예들이 '원시 시나이 문자'라고 불리는 최초의 알파벳을 발명했다. 이후에 등장하는 다른 모든 알파벳은 여기에서 유래한다.

기원전 15세기에서 13세기 사이에 이집트 신왕국의 파라오들은 말을 이용한 우편제도를 실시했다. 이를 통해 파라오의 메시지가 지방 총독들과 고위 관리들과 군사 지도자들에게 전해졌다. 기원전 12세기에는 우편 도로가 나일강의 서쪽 강변을 따라 길게 이어져 테베와 멤피스를 연결했다. 당대의 한 시인은 메시지가 도착하기를 기다리며 조바심 나는 마음을 이렇게 읊었다.

"오, 당신이 사랑하는 이에게 서둘러 올 수 있기를/ 왕의 파발꾼이 그러하듯이/ 그가 타는 짐승은 안절부절 전령을 기다리니/ 심장은 그의 소리를 듣길 열망한다/ 모든 마구간이 그를 위해 채비하고/ 말은 역참에서 그를 기다리고/ 말에 매인 수레는 제자리에 놓였다/ 파발꾼은 길에서 쉴 줄을 모르고/ 그의 마음은 기쁨에 빠져든다."

같은 시기에 파라오 메르넵타(람세스 2세의 열세 번째 아들)에게 헌정된 기념비가 조각되었다. 이는 메르넵타가 이집트에서 수많은 민족을 쫓아낸 것을 기리기 위한 것이었다(쫓겨난 민족들의 목록 가운데 히브리인이 있으며, 이는 히브리인이 텍스트에 기록된 최초의 사례다).

말을 이용한 우편제도는 이집트에서 거의 1000년 동안 계속 이어졌다. 기원전 328년 프톨레마이오스 왕조의 지배 아래에서 전령들은 6시간마다 말을 갈아타며 하루에 180킬로미터의 거리를 주파했다. 단봉낙타를 탄 파발꾼들은 주요 거점들을 오가며 우편 행낭을 배송했다. 마을과 마을 사이의 짧은 거리는 배달부가 직접 발로 걸어서 전달했다.

인도: 아소카 황제의 기념비

인도에서는 권력자들이 민중에게 전하는 소식과 명령에 관한 최초의 흔적들이 비교적 후대에 등장했다.

인도 최초의 통일 국가인 마우리아 제국(기원전 321~185)에서는 오늘날의 파트나(인도 비하르주의 수도) 인근 파탈리푸트라에 거주하는 황제가 말을 탄 전령들을 통해 자신의 명령을 총독들에게 전달했다. 제국의 말단까지 그의 명령이 도달하는 데는 한 달이 걸렸다.

기원전 273년에 즉위한 마우리아 제국의 3대 황제 아소카 황제는 인도 아대륙 최초의 문자인 브라흐미 문자를 사용했다(브라흐미 문자는 히브리어 알파벳에서 유래한 아람어 알파벳에서 비롯되었으며, 자음으로만 구성되어 있다. 같은 시기에 북부 인도에서는 카로슈티 문자가 등장했다).

아소카 왕은 일단의 관리들에게 제국 내 모든 지역에 그의 메시지를 전달하는 임무를 맡겼다. 그리고 바위와 기둥에 33개의 칙령을 새겨서 제국 전역에 설치하도록 했다. 이것이 인도에서 발견된 가장 오래된 비문이다. 칙령은 다양한 지역 방언으로 작성되었고, 그리스어와 아람어로도 쓰였다.

이 칙령들은 의무(다르마dharma)의 존중, 정의와 관용의 실천("나는 법률과 형벌에 일관성이 있기를 바란다"), 폭력과 전쟁의 단념, 자율과 온정과 종교적 관용을 명했다. 많은 사람이 목숨을 잃은 전투 현장에는 특별한 기둥을 세우고, 아소카 왕 자신이 불교로 개종한 이유를 설명하고 후대에게 지침을 전달하는 글을 새기게 했다.

"이 글을 새기는 까닭은 나의 자식들과 손주들이 새로운 승리를 거둘 생각을 하지 않도록 하기 위함이다. 그들이 도모하는 일들에서 힘을 가볍게 쓰고 인내를 우선하도록 하기 위함이다. 또한 그들이 이승과 저승에 모두에서 가치가 있는 승리로서 오직 법의 승리만을 생각하도록 하기 위함이다."

중국: 종이

다른 곳들과 마찬가지로 중국에서도 수천 년 동안 쓰인 최초의 커뮤니케이션 수단들은 연기 신호, 전서구傳書鳩, 말이었다.

전설에 따르면 중국에서 글이 등장한 것은 신화적인 '황제黃帝'의 치세(기원전 2697~2597) 때라고 한다. 황제는 대신들 가운데 눈이 넷 달린 창힐에게 명령하여 문자를 발명하게 했다.

실제로 중국에서 문자가 등장한 것은 기원전 1600년경이다. 이 시기에 동물의 뼈나 거북이 등에 새긴 글이 발견되었고, 그 목적은 의심할 바 없이 신들과 소통하기 위함이었다.

기원전 1000년(메소포타미아와 이집트보다 늦은 시기에) 중국의 군주들은 사람이 말을 타고 가는 방식(역驛)과 직접 발로 걸어서 가는 방식(우郵)을 사용하여 대나무(매우 무거움)나 비단(매우 연약함)에 쓴 메시지를 전달했다. 세 번째 왕조인 주周나라에서는 기원전 800년에 황실의 분석가가 인가된 서체를 확립했다. 기원전 600년에는 육상과 해상의 새로운 경로들을 많이 확보했고 역참 제도를 실시했다.

기원전 536년에는 민중에게 정보를 전하는 일의 중요성에 관한—오늘날 우리가 그 흔적을 알 수 있는—최초의 논쟁이 발생했다. 중국 중앙부 한 도시국가의 재상이 무쇠로 만든 화병에 형벌 체계를 새겨서 공공 광장에 배포하게 했다. 그러자 한 대신이 법이 공개되면 백성이 법을 우회하여 법이 미처 고려하지 못한 새로운 범죄를 저지를 것이라며 재상의 생각에 반대했다. 이에 재상은 규칙을 공개하여 알리는 것은 백성과 통치자의 관계를 개선하고 국가를 안정시키는 데 필요하다고 답했다.

기원전 6세기에 손자는 《손자병법》에서 속임수는 권력에 필수적인 무기라고 설명한다. "모든 전쟁은 기만에 기초해 있다."

기원전 221년 실재했음이 확인된 최초의 황제인 진시황제 치세에는 15킬로미터마다 역참을 설치하여 교대에 의한 우편 체계를 확립했다. 이 제도는 군대에 의해 관리되었다. 임무를 맡은 군대는 역참에 숙소, 보급 물자, 말, 수레와 배를 준비해두었다. 말을 탄 전령은 하루에 대략 200킬로미터를 주파했다. 붉은색과 흰색으로 된 봉투는 긴급한 메시지가 담겨 있다는 표시였다. 기원전 213년 행정 문서를 기록하는 서기들은 하나로 통일된 표의문자 체계를 쓰게 되었다. 그들은 대나무로 만든 붓으로 비단이나 얇은 종이에 글을 썼다.

한漢나라 시대(기원전 206~기원후 220)에도 우편제도를 통해 국가와 관리들 사이에 서신 왕래가 이루어졌다. 황제의 명령과 율령과 칙령을 작성하고 공공장소에 놓인 석판에 새겨서 공포하는 업무를 관장하는 황실 관청이 따로 있었다.

기원후 1세기 초에는 최초의 종이가 세상에 알려졌다. 처음에는 아마의 섬유로 만들었다가 이후에는 나무껍질, 대마 조각, 낡은 직물, 그물 등을 이용해 만들게 되었다. 최초의 종이는 양산과 차茶 봉투 등을 만드는 데 사용되었다. 하지만 여러 세기가 지나는 동안에도 붓대는 여전히 대나무로 만들어졌다.

히브리인들

토라*는 모세에게 계시된 하느님의 첫 메시지다. 모세는 이 메시지를 아론에게 전했고 아론은 자신의 아들들에게 전했으며, 그의 아들들은 70명의 원로에게 전했고, 마지막으로 원로들은 민중에게 전했다. 예언자들과 천사들 또한 하느님의 전령이었다. 예언자들이 예언한 메시아 또한 "기쁜 소식"(복음福音)을 전하는 궁극적 전령이 될 것이었다. 그밖에도 성경에는 수많은 사자使者들이 등장한다(〈창세기〉 32장 4절에서는 "야곱은 에돔 지방 세이르 땅에 있는 형 에사우에게 자기보다 먼저 심부름꾼들을 보냈다"라고 하고, 〈잠언〉 25장 13절에서는 "믿음직한 심부름꾼은 그를 보낸 주인에게 수확 때의 시원한 얼음

---

* 히브리어로 '가르침'이란 뜻의 토라(Torah)는 구약 성경 중 가장 먼저 쓰인 다섯 권의 책을 말한다. 때로는 유대교 히브리어 성경 전체나 율법 전체를 가리키기도 한다.

과 같아 그 주인의 생기를 돋우어준다"라고 했다).

그런 뒤에 히브리인들은 여러 세대를 거쳐 토라의 전수라는 임무를 중심으로 민족 전체를 조직한다. 토라를 전수하기 위해서는 아주 작은 실수도 없이 율법 텍스트를 필사해야 했고 그러려면 모든 유대인이 읽고 쓰는 법을 알아야 했다. 이를 위해 유대인들은 노예였던 그들의 조상들이 시나이에서 몇 세기 전에 발명한 알파벳을 사용했다. 그들끼리 소통하는 데도 알파벳을 사용하기 시작했다. 무엇보다도 시나고그(유대교 회당)는 '기도의 집'이기 이전에 사람들이 교류하는 '모임의 집'이었다.

기원전 10세기에서 8세기 사이에 최초의 히브리 왕들은 그들이 거둔 승리의 소식을 점토판이나 도기에 새겨서 백성에게 알렸다.

기원전 515년에서 기원후 70년에 이르는 기간에, 히브리 민족은 바빌론 유배에서 돌아와 성전을 재건했지만 시나고그는 이미 지중해 해안 전역으로 흩어진 집안들과 공동체들 사이에서 정보를 교환하는 주요한 장소로 남았다. 유대교 지도자들은 시나고그에서 율법과 지침을 동판과 청동판에 새겨 사람들에게 공지했다. 후대에 아인게디의 시나고그에서는 토라의 구절, 12궁도, 행동 지침, 〈레위기〉의 구절(도시의 비밀을 발설하거나 다른 사람을 비방하는 말을 퍼뜨리지 말라는 금지 사항 등)을 바닥 모자이크에 그리거나 적어놓은 것을 볼 수 있다. 알렉산드리아의 대＊시나고그는 같은 직업을 가진 사람들끼리 모여서 따로 기도를 드리게 되어 있었는데, 이는 그들끼리 논의해야 할 사항들을 편하게 이야기할 수 있게 하기 위해서였다.

적어도 기원전 3세기 초부터 히브리인들은 양피지를 사용하기 시작한 것으로 보이는데, 쿰란 동굴에서 발견된 가장 오래된 양피지들이 이를 입증한다.

그리스의 통신

그리스의 세계는 기원전 15세기에 시작되었다. 이때 헤르메스라는 신이 전령들의 신으로 지명되었다. 제우스의 전령인 헤르메스는 영웅들과 필멸의 존재들에게 파견되었다. 그는 또한 상인과 도둑과 목동의 신이었다. 계약을 맺고 그를 따르는 이들을 보호하고, 도로를 감시하고, 여행자를 환대하지 않는 이들을 벌했다. 판도라에게 말과 꾀를 선사한 것도 헤르메스였고, 거짓과 기만의 여신 아파테가 생겨난 것도 헤르메스 때문이었다. 그래서 사람들은 '기만적'인 속성을 그의 탓으로 돌렸다. 그리스에서 커뮤니케이션의 의미에는 진실과 거짓이 동시에 담기게 되었다.

시간이 조금 더 지난 뒤에, 시골 지역보다 정보를 유통하기에 용이한 그리스의 도시들에서는 아고라가 소문과 교류의 장소가 되었다. 우물 주위에서 하인들은 정보를 교환하고 주인에게 새로운 정보를 보고했다. 여관에서는 여행자들이 정보를 교환했고, 항구에는 멀리 떨어진 곳들의 소식이 들어왔다. 스파르타 같은 도시들에서는 남자들이 의무적으로 식사를 함께해야 했는데, 일상의 만찬 자리에서, 특히 식사의 2부라고 할 수 있는 '심포지온'에서 시민들은 새로운 소식을 주고받았다.

시민들의 회합(에클레시아)이란 것이 아테네에 있었는데, 이는 정치와 사회에 관한 정보들을 수집하고 교환하는 자리였다. 신전에서 하는 사제들의 설교 또한 민중에게 정보를 제공하는 하나의 수단이 되었다. 결정 사항을 게시하기 전에 낭독하는 일이 사제에게 맡겨지기도 했다.

다른 지역들에서와 마찬가지로 그리스에서도 연기 신호와 전령을 이용했다. 케뤽스라고 불린 이 전령들은 직접 발로 이동하거나 말을 타고 이 도시에서 저 도시로 사법, 정치, 외교에 관한 메시지를 전했다.《일리아드》에서는 아가멤논이 두 명의 케뤽스를 아킬레우스에게 보내 브리세이스를 생포했음을 알린다. 아가멤논은 두 케뤽스를 '제우스와 인간들의 전령'으로 맞아들인다. 헤로도토스는 (객관적인 방식으로 실제 사건들을 이야기하려고 했다는 점에서 최초의 저널리스트라고 할 수도 있을 텐데) 페르시아 왕 다리우스가 땅과 물을 요구하기 위해 보낸 케뤽스들이 아테네와 스파르타에서 군중에게 어떻게 살해되었는지를 이야기한다. 이는 신 앞에 불경한 일이었으므로, 스파르타에서는 신의 용서를 구하고자 시민 두 명을 희생 제물로 바친다.

기원전 800년에서 600년 사이에 아오이도스들은 이 도시에서 저 도시로 옮겨가며 영웅들과 신들의 공덕을 노래했다. 테오로스들은 신탁을 받고 이 마을에서 저 마을로 옮겨 다니며 종교적 기일을 공지했다.

기원전 700년경 헤시오도스는 《일과 날》이라는 긴 시를 썼는데, 이는 2000년 뒤에 등장하는 신문이란 것의 첫 초안이었다. 헤시오도스는 거기에 항해, 농경, 도덕에 관한 권고를 제시하고 상서로운 날과 상서롭지 못한 날의 역법을 함께 실었다.

기원전 7세기 그리스에는 히브리 알파벳에서 비롯한 알파벳이 등장했다. 아테네의 지도자들은 새로운 결정 사항의 가안을 나무판에 적어서 알리고, 에클레시아에서 투표로 결정된 법령은 돌에 새겨서 알리기 시작했다. 아리스토파네스는 자신의 작품 《새》에서 매일 아침 공지사항을 보려고 서둘러 나오는 아테네인들을 묘사했다.

당시에 새로운 소식은 아무리 중요한 것이라 해도 일반적으로 사람의 발걸음보다 빨리 전달되지 않았다. 기원전 490년 직업적 전령이었던 필리피데스는 아테네의 장갑 보병들이 마라톤에서 다리우스 왕의 군단을 무찌르고 거둔 승리를 알리고자 아테네까지 40킬로미터의 거리를 이동히는 데 6시간이 걸렸다.

로마에서 정보 전달하기

로마 이전에 이탈리아 땅에는 에트루리아가 있었다. 에트루리아인들의 언어는 오늘날 거의 잊혔지만, 그들이 메시지를 전달하기 위해 아마로 만든 직물을 사용했고, 밀랍·토기·돌·청동으로 만든 작은 판자를 사용했던 것은 알려져 있다.

로마가 건국되었을 때, 그리스의 헤르메스에 해당하는 전령들의 신은 유피테르와 님프 마이아 사이에서 태어난 메르쿠리우스였다. 그의 이름은 메르크스merx(상품), 메르카리mercari(거래하다), 메르케스merces(임금)에서 나왔다.

기원전 325년부터 로마에서는 감찰관들이 포룸에 있는 로스트라라는 연단에서 원로원 의원 목록을 일정한 시간 격차를 두고 큰 목소리로 읽었다. 그런 다음 그 목록을 그곳에 게시해두었다. 그들은 또한 포룸에서 모든 공식 통지문을 큰 목소리로 읽고, 당시 사람들이 알붐album이라 부르던, 석회로 하얗게 칠한 나무판 위에 게시했다. 신전과 시장에서 오가는 대화 또한 정보를 주고받는 데 필수적이었다.

기원전 150년부터 로마는 지중해 전역에 매우 정교한 봉화 체계를 구축했다. 높은 탑 위에 횃불을 밝혀두고 군인들이 이를 감시하게 했다. 이탈리아에만 1197개의 봉화 탑이 있었고, 갈리아에는 1200개, 아시아에는 500개가 있었다. 폴리비오스(기원전 208~126, 그리스 역사가)에 따르면, 2개의 신호를 사용해서 로마 알파벳 한 글자를 나타냈다고 한다. 이렇게 해서 로마에서 가장 멀리 떨어진 곳까지 메시지를 보내는 데는 하루도 걸리지 않았다.

기원전 65년 카이사르는 전서구를 날려서 자신이 거둔 승리를 원로원에 알렸다. 기원전 59년에는 원로원과 민회에서 벌어진 논쟁에 대한 공식

보고를 담은《악타 세나투스 에트 포풀리 로마니Acta Senatus et populi romani》의 발행을 의무화했다. 수에토니우스는《황제열전》에서 이렇게 기술했다. "존엄의 자리를 차지하자 카이사르는 가장 먼저 원로원과 민회의 모든 활동을 일지에 기록하여 일반에 공개하게 했다." 이것이 최초의 공식 일간지다. 도시에서는 공식적인 고함꾼이 거의 매일 그 활동을 알리고, 법률을 공포하여 효력을 발생시켰다. 거기에 반대하는 사람들은 자신의 목소리를 높여 법률을 공포하는 이들의 목소리를 덮으려고 했다. 그리고 자신의 의견을 청동판에 새겨 로마에서 발표했다. 제국 내 다른 지역의 공공장소에서는 청동이나 대리석 혹은 흰 돌에 새겨 의견을 개진했는데, 이집트에서는 예외적으로 파피루스에 글을 써서 공지했다.

그밖에도 카이사르는 매일 그날 하루의 사건들(사망, 군사 소식, 운동 경기, 다양한 사건, 원로원과 민회의 토의 및 의결, 사형 집행, 출생, 혼인, 이혼, 유명 인사의 장례, 공공의 오락)을 요약해서 제시하는《악타 디우르나Acta diurna》를 발행하도록 했다. 필경사들(일반적으로 그리스 출신의 학식 있는 노예들)은 이 정보들을 파피루스에 적어서 포룸의 여러 장소에 있는 밀랍이나 석회로 덧칠한 목판에 게시했다. 이는 당국에 의해 편집되고 공공 광장에 게시되는 일종의 일간지였던 셈이다. 유력자들은 이를 다시 요약하여 로마 밖에 사는 친구들에게 보냈다. 키케로는 킬리키아의 총독으로 나가 있을 때 로마에 있는 자기 친구들에게 그 필사본을 정기적으로 요청했다.

로마에서 새로운 소식은 상당히 빠른 속도로 전달되었다. 기원전 44년 3월 15일 카이사르가 암살되었다는 소식은 바로 그날 로마 시내에 알려졌고, 시민들은 곧바로 암살자들에게 등을 돌렸다.

아우구스투스의 치세가 시작되자《악타 세나투스 에트 포풀리 로마니》의 발행이 중단되었다. 이후 10년 만에 다시 발행되긴 하지만, 황제와 법관들과 원로원 의원들에게만 한정되었다. 기원전 40년에는 로마제국의 전체 도로망이 건설되었다. 아우구스투스는 다른 제국들에 비해 훨씬 뒤늦게 첫 우편제도를 만들어냈다. '베히쿨라티오Vehiculatio'라고 불린 이 제도는 말과 숙소와 보급 창고로 이루어졌다. 말을 교대하는 역참에서 전령들의 말을 세워두는 자리를 포스타posta('장소')라고 불렀고, 이로부터 오늘날 유럽의 모든 언어에서 사용하는 '포스트poste'(우편)라는 단어가 나왔다.

다른 곳들과 마찬가지로 로마에서도 이렇게 전해지는 소식들은 때로 거짓이기도 했고 조작의 대상이기도 했다. 기원전 33년 옥타비아누스는 〈안토니우스의 공식 유언〉의 사본을 받은 척했다. (오늘날 가짜로 알려진) 이 문서에 따르면, (당시에 클레오파트라와 함께 이집트에 있던) 마르쿠스 안토니우스는 자신이 죽을 경우 알렉산드리아에 있는 프톨레마이오스 왕조의 왕릉에 묻히기를 요청했다. 옥타비아누스는 이를 민중에게 알리고, 포럼에서 이 문서를 낭독했다. 그리고 안토니우스를 "자신의 정욕과 클레오파트라의 주술에 굴복했다"라는 이유로 원로원에서 제명했다. 이 거짓 정보에 설득당한 로마 원로원은 안토니우스에게서 로마 군대의 지휘권을 박탈하고 클레오파트라에게 전쟁을 선포했다. 2년 뒤 악티움 해전에서 옥타비아누스의 군대가 안토니우스와 클레오파트라의 군대를 격파했고, 두 연인은 스스로 목숨을 끊었다.

이와 같은 가짜뉴스는 앞으로 더 많은 희생자를 만들어낸다.

2

전령들의 시대

✿

1세기에서 14세기까지

기원전 3000년에서 기원후 15세기 중반에 이르기까지 정보 유통의 수단과 속도는 별로 달라지지 않았다.

세계 곳곳의 종교권력과 정치권력은 여전히 모든 것을 알고 감시하고 명령을 전달할 필요가 있었다. 유럽에서는 10세기부터 상인들이 점점 늘어났고, 그들은 서로 정보를 교환할 필요를 느꼈다. 또한 이를 위해서는 유통과 정보의 더 큰 자유가 필요했다.

권력자들은 늘 그랬듯이 핵심 정보들을 독점했다. 유럽에서는 10세기까지 도로가 파손되었고 진정한 중앙 권력이 부재했으며 교육과 문자의 보급이 제한된 탓에 군주와 제후, 교황청과 수도원, 장군과 군대, 상인 길드와 대학은 스스로 정보를 수집하고 전달하는 수단을 마련해야 했다. (800년경 옛 로마제국 지역의 남성 가운데 글을 아는 비율은 30퍼센트를 넘어서는 정도였고, 여성의 경우는 이보다 훨씬 낮았으므로) 읽고 쓸 줄 모르는 나머지 사람들은 오직 권력자의 선한 의지에 의해서나, 아니면 메시지의 수신자가 그들에게 알려주기를 원하는 경우에만 정보를 얻을 수 있었다. 정보를 제공하는 것, 그리고 왜곡된 정보를 제공하는 것은 언제나 정치나 군사 혹은 종교나 경제의 권력에 봉사하는 수단일 뿐이었다.

우편제도를 갖춘 동로마제국과 우편제도가 전무한 서로마제국

서로마제국에서는 새로운 소식이 오직 산발적으로 파견되는 사자使者들을 통해서만 유통되었고 그 속도는 매우 들쑥날쑥했다. 54년 10월 13일에 일어난 클라우디우스 황제의 죽음과 네로 황제의 권력 승계는 35일이 지난 뒤에야 옥시링쿠스(이집트의 수도에서 350킬로미터 떨어진 도시)에 알려졌다.

158년 다마스쿠스의 한 관리는 맹세코 4년 전 콘스탄티노플에서 공포한 칙령을 얼마 전에야 받았노라고 확언했다. 하지만 421년 9월 6일에 동로마제국(비잔티움제국)의 장군 아르다부리우스가 아르메니아의 아르자메나에서 페르시아에 승리를 거두었을 때, 이 소식이 전장에서 1000킬로미터나 떨어진 콘스탄티노플에 도달하는 데는 사흘밖에 걸리지 않았다.

438년 동방에서는 그때까지 남아 있던 로마제국의 우편망이, 콘스탄티노플에 거처하던 달필가 테오도시우스 2세 칼리그라포스(서예가) 황제의 《테오도시우스 법전》에 의해 법제화되었다.

동로마제국에서는 8세기 말까지 황제가 자신의 명령을 널리 알리기 위해 효과적인 우편제도를 계속해서 이용했다. 발로 걷거나 말을 타는 전령이 역참에서 교대하는 이 우편제도는 황제를 대리해서 화물과 금전을 운송하기도 했다. 제국의 전략적인 6개 주요 도로의 사용을 승인하는 권한은 황제의 최측근인 근위대장에게 있었다(근위대장은 외국에 사절을 보내고 외국의 사절을 받으며, 통역사와 첩보원 모집을 감독하고, 황제의 메시지를 전달하는 전령들과 황제의 우편제도가 이용하는 도로의 감독관 모집을 관리하는 업무도 맡았다). 콘스탄티노플을 아랍, 중동, 아시아로 연결하는 이 도로들은 정확히 측량되었고 이정표가 설치되었다. 우편 도로망은 매우 효율적으로 유지되었다. 모든 우편물은 정해진 날짜와 시간에 출발했다.

라벤나에 거처한 서로마제국의 황제 발렌티니아누스 3세(재위 425~455) 때에 통신망이 와해했고, 결국 서로마제국의 마지막 황제 로물루스 아우구스툴루스는 476년 강제로 퇴위당하게 된다. 옛 로마제국의 서방에서는 어떠한 우편 체계도 살아남지 못했다.

8세기 말까지도 서방의 지도자들은 서한을 보낼 수 있는 우편제도도 없었고 도로도 갖추지 못했다. 다만 발로 걷거나 말을 타고 달리는 몇몇 전령들과 외교 사절을 위한 짐수레를 이용했다. 12세기가 되어서야 변화가 시작되었다. 잉글랜드의 헨리 1세(재위 1100~1135)는 오직 정부의 메시지 전달을 위한 우편제도를 만들었다. 그의 치세에 전령을 통해 배달된 서한은 4500통에 이르렀다. 한 세기가 지난 뒤 잉글랜드에서는 헨리 3세(재위 1216~1272)의 통치 아래 전령들이 규칙적으로 말을 갈아탈 수 있는 역참들이 설치되었다.

같은 시기에 프랑스에서는 루이 9세(재위 1226~1270)가 몇몇 슈보쇠르 cheavaucheur를 시켜 오직 왕의 서한만을 전달하게 했다. 왕은 문서를 통해 이들에게 말을 징발할 수 있는 권한을 부여했다. 그 덕분에 이들은 하루 평균 100킬로미터를 주파했다. 하지만 이보다 더 조직된 체계는 아직 등장하지 않았다.

13세기 들어 도로가 조금 더 확실해지자 베네치아에서는 국가의 전령들이 말이나 배를 이용한 맹아적 우편 체계를 통해 플랑드르와 콘스탄티노플에 정치적 공문을 전달하기 시작했다. 유럽 전역의 대제후들 또한 이와 같은 수단을 갖게 되자 말을 탄 전령을 이용했는데, 이 전령들은 보통 다른 직업도 병행하고 있었다.

교황의 우편

수도원들의 서신 왕래는 여행하는 수도사 편에 이루어졌다. 880년 알자스 지방의 무르바흐 수도원에서는 멀리 스위스에 있는 생갈 수도원에 이르기까지 다른 수도원들과 정기적으로 서신을 주고받기 시작했다. 10세기에 성 베네딕토의 규칙서를 따라 설립된 클뤼니 수도회에서는 12세기에 들어 2000개의 분원들(수도원과 소수도원 등)을 우편망으로 연결했다. 같은 시기에 시토 수도회는 예루살렘까지 확장된 또 다른 정보망의 중심에 있었다. 오늘날까지도 시토 수도회의 창립자 베르나르 드 클레르보의 편지가 500통 이상 보존되어 있다. 1142년 그는 교황 인노첸시오 2세에게 보내는 편지에 이렇게 썼다. "교황 성하께 드릴 말씀이 많습니다만, 너무 앞서가는 것은 아무 쓸모가 없습니다. 전령이 모든 것을 알고 있으니 교황 성하 앞에서 생생한 목소리로 모든 것을 상세히 설명해드릴 것입니다."

12세기에는 아랍인들을 통해 서방에도 종이가 들어왔다. 아랍인들은 중국에서 종이를 들여와 650년경부터 글을 쓰는 데 사용해왔다. 유럽에서 종이에 쓰인 문서들 가운데 가장 오래된 것으로 알려진 것은 시칠리아의 로제르 1세 백작의 미망인 아델라지아 델 바스토가 1109년에 그리스어와 아랍어로 쓴 편지다.

더욱 안정된 12세기의 유럽에서는 교황들이 700년도 더 전에 이미 사라진 로마제국의 제도를 모델로 삼아 맹아적 우편제도를 실시했다. 이로써 교황의 서신들이 유럽 전역에 유통되기 시작했다. 교황 인노첸시오 6세의 재위 기간(1352~1362)에 발송된 교황의 서신은 모두 86통이었다.

12세기 말에는 민중을 대상으로 한 설교가 시작되었고, 이 설교가 메시지를 전달하는 수단이 되었다. 설교자는 성경 구절을 해석해서 설명해야 했고, 거기에 정보와 지시와 명령을 슬며시 끼워 넣었다. 탁발수도회 수사들은 유럽 전역을 돌아다니며 설교했다. 잉글랜드의 성직자 토머스 코범은 설교란 무지한 이들을 가르치고, 불행한 이들에게 기운을 북돋아주고, 나태한 이들을 깨우고, 악한 이들을 혼동케 하고, 선한 이들에게 용기를 준다고 썼다. 1180년에서 1230년 사이에 파리의 신학교들은 참다운 '언변의 대가들'을 양성해냈다.

자신의 메시지를 전달하기 위해 교황은 이곳저곳을 돌아다니는 이들, 특히 상인들을 활용했다. 1302년 교황 보니파시오 8세는 프랑스의 미남왕 필리프 4세에 대한 파문 서한을 발송했으나, 필리프는 교황의 전령을 감옥에 가두었다. 1355년 아비뇽에 있던 교황 인노첸시오 6세는 볼로니누스와 베네딕투스라는 두 전령에게 한 명의 공증인을 붙여서 로도스섬에 교황 교서를 전달했다.

교황 그레고리오 11세는 1370년 즉위 첫해에 이미 수천 통의 서신을 발송했다. 때로는 답신을 받아 다시 출발하기까지 전령이 여러 달을 기다려야 하는 경우도 있었다. 이후로 교황은 피렌체의 상인들과 은행가들의 연결망을 이용했다. 이때에도 메시지의 발신자가 주재국의 상황에 대해 수신자에게 정보를 알려주는 전용 메시지만 존재했다. 공공의 정보는 아직 등장하지 않았다.

대학의 우편

12세기에 새로운 우편망이 등장했으니, 대학 우편망이었다. 하지만 이 우편망은 교회에 연결되어 있었기 때문에 독립을 갈망했다. 최초의 대학 우편망은 1150년에 창립된 파리대학의 것이었다. 당시 파리대학에는 1500명의 학생이 출신 '나라'에 따라 편성되어 있었다. 이들은 가족들과 서신 왕래를 위해 '작은 전령들'로 이루어진 시스템을 정립했다. 당시의 다른 우편 체계와 마찬가지로 이 시스템을 통해 발신자는 자기가 있는 나라의 상황에 관한 덜 개인적인 소식들을 전달할 수 있었다. 당시에 새로운 소식을 가리키는 프랑스어는 '노베nove'였고, 영어로는 '엔포르마시운enformacioun'이었다. 프랑스 단어 노베의 영향을 받은 영어 단어 뉴스news가 등장하는 것은 14세기에 이르렀을 때다.

대학 우편망은 매우 효율적이었다. 1383년 샤를 6세는 작은 전령들의 우편 체계를 자신의 관할 아래 두기로 결정했다. 대학 우편망은 한 달에 한두 번 국왕을 대리하여 프랑스 왕국의 각 교구에 연락을 취했고, 이는 대학 우편망이 정부의 우편총국에 귀속되는 1719년까지 지속되었다.

유럽의 다른 대학들에서도 점차 동일한 통신 수단들을 갖추게 된다.

상품이 된 메시지: 아비조

전용 우편에 한정되지 않고 정보 배포에 특화된 최초의 정기 우편이 태어난 것은 상인들에 의해서였다. 대략 1000년이 지난 뒤에 신문으로 발전할 초기 형태의 간행물인 아비조가 등장한 것도 상인들 사이에서였다.

10세기까지 유럽의 상인들은 상품을 운송하면서 개인적인 서신을 함께 배송했다. 특히 그들의 생업에 필수적인 정보들을 전달했는데, 이 정보들은 아무에게나 공유되지 않는 특권적인 것이었다. 이를테면 독일에서는 도축할 가축을 구매하기 위해 여러 도시를 정기적으로 오가는 상인들이 정육 시장과 전염병에 관한 서신들을 전달했다. 그들이 도시에 도착하면 사람들은 뿔나팔을 불어서 알렸다.

교회의 사제나 대학의 교수 및 학생과 달리 상인들은 대화할 때 각 지방의 고유한 언어를 사용했다. 때로는 정보가 공개되지 않도록 그들만 아는 은어나 암호를 사용하기도 했다. 상인들은 간혹 주교나 교황이 비밀 엄수를 조건으로 맡긴 메시지들을 전달하기도 했다.

11세기부터 (특히 플랑드르와 북부 이탈리아, 그리고 이 두 지역을 잇는 도로망에 있는) 어떤 도시들이나 항구, 또는 정기 시장이 서는 장소들은 권력의 자리가 되었다. 최초의 정기 시장들 가운데 하나가 열린 트루아가 그러한 예다. 정기 시장을 운영하는 상인들은 가격을 고정하고 주문을 받는 일들을 처리하기 위해 그들끼리 소통하는 수단이 필요했다. 그리하여 상인의 사환들이 돌아다니기 시작했다.

12세기 브뤼허는 유럽의 주요 상업 도시로 성장했고 서방 세계의 첫 번째 중심지가 되었다. 상인들은 다른 도시와 다른 정기 시장에서 오는 여행자들과 정보를 주고받았다. 정기 시장에서는 상인들은 물론 농부들과 직물업자들이 서로 만났다. 봄에서 가을까지 라인강 변과 샹파뉴 지방에서 열리는 정기 시장들은 점점 더 중요해졌다. 특히 랭스는 리옹, 트루아, 샬롱 또는 뉘른베르크를 연결하는 교역망의 중심이 되었다.

1260년 브뤼허에 자리를 잡은 이탈리아 상인들은 그들만의 전용 우편 망을 만들어냈다. 베네치아, 밀라노, 제노바의 큰 상인 집안들은 브뤼허에 사무소를 열었다. 이 사무소 역시 사적인 메시지와 더 일반적인 정보를 알리는 하나의 수단이었다.

이 북해 항구 도시의 경제 활동이 증대됨에 따라 상인들 사이의 우편 업무 또한 토스카나와 베네치아까지 확장되었다. 마찬가지로 서로 경쟁하던 제노바와 밀라노의 상인들도 브뤼허에 진출하고 샹파뉴, 뉘른베르크, 리옹의 정기 시장에 참여했다. 베네치아에서는 세비야, 콘스탄티노플, 베이루트, 나폴리, 알렉산드리아에 이르기까지 연락을 취할 수 있었다. 플랑드르의 사환들cursores Flandriae이 브뤼허와 베네치아를 오가는 데 보름이 걸렸다.

13세기 후반 경제가 번영하고 군사력도 강해지던 베네치아에서는 세레니시마Serenissima*의 전령들이 정치적 공지들을 전달했고, 상인들 사이의 서신 교환도 더욱 증대되었다.

1251년 베르가모에서는 '투른 운트 탁시스Thurn und Taxis' 가문의 조상이 되는 오메데오 타소가 자기 지역의 상인들을 위한 우편 서비스 회사인 콤파니아 데이 코리에리Compagnia dei corrieri를 설립했다. 처음에는 우편배달부들이 도보로 이동했으나, 곧 말을 갈아타며 일하게 되었다. 1290년 밀라노가 베르가모를 점령하자, 타소의 우편 서비스는 밀라노, 베네치아, 로마까지 확장되었다. 이때에도 상인들이 보내는 사적인 메시지들과 정치적 정보들이 함께 배송되었으며, 수취인들은 종종 받은 정보를 다른 이들과 공유했다.

1319년에는 처음으로 프랑스어 '주르날journal'이 등장했다. '하루'를 의미하는 라틴어 디우르날리스diurnalis에서 유래한 이 단어는 구체적으로는 왕실 재정 담당 기관의 '증서 기록부'를 가리키는 말이었고, 아직 정보 전달의 한 형식을 가리키지는 않았다.

1357년에는 피렌체의 상인들이 그들만의 전용 우편망을 가동했다. 그

---

* '가장 고귀한'이라는 뜻으로, 전성기 시절 베네치아 공화국의 별칭.

들은 도주자들과 정보원들을 이용해서 정보를 모았는데, 특히 그리스도교의 중심인 로마와 유럽의 주요 상업 도시가 된 베네치아에서 일어나는 일들에 관한 정보를 중시했다. 우편물은 바르셀로나, 브뤼허 같은 도시에도 배송되었는데, 이들 도시는 항구가 쇠퇴하면서 도시 전체의 세력도 기울기 시작했다. 우편 배송 시간은 매우 엄격하게 지켜졌다. 말을 탄 전령들이 어떠한 중단도 없이 계속 교대했고, 피렌체에서 보낸 우편물은 대략 25일이 걸려서 브뤼허에 도착했다. 피렌체 다음으로는 베네치아의 경쟁 도시인 제노바에서 제네바와 브뤼허를 연결하는 우편 회사를 설립했다.

14세기가 끝나갈 무렵, 이렇게 손으로 써서 전달되는 새로운 소식들을 가리키는 말로 이탈리아 상인들이 아비조라는 단어를 처음 사용하기 시작했다. 이 단어는 12세기에는 '신중愼重', 13세기에는 '권고'라는 뜻으로 쓰였으나 이제는 단지 '알림'을 의미하게 되었다.

아비조는 정말 새로운 것이었다. 일반적인 정보를 담고 있는 이 서신들이 상업화된 것이었다. 상인들은 그들끼리 교환하던 사적인 서신 자체를 상품으로 변환시켰다. 여전히 손으로 필사한 이 서신들이 처음으로 몇몇 고객들에게 거의 정기적으로 판매되기 시작한 것이다. 그러나 아직은 현대의 신문과는 거리가 멀었고, 오히려 특권적인 핵심 정보들을 담은 기밀 서신에 더 가까웠다. 하지만 당시에 중요한 한 단계를 넘어선 것은 사실이었다. 정보가 사적인 우편과 구분되고 판매되기 시작했기 때문이다. 물론 이러한 도약을 이끌었던 것도 상인들이었다.

민중을 위한 고함꾼

12세기에서 14세기에 이르는 시기에도 민중은 그 이전에 수천 년 동안 해오던 것과 마찬가지로 주변에서 일어나는 일들을 오직 소문으로 들거나 교회나 거리, 빨래터나 공동 화덕, 선술집 같은 곳에서 직접 귀로 듣는 이야기를 통해서만 알 수 있었다. 고대와 달리 오히려 벽에 붙이는 공지문은 흔치 않았다. 상인들 사이에서 새로운 정보 전달 수단으로 등장한 아비조는 일반 민중에게까지 전달되지 않았다. 그들은 글을 읽을 줄 몰랐고, 아비조를 살 돈도 없었다.

이런 민중을 위해서는 '고함을 치는 데 숙달된' 고함꾼들이 있었다. 고함꾼들은 지난 수천 년 전부터 국왕과 도시의 지도자들이 내린 결정들을 널리 알렸다. 시 당국의 법령, 소환장, 재판 통지, 전염병, 유아 실종 혹은 물건 분실, 군사적 돌발사건과 안보에 관련된 모든 정보를 알렸다. 그들은 배지를 달거나 작은 깃발을 가지고 다녔고, 북을 치거나 나팔을 불어서 자신의 도착을 알렸다. 교차로와 광장에서 그들은 가지고 온 정보를 무료로 힘껏 알렸는데, 보통은 "오예Oyé, 선량하신 여러분, 여러분께 알려드립니다"라는 말로 외치기 시작했으며, 범죄에 관한 정보를 공지할 때는 '아로Haro'라고 소리쳤고, 강화講和 소식을 알릴 때는 '노엘Noël'이라고 외쳤다. 그런 다음 해당 지방의 언어로 작성된 메시지를 매력적인 운율에 맞추어 읽었다.

필사본 형태의 소책자도 유통되었는데, 주로 책력의 중요한 날짜들, 점성술의 표징들, 해당 지역의 고려 사항들을 알려주었다.

나바라에서는 세 가지 종교가 공존했던 300년 동안(11세기부터 1348년 흑사병이 유행하면서 반유대주의가 심화된 14세기까지) 고함꾼들이 왕의 결정을 알리되 목요일에는 시장에서, 금요일에는 모스크에서, 토요일에는 시나고그에서, 일요일에는 교회에서 알렸다.

때로는 어떤 결정이 그것을 준수해야 하는 사람들에게 알려지기까지 너무 많은 시간이 걸리기도 했다. 1373년 6월 22일자 왕령이 1374년 12월

14일에야 고함꾼을 통해 파리에 전해진 경우도 있었다.

소문, 조작, 가짜뉴스

이 시기 내내 당대 사람들이 우편망을 통해서, 사적이든 공적이든 뉴스만을 전달한 것은 아니었다. 그들은 다른 이들을 속이고 도발하고 조작하기 위해 우편망을 이용하기도 했다.

여기 몇 가지 사례들이 있다.

756년, 교회에서는 콘스탄티누스 황제(재위 310~337)의 칙령이라는 문서를 공개했는데, 이 문서에는 서로마제국의 중심에 있는 영토를 교회에 기증한다는 내용이 담겨 있었다. 교회는 이 문서를 이용해 이탈리아 내 교황령 영토를 교회가 소유하는 것을 합법화하고자 했다. 하지만 이 문서는 단신왕 피피누스가 해당 영토를 교회에 기증했던 756년에 만들어진 가짜 문서였다. 교회는 이 위조문서를 통해 왕이 교황에게 영토를 기증한 것이 아니라 본래 교회에 속했던 것을 회복한 것으로 보이게 하려 했다. 많은 시간이 흐른 뒤에야 교회는 이것이 거짓이었음을 인정했다.

994년경, 플뢰리 수도원 원장은 프랑스 왕 위그 카페에게 보내는 서신에 이렇게 썼다. "아직도 젊은 이 세상의 종말에 대한 설교가 파리의 주교좌성당에서 신자들에게 행해졌다는 이야기를 들었습니다. 그 설교에 따르면 천년왕국이 끝난 뒤에 적그리스도가 올 것이고 곧이어 그에게 최후의 심판이 내려질 것이라고 합니다. 나는 온 힘을 다해 이러한 설교에 정면으로 반대했습니다. 그 근거는 복음서들과 〈묵시록〉과 〈다니엘서〉에 있습니다."

기원후 1000년, 교황 실베스테르 2세와 가톨릭교회의 다른 수도자들이 재차 세상의 종말을 예언했다. 이는 유럽 전역에 커다란 소요를 일으켰으며 수많은 이들을 부추겨 예루살렘까지 순례를 떠나게 했다.

12세기 중반, 북부 이탈리아에서 발송된 것으로 보이는 편지 한 통이 동로마제국의 황제 마누일 1세 콤네노스 앞으로 배송되었다. 편지에는 '형제 요한'이라고 서명되어 있었다. 그는 자신을 머나먼 동방의 아주 부유한 그리스도인 왕이며 아기 예수를 참배하러 동방에서 왔던 세 왕의 후손이라고 소개했다. 그리고 자신의 왕국에는 환상적인 동물들과 머리에 뿔이 나고 뒤통수에 눈이 셋 달린 사람들이 살고 있으며, 영원한 젊음의 샘이 있다고 이야기했다. 이 편지가 유럽 전역을 돌면서 상당한 반향을 일으켰다. 1177년 교황 알렉산데르 3세는 이 낙원 같은 왕국을 찾아 대표단을 파견했다. 사실 이 거짓 편지는 그리스도인들을 선동해 십자군에 참여시키는 게 목적이었다.

1184년 톨레도의 점성술사가 교황 클레멘스 3세에게 보낸 것이라고 하는 편지 한 통이 등장했다. 이 편지는 1186년에 세상의 종말을 예고하면서, 종말 이전에 가뭄, 기아, 역병, 폭풍이 닥쳐와 사람들은 "사람의 심장을 찢어놓을" 만큼 끔찍하게 비명을 지를 것이라고 했다. 1000년에 그러했던 것처럼 다시 한번 온 유럽이 공포에 사로잡혀 기도했다. 이에 캔터베리의 대주교는 사흘간 금식할 것을 명령했고, 교회에는 수많은 헌금과 재산이 쏟아져 들어왔다. 1214년에는 추기경 요하네스 톨레타누스가 쓴 것이라고 하는 또 다른 편지가 등장하여 1229년에 세상의 종말이 닥치리라고 예언했다.

1225년 메스 수도원의 수도사 장 드 마이는 《크로니카 우니베르살리스 Chronica universalis》를 작성했다. 여기에는 남자로 위장해 베네딕토 3세(재위 855~858) 대신에 선출된 여성 교황 요안나의 이야기가 실려 있다. 프란체스코회 수사 오컴의 윌리엄은 이 문헌에 근거하여 교황제의 비열함을 맹렬하게 비난했다. 14세기에는 신학자 얀 후스가 콘스탄츠 공의회에서 이 여성 교황 이야기를 인용하여, 이 여성이 교황으로 선출된 이후로 가톨릭 교회는 더 이상 존재하지 않았다고 주장했다.*

이 가짜 소식들의 진실을 반박하는 글이 수없이 등장했다. 1275년 에드워드 1세는 웨스트민스터의 첫 번째 법령에 이렇게 썼다. "국왕과 그 백성, 또는 왕국의 훌륭한 인물들 사이에 반목이나 중상을 부추기는 거짓된 소식이나 이야기를 발설하거나 게재하는 자는 투옥될 것이다."

미남왕 필리프는 이에 관한 전문가였다. 그는 자신에게 맞서는 한 주교를 비난하기 위해 주교가 무례한 언사를 행하고 자신을 체포하려 했다고 주장하는 거짓 문서를 만들었다. 그는 또한 주술 행위에 넘어갔다면서 교황 보니파시오 8세를 비난했다. 그리고 십자가에 침을 뱉고 동성애를 행했다면서 템플 기사단을 비난했다. 그 결과 1307년에 템플 기사단은 투옥되고 고문을 당했으며, 1312년에 결국 해산되었다. 1314년 기사단장 자크 드 몰레는 파리의 장작더미 위에서 산 채로 화형당했다. 그가 죽어가면서 저주했던 국왕은 그해 11월에 사망했다.

1348년 흑사병이 유럽을 강타하자 교회는 유대인들이 우물에 독을 탔다고 소문을 냈다.

1382년 샤를 6세 치세의 파리에서는 새로운 세금이 징수될 것이라는 소문이 무성했다. 농민들과 장인들은 징수원의 장부를 불태웠다. 이것이 당시에 사용된 망치 같은 무기의 이름을 딴 '마요탱 봉기'다.

1418년 부르고뉴파 사람들이 파리에서 소문을 냈다. 아르마냐크파가

---

* 1601년에 교황 클레멘스 8세는 이 이야기가 사실이 아님을 공식적으로 선언했고, 이후 역사가들 역시 전설에 지나지 않는 것으로 인정한다.

이 도시에서 엄청난 살육을 예고하고, 자기편을 식별하기 위해 검은 바탕에 붉은 십자가(검은색은 악마의 색이며 붉은 십자가는 잉글랜드와 결부된다)를 그린 방패를 제작하게 했다는 것이었다.* 부르고뉴파는 이 소문을 이용해 파리 주민들 사이에 분노와 공포를 조장함으로써 학살에 가담하게 했다.

이슬람을 통해 서방에 전해진 중국 문물

한편 이렇게 열다섯 세기가 지나는 동안 유럽인들은 여전히 강성했던 중국의 문물을 받아들였다.

이슬람 이전의 메소포타미아는 사산조 페르시아의 지배를 받고 있었으며 동로마제국이 남긴 우편 체계를 이용하고 있었다. 20~25킬로미터 간격으로 역참을 설치해 교대하게 했는데, 주로 이용한 짐승은 나귀와 노새였다. (6세기 사산조 페르시아 치하 바빌론의 유대인 디아스포라에서 편찬된) 바빌론 탈무드에는 이렇게 쓰여 있다. "편지를 읽을 줄 아는 사람이 편지를 전달해야 한다." 오직 학식 있는 사람만이 메시지를 전달할 수 있다는 말인데, 이는 유대인 공동체에 특별한 임무를 부여하는 셈이었다. 유대인 공동체에서는 모든 사람이 글을 읽을 줄 알았고, 이 공동체에서 저 공동체로 자주 이동했기 때문이다.

7세기에 최초의 무슬림 칼리프들인 우마이야 왕조에서는 사산조 페르시아와 동로마제국의 제도를 모델로 삼아 그들만의 고유한 우편제도를 만들어냈다. 이 우편제도는 아랍어로 바리드barid(그리스어로 '역마驛馬'를 뜻

---

* 백년전쟁이 한창이던 샤를 6세의 재위 기간(1380~1422) 후반에 프랑스는 귀족파와 왕권파의 내분까지 겪었다. 샤를 6세는 어린 나이에 왕위에 올랐지만 정신이상 증세를 보인 탓에 성인이 되어서도 실권을 장악하지 못했다. 부르고뉴 공작(왕의 숙부와 그 아들)을 중심으로 한 귀족파는 부르고뉴파라고 불렸고, 오를레앙 공작(왕의 동생과 그 아들)을 중심으로 한 왕권파는 아르마냐크파로 불렸다.

하는 베레도스beredos에서 유래)라고 불렸으며 이 단어는 오늘날에도 그대로 사용된다. 이 우편제도에는 칼리프의 명령과 메시지를 알리는 임무가 부과되었다. 모두 930개의 역참이 설치되었는데, 역참 사이의 거리는 아랍 사막에서 24킬로미터, 시리아에서 12킬로미터였다. 전령은 눈에 잘 보이는 표식을 달고 노새나 낙타를 타고 이동했으며, 직접 발로 걷기도 했다. 노새는 꼬리를 잘랐다. 직접 걸어서 배달하는 이들은 작은 방울이 달린 막대기를 가지고 다녔다. 노새나 나귀를 타는 전령들은 하루에 175~200킬로미터를 주파했으며, 매우 위급한 소식을 전할 때는 하루에 300킬로미터를 주파하는 경우도 있었다. 전시에는 여성을 통해 메시지가 전달되었는데, 여성 전령들은 밤에만 이동했다.

751년 7월에 매우 중요한 사건이 일어났다. 키르기스스탄의 탈라스강변 타라즈 인근에서 잘 알려지지는 않았지만, 매우 결정적인 전투가 일어났다. 중앙아시아의 패권을 두고 서진하는 당나라에 맞서 아바스 왕조의 칼리프가 티베트 파견 분대의 지원을 받아 전투를 벌였고 결국 승리했다. 이로써 당나라의 서진은 차단되었고 아랍인들은 중국인 포로들을 강탈했다. 이때 다른 기술들과 함께 전해진 종이 제작 비법이 먼저 사마르칸트에서 수용되었고, 793년에는 바그다드, 900년에는 카이로, 그리고 마침내 유럽의 그리스도교 세계에까지 도달했다.

이렇게 해서 중국의 지식이 유럽으로 전파되었다.

칼리프들은 정보를 주고받기 위해 72킬로미터마다 역참을 두고 전서구를 이용하기도 했다. 전서구는 1시간에 70킬로미터에서 120킬로미터를 날아갈 수 있었고, 카이로에서 알렉산드리아까지는 반나절, 카이로에서 다마스쿠스까지는 한나절이 걸렸다. 칼리프는 공적 메시지에는 푸른 비둘기를, 사적 메시지에는 흰 비둘기를 이용했다. 기쁜 소식을 전하는 비둘기에는 향수를 뿌렸고, 나쁜 소식을 전하는 비둘기에는 검댕을 칠했다. 공지문은 '새의 종이'라고 불린 매우 얇고 고운 종이에 작성되었다. 때로는 거짓 정보를 매단 비둘기를 적들이 있는 방향으로 보내기도 했다. 980년 다마스쿠스에 있던 파티마 왕조의 칼리프 알아지즈가 종이에 싼 체리를 몇 마리의 전서구에 매달아 카이로까지 보낸 일은 전서구를 이용한 우편 체계의 정교함이 최고조에 이르렀음을 보여준다. 1288년 누르 알딘의 지배 아래 있던 카이로의 성채에서는 1900마리의 전서구를 수용하고 있었다.

칼리프들은 또한 로마제국의 황제들처럼 시각 및 청각 신호를 사용했다. 예를 들어 지중해 해안에서 적이 다가오는 것이 보이면 특별한 탑 위에서 불을 밝히고 나팔을 불었다. 알레포에 적이 근접했음을 알게 되면 카이로에서 북동쪽으로 850킬로미터 떨어진 빌베이스에 한나절도 안 되어 경보가 전해졌고, 빌베이스에서 보낸 비둘기가 당일 저녁 카이로에 도착해 경보를 전했다. 트리폴리에 전해진 경보는 3시간 만에 알렉산드리아에 도달했고, 알렉산드리아에서 라믈라*까지는 1시간도 걸리지 않았다.

유대인 상인들

그리스도교 이전의 고대부터 이 시기에 이르기까지, '라다니트radanites'라고 알려진 유대인 상인들은 서로 다른 공동체 사이에서 계속해서 정보를 주고받았다. 이들의 공동체는 (아마도 프랑스에는 4세기에 론강 유역에 정착하기 시작한 것으로 보이는데) 처음엔 사산조 페르시아에서 성립되었다가, 그다음엔 이슬람 세계, 그리고 11세기부터는 그리스도교 세계 전역에서

---

* 이스라엘 중앙부의 고대 도시.

성립되었다. 이들은 시리아 그리스도인 상인들인 시리Syri를 대체했다. 시리는 메로빙거 왕조 아래에서 서방과 동방을 잇는 무역에 종사했으나 무슬림이 근동 지방을 정복하면서 사라졌다.

870년 아바스 왕조의 칼리프 알무타미드 치세에 (북서부 이란의 지발 지방에서 우편과 경찰 업무를 관장하던) 무슬림 지리학자 이븐 코르다드베는 유대인 상인들이 스페인과 독일에서까지 사치품(향수, 도자기, 모피, 보석), 노예, 향신료를 팔았으며, 그들의 공동체로 향하는 메시지들도 배달했다고 설명한다. 이들 메시지의 내용은 신학적 논쟁, 개인적인 메시지, 공동체에 드리운 위협을 망라했다. 유대인 상인들은 프랑스에서 인도까지, 모로코에서 중국까지 여행했다. 12세기에 아덴과 인도 남부를 오가며 무역을 했던 아브라함 벤 이주는 유대인 상인들이 다른 상인들보다 더 많은 교역의 자유를 누렸으며 오직 그들만이 이슬람 나라들과 그리스도교 나라들을 모두 돌아다닐 수 있는 권리를 가졌다고 이야기했다. 이집트와 예멘의 유대인 상인들 또한 인도, 스페인 또는 프랑스의 유대인 공동체는 물론 제노바·피렌체·시칠리아·리보르노·프랑스의 도매상인들과도 정기적으로 서신을 주고받았다. 이들은 히브리어, 아랍어, 페르시아어, 비잔틴어, 프랑크어, 스페인어, 그리고 슬라브족의 여러 언어로 말했다. 11세기에는 홍해 전역을 항해하며 교역하고 정보를 주고받는 상인은 이들 말고 거의 없었다. 이들 중에는 랍비들도 있었는데, 그 가운데 투델라의 벤야민(1130~1173)은 나바라에서 중동 지방까지 여행했다. 카이로의 게니자*에서는 나라이 벤 니심이라는 튀니지 출신의 유대인 상인이 주고받

---

* 유대교 회당이나 묘지에 설치된 문서 수거용 창고. '하느님'이 언급된 모든 문서는 종교적 예식을 거쳐 매장해야 하므로 종교적 매장 이전에 이 창고에 수거된다.

은 편지가 300통 넘게 발견되었다. 이 편지들은 1045년에서 1096년 사이에 스페인, 북아프리카, 이집트, 유대, 시칠리아, 인도, 중국, 시리아에서 온 것들이다. 그 내용은 주로 편지를 보낸 이들의 상업 및 금융 활동에 관한 것이었고, 해당 지역의 일상생활이나 정치에 대해 자세히 전하는 경우도 종종 있었다(이를테면 한 편지에서는 유대인이 예루살렘에 살기가 어렵다고 말한다). 그밖에도 새로운 사상과 다른 곳에서 들어온 기술에 대한 정보를 제공하기도 했다.

중세에 유대인 상인들은 트루아, 코르도바, 푸스타트, 옛 카이로 등에 상품을 배송하면서, 당대의 주요한 유대인 현자들에게 율법에 관한 의견을 구하는 편지도 전달했다. 이러한 편지들의 발송지는 세계 곳곳에 흩어져 있었다. 수취인 중에는 푸스타트*에 사는 유대인 보석상인 요셉 이븐 아우칼이란 사람도 있었는데, 1145년 인도 남부의 망갈로르에 사는 한 유대인이 그에게 서신을 보냈다. 페르시아인 지리학자 이븐 코르다드베에 따르면 유대인들은 론강 유역에서 이집트, 홍해, 중앙아시아, 인도를 거쳐 중국에 이르는 "4개의 실크로드를 지배했다." 라다니트는 이들 지역에 자유로이 드나들 수 있는 권한을 가졌으며 서신 교환자들을 두었다. 또한 중국의 사상, 정보, 기술, 종이, 의약품을 서방에 도입하는 데에도 일조했다.

중국에서 발행된 최초의 정기간행물 《저보》

다른 곳들과 마찬가지로 중국에서도 황제의 연회는 문인들과 고위 관료들이 정보와 비판과 논평을 교환하는 중요한 자리였다. (220년에 성립된)

---

* 옛 카이로에 인접한 고대 도시.

한나라 시대는 큰 도로가 수도 장안(오늘날의 시안)을 여러 지방의 중요한 모든 지점과 연결했다. 이 도로의 중앙 통행로는 황제의 전령들을 위한 전용 통행로였다. 진나라 시대(265~420)에는 전령들이 국방부 장관이랄 수 있는 태위太尉의 지휘 아래 있었다. 말을 타는 전령들이 황궁의 서신들과 중요한 행정 문서들을 전달했다. 도보로 이동하는 전령들은 그보다 덜 급한 서신과 문서를 전달했다.

6세기에 종이가 황제의 행정 문서를 작성하는 공식 소재로 채택되었고, 과학과 문화의 새로운 지식을 전달하는 데에도 쓰였다. 종이는 조금씩 서신을 교환하는 데에도 쓰이기 시작했다. 하지만 아직 신문에 쓰이지는 않았다.

당나라 시대(618~907)에는 우편망이 거대해졌다. 3만 2000킬로미터에 달하는 우편망에 1643개의 역참(육상 역참 1297개, 수상 역참 260개, 혼합 역참 86개)이 설치되었다. 역참에는 말, 숙소, 사무실, 그리고 말들의 신을 모신 사당까지 있었다. 역참 관리자들은 정기적으로 동물들의 건강 상태를 보고해야 했다. 도보 전령은 일반적으로 가벼운 범죄를 저질러 노역을 하는 이들이었는데, 5킬로미터마다 교대했다. 말, 낙타, 야크, 나귀 등을 타는 전령은 20킬로미터마다 교대했다. 급한 우편물을 전달하는 전령들은 우편용 탈것을 이용해 하루에 80킬로미터를 주파했다.

고종 황제는 외국에 밀사를 보내어 그 나라의 관습, 기술, 생산물에 관한 정보를 염탐하여 보고하게 했다. 이러한 탐색 작업의 결과물은 황궁의 공식 사관에 의해 기록되어 두루마리 60개에 달하는《서역전西域傳》으로 편찬되었다. 이 문헌은 본질적으로 황제를 위해 제작된 것이었다.

9세기 중국에서는 목판 인쇄술이 등장했다. 처음에는 달력, 역사서, 소설, 대중문학, 종교 문헌(868년 불교 경전《금강경》)을 인쇄하는 데 쓰였다.

1041년에 처음으로 활판 인쇄술이 쓰이기 시작했는데, 이전과 마찬가지로 여전히 목재를 이용한 것이었다. 활판 인쇄는 서책을 만드는 데만 쓰였고 메시지나 정보를 전달하는 데는 쓰이지 않았다.

9세기의 비슷한 시기에 수도 장안에서는 최초의 '신문'이랄 수 있는 것이 등장했다. 정치 관련 공지(칙령, 법령, 결의, 법률 등), 황제의 일상에 관한 소식(담화, 사냥, 의례, 종교적 의무), 황궁에 관한 소식(임명, 파면, 상찬, 징벌 등), 군사와 외교적 사안에 대한 보고(반란과 폭동에 관한 소식들을 검열) 등이 특정한 정기 보고서에 편집되어 실렸다. 《저보邸報》라고 하는 이 '공관들의 보고서'는 처음에 죽간竹簡에 작성되었다가 시간이 조금 지난 뒤에는 종이에 작성되었다. 《저보》를 처음 보는 것은 정부 관료들이었다. 이들은 그 내용을 요약해서 공지문에 옮겨 적었고, 이 공지문은 정기적으로 말을 탄 전령들에 의해 온 나라에 전달되었다. 이것이 동양에서 나온 최초의 정기 간행물이다. 이는 로마에서 황제들의 시대에 10년간 존재했던 신문보다 더 많은 내용을 담은 공식 신문이었다. 그런데 로마의 신문과 마찬가지로 공공에 게시되긴 했으나 개인에게 배달되지는 않았다.

송나라 시대(960~1279)에도 황제는 이 《저보》를 이용했다. 전쟁에서 패한 뒤에 황제 영종(1168~1224)은 직접 자기비판 글을 작성하여 실었다. 《저보》가 마지막으로 나온 것은 1912년이다.

거의 같은 시기에 《관원잡보開元雜報》가 20년 동안 매일 발행되었다. 비단에 필사된 이 신문은 나라 안의 사건들은 물론 국제적인 사건들도 다루었다. 이 신문은 매일 수도와 지방의 최고위 관료들에게 배포되었다. 《관원잡보》는 최초의 일간지였던 셈이다.

1215년 칭기즈칸의 상속자인 몽골인들은 중국에서 권력을 잡고 우편 체계를 중앙아시아, 러시아, 이란, 이라크까지 확장했다.

인도는 델리에 수도를 정한 튀르크-아프간 출신의 무슬림 술탄들의 지배를 받았다(1210~1526). 만족을 모르는 몽골인들이 도달하기 전, 아랍인 여행자 이븐바투타가 1333년에 인도를 지나가면서 그곳의 우편 체계에 대해 기술했다. 말을 이용한 우편의 경우 8킬로미터마다 말을 교체했고, 도보로 이동하는 우편의 경우엔 500미터마다 교대했다. 역참은 마을 바깥에 세워졌고, 전령이 도착하면 끝에 방울이 달린 가죽 채찍을 휘둘러서 다음에 교대할 전령에게 알렸다.

아프리카

오늘날 세네갈, 말리, 기니에 해당하는 지역에서는 적어도 7세기에 고함꾼들이 등장했다. 이들의 임무는 중요한 정보와 결정을 널리 알리는 것이었다. 처음에 사람들은 이들을 '젤리djeli'라고 불렀고, 시간이 조금 더 지난 뒤엔 '그리오griot'라고 불렀다. 전설에 따르면 이들은 예언자 무함마드의 동료 수라카타의 후손이었다.

마마두 쿠야테(?~1991)라는 그리오의 말에 따르면 젤리는 중요한 역할을 수행했다. "우리가 없으면 왕들의 이름은 잊힐 것이다. 우리는 인류의 기억이다. 우리는 구술口述을 통해 젊은 세대 앞에서 왕들의 사건과 행위에 생명을 불어넣는다." 젤리는 구술의 보호자이며 '역사의 담지자'로 여겨진다. 젤리는 "실제 사실에 근거하여 우발적인 사건들과 찰나에 지나가는 장면들을 즉흥적으로 구현할 줄 아는 능력이 있어야 한다." 단지 자신에게 주어진 정보를 이야기하는 데 그쳐서는 안 되고 사건을 이러저러하게 해석할 줄 알아야 한다.

말리에서 젤리의 역할은 남자든 여자든 그 가족 구성원에게 상속되는 것이었다. 젤리의 가족은 장인 계급에 속했다. 그들은 귀족의 보호를 받는 경우가 많았고, 그래서 정기적으로 귀족을 찬양하는 노래를 읊었다.

1236년 말리 제국의 만딩고족 황제 순디아타 케이타는 자신의 고향인 니아니에서 즉위하면서 이 도시를 제국의 수도로 삼았다. 그는 평등, 인간 생명 존중, 개인의 자유, 연대, 성평등, 노예제 폐지를 언명하는 만덴 헌장을 선포했다. 이 헌장은 제국 안에서 젤리의 구술을 통해 다음 세대에 전달되며 만딩고족의 가슴으로 전수되었다. 오늘날에도 말리에서 기니와 인접한 국경 근처의 캉가바 마을에서는 매년 이 헌장을 기념하는 의례가 열린다.

3

인쇄술 혁명

⟡

1400-1599

15세기가 시작되었을 때 중국은 전환기에 있었다. 중국 내부의 통신은 물론 바깥 세계와의 통신 또한 와해되고 있었다. 유럽은 다시 역사의 전면에 등장했다. 통신의 방식들은 여전히 변치 않고 그대로 남아 있었다. 입에서 귀로 전하는 이야기, 식사, 시장, 교황의 전령들, 대학들과 상인들의 전령들, 고함꾼들의 외침과 음유시인들의 노래…. 중요한 정보는 소수의 특권 집단의 전유물이었다. 여전히 저널리즘이나 신문은 존재하지 않았다. 다만 손으로 쓴 서신과 아비조가 있었을 따름이다. 베네치아는 이제 안트베르펜 및 제노바와 경쟁하고 있었다.

플랑드르와 북부 이탈리아를 연결하는 도로망에 위치해서 정기 시장이 열리는 독일의 한 도시에서는 중국에서 들어온 (그러나 중국에서는 이러한 형태로 사용되지 않았던) 중요한 혁신적 기술이 수천 년 동안 그대로이던 정보 전달의 방식을 처음으로 바꾸어놓았다. 금속활자를 이용한 인쇄술이 등장한 것이다.

당시에는 다수의 복사본으로 찍어낸 초기 형태의 메시지들이 등장했다. 물론 이 메시지들은 돈을 주고 살 수 있는 소수의 사람들만 전용했다. 사람들은 제각기 자기 나라 말을 따라 아비조, 플루크슈리프트, 팸플릿, 뉴스, 리벨 등 다양한 이름으로 이 메시지들을 불렀다.

중국: 정보망의 와해

명나라(1368~1644)가 지배하던 15~16세기의 중국은 여전히 농업, 상업, 군사 분야에서 엄청난 능력을 보유하고 있었다. 지난 수천 년 동안 그래 왔듯이 사람들은 황궁 연회에서 정보를 주고받았으며, 지방 총독들과 외교 사절들이 정기적으로나 비정기적으로 보내는 전령들이 도착하는 것을 볼 수 있었다.

15세기에 우편망은 여전히 활기차게 작동하고 있었다. 가까이에서 감시되고 통제되는 도로들이 모든 지방을 수도로 연결했다. 30~40킬로미터마다 설치된 역참에는 병행되는 교통수단들(배, 말, 나귀)이 갖추어져 있었다. 전령들은 짐승을 갈아타고 밤낮으로 달렸으며 하루에 대략 150킬로미터를 주파하는 속도를 유지했다.

인쇄술은 아직 소설(나관중의 《삼국지》, 오승은의 《서유기》, 시내암의 《수호전》), 희곡(탕현조의 《모란정》), 신新유학파의 수필들을 출판하는 데에만 사용되었다. 그밖에 지급 목록·고지서·법률 공지문 등의 제작에도 쓰였다.

16세기 초 도로들이 손상되기 시작했다. 명나라는 이제 도보로 이동하는 전령들에게 의지했다. 서신 한 통을 배송하는 데 예상보다 많은 시간이 걸린 전령은 매 50대를 맞았고, 전달해야 할 문서를 잃어버린 전령은 100대를 맞았다. 우편 체계도 와해되었다. 1512년 산시성의 지역 관찰사는 자신의 관내로 문서가 도달하는 데 여러 달이 걸린다고 불평했다. 1558년 춘안의 사법관은 자신의 서한들이 겨우 70킬로미터 떨어진 현청에 도달하는 데 닷새나 걸렸다고 지적했다. 황제는 더 이상 이러한 상황을 개선할 처지가 못 되었다. 중국은 앞으로 400년이 넘는 시간 동안 잠들게 된다. 그리고 세계의 지정학적 중심은 서유럽으로 이동한다. 서유럽에서는 정보를 교환하는 새로운 수단들이 발전하고 있었다.

유럽: 상업적 조바심의 탄생

15세기에 접어들어서도 유럽에서 새로운 소식의 전달은 매우 느리고 매우 불확실했다. 그럼에도 사람들은 새로운 시대를 예고하는 어떤 조바심이 일고 있음을 느꼈다. 1445년 베네치아의 상인 로렌초 돌핀이 브뤼허에 있는 대리인에게 보낸 편지에는 당시의 시대정신이 고스란히 드러나 있다. "그곳에서 일어나는 모든 일에 관한 소식들을 매일 매 시간 기다리는 것이 우리에게는 마치 천 년처럼 느껴진다오. (…) 그대의 나라와 다른 나라들의 관습들에 대해 알아보시오. 각국 화폐의 가치와 사업의 동향, 그리고 그대에게 필요한 것을 알려주시오. (…) 다음에도 우리에게 답하는 것을 잊지 마시오. 반드시 우리에게 더 자주 편지를 보내주시오!" 한 상인은 편지가 수취인에게 확실하게 도착하도록 같은 편지의 사본을 여러 개 만들어서 보내기도 했다. 또한 편지를 전달하는 사람은 편지를 분실하거나 도난당할 경우에 대비해 편지 내용을 전부 암기했다. 어떤 상인들은 그들이 전달하는 정보를 암기하는 능력 때문에 유명해지기도 했다. 한 베네치아 상인이 보관한 서류들 사이에서는 '마에스트로 피에로 델라 메모리아Maestro Piero dela Memoria'에게 암기 수업 비용으로 13두카트를 지불했다는 기록이 발견되었다.

국가가 공고해지면서 교회·대학·상인의 우편망과 별도로 군주를 위한 신뢰할 수 있는 우편제도가 정립되기 시작했다. 우선 프랑스에서는 루이 11세 치세의 1464년에, 잉글랜드에서는 에드워드 4세 치세의 1478년에, 독일 제국에서는 1490년에 군주를 위한 우편제도가 설치되었다.

1464년 루이 11세는 전적으로 자신이 이용하기 위한 우편 역참제를 만들었다. 봉건 영주나 교회는 물론이고 상인들도 이 우편망을 이용할 수 없었다. 28킬로미터마다 설치된 역참에서 마부가 말들을 관리했다. 이 덕분에 새로운 소식들이 조금 더 빨리 전달되었다. 1488년 7월 31일 루이 11세의 계승자 샤를 8세는 앙제에 있었는데, 520킬로미터 떨어진 생토뱅뒤코르미에에서 프랑스군이 사흘 전에 영국군에 승리했다는 소식을 들었다.

15세기 말 이 왕립 우편제도는 해체되었다. 하지만 부유한 영주들과 상인들은 그들의 우편 체계를 유지했고, 대학 및 수도원의 우편 체계와 경쟁했다. 파리에도 13명의 직업 전령이 있었고, 계약을 맺고서 서신이나 물건을 배송하는 일을 했다. 이들은 직접 발로 걷거나, 여객과 화물을 모두 운송하는 '우편마차'를 이용했다.

1576년 앙리 3세는 왕립 우편제도의 형식을 복구하여, 수취인이 요금을 부담하는 방식으로 개인 우편물을 취급하도록 허가했다.

잉글랜드에서는 왕과 귀족들, 그리고 상인들의 메시지가 여전히 위험한 경로를 통해 전달되고 있었다. 1448년 기사 존 폴스태프 경(셰익스피어에게 영감을 준 인물)의 하인은 주인에게 답장이 늦어진 데 대해 용서를 구하며 이렇게 썼다. "성탄절 전에 런던에서 전령들을 구할 수 있었더라면 편지는 이미 발송될 준비가 되었을 것입니다." 이후에 왕들은 우편제도의 형식을 정립했다. 1485년 리처드 3세는 32킬로미터 간격으로 배치된 기수들의 사슬을 정립했다. 1516년 헨리 8세는 국왕 전용의 우편 체계를 만들어 우정상郵政相이라 명명한 자신의 비서에게 관리하게 했다. 제후들과 상인들은 말을 타고 이동하거나 도보로 이동하는 사적인 전령들에게 돈을 지불하고 메시지 전송을 위탁했다. 노퍽에 살던 마거릿 패스턴이라는 여성이 런던에서 변호사로 일하고 있는 남편에게 보낸 60통의 편지가 발견되었다. 1448년에 보낸 한 편지에서, 그녀는 남편에게 아몬드, 옷감, 설탕을 보내라고 하면서, 이웃들의 공격을 물리칠 수 있게 쇠뇌도 함께 보내달라고 부탁했다. 패스턴 집안에서 (1422년에서 1509년 사이에) 교환된 편지들 중 일부는 이 시대를 보여주는 매우 희귀한 역사적 자료가 되고 있다. 어떤 편지들은, 처음에 서기의 도움을 받았으나 나중에는 읽는 법을 배워 집안 재산에 관한 일을 스스로 처리할 줄 알게 된 한 여성의 이야기를 드러내고 있다.

신성로마제국의 본거지인 독일에서는 거상巨商상인들이 훨씬 더 효율적이고 지속적인 우편제도를 운영했다.

당시 유럽에서 가장 부자였으며, 아우크스부르크에서 태어나 루카 파치올리(복식부기를 개량한 프란치스코회 수사)에게 양성된 야코프 푸거는 우선 자신의 상품 유통 체계를 조직했고, 1506년부터 이탈리아와 전쟁을 하는 동안 줄곧 황제가 이 체계를 자유로이 사용하도록 했다. 그러나 1525년에 야코프 푸거가 죽자 이 우편 체계는 해체되고 말았다.

곧이어 이미 앞에서 다루었던 타시스 집안이 등장했다. 1502년 미래의 막시밀리안 1세 황제가 타시스 집안에서 알레산드로(1489년 이래로 교황의 우편 업무를 관리하고 있던 인물)의 두 아들 프란체스코와 자네토에게 제국의 우편망을 구축하는 임무를 맡겼다. 1519년 막시밀리안 1세 황제의 후계자 카를 5세는 이 우편제도를 몇몇 사적인 고객들에게 개방했고,

이제 탁시스 가문이 된 타시스 집안 사람들에게* 우편제도의 독점 운영권을 맡겼다. 당시 우편제도는 신뢰할 수 있었고, 규칙적으로 운영되었으며, 차츰 형편이 되는 사람은 누구나 이용할 수 있게 되었다. 우편제도 전체를 관리한 곳은 브뤼셀이었다. 탁시스 가문은 독일, 오스트리아, 헝가리, 네덜란드, 스페인의 우편 경로들을 모두 독점했다. 또한 황제의 우편물만이 아니라 상인들의 우편물도 배송했다. 이러한 체계는 19세기 말까지 지속된다.

인쇄, 지식을 전달하는 기술: 성경에서 책력까지

1400년 마인츠의 유복한 가정에서 태어난 요하네스 구텐베르크는 금은세공업 훈련을 받으면서 조각과 합금 기술을 익혔다. 1448년 구텐베르크는 새로운 인쇄기를 만드는 작업에 착수했고, 은행가 요한 푸스트의 금전적 도움을 받았다. 푸스트는 당대의 애서가였던 니콜라우스 쿠자누스 추기경과 가까웠다. 추기경은 이전에 콘스탄티노플에서 살았고 중국의 인쇄술을 알고 있었다.

처음에 구텐베르크는 상형문자를 쓰는 중국인들의 목판인쇄를 이용해보고자 했다. 하지만 목판인쇄는 알파벳 글자들을 복제하는 데 필요한 밀리미터 단위 이하의 정확성에 이르지 못했다. 이어서 금속판 인쇄를 시도했다. 하지만 금속판을 인쇄에 이용하는 것은 이미 15세기 초에 홀란드에서 시도되었으나 실패한 적이 있었다. 송곳으로 글을 새기면 금속판이 쉽게 변형되는 것이 문제였다. 그래서 구텐베르크는 글자를 하나씩 분리해

---

* 이탈리아 베르가모의 오메데오 타소로부터 시작된 이 집안은 신성로마제국 황실에 우편 서비스를 제공하면서 타시스(Tassis)라는 이름을 사용하게 되었고, 이후 귀족 작위를 받으면서 가문 이름을 탁시스(Taxis)로 확정했다.

서 제작해보기로 했다. 그는 합금 비율을 조정하여 (납 83퍼센트, 주석 5퍼센트, 안티몬 12퍼센트) 금속 활자가 변형되는 것을 막았다. 그런 다음 다른 분야들에서 이미 입증된 기술들(직물 인쇄용 프레스기, 필경사용 잉크, 금은세공용 주형과 송곳)을 결합했다. 그리고 성공을 거두었다.

1452년 그가 처음으로 찍어낸 책은 성경이었다. 오스만제국의 메메트 2세가 콘스탄티노플을 정복(1453년 5월 29일)한 이듬해인 1454년 12월에는 4절판 6매짜리 《튀르크인들에 맞서 그리스도교 세계에 울리는 경종 Eyn manung der cristenheit widder die durken》을 인쇄했다. 그는 이 책자에 '튀르켄 칼렌다르 Türkenkalendar'(튀르크 달력)라는 제목을 달았다. 이 책자의 각 페이지는 1455년의 한 달씩에 해당했고, 각 페이지마다 세속 군주나 교회 성직자에게 튀르크인들에 맞서 싸우라고 하는 권고와 기도가 하나씩 담겨 있었다.

인쇄술이 가져올 결과에 대한 예측은 모두가 같았다. 인쇄술 덕분에 라틴어가 전 유럽의 의사소통 언어로 인정받고, 교회는 모두에게 성경을 배포함으로써 자신의 권력을 더욱 강화하리라는 것이었다. 하지만 실제로 일어난 일은 이와 정반대였다.

1460년 스트라스부르의 인쇄업자 요하네스 멘텔린은 최초의 독일어 성경을 인쇄했다.

그 뒤로 유럽 전역에 인쇄소가 생겨났다. 1464년 요한 푸스트와 연계된 콘라트 스바인하임과 아르놀트 파나르츠는 아펜니노산맥에 위치한 수비아코의 베네딕토회 수도원에서 이탈리아 최초의 인쇄소를 열었다. 그리고 이듬해인 1465년에 키케로 작품들의 편집본을 출판했다. 1468년 베네치아에서는 독일에서 온 슈파이어 집안의 두 형제 요한과 벤델린이 키케로의 작품 《친구들에게 보내는 편지 Epistulae ad Familiares》를 출간했다.

이듬해에는 이들의 조수인 니콜라 장송이 베로나, 밀라노, 크레모나, 페루자에 대리인을 두고 있던 장 드 콜로뉴라는 상인과 함께 최초의 상업적 인쇄소를 열었다.

1470년 소르본대학의 소∧수도원 원장 요한 하인린은 독일인 인쇄업자 세 명을 파리로 불러들였다. 이들은 생브누아 회랑에 소르본대학의 부속 건물을 설치했다. 이것이 프랑스 최초의 인쇄소였다. 이 인쇄소에서 처음 나온 책은 이전에 프랑스에서 인쇄된 적이 없는 책, 곧 이탈리아의 문법학자이자 교사였던 가스파리누스 데 베르가모의 서한집이었다. 4절판 120매짜리 책을 100부 인쇄한 다음 손으로 채색한 것이었다. 뒤이어 소르본대학의 전문 분야였던 수사학에 관한 책들을 출판했다. 1476년 웨스트민스터에서는 윌리엄 캑스턴이 잉글랜드 최초의 인쇄소를 열었다. 1480년대에는 베네치아의 인쇄업자이자 편집자인 에르하르트 라트돌트가 채색 문양으로 장식된 최초의 글자들을 인쇄했다. 이로써 인쇄 후에 책을 채색하여 장식할 필요가 없게 되었다.

미래의 막시밀리안 1세 황제는 인쇄술이 정치적 이득을 가져올 것으로 기대했다. 1482년 그는 자신이 루이 11세와 맺은 조약을 인쇄하여 독일 제후들에게 배포하게 했다. 1486년 5월 9일에는 아우크스부르크, 마그데부르크, 마인츠, 파사우, 스트라스부르, 슈투트가르트, 울름의 인쇄업자들에게 요구하여 자신이 게르만의 왕으로 선출되었고 로마의 왕으로서 대관식을 거행했음을 알리는 '공식 통지문'을 인쇄하게 했다. 그는 이 통지문을 제국 내 모든 도시의 지도자들에게 발송했다.

마인츠에서는 최초의 책력을 인쇄했다. 책력almanach이라는 단어는 아랍어 무나와크munawaq('순서대로 배열된')에서 유래했다. 이미 필사본의 형태로 유통되던 것을 새로 만든 이 책자들은 실용적인 정보들(종교 축일, 성인들의 이름, 장날 등), 점성술에 관한 설명들(예언들과 함께), 다양한 사실들, 권고들(요리, 원예, 건강, 교육 등에 관한)을 담고 있었다. 1491년에는 프랑스 최초의 책력인《목동들의 달력Calendrier des Bergers》이 여러 부 인쇄되었다.

15세기 말에 이르면 유럽의 주요 도시 200곳에 인쇄소가 있었으며, 그 중 62개가 신성로마제국 내에 있었다.

1492년에는 세비야에서 스페인어 문법책이 인쇄되었는데, 이는 그 나라 고유 언어로 출간된 최초의 문법책이었다. 그 뒤로 다른 언어로 된 문법책들도 인쇄되었다. 인쇄술의 등장으로 유럽 전역을 정복하리라 생각되었던 라틴어는 오히려 소멸할 위기에 처했다. 또한 제국을 날려버리고 교회를 위협하게 될 민족주의의 물결이 시작되었다.

황제와《노이에 차이퉁엔》, 최초의 정기간행물

1508년 마침내 황제의 자리에 오른 막시밀리안 1세는 민중의 분노가 끓어오르는 것을 느끼고 인쇄업자들을 자기편으로 끌어들여 그들에게 수익을 제공하면서 자신의 정치 선전을 다루도록 했다. 황제는 그들에게 때때로 회보를 찍어 제국 전역에 배포하게 했다. 최초의 정기간행물이 등장한 것이다.

이 최초의 정기간행물은 4쪽에서 16쪽으로 구성된 작은 공책 형태에 황제가 참여한 전투라든가 황족의 장례식에 관한 소식을 담았고 삽화와 목판화로 장식되었다. 이것이 바로《노이에 차이퉁엔Neue Zeitungen》('새로운 신문')이었다. 1509년《노이에 차이퉁엔》첫 호는 프랑스가 레스보스섬을 탈환했다는 소식을 알렸다. 1510년의 다른 호에서는 루이 12세와 교황이 화해했다는 이야기를 전했다.《노이에 차이퉁엔》은 이후 여러 해 동안 튀르크인들에게 맞선 그리스도교 군주들의 원정 소식을 전했다. 점차 대량으로 제작되어 낮은 가격에 판매되었으며, 더욱 광범위한 공적 영역을 다루었다.《노이에 차이퉁엔》에서 가장 훌륭한 편집자는 변호사 크리스토프 폰 쇼이를*이었다. 그는 황제의 통제 아래 직접 기사를 써서 인쇄했다. 이 소책자 형태의 소식지는 사적인 전령들에 의해 유럽 전역에 유통되었을 뿐 아니라 가판이나 선술집에서 판매되기도 했으며, 사람들의 손에서 손으로 전해졌다. 하지만 우편제도를 이용한 발송은 아직 고려되지 못했다.《노이에 차이퉁엔》은 1519년 막시밀리안 1세가 사망할 때까지 계속 발간되었으나, 그 뒤로는 사라지고 말았다.

이제 인쇄술은 황제에 대항하는 수단이 되어갔다. 황제에 맞서는 소책자들이 출판되기 시작했고, 이어서 교회에 맞서는 소책자들도 등장했다.

루터와 플루크슈리프트

1517년 10월 31일, 33세의 아우구스티노회 수사이자 신학 교수이며 독일어 성경의 번역자이기도 했던 마르틴 루터는 작센의 비텐베르크 교회 정문에 독일어로 된 95개조 반박문을 게시했다. 루터는 로마의 성 베드로 성당 건축 비용을 마련하기 위해 면벌부를 판매하는 교회의 부패를 비난했다. 이듬해 루터의 반박문은 그의 학생들에 의해 인쇄되어 유럽 전역에 유포되었고, 엄청난 반향을 일으켰다.

루터에게 인쇄술은 "복음의 힘을 선전할 수 있는 가장 훌륭하고 가장 극적인 신적 은총의 행위"였다. 루터는 인쇄술을 통해 가톨릭교회가 반응하기 이전에 자신의 생각을 유럽 전역에 알릴 수 있었다. 그는 교회에 맞서 수많은 소책자를 매우 빠르게 출간했다. 이 소책자들에는 루터의 친구

---

* 루터의 95개조 반박문을 인쇄하여 배포한 최초의 인물 중 하나.

이며 훌륭한 화가였던 루카스 크라나흐의 그림들이 첨부되었다. 그가 그린 반反교황주의 캐리커처들은 루터의 글에 담긴 생각을 시각적으로 드러내 이해를 도왔다.

이 소책자들은 1쪽에서 16쪽으로 구성되었으며, 행상들에 의해 선술집들에 배포되었다. 사람들은 이를 가리켜 플루크슈리프트Flugschrift(축자적으로 '날아다니는 종이'를 뜻하며 팸플릿이나 브로슈어를 말한다)라고 불렀다.

1517년에서 1520년까지 루터가 쓴 서른 편의 글이 30만 부 이상 인쇄되어 판매되었고 루터는 그에 대한 인세를 요구했다. 최초의 저작권 주장이었던 셈이다. 프로테스탄트 저자들의 글은 가톨릭교회의 반박을 불러일으켰다. 그래서 1525년 히에로니무스 에스메르는 〈미사의 거룩한 기도에 반대하는 루터의 불경함에 대한 응답〉을 라틴어로 작성했다. 하지만 라틴어의 시대는 이미 지나갔고, 이러한 가톨릭교회의 응답은 종교개혁을 멈추지 못했다.

1530년에 이르기까지 신성로마제국 내에서 출판된 1만 종의 소책자 가운데 다수는 종교개혁과 관련된 것이었으며, 그중 다수가 루터 자신이 단독 저술한 것이었다. 1546년에 세상을 떠날 때까지 루터가 출간하거나 재출간한 글은 4000편에 달한다.

당시 인쇄소가 있었던 대다수의 대도시(스트라스부르, 뉘른베르크, 바젤 등)에서는 종교개혁을 지지했다. 1535년 프랑스 도피네와 프로방스의 농민들은 1532년부터 프로테스탄티즘에 연결된 발도파 운동*에 영향을 받아

---

* 12세기 프랑스 리옹 출신의 페트루스 발데즈에게서 시작된 그리스도교의 한 분파. 가톨릭교회로부터 이단으로 규정되어 박해받았으나 16세기까지 민중 사이에서 영향력을 행사했다.

뇌샤텔에서 최초의 프로테스탄트 성경을 프랑스어로 출판하는 데 자금을 댔다. 1536년 제네바에서는 또 다른 개혁가인 장 칼뱅의 선동에 힘입어 종교개혁 운동이 승리를 거두었다. 1541년 종교개혁 프로파간다의 중심은 제네바로 옮겨갔다. 프로테스탄트와 로마의 싸움은 격렬했다. 전직 프랑수아 1세의 왕립 인쇄공이었던 로베르 에스티엔 같은 프랑스의 서적상들은 이 싸움을 피해 해외에서 은신처를 찾았다. 한쪽의 불관용은 다른 한쪽의 불관용에 필적할 따름이었다.

베네치아에 등장한 저널리스트의 첫 맹아, 노벨란티

1520년부터 베네치아에서는 사비 델 콘실리오Savi del Consiglio(도제Doge의 권력을 제약하기 위해 만들어진 베네치아공화국의 기관)가 대사들, 관리들, 외국에 사는 베네치아인들에게서 받은 소식들을 총괄했다. 이러한 정보들은 필사본 형태로 대사들에게 전달되었고, 정부 사무국의 문서고에는 인쇄된 사본들이 보관되었다.

이탈리아의 다른 지역과 마찬가지로 베네치아에서도 상인들이 단속적으로 필사본 아비조를 제작하여 고객들에게 제공하고 있었다. 4등분 된 종이 두 장에 작성된 이 기밀 보고서는 최신의 군사·정치 정보들을 담았다. 이러한 글을 전문으로 쓰는 사람을 노벨란티novellanti라고 불렀다. 이들은 비용을 부담하는 상인들을 대리하여 글을 쓰기도 했지만 자기가 비용을 충당하기도 했으며, 동부 지중해, 중동과 극동, 오스만제국, 스페인과 포르투갈에서 들어오는 소식들을 다루었다. 이 최초의 '저널리스트'는 이발사, 상인, 장인들로 붐비는 리알토 다리와 가게, 카페, 서점이 즐비한 산마르코 광장에서 오가는 이야기들을 기술하기도 했다. 또한 어떤 비서관들에게서 캐낸 정부 내각의 비밀 정보들도 슬며시 끼워넣곤 했다. 그들은 아비조를 인쇄하여 멀리 떨어진 구독자들에게 발송하기 시작했다. 노벨란티라는 직업은 이제 상인이라는 직업과 구별되었다.

아비조는 언제나 '1570년 3월 24일, 베네치아의 소식'과 같이 간결하게 시작했다. 서점에서 판매되었고 대도시에서는 구독할 수도 있었다. 가격은 한 부에 2솔디였는데, 베네치아의 2솔디짜리 동전은 (표면에 까치가 그려져 있었고, 까치는 베네치아 말로 가차gaza였으므로) 가체타gazetta라고 불렸다. 하지만 아직까지 가제트gazette라는 말은 등장하지 않았다.

로마의 노벨란티인 조반니 폴리의 글은 이탈리아의 모든 지도자가 읽었고 스페인의 국왕이자 카를 5세의 아들인 펠리페 2세도 읽었다. 그의 소식지는 4쪽에서 8쪽으로 구성되었다.

1558년 3월 20일 베네치아에서 나온 한 아비조에서는 당시 브뤼셀에 있었던 펠리페 2세의 궁정에서 일어난 일을 이야기하고 있다. "카라파 추기경이 떠나게 되자 국왕은 그를 저녁 만찬에 초대했다. 하지만 펠리페 2세는 간소하게 먹지 않고 평소대로 다 먹었다. 국왕과 추기경은 헤어지기 전에 서로 포옹하며 귀에 대고 몇 마디 말을 나누었다. 오늘 안트베르펜에는 스페인에서 출발한 네 척의 배가 은화 20만 에퀴와 환어음 30만 에퀴를 싣고 열흘 만에 도착했다. 제일란트와 잉글랜드에서 쓰일 군자금이었다. 프랑스에 있는 우리 상인들에게는 불안정한 상황이다."

1570년 교황 비오 5세는 바티칸 주변을 돌며 활동하는 노벨란티에게 교회에 대한 비판이 금지되었음을 상기시켰다. 1572년 교황은 교회를 비판했다는 이유로 니콜로 프랑코라는 노벨란티를 처형했다. 1581년에는 또 다른 노벨란티 한 명이 단지 교황의 건강이 나빠지고 있다고 썼다는 이유로 처형되었다.

이러한 정보들은 중요했고 사람들에게 매우 인기가 있었다. 때로는 교황 선출에까지 영향을 끼칠 수 있었다. 1521년 교황 레오 10세가 죽자 피렌체의 시인 피에트로 아레티노는 나보나 광장에 있는 파스퀴노의 흉상*에 벽보를 붙였다. 푸치 추기경은 여자를 좋아하고 만토바 추기경은 소아성애자이며 시옹 추기경은 알코올 중독자라고 비방하는 소네트가 실려 있었다. 시인은 줄리오 데 메디치만은 너그럽게 봐주었는데, 결국 그가 1523년 11월 19일에 교황(클레멘스 7세)으로 선출되었다.

최초의 정기간행 신문, 메스렐라치온

1588년 프랑크푸르트에서는 커다란 정기 시장이 열렸고 인쇄업자들과 서적상들도 참여했다. 여기서 메스렐라치온Messrelation이 등장했다. 반년이나 1년 주기로 발간되는 메스렐라치온은 당시 알려진 세계에서 최근에 일어난 정치적·군사적 사건들을 전해주었다.

1596년 가톨릭 신학자 피에르 빅토르 팔마 카예가 여러 해에 걸친 일종의 연보年報《크로놀로지 노베네르Chronologies novennaires》(1589~1598년에 일어난 사건들을 재편성)를 출간했고, 이어서《크로놀로지 셉테네르Chronologies septénaires》(1598~1604)를 출간했다. 1605년에는 '1589~1598년의 앙리 4세의 전쟁들'을 이야기하는《크로놀로지 노베네르》를 출간했다.

1597년 아우크스부르크에서는 사무엘 딜바움이라는 사람이 최초의 월보月報를 출간했다. 해당 달의 이름 아래《히스토리셰 에어첼룽Historische Erzählung》(역사 이야기)이 실린 형태였다. 이 월보는 150부가 출판되었고, 나중에는 1597년의 12개 호 전체가《아누스 크리스티, 1597Annus Christi,

---

* 16세기부터 이 흉상 주변에 교황이나 교황청 고위직 인사들을 비판하는 풍자시를 게시하는 관습이 생겼다. 여기에서 공개적인 풍자문을 뜻하는 영어 단어 패스퀴네이드(pasquinade)가 유래했다.

1597》이라는 제목으로 묶여서 출판되었다. 하지만 이후에는 월보가 더 이상 나오지 못했다. 역사상 최초의 월간 잡지였지만 1년밖에 지속되지 못한 것이다.

런던의 뉴스

1407년 캔터베리의 대주교 토머스 아룬델은 옥스퍼드 대교구회의 (시노드)를 주재했다. 이 회의에서는 성경에 대한 강론, 번역, 사용을 통제하기로 했다. 성경의 일부라도 영어로 번역하는 것은 명백하게 금지되었고, 주교의 허락 없이 번역된 성경을 읽는 사람은 이단으로 단죄되어 죽음의 형벌을 받을 수 있었다. 이러한 상황은 한 세기가 조금 넘는 시간 동안 계속되고, 잉글랜드 전역에서 인쇄와 출판의 발전을 제약하게 된다.

랭커스터 가문과 요크 가문 사이에서 벌어진 장미전쟁이 계속되던 시기에 사람들은 필사본 보고서들을 보게 되었다. 이 보고서에 실린 글들은 각자가 자신이 승리자라면서 스스로를 찬양하는 내용뿐이었다. 다른 곳들과 마찬가지로 잉글랜드에서도 상인들의 보고서가 유통되었고, 종교인들의 전령이 다양한 역참들을 통해 이곳저곳을 돌아다녔다.

잉글랜드에서 인쇄술은 매우 늦게 등장했고 상당한 통제를 받았다. 1513년 11월 리처드 포크는 런던에서 4쪽짜리 최초의 팸플릿을 인쇄했다. 《잉글랜드와 스코틀랜드 간 전투의 결과》라는 제목의 이 팸플릿은 1513년 9월 9일의 플로든 전투에서 잉글랜드가 거둔 승리에 대한 이야기를 전했다.

1525년 윌리엄 틴들은 1407년 시노드의 결정을 과감하게 어기고 신약성경을 영어로 번역하여 인쇄했다. 1534년 헨리 8세는 자신을 잉글랜드 교회의 수장으로 선포하고, 자신의 개인적 지침에 따라 개별적인 책의 출판을 통제했다. 1536년 8월 틴들은 안트베르펜에서 카를 5세의 병사들에게 체포되었고, 성경을 번역한 죄로 이단으로 몰려 산 채로 화형당했다. 2년 뒤 틴들의 성경은 헨리 8세에게 제출되었고, 국왕은 "잉글랜드의 모든 본당에서" 이 성경이 읽혀야 한다고 선언했다. 이듬해에는 "국왕 헨리가 승인한 번역본"《그레이트 바이블Great Bible》이 나와서 영국 국교회에서 사용하게 되었는데, 이 영어 성경은 틴들의 번역을 거의 그대로 취한 것이었다.

1549년 정부의 검열이 조금 느슨해지자, 런던에서는 은밀하게 인쇄된 '뉴스레터newsletter'가 등장했다. 이 최초의 뉴스레터는 존 데이라는 인쇄업자가 직접 글을 작성하여 제작한 것으로《데번셔와 콘월 반역자들의 요구Requests of the Devonshyre and Cornyshe Rebelles》라는 제목을 달고 있었다. 편집자들은 런던에 자리를 잡고 대륙의 정보원들로부터 정보를 얻었다. 하지만 이 뉴스레터는 몇 개월 만에 중단되었다.

1553년 가톨릭 신자인 메리 튜더가 왕위에 오르자, 검열이 다시 복구되었다. 다수의 프로테스탄트 인쇄업자들이 잉글랜드를 떠났다. 존 데이는 링컨셔에서 은밀하게 일을 계속해나갔다. 그는 16세기 말미에 인쇄된 것으로 여겨지는《순교자들의 책The Book of Martyrs》을 출간했다. 1558년 왕위에 오른 엘리자베스 1세는 프로테스탄트 인쇄업자들의 귀국을 승인하는 한편, 모든 출판물에 대한 왕실의 통제 권한을 재확인했다. 1563년 여왕은 "여왕과 다른 귀족들에 대해 글, 인쇄물, 노래, 혹은 그밖에 다른 모든 담화를 통해 이야기된 나쁜 예언을 출간하고 공개하는 것"을 금지했다.

1567년 엘리자베스 1세 여왕의 고문 니컬러스 베이컨 경(프랜시스 베이컨의 아버지)은 영국 국교회를 비판하는 책과 비방문을 경계하도록 여왕을 이끌었다. "이런 책들과 반역적인 비방들이 들어오면 사람들의 정신이 서로 일치를 이루지 못하고, 정신들의 대립은 결국 소란을 일으키고, 소란은 반란을 일으키고, 반란은 폭동과 반역을 일으키고, 폭동은 인구 감소를 일으키고, 결국 사람들의 신체와 재화와 토지의 파괴 및 전체적인 폐허를 초래할 뿐이다."

여기에 대처할 길은 없었다. 16세기 말 엘리자베스 1세 치세의 마지막 몇 년 동안 인쇄소는 여전히 철저하게 통제되고 있었다. 하지만 망토 속에 숨겨 몰래 판매하는 '뉴스'라는 이름의 필사본 전단지들은 빠르게 증가했다. 사람들은 그것을 읽고 잉글랜드와 유럽에서 벌어지는 정치적 사건들, 특히 1570년대에 네덜란드가 펠리페 2세에 맞서 일으킨 반란에 관한 이야기를 알 수 있었다.

프랑스: 카나르와 리벨

15세기 프랑스에서는 인쇄술이 도입된 이후에도 아비조 같은 소식지가 등장하지 않았다. 1529년이 되어서야 카나르canard라는 것이 등장했다 (카나르는 본래 '오리'라는 뜻인데 '말이 많은 사람'을 가리키기도 했다. "바예 엉 카나르bâiller un canard"라는 표현은 거짓으로 지어낸 이야기를 한다는 뜻이다). 카나르가 신문은 아니었다. 카나르에는 가상의 범죄와 지어낸 재난 이야기, 초자연적인 일들과 기이한 사건들이 실렸다. 전단지 형태로 인쇄되었고, 삽화가 들어가기도 했다. 노점상들이 큰 소리로 외치며 판매했고, 큰 목소리로 내용을 읽어주는 경우도 많았다. 활자의 서체가 일정하지 않았으며, 종이의 질도 좋지 않았다. 익명의 저자들이 글을 썼고, 선정적인 내용을 자세하게 묘사한 부분이 많았으며, 가짜 목격담도 자주 등장했다. 실제 일어난 일을 절대 이야기하지 않는 한에서 카나르는 용인될 수 있었다.

1536년 프랑수아 1세는 "사전에 왕립도서관 관리인에게 사전에 사본 한 부를 제출하지 않고는 어떤 언어로 된 책이나 공책도 외국으로 판매하거나 발송하는 것"을 금지하는 법안을 복구하도록 고등법원과 소르본대학에 요청했다. 이러한 사실은 루터와 칼뱅의 소책자들이 프랑스에서 유통되고 있었음을 방증하는 것이다. 1537년 프랑수아 1세는 인쇄업자들에게 프랑스 왕국 내에서 인쇄되는 모든 저작물의 사본 한 부를 왕립도서관에 제출하도록 명령했다. 이것이 바로 법정 기탁 의무의 기원이다.

1539년 10월 17일 밤부터 이튿날까지 칼뱅주의자들이 뇌샤텔의 목사가 작성하고 스위스에서 인쇄한 반反가톨릭 벽보를 파리 시내에 게시하는 일이 있었다. 이것이 커다란 소동을 일으키자 프랑수아 1세는 왕의 메시지를 제외하고 공공장소에서 벽보를 게시하는 것을 금지했다. 이제 검열은 더욱 엄격해졌다. 1546년 편집자 에티엔 돌레는 프랑수아 라블레와 클레망 마로의 작품을 출판했다는 이유로 모베르 광장에서 화형당했다. 파리대학에서 작성한 금서 목록에는 라블레의 작품들은 물론 로베르 에스티엔이 인쇄한 성경도 들어 있었다. 에스티엔은 한때 프랑수아 1세의 후원을 받았으나 결국엔 제네바로 피신해야 했다.

그럼에도 검열은 그다지 효과를 발휘하지 못했다. 종교전쟁이 시작되고 1년이 지난 1563년 샤를 9세는 다시금 국왕의 허락 없이 책, 편지, 연설, 리벨, 카나르, 벽보 등을 인쇄하지 못하게 했다. 3년 뒤에도 물랭 칙령을 통해 새로운 책과 리벨은 인쇄 전에 왕실 상서국으로부터 인가를 받아야 한다고 다시 한번 언명했다.

이때 프랑스에서는 아비조에 해당하는 '리벨libelles'이라는 소식지가 등장했다(리벨libelle은 '작은 책'을 뜻하는 라틴어 리벨루스libellus에서 나왔다). 리벨은 4쪽에서 16쪽으로 된 작은 공책 같은 것으로 처음에는 필사본으로 제작되었으나 나중에는 인쇄본으로 나왔다. 대부분 저자는 익명이거나 가명을 사용했다. '카나르'와 달리 리벨은 실제 사건들을 다루었다. 또한 국왕에 대한 비판도 실었다. 검열이 있긴 했지만, 1585년에서 1594년 사이에 파리에서는 870종의 리벨이 출간되었다.

1588년에서 1589년 사이에 어떤 리벨은 앙리 3세와 그의 총신들을 범죄자라고 고발했다. 주술을 행하는 데 몰두하는 악마적인 인물들이라는 것이었다. 이들 중에는 '앙리 드 발루아의 주술과 뱅센 숲에서 악마에게 바친 제물'이라거나, '1589년 1월 28일, 파리의 한 아이가 앙리 드 발루아에게 전달한 편지에 담긴 끔찍한 사실들', '왕의 주치의이자 추밀원의 일반 고문인 미롱의 집에서 발견된 앙리 드 발루아의 주구呪具와 부적'이란 제목이 붙은 것들도 있었다. 이 모든 것을 중지시키고자 다시 한번 검열이 실시되었다. 하지만 별다른 효과는 없었다. 1589년 8월 2일 앙리 3세는 도미니코회 수사 자크 클레망의 단도에 찔렸다. 하지만 이것이 익명의 리벨이 암살자의 손을 보강해준 마지막 사건은 아니었다.

4

현대적 글쓰기의 시작

❧

17세기

유럽에서는 30년 동안이나 유럽인들을 둘로 갈라놓게 될 전쟁이 시작되었다(프랑스·스웨덴·보헤미아·네덜란드·작센·헝가리·트란실바니아·프로이센이 한편이 되고, 신성로마제국·스페인·오스트리아·크로아티아·포르투갈이 한편이 되었다). 전쟁의 와중에도 새로운 소식들을 출간하는 중심지는 북부 이탈리아와 플랑드르를 오고 갔다.

스스로 정보를 얻고 다른 이들에게 정보를 알리기 위해 군주, 교황, 수도원, 목사, 대학은 유럽 곳곳에 전령들을 보내고 받았다. 민중은 늘 그래왔듯이 정기 시장이나 빨래터에서 떠도는 정보를 얻거나, 사제들과 거리의 가수들과 고함꾼들에게서 듣는 정보에 만족했다. 상인들은 더 많은 정보를 입수할 필요가 생겼으며, 입수한 정보를 더 많은 상인과 나누어야 할 필요도 있었다. 이를 위해 상인들은 우선 네덜란드에서 '정보의 자유'를 최초로 강행했다. 마침내 최초의 신문이 등장한 것이다.

이탈리아의 가제트

17세기 초 베네치아에서는 아비조(상인들이 필사하여 동료들에게 판매한 우편 소식지)가 '가제트'라는 이름을 취하게 되었다. 이 이름은 앞 장에서 살펴보았듯이 16세기 말부터 아비조를 사는 데 필요한 소액의 동전 이름에서 비롯했다.

가제트는 인쇄되어 발행된 최초의 신문이다. 그리 중요하지 않은 가벼운 주제들이나 외국 소식들만을 다루었고, 혹은 군주를 찬양하는 내용을 실었다. 가제트를 작성하고 발행하는 가즈티에gazetier 또한 전문적인 직업인은 아니었고, 기회가 생길 때마다 정기간행물에 기고하는 문인文人을 뜻했다.

1602년 이후로 교황 클레멘스 8세는 아비조가 로마에서 유통되는 것을 금지했다. 교황의 말에 따르면, 유럽 도처에서 아비조를 인쇄하는 업자들이 대체로 종교개혁에 호의적이었기 때문이다. 그럼에도 필사하는 방식으로 은밀하게 제작되는 아비조가 다시 나타나 바티칸을 비판했다. 1606년에는 여러 아비조에서 교황 바오로 5세가 된 카밀로 보르게세를 비판했다. 베네치아에서 수도원들이 축적하는 부의 양을 제한하려는 법률을 교황이 가로막으려 했기 때문이다.

1639년 제노바에서는 바티칸의 대표자들이 모든 가제트는 출간 이전에 허가를 받아야 한다고 공포했다. 베네치아의 철학 교수였던 미카엘 카스텔리는 교황 및 스페인 사람들과 가까워서, 필사로든 인쇄로든 모든 새로운 소식을 유포하는 독점적 권리를 획득하고 제노바 최초의 가제트를 출간했다. 이 가제트는 매주 금요일에 발행되는 주간지였다. 총 4쪽으로 구성되어 이탈리아와 외국의 정치·군사 소식을 전했고, 특히 오래 지속되고 있던 전쟁 소식을 다루었다. 1645년 11월 프랑스의 국무경 브리엔 백작은 시 당국의 동의를 얻어 그에게 "프랑스의 명예와 평판에 반하는 수치스러운 일들"의 출판을 멈추라고 요구했다. 카스텔리는 복종했고, 그의 가제트는 제노바 상인이면서 프랑스의 이익에 충실한 루카 아사리노가 출간하는《제노바Genova》라는 또 다른 가제트로 대체되었다. 아사리노는 젊은 시절에 살인 혐의로 두 번이나 투옥된 적이 있음에도, 사보이아 공작의 공식 사료 편찬관으로 임명되었고, 자신의 아비조를 비싼 가격에 판매하는 일도 계속했다.

1668년 로마에서는 최초의 월간 잡지가 등장했다.《조르날레 델레테라티 디탈리아Giornale de'Letterati d'Italia》라는 이 잡지는 문학적 주제에 특화된 잡지였으며, 프란체스코 나차리 수도원장에 의해 창간되었다. 북유럽(플랑드르, 잉글랜드, 독일)의 상황을 전하고, 학자들의 글을 제시하면서 과학적 발견과 기술적 혁신을 기술하기도 했다. 또한 콜레조 로마노*의 예수회 회원들의 글도 실었다. 하지만 교황을 비판하는 글은 전혀 싣지 않았다. 이 최초의 월간지는 1683년에 출간이 중단되었다.

베네치아는 여전히 이탈리아의 출판 중심지로 남아 있었다. 1671년《조르날레 베네토 델레테라티Giornale veneto de'letterati》가 등장했는데, 이미 로마와 파리에서 같은 이름으로 발행된 신문에서 영감을 받은 것이었다. 1687년과 1688년에 지롤라모 알브리치라는 인쇄업자가 판형이 매우 큰 월간 가제트《팔라데 베네타Pallade Veneta》를 발행했는데, 외국의 정치·군사 상황과 문학적 주제들을 다루었다. 이탈리아에서는 최초의 가제트들이 나왔지만 이들은 모두 검열을 거쳐야 했다. 진정한 의미에서 최초의 신문들이 등장한 곳은 북유럽이었다.

---

* 예수회의 창립자 로욜라의 이냐시오가 1551년 로마에 설립한 학교.

독일의 렐라치온: 최초의 주간지와 최초의 일간지

1605년 스트라스부르에서는 프로테스탄트 목사의 아들이며, 스물다섯 살의 알자스인 인쇄업자인 요한 카롤루스가 매달 몇몇 고객들에게 자신이 직접 작성하고 《오르디나리 아비센Ordinarii Avisen》(일상 소식들)이라고 명명한 소식지를 배송했다. 여기에는 이탈리아의 아비조가 그러했듯이 프랑스, 이탈리아, 독일, 오스만튀르크, 헝가리에서 서신으로 보내오는 소식들이 실려 있었다. 카롤루스가 게재하는 정보들은 출처가 되는 편지가 도착한 순서에 따라 정렬되었고 어떠한 논평이나 해설도 없이 제시되었으며 제목이나 삽화도 전혀 없었다. 헝가리에서 벌어진 종교 간 충돌, 나폴리의 살인사건, 교황의 간섭, 지중해의 해적질 같은 이야기들이 실렸다. 카롤루스는 이 소식지를 탁시스 가문이 운영하는 우편 서비스를 이용해 플랑드르까지 발송했다.

1605년 말, 열한 번째 아비조까지 직접 손으로 만들었고 그것들이 종교개혁의 땅에서 성공을 거두자 요한 카롤루스는 매주 인쇄하여 고객들에게 배송하기로 결정했다. 이제 그는 자신의 소식지를 아비조라고 부르지 않고 《렐라치온Relation》('모든 군주와 기억할 만한 역사에 관한 보고' 혹은 '스트라스부르에서의 보고')이라고 불렀다. 당시 독일어에서 Relation이라는 단어는 '명령 실행에 관한 보고' 혹은 '직접적인 목격자의 보고'를 의미했다. '보고, 거부'라는 뜻의 라틴어 relatio에서 비롯되었다. 이렇게 해서 카롤루스는 세계 최초의 주간지 발행인이 되었다.

그는 자신에게 10년 동안 특권을 부여해달라고 시 당국에 요청했으나 거절당했다. 그는 더 멀리까지 나아가 《렐라치온》을 독일, 네덜란드, 프랑스에까지 확산시켰다. 프랑스에서는 독일 출신의 칼뱅주의자로서 파리에서 서적상을 하던 장 엡스타인이 카롤루스의 《렐라치온》에서 영감을 받아《누벨 오르디네르 드 디베르 앙드루아Nouvelles ordinaires de divers endroits》(다양한 지역의 일상 소식들, 이하 누벨 오르디네르)이라는 소식지를 만들게 된다. 이 최초의 주간지는 4년 동안 살아남는다.

1609년 니더작센에서는 두 번째 주간지 렐라치온인 볼펜뷔텔의《아비자Avisa》가 등장했다. 1610년에는 발레, 1615년에는 프랑크푸르트, 1617년에는 베를린에서 렐라치온이 발행되기 시작했다. 이들 렐라치온의 독자는 북유럽 전역의 상인들과 부유한 문인들이었다.

1648년 30년 전쟁이 종결되자, 티모테우스 리츠는 작센 정부로부터 '지역 및 외국의 일반 주간지를 인쇄하고 판매하는' 특권을 획득했다. 그의 아버지는 라이프치히의 바로크 시인이자 인쇄업자였으며, 그 자신은 친親스웨덴파 인쇄업자였다. 그는 1650년에 유럽 최초의 일간지《아인코멘데 차이퉁엔Einkommende Zeitungen》을 창간하여 1659년까지 일주일에 여섯 번 발행했다. 1659년에는 또 다른 일간지《누벨 드 라 게르 에 데 아페르 몽디알Nouvelles de la guerre et des affaires mondiales》(전쟁과 전 세계 사건들에 관한 소식)이 등장하여 앞선 일간지를 대체하고, 이후 6년 동안 발행되었다.

네덜란드공화국: 쿠란트, 가제트, 메르퀴르, 그리고 광고

17세기가 시작되자 암스테르담이 제노바와 안트베르펜을 제치고 세계 경제의 중심으로 떠올랐으며, 유럽 제1의 정보 시장이 되었다. 당시 네덜란드는 문맹률이 떨어지고 인쇄술이 크게 발달했으며, 종교를 둘러싼 극단적 분열이 오히려 관용의 한 요소로 작용했다. 우편제도가 부재한 상황을 임시로나마 벌충해준 것은 전 세계의 수많은 정보를 가지고 암스테르담 항구로 들어오는 선박들이었다. 이곳에서 표현의 자유는 유럽의 다른 어느 곳에서보다 컸다. 더 정확히 말하자면, 네덜란드는 출판물을 사전 검열하지 않는 유일한 나라였다.

카스퍼 반 힐턴이라는 사람이 독일 이외 지역 최초의 렐라치온《쿠란트 아이트 이탈리엔 엔 다이츨란트Courante uyt Italien en Duystland》를 창간했는데, 이탈리아에서 오는 소식지를 번역한 것이었다. 글의 제목도 없었고, 다만 첫 페이지에 "이탈리아의 새로운 기사들은 아직 암스테르담에 알려지지 않았다"라고만 적혀 있었다.

2년이 지난 뒤 반 힐턴은 여전히 암스테르담에서, 점점 더 늘어나는 프랑스인 망명자들을 위해 자신의 가제트를 프랑스어로 번역한《쿠랑 디탈리 에 달메뉴Courant d'Italie et d'Almaigne》(이탈리아와 프랑스의 동향)를 출간했다. 이러한 소식지는 프랑스 현지에서 출판될 수 없었지만, 그럼에도 프랑스로 배송되어 프랑스인들 사이에서 비밀리에 읽혔다.

같은 해인 1620년, 여전히 검열이 엄격하게 실시되고 있던 런던에 자리 잡은 네덜란드 판화가 피터 반 덴 케이러가 영어 신문《이탈리아, 독일, 및 기타 지역의 동향Courant out of Italy, Germany, etc.》을 암스테르담에서 인쇄하게 했다. 이듬해에는 네덜란드공화국 내에서 여러 가지 외국어로 된 다수의 쿠란트가 유통되기 시작했다. 이들 쿠란트는 그 저자들의 본국에서는 모두 비밀리에 읽혔다. 30년 전쟁의 예기치 못한 사건들에 관한 가장 자세하고 객관적인 이야기는 바로 이 네덜란드의 쿠란트에서 찾아볼 수 있었다.

1624년 8월 10일 반 힐턴의《쿠란트》에 처음으로 광고란이 생겼다. 우선 책 광고가 실렸는데, 서적상들이 이 주간지도 판매했기 때문이다. 그 뒤에는 개인적인 알림들과 대중에 대한 공지들(장이 서는 날, 추적 중인 강도, 새로운 도로의 개통 등)이 실렸다. 브루어 얀선이 발행하여 반 힐턴의 신문과 경쟁하던《다른 지역들의 소식들Tijdinghen uyt verscheyde Quartieren》에는 위트레흐트대학이 새 캠퍼스 개설을 위해 대대적으로 광고를 실었다.

1631년 암스테르담에 와 있던 데카르트는 파리의 발자크에게 보낸 편지에 이렇게 썼다. "이 세상 어떤 나라에서 이토록 완전한 자유를 누릴 수 있으며, 이토록 걱정 없이 잠들 수가 있고, 자네를 지켜주기 위해 늘 준비된 군대가 있겠는가?"

1656년 암스테르담에서는 아브라함 카스텔레인과 그의 부인 마르가레타 반 방컨이, 오늘날까지 존재하는《베이켈레이커 쿠란트 반 외로파Weeckelijcke Courante van Europa》(유럽의 주간 가제트)라는 주간지를 창간했다.

1677년 레이던으로 망명한 프랑스인 저널리스트이자 서적상이며 인쇄업자였던 장알렉상드르 드 라 퐁이 프랑스어로 된《가제트 드 레드 우 누벨 엑스트라오르디네르 드 디베르 앙드루아Gazette de Leyde ou Nouvelles extraordinaires de divers endroits》(레이던의 가제트, 혹은 서로 다른 지역들의 비상한 소식들)를 창간했다. 이 소식지는 네덜란드와 여타 지역에 있는 프랑스인 망명자들을 대상으로 한 것이었지만 파리에서도 비밀리에 읽혔다. 유럽의 상업과 정치에 관한 소식들을 프랑스어로 제공했으며, 몇 가지 다양한 사건도 다루고 광고도 실었다. 이후에는 대담하게 프랑스 내에서 종교적 관용을 옹호하고 절대왕정에 반대하는 입장을 취했다. 18세기에 들어서 이 소식지는 유럽에서 가장 영향력 있는 신문이 된다.

신교도인 위그노들에게 종교의 자유를 허락하고 그들에 대한 차별을 금지한 낭트 칙령이 폐지되고 1년이 지난 1686년에 레이던에서는 특정한 주제를 다루는 월간지들이 등장했는데 이들을 가리켜 메르퀴르mercure라고 불렀다. 최초의 메르퀴르는 100쪽에 달하는 책자였는데,《국가와 병기와 자연과 예술과 학문에서 일어난 중대한 모든 일을 지켜본 1686년

7월의 간추린 유럽 역사Histoire abrégée de l'Europe, pour le mois de juillet 1686, où l'on voit tout ce qui se passe de considérable dans les États, dans les Armes, dans la Nature, dans les Arts et dans les Sciences》라는 긴 제목이 붙었다. 몇 달 뒤 헤이그에서는 《메르쿠르 이스토리크 에 폴리티크Merucre Historique et Politique》(역사 및 정치 메르쿠르)가 등장하고 다른 메르쿠르들도 많이 출간되기 시작했다. 그중에서도 특히 프랑스어로 출간된《레스프리 데 쿠르 드 뢰로프L'Esprit des cours de l'Europe》(현행 유럽의 정신)는 한결같이 루이 14세를 비판했다. 레이던의 가제트처럼 메르쿠르들도 비밀스러운 연결망을 통해 유럽 전역으로 확산되었으며 스페인어와 영어를 비롯하여 다양한 언어로 번역되었다.

1688년 홀란드에 망명해 있던 프랑스 외교관 장 트롱생 뒤 브뢰유는 《가제트 담스테르담Gazette d'Amsterdam》을 창간했다. 역시 프랑스어로 작성되었고, 비밀 연결망을 통해 유럽 전역에 배포되었다.

이러한 메르쿠르와 가제트에 글을 기고한 사람들은 대체로 네덜란드에 망명해 있던 프랑스인들이었고 익명으로 남고자 했다. 검열을 피하는 과정에서 이들은 향후 수십 년에 걸쳐 계몽주의에 이르게 되는 의식의 각성에 중요한 역할을 했다.

프랑스에 등장한 선전 전단지: 가제트 드 르노도

프랑스에서는 권력이 모든 것을 통제했다. 거기에서 벗어날 길은 만무했다. 1610년 앙리 4세가 암살되자 장 리셰와 에티엔 리셰는 당국의 승인을 받아 파리에서《메르쿠르 프랑수아Mercure François》를 출간했다. 1000쪽에 달하는 이 메르쿠르는 권력의 감시를 받기는 했지만, 프랑스와 세계 여러 지역의 소식을 담고 있었다. 첫 번째 서문에서 장 리셰는 이렇게 썼다. "나는 이 책에서 여러분에게 가장 주목할 만한 일들을 전해드리려고 합니다. (…) 그것들은 (내가 '메르쿠르 프랑수아'라고 부르는) 나의 전령이 세계의 네 부분*으로부터 다양한 언어로 나에게 전달해준 것들입니다."

그밖에는 출간된 것이 전혀 없었다. 다만 사람들은 팔레루아얄 근처 밤나무 아래에서 암스테르담과 레이던에서 비밀스레 보내온 가제트들을 읽고 논하며, 궁정의 풍문들을 서로 이야기할 따름이었다. 국왕의 첩보원들은 재빨리 이 나무에 '크라쿠프의 나무Arbre de Cracovie'라는 별명을 붙였다. 출판의 역사를 연구하는 알렉시스 레브리에에 따르면 이 별명은 가제트들이 퍼뜨리는 '헛소문'을 암시하는 것이었다.**

그런 뒤에 테오프라스트 르노도라는 인물이 등장했다. 앞으로 살펴보겠지만, 그를 근대 언론의 창시자로 간주하는 것은 잘못이다. 실제로는 리세 형제와 그밖에 다른 몇몇 인물처럼 르노도 역시 왕궁의 명령을 따를 뿐이었다.

르노도는 1586년 루됭의 비교적 온건한 프로테스탄트 가정에서 태어났다. 몽펠리에에서 의학을 공부하고 유럽의 이곳저곳을 여행한 뒤 루됭으로 돌아와 의원을 개업했다. 그리고 루됭에 집안의 성城을 가지고 있던 리슐리외 추기경을 만났고, 추기경은 그의 후원자가 되어주었다. 1612년에 르노도는 《가난한 이들의 생활환경에 관한 논고Traité sur la condition des pauvres》를 출간하고 마리 드 메디치에게 사본을 보냈다. 마리 드 메디치는 리슐리외 추기경의 추천으로 르노도를 자신의 아들이자 어린 국왕인 루이 13세의 의사로 임명했다. 르노도는 국왕의 인가서를 얻어 자신이 '주소국Bureau d'Adresses'이라고 명명한 것을 파리에 설치했다. 이 주소국에서

---

* 유럽, 아시아, 아프리카, 아메리카를 나타내는 관용적 표현.
** 크라쿠프는 폴란드의 도시 이름인데 프랑스어에서 헛소문이나 허풍을 뜻하는 크라크(craque)의 발음이 비슷해 '크라쿠프의 나무'라는 별칭이 생겨났다.

는 각자가 자료와 주소를 찾을 수 있었고, 일을 찾는 사람과 일할 사람을 찾는 이를 연결해주고 알림들(물건 찾기나 팔기, 온갖 종류의 선언 등)을 중계해주었다. "가난한 이들은 무료로 이들 서비스를 이용하게 될 것이다." 하지만 이 프로젝트는 오랫동안 사문死文으로만 남게 된다. 4년이 지난 뒤 르노도는 네덜란드를 방문했고 반 힐턴이 발행하는 최초의 신문《쿠란트 아이트 이탈리언 엔 다이츨란트》를 보았다. 같은 해에 리슐리외는 '왕국 내 빈곤 척결 업무'를 담당하는 빈곤 위원장으로 르노도를 임명했다. 르노도는 그 일을 하는 데 별로 서두르지 않는 듯 보였다. 처음 구상한 지 거의 20년이 지난 1632년이 되어서야 마침내 주소국을 열기로 결심했다. 사실 그에게는 더 시급하고 더 유익한 일이 있었기 때문이다.

리슐리외 추기경은 홀란드의 가제트들이 비밀 독자들에게 끼치는 영향력에 맞설 만한 수단이 없다는 사실에 분개하여, 르노도에게 대응책 마련이라는 임무를 맡겼다. 1631년 5월 30일, 르노도는 리슐리외가 제공한 자금으로 인쇄소를 차리고《라 가제트La Gazette》라는 신문의 창간을 준비했다. 이 신문은 홀란드의《쿠란트》를 모델로 한 4쪽짜리 주간지로 매주 토요일에 발행되고, 궁정 소식을 비롯하여 프랑스 국내 소식과 해외 소식을 모두 다루었다. 정부의 선전지로서《라 가제트》는 한결같이 추기경과 국왕을 캐리커처 형태로 제시했다. 르노도의 설명에 따르면, 왕은 그가 시도하는 모든 일에서 그러하듯이 무용가로서도 뛰어났다. 사냥 시합은 왕에게 그토록 많은 수고 끝에 충분히 누릴 자격이 있는 휴식 시간에 지나지 않았다.

르노도는 공식적인 선전 담당관으로서 자신의 역할을 명확히 공시하지는 않았다. 오히려 그는 중립적인 정보 제공자인 체했다. 1631년 6월에 발행된《라 가제트》1호의 서문에서 그는 이렇게 썼다. "단 하나의 일에서

조차, 어느 누구에게도 굴하지 않고 진실을 추구할 것이다. 하지만 그럼에도 내가 그 진실을 보증하지는 못한다." 그가 실은 중대한 소식들 중에는 "페르시아 왕이 1만 5000필의 말과 5만 명의 보병을 동원해 바빌론에서 이틀거리에 있는 딜이란 도시를 포위했다"라는 소식도 있었다. 실제로 당시 페르시아의 샤 사피 1세(재위 1629~1642)는 쿠르드족의 여러 도시들을 포위했다. 그밖에도 로마, 스페인, 포르투갈에서 온 소식들도 있었다. 물론 프랑스 소식은 전혀 없었다.

1631년 9월, 더 중요한 인물이었던 발행인 장 엡스타인이 당국의 허가를 받지 않고 《누벨 오르디네르》를 발간했을 때 르노도는 분개했고, 1631년 10월부터 "왕국의 내부는 물론 왕국의 외부에서 이미 일어났고 지금 일어나고 있는 모든 일에 관한 새로운 소식들과 이야기들"을 인쇄하고 판매할 수 있는 배타적 권리를 획득했다. 이는 실로 엄청난 특권이었다. 이제 다른 사람은 프랑스 내에서 프랑스와 세계에 관한 정보를 출판할 수 없게 된 것이다! 엡스타인은 체념하고 르노도에게 《누벨 오르디네르》를 팔았고, 르노도는 자신의 가제트에 《를라시옹 데 누벨 뒤 몽드 Relations des nouvelles du monde》라는 제목의 부록을 추가하여 전체 분량을 4쪽에서 8쪽으로 늘렸다. 이 부록도 단지 풍문과 소문을 종결시키기 위한 것이라는 말을 반복했다. 그는 당대 최고의 문필가 가운데 시인 뱅상 부아튀르, 외교관 기욤 보트뤼, 극작가 고티에 드 코스트, 과학자 피에르 도지에와 협업을 할 수 있었다. 시간이 더 흐른 뒤에는 장 라신은 물론 때로 국왕 자신도 직접 그의 가제트에 참여했다. 하지만 르노도는 큰 성공을 거두지 못했다. 그의 《라 가제트》는 매주 1200부 정도 발간되었을 따름이다.

1632년 9월, 르노도는 이렇게 주장했다. "나는 다만 여러분에게 진실을 알리는 것 이외에는 다른 어떤 관심도 없습니다. 그런데 진실은 으레

증오를 야기하곤 합니다. 나는 진실을 그토록 열렬히 추구하므로 더 먼 고장들에까지 가서 진실을 찾을 것입니다." 같은 해에 르노도는 마침내 자신이 20년 전에 발행하기로 약속한 것, 즉 당대의 광고지이자 취업 정보지인《주소국 소식지Feuille du bureau d'adresses》를 출간했다.

1633년 르노도는 루앙, 엑상프로방스, 리옹, 보르도 등 총 30개 도시에서《라 가제트》의 지역 판을 기획했다.

엡스타인은 단념하지 않고《누벨 오르디네르》의 출간을 재개했다. 1634년 국왕의 자문회의에서는 다시금 엡스타인에게 "테오프라스트 르노도의 가제트 출판권을 절대 침해하지 말 것"을 명령하고, 그 대신 르노도에게는 부록 발행을 중단할 것을 요구했다. 르노도는 이를 수용하고, 부록을 대신하여《엑스트라오르디네르Extraordinaires》라는 비정기간행물을 발행하여 특별한 사건들을 다루었다. 1635년 르노도는 20년 전에 만들었어야 했던 공영 전당포를 자신의 인쇄소에 설치했으며, 이는 프랑스 최초의 공적 원호 기관이다. 1641년에는 두 번째 원호 기관을 열고, 의과대학에는 해를 끼치는 것이었지만 의사로서의 공무를 계속 집행해나갔다. 르노도가 늘 저널리스트였던 것은 아니다. 그는 선전원으로 남았다.

1642년 리슐리외 추기경이 죽자 그의 정적들이 기회를 잡았다. 마자랭이 르노도를 보호해주었음에도 파리의 고등법원은 그에게 의사로서 일하는 것을 금지하고 빈곤 위원장 자리에서 물러나게 했다.

1649년 1월 르노도는 루이 14세(당시 열 살)의 모후와 마자랭의 편에서서 그들을 따라 생제르맹으로 피신했다.* 그의 적들은 격분했다. 국왕과

---

* 귀족들이 국왕의 왕권 강화 정책에 대항하여 일으킨 프롱드의 난이 발생하자 신변의 위험을 느낀 섭정 모후 안 도트리슈는 파리를 탈출하여 생제르맹으로 피신했다.

마자랭을 반대하는 이른바 '마자리나드mazarinades'라는 출판물(풍자적이거나 익살스러운 운문 작품, 혹은 산문으로 된 팸플릿이나 비방문)이 쏟아져 나왔다. 1649년 한 해에만 3000종이 출판되었다.

1649년 4월 국왕이 승리하여 파리에 돌아오자, 모후의 두터운 신임을 받게 된 테오프라스트 르노도 또한 수도로 돌아와《라 가제트》를 다시 발행하기 시작했다.

비밀 신문들이 더 많아지자, 사적인 서신 교환원들은 이 사건들을 자세히 이야기하게 된다. 예를 들어 마자랭의 보호를 받았고 이후에는 푸케의 보호를 받은 시인 장 로레는 프롱드의 난이 진행되던 시기에 매주 토요일 자신의 후원자이자 장차 느무르 공작부인이 될 마리 드 롱빌에게 편지를 보냈다. 이 편지들은 전사되어 여러 살롱과 궁정에 배포되었고 지방과 해외에서도 이야기되었다.

르노도는 1653년에 죽었다. 의사가 된 그의 두 아들은 르노도의 뒤를 이어《라 가제트》를 운영했다. 1656년 블레즈 파스칼이《시골 친구에게 보내는 편지》를 출간했던 것은 검열을 따돌리기 위한 비범한 책략에 따른 것이었다.

그 시기에 2개의 새로운 '신문journal'(과학과 문학에 관한 출판물을 가리키기 위해 사용되기 시작한 단어)이 인가되었다.

1665년 고등법원의 고문이며 콜베르의 보호를 받고 있던 드니 드 살로가 당국의 허가를 받아, (민사법원과 교회법원의 판결들에 관한 세세한 부분과 함께) 예술적 혁신과 과학적 발견, 그리고 최신 서적 소개에 한정된《주르날 데 사방Journal des Savants》을 창간했다. 이 신문은 큰 성공을 거두었으며, 독일과 중부 유럽에서 이를 모방한 다른 신문들이 등장했다.

1672년 몰리에르의 친구 장 도노 드 비제는 당국의 허가를 받아《메르퀴르 갈랑Mercure galant》이라는 정치와 문학에 관한 정기간행물을 발행했다. 여기에서는 궁정의 소문들과 문학에 관해 이야기했다. 물론《라 가제트》가 다루던 내용에 비하면 많은 감시를 받았고 왕에 대한 찬사들이 가득했다. 드 비제에게 외국에서 들어오는 가제트를 읽는 사람들은 '비방의 전문가들'일 뿐이었다.

그럼에도 이들 신문은 검열되지 않은 정보들을 공개하고 암암리에 프랑스 내에서 점점 더 많이 유통되고 있던 홀란드 가제트들의 신빙성을 분명하게 결여하고 있었다. 몰리에르조차《에스카르바냐스 백작부인 La Comtesse d'Escarbagnas》(1671)에서 이들 신문의 신뢰성을 폄하하며, "이 위대한 누벨리스트들nouvellistes*은 자기들이 모아온 이야기들을 퍼뜨리려고 곳곳에서 애를 쓰면서"도 "《가제트 드 올랑드Gazette de Hollande》의 고약한 농담들을" 진실로 여긴다고 썼다.

그밖에 다른 어떤 출간물도 허가를 받지 못했다. 1676년 시인 프랑수아 콜레트가 "대중의 관심과 만족을 위해 더 기억할 만한 사건을 담은"《주르날 드 라 빌 드 파리Journal de la ville de Paris》라는 순수한 신문을 창간하고자 했다. 그러나 그의 시도는 짧게 끝나고 말았다. 첫 호가 곧 마지막 호가 되었기 때문이다.

17세기 말 프랑스에서 인가된 신문은《라 가제트》,《주르날 데 사방》,《르 메르퀴르 갈랑》세 가지밖에 없었으며, 이들조차 군주를 위한 선전물이라는 점에서는 모두 동일했다.

1683년 루이 14세는 30여 개 도시에서 발행될 수 있는 권리를 추가하

---

* '소식(nouvelle)을 전하는 사람'이라는 뜻.

여《라 가제트》의 시장을 확장했다. 매주 토요일 파리에서 신문 한 부를 보내면, 닷새 후에 왕국 내 모든 도시에서 신문을 볼 수 있게 되었다.

1686년 국왕이 티푸스에 걸렸다는 사실을 세 신문에서 모두 숨겼는데,《캥테상스 데 누벨Quintessence des nouvelles》과《가제트 드 레드Gazette de Leyde》같은 네덜란드공화국의 신문들은 프랑스 왕이 죽은 것이나 다름없다는 이야기를 멈추지 않고 반복했다. 프랑스 독자들은 루이 14세의 임박한 죽음을 끊임없이 잘못 알리고 있는 네덜란드 신문들만큼이나 프랑스 신문들도 조작하고 있다고 느꼈다.

언론은 웃음거리밖에 되지 않았다. 18세기로 넘어가던 시기에 인구 2000만 명의 프랑스 전국에 매주 배포된《라 가제트》의 발행 부수는 9000부에 그쳤다.

런던: 검열과 반전反轉

튜더 왕조 시대와 스튜어트 왕조 초기 잉글랜드에서는 프랑스에서와 마찬가지로 허가받은 몇몇 인쇄물만이 왕국과 외국의 공식적인 소식들을 알릴 수 있었고 검열 또한 매우 엄격했다. 1605년에는 루이스 피커링이라는 사람이 캔터베리 대주교의 명예를 훼손했다는 혐의로 유죄 선고를 받았다. "비록 진실의 일부를 담고 있다 하더라도 그에 대한 비난은 공공질서에 위협이 되었다. 판결에 따르면, 우리는 공인을 비판해서는 안 되기 때문이다."《데 리벨리스 파모시스De Libellis Famosis》에 실린 이 판결은 이후 한 세기 동안 법리가 되었다. 진실을 말하는 것이라 해도 유력자를 비판하는 일은 생각조차 할 수 없는 일이었다.

1619년 너새니얼 뉴버그라는 인쇄업자가《뉴스News》라는 제호로 해외 소식들을 담은 책자를 간헐적으로 발행했다. 이후에도 '뉴스'라는 이름은 계속 남게 된다.

1621년 제임스 1세(재위 1603~1625)는 너새니얼 버터와 니컬러스 본에게 주간지를 발행할 배타적 권리를 부여했다. 《위클리 뉴스Weekly News》라는 이 주간지에 허가된 것은 대륙의 신문들에 실린 기사들을 축자적으로 번역하여 싣는 것뿐이었다. 그레이트브리튼 안에서 일어나는 일에 대해서는 언급조차 할 수 없었다. 이 주간지에는 1624년에 최초의 광고가 실렸는데, 안락의자 판매를 촉진하기 위한 것이었다.

1627년에 찰스 1세는 《위클리 뉴스》를 폐지했다. 이런 조치에도 불구하고 금지된 출판물이 늘어나고 국왕에 맞서는 것을 막지는 못했다. 1637년에는 새로운 법률이 시행되었는데, 모든 비방문, 팸플릿, 또는 신문을 출간하거나 발행할 경우 사전에 당국의 허가를 받아야 하며, 그렇지 않을 경우 그 저자들과 인쇄업자들은 투옥될 것이라고 규정했다.

이후에는 관련 사건들이 빠르게 연달아 일어났다. 1640년에 찰스 1세는 의회에서 추궁당하자 의회를 해산해버렸다. 1641년에 새로운 의회가 의회 해산 금지 법안을 의결하고, '언론의 자유'를 선포하며, 의회 회의 보고서의 출판을 허가했다. 첫 번째 내전*이 발생하자 전쟁 기간 중에만 3만 종의 회보와 722종의 정기간행물이 발간되었다. 대다수가 의회를 지지한 런던의 정기간행물들은 대체로 지방에서 발간된 왕당파 신문들보다 훨씬 더 큰 성공을 거두었다.

1643년 옥스퍼드에서는 국왕을 지지하는 《메르쿠리우스 아울리쿠스Mercurius Aulicus》(궁정의 메리쿠리우스)가 등장했다. 이에 대응하고자 의회에

---

* 왕당파와 의회파의 대립으로 일어난 잉글랜드 내전은 1642년부터 1651년까지 모두 3차에 걸쳐 진행되었고, 의회파의 승리로 끝났다. 2차 내전에 패한 후 찰스 1세는 처형되고, 이어 즉위한 찰스 2세는 3차 내전에서 패한 뒤 프랑스로 망명했다.

서는 자체적으로《메르쿠리우스 브리타니쿠스Mercurius Britannicus》를 창간하고 마처몬트 니덤이라는 의사에게 관리를 맡겼다.

1644년에는 밀턴이《아레오파지티카Areopagitica》를 출간하여 검열에 저항했다. "한 명의 사람을 죽이는 것은 이성적인 한 창조물을 파괴하는 것이다. 하지만 한 권의 양서를 질식시키는 것은 이성 자체를 파괴하는 것이다." 반反왕당파이며 친의회파였던 밀턴은 인생의 상당 부분을 감옥에서 보내게 된다.

신문들은 계속해서 제각기 자기 진영을 방어했다. 1644년《메르쿠리우스 아울리쿠스》는 마스턴무어에서 왕당파가 패했지만 사실은 승리한 것이라고 설명했다. 1645년 찰스 1세가 네이즈비 전투에서 또 한 번 패배했을 때《메르쿠리우스 브리타니쿠스》는 찰스와 그의 부인 헨리에타 마리아 사이에 오간 편지들을 네이즈비 전투 이후에 가로채서 공개하고, 국왕을 가톨릭 신자인 부인에게 넘어가버린 연약한 남자로 묘사했다.

1646년 5월 니덤은 진영을 바꾸어 국왕 편에 섰다. 그는 자신이 관리하던《메르쿠리우스 브리타니쿠스》를《메르쿠리우스 프라그마티쿠스Mercurius Pragmaticus》로 바꾸고 자신을 감옥에 가둔 의회파를 비판하는 풍자시들을 게재했다.

이듬해 찰스 1세는 스코틀랜드로 돌아갔다. 하지만 스코틀랜드인들은 1647년에 그를 잉글랜드 의회에 넘겨주었다. 그는 투옥되었고, 1649년에 판결을 받고 1월 30일에 처형되었다. 2월 6일 상원이 제거되었고, 8일에 왕정이 폐지되었다.

1650년 5월 니덤은 크롬웰에 의해 사면되어 출옥한 뒤 정부에서 50프랑의 급료를 받고 크롬웰을 위해 신문 발행을 재개했다. 그는 이 신문을《메르쿠리우스 폴리티쿠스Mercurius Politicus》라고 명명했다.

1655년 크롬웰은 니덤이 발행하는 두 신문(《퍼블릭 인텔리젠서Public Intelligencer》와 《메르쿠리우스 폴리티쿠스》)을 제외한 모든 신문을 폐간시켰다. 《메르쿠리우스 폴리티쿠스》에는 최초의 차茶 광고가 실렸고, 이후에는 고급 치약 광고도 실렸다.

1658년 크롬웰이 죽자 《메르쿠리우스 폴리티쿠스》는 금지되었다. 그럼에도 니덤은 별다른 걱정 없이 본업인 의사로 돌아갔고 사람들은 그를 잊었다.

1660년 찰스 2세의 귀환과 함께 스튜어트 왕조의 군주정이 복구되었다. 루이 14세를 동경한 그는 효과적인 통치를 위해서는 언론을 길들여야 한다고 생각했다. 1662년에 면허법을 채택하여 사전 허가 제도를 보강하고 의회 회의 보고서의 출판을 금지했다.

1665년 찰스 2세는 단 하나의 신문만 허가했다. 《런던 가제트London Gazette》라는 이 신문은 정부 장관들이 젊은 관리들(외국 신문들을 번역하는 데 만족하는)을 통해 직권으로 운영했다. 일주일에 두 번 발행되었고, 1페니에 판매되었다. 뒤늦게 지면을 광고에 개방하기는 했지만 오로지 왕실의 공지를 싣는 데 한정되었다("왕비가 귀고리 하나를 분실했다. 왕비의 다갈색 스패니얼 강아지는…"). 《런던 가제트》는 이후 14년 동안 허가받은 유일한 신문으로 남게 된다.

같은 해에 과학 관련 정기간행물이 인가되었다. 《필로소피컬 트랜잭션스Philosophical Transactions》라는 이 잡지는 과학 관련 출판물을 라틴어로 제작하던 관행에서 벗어나 영어로 출간되었다.

검열이 있긴 했지만, 새로운 소식들이 계속해서 런던에 들어와 수많은 카페에서 유통되었다. 사람들은 카페에 와서 금지된 팸플릿을 보았고 필사된 비밀 뉴스레터를 사서 읽었다. 1675년 가톨리시즘의 재도입 계획을 기술한 팸플릿이 카페들을 통해 확산되었다. 찰스 2세는 엄벌을 내리기로 결심하고 군대를 파견하여 이 반란의 장소들을 조사하고 폐쇄했다.

1688년 런던에서는 명예혁명이 일어나, 찰스 2세의 동생으로 3년 전 왕위에 올랐던 제임스 2세가 퇴위당하고, 찰스 1세의 홀란드 태생 손자인 윌리엄 3세가 왕으로 추대되었다. 이로써 입헌군주제가 시작되었다. 이 듬해에는 권리장전을 선포해 몇 가지 기본적인 시민권을 확립했다. 특히 권리장전 제9항은 의회 내에서의 표현의 자유를 보장했다. 1690년에는 최초의 지방 신문《우스터 포스트맨Worcester Postman》이 등장했다.

1691년에는 존 던튼이라는 서적상이 당국의 허가를 받아서《어시니언 머큐리Athenian Mercury》라는 새로운 신문을 창간했다. 이 신문은 전적으로 독자들의 편지에 대한 응답에만 집중했으며, 일주일에 두 번 발행되고 1페니에 팔렸다. 독자들의 편지는 익명으로 작성되었으므로 독자들이 검열을 받는 일은 없었다. 던튼은 같은 질문은 다시 다루지 않는다는 점을 미리 알리면서 독자들이 스스로 신문을 정리해서 기억해둘 것을 권했다. 독자들의 편지에는 "사람이 언제 자신이 꿈을 꾸고 있는지, 아니면 언제 정말로 깨어 있는지를 어떻게 알 수 있는가?"라는 질문도 있었다. 매우 순수한 신문이었고, 검열 당국도 특별히 신경 쓰지 않았다.

1693년 2월 27일, 던튼은《레이디스 머큐리Ladies' Mercury》를 창간했다. "처녀든 주부든 과부든 여성 일반의 사랑, 결혼, 몸가짐, 옷차림, 유머에 관한 가장 아름답고 가장 흥미로운 온갖 질문"에만 몰두하는 최초의 정기 간행물이 등장한 것이다. 하지만 이 신문은 성공하지 못했고 4주 만에 폐간되었다.

같은 해에 잉글랜드 의회는 1662년의 면허법을 2년만 연장하기로 결정했다. 그리하여 1695년 영국에서는 사전 검열이 완전히 사라지게 되었다.

이것은 언론의 자유 차원에서 영국이 네덜란드와 같은 수준에 올라서게 되는 절대적으로 중대한 변화였다. 하지만 아직은 부자들이 자신들에게 흥미로운 것을 읽는 자유, 특히 식민지에서 일어나는 일들을 읽을 자유에 대해서는 합의가 이루어지지 않았다.

식민지에서는…

당시 아메리카 식민지들은 영국인 총독에 의한 가차 없는 검열에 지배되고 있었다. 총독들은 1차 출판물의 내용은 물론 종이 사용까지 통제했다.

식민지에서도 검열은 본국에서만큼 엄격했다. 17세기가 다 가도록 식민지를 지배하는 권력에 의해 허가된 신문은 거의 없었다. 해외 언론이 항구로 들어오기는 했지만, 검열을 거친 뒤에야 허가를 받을 수 있었다.

1629년 매사추세츠 총독 윌리엄 브래드퍼드는 플리머스에서 반反청교도적 내용을 담은 팸플릿과 시를 출판한 혐의로 토머스 모턴을 체포했다.

1636년 하버드대학의 공동 설립자인 새뮤얼 댄포스는 1647년 아메리카 최초의 정기간행물(책력)을 출간했다. 여기에는 시詩, 게임, 달력, 해당 지방의 주요 사건 연표, 법원의 재판 일정, 천체 목록 등이 포함되었다.

1679년 런던에서 《도메스틱 인텔리전스Domestick Intelligence》(국내 정보)를 창간하여 찰스 2세의 동생이자 미래의 제임스 2세인 요크 공작에게 맞섰던 벤저민 해리스는 1690년에 보스턴으로 이주했다. 그는 런던 커피하우스의 주인이 되었고, 그곳에서 해외 언론을 참고하여 아메리카 최초의 신문 《퍼블릭 어커런시스, 보스 포린 앤드 도메스틱Public Occurences, Both Forreign and Domestick》(국내 및 해외 공공 사건)을 발행했다. 앞의 세 페이지에는 여러 가지 정보를 실었고, 마지막 네 번째 페이지는 독자가 메모를 할 수 있도록 백지로 비워두었다. 해리스는 "거짓 정신과 싸우는 것"을 목표로 설정했다. 그는 자신의 신문을 월간지로 만들기를 원했으며 "흥미로운 사건들이 돌발한다면 더욱 빈번하게" 발행하려 했다.

이 신문의 1호에는 보스턴의 화재, 천연두 감염 사례, 추수, 진행 중인 아메리카 원주민 부족과의 전쟁 등 지역에서 일어난 사건들을 다루었다. 영국 군대와 이로쿼이*가 협력하여 다른 원주민 부족들을 대적한 것에 대해서는 강하게 비난했다. 그러한 탓에 이 최초의 신문은 "당국의 윤허 혹은 동의라는 최소한의 형식도 갖추지 않고" 출간되었다는 이유로 식민지 당국에 의해 폐간되었다. 해리스는 투옥되었고 런던으로 이송되었다. 하지만 그는 런던에서 다시 《런던 포스트London Post》라는 새 신문을 창간했다. 17세기가 끝나도록 아메리카에서는 어떠한 신문도 다시 등장하지 않았다.

서아프리카에서는 포르투갈인들이 도착하면서 젤리(고함꾼)가 크리아도criado('하인'과 '매우 고양된 인격'이라는 뜻을 동시에 지닌)라는 새로운 이름으로 불리게 되었다. 1685년 세네갈회사**의 총독 라 쿠르브 경이 쓴 편지에서 프랑스어로 옮겨지면서 '기리오guiriot'라고 변형되었고, 결국 그리오로 불리게 되었다. 그리오는 북, 코라, 발라폰, 혹은 타마(11킬로미터 떨어진 곳에서도 들리는) 같은 악기들을 사용했다. 그래서 상황이 아주 좋을 때는 시속 160킬로미터의 속도로 새로운 소식들이 유포되었다.

---

* 미국 북동부에 거주하던 아메리카 원주민 부족들의 연합체.
** 프랑스 정부가 식민지 경영을 위해 설립한 회사 중 하나.

일본: 가와라반

일본에서는 부차적인 방식으로 신문이 등장했다. 가와라반瓦版(기왓장 인쇄)이나 요미우리讀賣(읽고 팔기)라고 불린 전단지들이 커다란 종이에 먹물로 인쇄되었다. 주로 전쟁이나 자연재해 소식은 물론 실연으로 인한 자살이나 복수 이야기들을 전했다. 에조시야繪草紙屋(서적상)에서 판매되었고, 거리에서 기사 제목들을 크게 소리쳐 알리는 행상들에 의해 판매되기도 했다. 가격은 간단한 한 끼 식사의 4분의 1 정도였다. 이제까지 발견된 가장 오래된 가와라반은 1615년에 나온 것으로, 그해에 도쿠가와 쇼군이 오사카 성을 포위 공격하여 점령한 사건을 다루고 있다.

중국에서는 초보적인 간단한 정보 소통 방식들이 그대로 남아 있었다. 인쇄술은 잊혔고 신문도 없었다. 사람들은 여전히 중요한 결정들을 공공 장소에 게시할 뿐, 그것들을 알릴 다른 방법이 없었다. 1670년 정통 유학의 근본 원칙 열여섯 가지를 자세히 기술한 청나라 강희제의 칙령이 마을마다 게시되어, '매달 1일과 15일에' 해당 지역에서 전통 한자를 읽고 그곳 방언으로 설명할 줄 아는 학자가 읽도록 했다. 이러한 전통은 1722년 강희제가 죽을 때까지 그의 재위 기간 내내 계속되었고, 심지어 20세기 초까지도 이어졌다.

5

표현의 자유, 저널리즘과 민주주의

❋

혁명 이전의 18세기

이 전환의 시대에 유럽과 아메리카에서는 저널리스트라는 직업이 3000년 만에 맹아의 형태로 처음 등장했다. 저널리스트의 임무는 정보를 전달하는 것이었는데, 이 일을 가장 잘 해내는 것 외에 아무 염려 없이 자유로이 정보를 전달할 수 있어야 했다.

저널리스트는 네덜란드공화국에서 먼저 등장했고, 그런 뒤에 잉글랜드에 등장했는데, 앞서 보았듯이 잉글랜드에서는 상인들이 정보 전달을 지배하고 있었다.

다른 곳들에서는 여전히 검열과 선전이 남아 있었다. 철학자들과 작가들은 위험을 무릅쓰고 사실을 말하고 의견을 제시했다. 그들의 용기 덕분에, 표현의 자유를 하루라도 더 빨리 획득할 수 있게 되었다. 그리고 그 결과는 그들 나라에서 민주주의의 탄생으로 이어졌다.

홀란드 상인들 사이에서 등장한 최초의 저널리스트

당연하게도 모든 일이 시작된 곳은 세계 제1의 경제 강국이었다. 이 나라를 지배한 것은 유럽의 시장을 지배하는 상인들이었다. 당시 네덜란드 공화국은 견고한 연방을 형성하고 있었으나 나라의 독립을 매우 염려하면서 절대주의에 전적으로 대항하고 있었다. 상인들의 권력은 효율적인 조선소들과 첨단의 직물 산업에 의지했다. 다른 어떤 곳보다 이곳에서는 표현의 자유가 덜 제한되었다. 지방의 지도자들과 재판관들은 정치인, 행정관, 외교관, 교회 구성원이 속에 담아두었던 생각을 토로하며 불평할 때만 출판을 금지했다. 그래서 18세기 후반 암스테르담에서는 250종의 출판물이 금지되었는데, 그중에는 그로티우스, 스피노자, 마키아벨리, 홉스, 루소, 볼테르, 흄의 저작들이 있었다. 반면에 저자들과 편집자들은 새로운 신문들이 출간되고 어떤 정치적 주제나 사회적 주제에 대해 자유로이 말하는 것을 허용한다는 암묵적 원칙을 준수했다.

1725년 프리슬란트 지방 레이우아르던의 작가이자 편집자인 아브라함 페르베르다는 네덜란드에서 가장 오래된 신문《레이우아르던 쿠란트 Leeuwarden Courant》를 창간했다. 그는 정치적으로 중립을 유지하고자 했으며, 상업적 사안들과 국제적 사안들에 우선적인 관심을 두었고, 종교나 국내 정치에 대해서는 전혀 이야기하지 않았다.

1738년에는 1670년대 말부터 일주일에 두 번 발행되던 프랑스어 신문《가제트 드 레드》가 베르주라크 출신의 위그너 집안—이후에 레이던 대학의 그리스어 교수이자 학장이었던 요한 뤼자크를 배출하는—에 의해 다시 발행되기 시작했다. 이 신문은 더 최근에 생긴《가제트 담스테르담》과 차별화되면서 프랑스 정부 및 가톨릭교회와 전면적으로 대립했다. 유럽의 정치, 외교, 철학, 상업 분야의 모든 엘리트가《가제트 드 레드》를 읽었다. 후대에 이 신문은 아메리카와 바타비아*의 혁명들을 지지한다고 선언했다. 바로 여기에 자유로운 펜을 삶으로 구현한 최초의 저널리스트들이 있었다. 하지만 계몽의 시대 내내 유럽 전역에 상당한 영향력을 발휘했던 장 뤼자크(와 그의 두 아들 에티엔 뤼자크와 엘리 뤼자크)를 누가 여전히 알고 있는가?

1744년 3월 안토니 드 그루트는 헤이그에서 일주일에 세 번 《가제트 드 라 에Gazette de La Haye》를 프랑스어와 네덜란드어로 발행했다. 이 신문은 유럽 전역에서 들어오는 군사, 정치, 경제, 상업에 관한 정보들을 실었다.

이 신문들은 검열로부터 좀 더 멀리 떨어져 있었고, 그래서 과감하게 종교개혁과 홀란드의 지도자들을 비판할 수 있었다.

1769년 이 신문들에 대한 반발로 네덜란드공화국을 구성하는 7개 주 가운데 가장 강력했던 홀란드의 행정 당국에서는 '예방적 검열 계획'을 마련하여 종교개혁에 적대적인 글과 "추잡한 언사로 젊은이들을 타락시키는" 글을 금지하고자 했다. 이 계획은 기사든 책이든 모든 글을 실명으로 출간할 것을 요구했다. 하지만 표현의 자유가 거둔 진정한 최초의 승리는 상인들과 서적상들의 반발로 이 검열 계획 자체가 기각되었다는 사실이다.

런던: 오피니언 저널리즘**의 탄생

18세기 초는 잉글랜드가 깨어나면서 네덜란드의 가장 강력한 경쟁자가 된 시기였다. 두 나라의 경쟁 관계는 1695년 잉글랜드에서 검열이 폐

---

* 네덜란드공화국의 뒤를 이어 1795년에 성립된 공화국.
** 객관성이나 중립성을 우선하기보다 언론사나 언론인의 주관적 관점을 공개적으로 제시하는 저널리즘.

지되면서 시작되었다. 잉글랜드에서는 단순히 면허법을 갱신하지 않음으로써 암묵적으로 검열이 사라지게 되었다. 물론 여기에서 말하는 것은 남성, 특히 자산가들의 자유에 관한 것일 뿐이다.

그럼에도 여전히 뭐든지 말하고 쓸 수 있는 자유가 허락된 것은 아니었다. 네덜란드에서처럼 영국에서도 많은 것들이 금지되어 있었다. 이를테면 이미 살펴보았듯이 1640년 이래로 의회에서 벌어진 논쟁에 관한 보고서를 공개하여 출간할 수는 없었다. 잉글랜드 정치 생활의 대부분은 그렇게 전개되었다.

하지만 격렬한 논쟁이 이어지면서 이 마지막 장애물들도 곧 제거된다.

1701년 대니얼 디포가 《로빈슨 크루소》 이전에 쓴 풍자적 팸플릿 《진정한 영국인The True Born Englishman》이 8만 부나 판매되었다. 믿기지 않을 만큼 근대적인 이 텍스트는 외국인 혐오적 공격에 맞서 윌리엄 3세(1689년 네덜란드에서 와서 영국 왕으로 즉위)를 옹호하고 영국의 국민은 이미 오래전 여러 민족이 혼합되어 형성되었음을 설명했다.

같은 해에 창간된 다수의 신문 중 일주일에 세 번 발행된 에이벌 로퍼의 《포스트보이The Post Boy》와 조지 리드패스의 《플린 포스트The Flin Post》는 절대왕정에 맞서 의회를 강력히 지지했다.

1702년 3월 11일, 윌리엄 3세가 낙마 사고로 죽은 며칠 뒤, 영국 최초의 일간지 《데일리 커런트Daily Courant》가 창간되어 1735년까지 계속 발행되었다. 1704년에는 (영국 국교회의 불관용을 비판하는 팸플릿을 출간한 혐의로 감옥에 갇혀 있던) 대니얼 디포가 자신의 독방에서 정치 주간지 《위클리 리뷰 인 디 어페어스 오브 프랑스The Weekly Review in the Affairs of France》(프랑스 정세 주간 리뷰)를 발행했다. 이 주간지는 1705년부터 일주일에 세 번 발행되었고 1713년까지 지속되었다.

1709년 아일랜드인 작가이자 《런던 가제트》(당시에도 여전히 영국 정부의 공식 정기간행물이었다)의 편집자였던 리처드 스틸이 《태틀러The Tatler》를 창간했다. 이 신문은 영국판 '메르퀴르 갈랑'이라고 할 수 있었으며, '간교하면서 개성적'인 신문을 지향했고, 사회적 주제(복권과 결투)를 다루는 기사와 문학 비평을 여러 광고(매호 15개 정도의 광고)와 함께 실었다. 하지만 이 신문은 빠르게 침체했다. 스틸의 기력이 다했던 탓이다. 이 신문들 뒤에는 과로하느라 건강까지 해친 한두 명의 열정적 개인이 숨어 있기 마련이었다. 때로는 부부가 함께 노력한 예도 있는데, 사람들은 이 저널리스트들의 배우자가 했던 역할에 대해서는 거의 이야기하지 않는다.

1702년 앤 여왕이 왕위에 오르고 (모두 열일곱 번이나 임신했음에도 상속자를 낳지 못하자) 1712년 왕위 계승 문제가 수면 위로 떠오르면서 수많은 신문, 전단지, 팸플릿이 출간되었다. 왕실에서는 검열 복구를 고려하고 인지세법을 개설했다. 그 결과 신문 가격이 오를 수밖에 없었고 다수의 신문이 도산했다. 인지세법은 신문의 지면 수에 따라 세금을 부과했으므로 신문사는 지면을 줄이는 대신 판형을 키우는 방법으로 과도한 세금 납부를 피하게 되었다. 이렇게 해서 등장한 것이 이른바 브로드시트broadsheet라는 오늘날 일반 신문의 판형이다. 바로 그해에 인구 600만의 영국에서 매주 발행된 신문들은 총 7만 부에 이르렀다(같은 시기에 인구 2000만의 프랑스에서는 《가제트 드 파리Gazette de Paris》가 인가된 유일한 신문이었고 왕궁의 선전물에 지나지 않았으며, 발행 부수 또한 매주 9000부밖에 되지 않았다). 결국 앤 여왕의 사촌인 하노버의 선제후가 왕위를 계승하여 조지 1세로 즉위하게 된다.

영국에서는 다른 신문들도 창간되었다. 엑시터와 노리치에 이어 브리스틀에서도 새로운 신문들이 등장했다. 새로운 소식이 없을 때는 편집자들이 여러 편의 시를 실어서 발행하기도 했다. 1719년에 지칠 줄 모르는 스틸은 또 다른 신문인《플러비언Plebeian》(평민)을 창간했다. 1720년 런던에서는 정치 팸플릿의 저자들인 트렌처드와 고든이 캐턴Caton*이라는 익명으로 향후에 매우 유명해지는 한 문장을 작성했다. "언론의 자유는 민중의 자유를 지키는 커다란 성벽이다." 1727년에는 최초의 석간 일간지 가운데 하나인《런던 이브닝 포스트London Evening Post》가 창간되었고, 초기에는 다양한 사건들을 전문적으로 다루었다. 1730년에는《데일리 애드버타이저Daily Advertiser》가 창간되었는데, 본래는 여러 가지 공지를 실은 단순한 신문이었으나, 이를 통해 사람들에게 큰 도움이 된 덕분에 런던에서 가장 큰 신문으로 빠르게 성장했다.

1731년에는 문학과 정치를 다루는 42쪽짜리 월간지《젠틀맨스 매거진 Gentleman's Magazine》이 성공적으로 발행되었다. 1744년에는 엘리자베스 헤이우드가《피메일 스펙테이터Female Spectator》를 창간하여 상류사회 여성 독자들에게 정교는 여성의 이상적인 동반자가 아니라거나, '쓸데없이 이국적인 음료'인 차가 유복한 가정생활에서 시간을 너무 잡아먹는다는 이야기를 풀어놓았다.

1762년 조지 3세의 고문이었던 뷰트 백작은 새로운 왕실의 선전 도구인《브리튼Briton》을 창간했다. 이에 대한 반격으로 같은 해에 철학자 존 윌크스는《노스 브리튼North Briton》을 발행하여 격렬하게 군주정을 공격했다. 이 때문에 한동안 런던탑에 투옥되었으나, 석방 뒤에는 치안판사가 되었다. 1777년《미들섹스 저널 오어 크로니클 오브 리버티Middlesex Journal or Chronicle of Liberty》의 편집자가 하원 의회의 토론 내용을 출간했다

---

* 고대 로마의 정치가 카토의 영어식 이름. 권력자에 맞서 공화정을 지키려 했던 것으로 유명하다.

는(1640년 이후 계속 금지되어 있던) 이유로 기소되자, 윌크스는 그가 유죄판결을 면하도록 조처했다. 그리고 이 판결이 이행되어, 이제는 의회의 활동에 관한 기사를 싣는 것이 가능해졌다. 마침내 검열의 마지막 제방이 무너져 내렸다.

미국 독립전쟁이 시작되자, 대부분의 신문은 아메리카에 대한 영국의 지배를 지지하는 편에 섰고, 그 반대편에 선 신문은 드물었다. 그중 런던의 《웨스트민스터 매거진Westminster Magazine》은 런던 시장인 토마스 핼리팩스 경의 편지를 공개했는데, 이 편지에서 핼리팩스 경은 반란자들을 "우리의 아메리카 형제들"이라 부르는 한편 국왕에게는 "무력에 의지하지 말 것"을 요구하고 "아메리카의 우리 형제들에 대한 끔찍한 파괴 행위"를 비판했다.

1785년 존 월터는 《데일리 유니버설 레지스터Daily Universal Register》를 창간했는데, 이 신문은 3년 뒤에 《타임스The Times》로 이름이 바뀌었다. 같은 해에 영국 최초의 석간 일간지 가운데 하나인 《스타 이브닝 애드버타이저Star Evening Advertiser》가 창간되었다.

잉글랜드의 언론은 이제 대륙의 사건들을 다루고, 지체 없이 모여드는 이민자들을 맞아들일 준비가 되었다.

독일 언론

신성로마제국 내 다양한 나라들은 여전히 신문을 엄격하게 통제하고 있었다. 특히 프로이센에서는 프리드리히 2세가 언론을 정부의 선전 도구로 이용하고 있었다. 그럼에도 몇몇 정기간행물과 약간의 비평들이 유통되기 시작해서 1701년에는 57종, 1780년에는 183종, 1800년에는 200종에 이르렀다. 특히 함부르크, 프랑크푸르트, 쾰른, 뮌헨 등에서 다수의 정기간행물이 유통되었다. 하지만 이들 정기간행물은 아직 자국의 정치 상황을 많이 다루지 않았다. 국제적인 주제들과 다양한 사건들에 대한 정보를 알려주고 각종 공지와 구인광고를 실었다.

독일 역사의 수많은 변동과 역경 속에서도 이들 가운데 많은 신문이 아직까지 계속 발행되고 있다.

1703년 빈에서는 오늘날에도 여전히 발행되고 있는 가장 오래된 독일어 신문《비너 차이퉁Wiener Zeitung》이 창간되었다. 감시가 심했으므로 이 신문에서는 국제적 문제들과 다양한 사건들(범죄, 결혼, 사망, 출생, 귀족들의 이야기, 재판에 관한 보고 등)을 실었다. 1705년에는 (오늘날《힐데스하이머 알게마이네 차이퉁Hildesheimer Allgemeine Zeitung》이란 이름으로 알려져 있는)《힐데스하이머 렐라치온쿠리에Hildesheimer Relations-Courrier》가 창간되었다. 1713년에는 츠바이브뤼켄에 근거지를 둔《펠치셔 메르쿠르 Pfälzischer Merkur》가 등장했다. 1725년에는 매주 공지사항을 알리는 유인물 형태로《하나우어 안차이거Hanauer Anzeiger》가 출간되었다. 1743년에는《브레머 나흐리히텐Bremer Nachrichten》이, 1761년에는《자르브뤼커 차이퉁Saarbrücker Zeitung》이 탄생했다. 1763년에는 인쇄업자 게오르크 크리스토프 모어와 목사 야코프 막시밀리안 슈티른이《헤르스펠더 차이퉁 Hersfelder Zeitung》을 창간했다. 이 신문들은 모두 오늘날에도 여전히 발행되고 있다.

1781년 고틀로프 베네딕트 폰 시라흐의 월간지《폴리티셰스 주르날 Politisches Journal》이 등장했고, 빠른 속도로 게르만 세계에서 가장 많이 읽히는 정기간행물이 되었다. 이 월간지에는 국내 정치, 통계, 분석, 유럽 각국 수도의 통신원들이 보내오는 단신 등이 실렸다.

여전히 거의 아무것도 없는 이탈리아

18세기 초 이탈리아반도의 다양한 지역들은 여전히 대체로 외세에 점령되어 있거나 백성에게 표현의 자유를 조금이라도 허락하기를 원치 않는 군주들에 의해 통치되고 있었다. 16세기에 정보가 유통되던 최초의 지역이었던 롬바르디아와 베네치아는 상인들이나 정보원들에 의해 구독자들에게 판매되는 정보 서신인 아비조 체계에 여전히 의존하고 있었다. 이들 지역에서 사람들은 문학이나 과학, 국제 정세에 관한 소식들을 제공하는 정기간행물을 조르날레giornale라고 불렀다.

1710년 베네치아에서는 과학자인 시피오네 마페이 및 안토니오 발리스니에리와 철학자이자 시인인 아포스톨로 체노가《조르날레 데 레테라티 디탈리아Giornale de letterati d'Italia》를 창간했다. 이는 이탈리아에서 가장 중요한 정기간행물이 되었고, 1740년에 마지막으로 발행되었다. 같은 해에 피렌체에서는 법률가이자 골동품 수집가이며 역사학자인 조반니 라미가《노벨레 레테라리에Novelle letterarie》를 창간했다. 박학다식했던 이 주간지는 종교, 역사, 문화에 관한 주제만을 다루었다.

1760년 베네치아에서는 잉글랜드의《스펙테이터Spectator》를 모델로 삼아 격주로 발행되는《가체타 베네타Gazetta Veneta》가 창간되었다.

1764년 밀라노에서는 피에트로 베리와 알레산드로 베리 형제가《일 카페Il Caffè》를 출간했다. 이 신문은 열흘에 한 번 발행되었으며 "다양한 것들, 매우 잡다한 것들, 금지된 것들, 다양한 저자들의 행적들, 공적 유익을 위해 마련한 모든 것들"에 관해 이야기했다. 이 신문은 이탈리아에서 계몽사상이 확산되는 데 주된 역할을 했다. 철학자 베카리아를 비롯하여, 1761년 밀라노에서 창설된 지식인 협회 아카데미아 데이 푸니Accademia dei Pugni 회원들의 글이 실렸다. 롬바르디아에서까지 실시된 오스트리아의 검열 때문에 이 잡지는 베네치아의 영토인 브레시아에서 인쇄되었다. 하지만 1766년 오스트리아의 검열 당국에 의해 발행이 중단되었고 아카데미아 데이 푸니 또한 폐쇄되었다. 18세기 말 이탈리아에서는 '조르날레'라는 말이 시사 사건을 다루는 일간 신문을 가리키게 되었다.

여전히 검열을 받는 프랑스 언론

18세기가 시작되었을 때 프랑스는 절대군주 루이 14세가 통치하고 있었다. 특전과 사전 허가 제도에 의해 명시적으로 미리 허가받은 책과 신문만 발행될 수 있었다. 이 제도는 16세기에 인쇄술 및 서적상과 관련된 모든 직업이 프랑스에 등장한 이래로 이들을 통제해왔다. 이를 무시하고자 해도 우편 배송을 독점하고 있던 우편수세조합*에서 신문의 유통을 차단했다. 오직 이 우편수세조합만이 신문을 도시 밖으로 유통할 수 있도록 허가되었기 때문이다. 더욱이 출판총감**의 권한 아래 있는 100명의 왕실 검열관들이 예의 주시하며 시사적 정치 주제들을 다루는 것을 금지했다.

하지만 민중은 이전 세기와 마찬가지로 비밀리에 유통되는 수많은 전단지, 카나르, 역서를 계속 읽고, 누벨리스트나 가즈티에에 의해 작성된 '행상 문학littérature de colportage'을 읽었다.

허가된 가제트에 글을 쓰는 이들은 여전히 '가즈티에' 또는 '퓌블리시

---

* 프랑스 대혁명 이전 구체제에서는 여러 수세조합(ferme générale)이 정부와 계약을 맺고 세금 징수 업무를 대신하면서 수수료를 챙겼다. 1672년에 설립된 우편수세조합은 이러한 세금 징수 업무를 하면서 우편 배송을 독점했다.
** 프랑스 혁명 이전 구체제에서 출판되는 서적을 검열하기 위해 만들어진 직위. 1629년 리슐리외 추기경이 처음으로 전문가들을 임명하여 검열 업무를 맡게 했으나 이를 체계화한 것은 프롱드의 난 이후 콜베르에 의해서였다.

스트 publiciste'로 불렸다. 1684년 피에르 벨에 의해 만들어졌고 1702년부터 프랑스어에서 사용된 '주르날리스트 journaliste'라는 용어는 여전히 부정적인 함의를 지니고 있었다. 아직은 단지 권력을 선전하는 이들만을 지칭했기 때문이다. 1684년 피에르 벨은 문학 비평 정기간행물《누벨 드 라 레퓌블리크 데 레트르 Nouvelles de la république des lettres》를 창간했다.

왕실에서는 모든 것을 통제하길 원했다. 특히 알렉시스 레브리에에 따르면 루이 14세는 죽음을 앞두고도 국경 너머의 세상에서 그에 대해 뭐라 말하는지 알고 싶어 했다고 한다. 그는 목숨이 다하는 날까지 첩자들이 보내오는 보고서 이외에도 홀란드의 가제트들을 읽었고, 런던에서는 도박이 한창이라는 것을 알았다. 인가받은 신문은 셋밖에 없었지만, 이들 또한 더욱더 엄격한 통제를 받았으며 왕의 직접적인 관리 대상이 되었다. 1701년《주르날 데 사방》은 왕의 후원을 받게 되었고, 왕실에서 편집자들을 임명하고 급여도 지급했다.

1709년 수천 명의 프랑스인이 굶주려 죽어가고 리옹의 금융시장이 파산한 이후에 실의에 빠져 있던 루이 14세는 네덜란드공화국과의 전쟁에 필요한 자금 동원 방법을 찾기 위해 백성에게 호소문을 띄웠다. 1709년 6월 12일 프랑스 왕국 내 3만 9000개 본당의 모든 성당과 대성당의 강론대에서 국왕의 편지가 낭독되었다. 결과는 대성공이었다. 지방 부르주아들이 병사들의 식량 조달과 장비 구입을 위한 자금을 댔고 병사들은 대부분 참전 장려금을 거부했다. 7월에는 프랑스군 앞에서 투르네*가 투항했다. 프랑스의 적들은 곳곳에서 후퇴했고, 11월에는 헤이그에서 휴전협정이 체결되었다. 이는 국왕이 백성과 직접 소통하여 성공한 드문 사례였다.

---

* 오늘날 프랑스 국경에 맞닿아 있는 벨기에의 도시.

1724년에는 1672년 장 도노 드 비제에 의해 창간된《메르퀴르 갈랑》
이《메르퀴르 드 프랑스Mercure de France》로 바뀌고 프랑스 외교부의 후원
을 받게 되었는데, 이는 곧 외교부의 통제를 받게 되었음을 의미했다. 지
방에서는 전국 신문들에 주어진 특전 때문에 새로운 신문의 창간에 제동
이 걸렸다. 다만 작은 공지들을 싣는 소식지는 예외였다. 진정한 의미에
서 지방 정기간행물이라고 할 수 있는《레 아피슈Les Affiches》는 1731년
스트라스부르에서 시작되어 1750년에는 리옹에서도 발행되었다. 이 소
식지는 이 두 도시에서 광고물을 게재하는 데 몰두했다.

1749년《라 가제트》는 외교부에 병합되었다. 외교부는 이 신문을 르노
도의 자손들에게 맡겼다. 파리에서는 다른 어떤 신문도 허가되지 않았다.

1749년 디드로와 루소는 교대로 편집을 맡아 주간지《페르시플뢰르
Persifleur》를 낼 예정이었으나,《백과전서Encyclopédie》출간 계획에 밀려 결
국 발행되지 못했다. 1751년부터 세상의 모든 정보를 담겠다는 세계 최
초의 기획이 시작되었다. 디드로와 달랑베르는 '백과전서' 항목에서 이렇게
기술했다. "우리는 죽을 때까지 인류에 크게 공헌하기를 바란다." 1755년
루소는 신문에 대해 이렇게 썼다. 신문이란 "어떤 유익이나 효용도 없는
하루짜리 작품으로, 학식 있는 사람들이 간과하거나 비하하는 신문 읽기
는 여자들과 바보들에게 아무런 가르침도 주지 못하고 다만 허영심을 채
워주는 데 도움이 될 뿐이다." 루소는《메르퀴르 드 프랑스》를 구독했지만
정치인 말제르브가 그에게 제안한《주르날 데 사방》의 자리는 거절했다.

1756년 볼테르는 표제어 '가제트Gazette'와 '가즈티에Gazetier' 항목을 작
성하는 임무를 맡았다. 그는 '가제트'에 대해 이렇게 기술했다. "대부분은
오로지 돈을 벌기 위해 만들어졌다. 그 간교함 덕분에 판매될 수 있었다.
그러나 언제나 장기적 관점에서 더 우세한 이성과 훌륭한 취향이 그것들

을 멸시와 망각 속으로 떨어뜨렸다." '가즈티에'에 대해서는 이렇게 기술했다. "훌륭한 가즈티에는 유식하고 진실하고 공평해야 하며, 그 문체가 간결하고 정확해야 한다. 이는 훌륭한 가즈티에가 매우 드물다는 것을 의미한다." 볼테르에게 가제트란 "허섭스레기 같은 이야기"에 지나지 않았다.

볼테르는 《현대적 글쓰기에 관한 관찰 소견에 대한 예방 혹은 비판 Le Préservatif ou Critique des observations sur les écrits modernes》이라는 팸플릿에서 '엉터리 작가들'을 비판했지만, 그럼에도 자신이 '같은 부류의 모든 작품의 아버지'로 간주한 《주르날 데 사방》은 칭찬했다. 그밖에도 《메르쿠르 드 프랑스》, 《주르날 앙시클로페디크Journal encyclopédique》, 《가제트 리테레르 드 뢰로프Gazette littéraire de l'Europe》를 (자신이 글을 기고하기도 했던, 문학이나 철학을 다루는 신문들에 대해서) 좋게 평가했다. 볼테르는 풍자소설 《랭제뉘L'Ingénu》에서 신문이란 "아무것도 생산할 능력이 없는 사람들이 다른 이들의 생산품을 비방하는 정기적 소책자"라고 기술했다.

볼테르의 유명한 말을 인용해보면 이러하다. "나는 당신이 말하는 것에 동의하지 않지만, 당신이 그것을 말할 권리를 갖도록 죽을 때까지 싸울 것이다." 사실 이 말은 (전기 작가 에벌린 베아트리스 홀이 1906년에 출간한 《볼테르의 친구들The Friends of Voltaire》에서 처음 쓴 것으로) 정말 볼테르가 한 말인지는 분명하지 않다. 볼테르의 《관용론Traité sur la tolérance》은 표현의 자유가 아니라 종교적 관용을 다루었다. 더욱이 1769년 라 보멜이 《〈라 앙리아드〉*에 관한 논평Commentaire sur la Henriade》이라는 팸플릿을 작성하여 이 작품을 격렬하게 비판했을 때 볼테르는 툴루즈에서 그 책들을 금지시켜 출간을 막았다.

---

* 볼테르가 1723년에 발표한 서사시.

같은 시기에 드니 디드로는 《백과전서》에 이렇게 썼다. "이 모든 문서는 무지한 이들의 방목장이며, 읽지도 않고 말하고 판단하고자 하는 이들의 방책이고, 열심히 일하는 이들에게는 재앙이자 환멸이다."

18세기 중반에는 《주르날 데 사방》이나 《메르퀴르 드 프랑스》를 본뜬 새로운 신문들이 허가되었다. 그리하여 예수회 수사들에게서 영감을 받은 기관지 《메무아르 드 트레부Mémoires de Trévoux》(트레부의 비망록), 얀센주의의 경향을 보여주는 《레 누벨 에클레지아스티크Les Nouvelles ecclésiastiques》(교회 소식)가 등장했다. 곧이어 정치적으로 무해한 800종의 다른 신문들이 나왔다. 그중에는 《주르날 에코노미크Journal économique》(경제 신문), 《레 옵세르바시옹 드 라 피지크Les Observations de la physique》(신체 고찰), 《주르날 드 메드신Journal de médecine》(의학 신문) 등이 있었다. 1759년에는 《주르날 데 담Journal des dames》(부인 신문)이 창간되었다.

귀족들은 베네치아의 아비조가 유통되던 시기처럼 여전히 손으로 필사한 편지나 글을 외투 속에 숨겨서 주고받으며 왕궁과 살롱들에서 소식들을 교환했다. 디드로의 금지된 글이 바로 이런 식으로 유통되었다. 1753년에서 1773년 사이에 프리드리히 멜키오르 폰 그림 남작은 이 글의 필사본을 유럽의 군주 수십 명에게 매우 비싼 값에 팔았다.

1761년 볼테르, 루소, 뷔퐁의 친구인 샤를조제프 팡쿠크는 릴에서 《프랑스어권 네덜란드를 향한 공지, 게시, 잡보Annonces, affiches et avis divers pour les Pays-Bas français》를 창간했다. 전복적인 내용은 전혀 없었다. 팡쿠크는 곧 언론과 출판의 후원자로서 훌륭한 이력을 쌓아가기 시작한다.

1762년 《라 가제트》는 《가제트 드 프랑스Gazette de France》가 되었고 "왕국 정부의 공식 기관지"라는 명백한 부제가 달렸다. 쉬아르와 아베 수도원장 아르노가 공동으로 관리·감독을 맡았지만, 글로스터 공작과 월드그레이브 백작부인의 혼인*에 관한 기사가 '비밀을 발설한' 것으로 판단된 탓에 관리·감독권을 상실했다.

모든 일탈적 시도는 늘 왕의 검열에 의해 제재를 받았다. 1769년 《주르날 데 담》은 계몽사상의 대변자가 되어 숨김없이 정부와 제도를 비판하다 발행이 금지되었다.

얼마 지나지 않아 팡쿠크는 프랑스 최초의 언론사 사주가 되었다. 그는 1774년에 《주르날 드 브뤼셀Journal de Bruxelles》(브뤼셀 신문), 《주르날 드 주네브Journal de Genève》(역사와 정치를 다룸), 《주르날 데 담》, 《주르날 데 스펙타클Journal des spectacles》, 《주르날 데 아페르 당글르테르 에 다메리크 Jouranl des affaires d'Angleterre et d'Amérique》(영국 및 아메리카 정세 신문), 《가제트 데 트리뷔노Gazette des tribunaux》(법정 소식)를 연이어 창간했다. 그리고 《메르퀴르 갈랑》을 계승한 《메르퀴르 드 프랑스》를 다시 발행했다. 이 신문은 항상 국내·외 정치에 관한 정보들을 독점하여 이득을 보았다. 팡쿠크는 이를 주간지로 만들어 판매량을 일곱 배로 늘렸다.

1777년 1월 1일, 홀란드인들과 잉글랜드인들보다 거의 한 세기 늦은 것이었지만, 루이 뒤시외, 앙투안 알렉시스 카데 드 보, 올리비에 드 코랑세, 장 로미이가 프랑스 최초의 일간지 《주르날 드 파리Journal de Paris》를 창간했다. 하지만 《라 가제트》가 누리고 있던 특권 때문에 원본 그대로의 정보를 게재하는 것은 금지되었다. 1784년 보르도에서는 최초의 지방 일간지 《주르날 드 기엔Journal de Guyenne》이 등장했다. 피에르고드프루아 칼라미와 시몽 드 라 쿠르가 창간한 이 신문은 공지사항들을 알리는 데 만

---

* 영국 국왕 조지 3세의 동생 글로스터 공작 윌리엄 헨리는 1766년에 월드그레이브 백작부인 마리아 월폴과 비밀리에 결혼했다. 당시 영국 왕실은 국왕의 형제가 왕족도 아니고 서출이며 과부인 여성과 결혼하는 것을 인정하려 하지 않았기 때문이다.

족하지 않았다.

《주르날 드 파리》는《런던 이브닝 포스트》(50년 전부터 런던에서 발행)를 본받아 파리의 다양한 사건, 유명인사들의 생활에 관한 일화, 문학계의 관심사, 저녁의 구경거리, 복권 당첨 결과, 일기예보 등을 과감하게 게재했으며, 곧 세계 언론계에 밀려들 "대중이 그 건강 상태를 궁금해하는 인물들의 질병에 관한 소식란"도 마련했다.

언론의 자유를 옹호한 주요 인물들은 조금 더 뒤에 등장했다. 1784년 보마르셰는《피가로의 결혼 Le Mariage de Figaro》에서 한결같이 언론의 자유를 언급했다. "비난의 자유가 없이는 아첨하는 찬사도 없다. 작은 글들을 겁내는 소인배들만 있을 뿐이다." 그리고 검열 제도를 조롱하며 이렇게 썼다. "내가 나의 글에서 권위나 숭배나 도덕에 대해 말하지 않고, 지체 높은 인물이나 신망 있는 사람에 대해서도 말하지 않고, 오페라나 다른 구경거리들에 대해서도 말하지 않고, 어떤 것에 집착하는 사람에 대해서도 말하지 않기만 한다면, 나는 두세 명의 검열관의 감시 아래 모든 것을 자유로이 출간할 수 있다."

영국령 아메리카의 과감한 언론

북아메리카에서 영국의 권력은 총체적이었고, 출간물에 대한 통제는 잉글랜드에서보다 더 엄격했다. 영국의 식민지 당국은 매우 까다로웠고, 신문 인쇄에 필요한 종이를 비롯해서 모든 것을 통제했다.

아메리카에 등장한 최초의 신문《보스턴 뉴스레터 Boston Newsletter》는 1704년 당시 보스턴의 우체국장이었던 존 캠벨이란 인물에 의해 창간되었다. 이 신문은 주간지였고 앞선 세기에 이탈리아에서 최초로 등장한 가제트처럼 발행인이 다수의 고객에게 보내는 편지들을 인쇄하여 배포하는 데 그쳤다. 그 고객들 중에는 코네티컷의 총독도 있었다. 하지만 다루는 내용은 유럽의 상황이었고 지역 소식은 없었다. 수지를 맞추기 위해 광고와 공지를 덧붙여 실었다. 물론 검열은 작동하고 있었다. 1719년 《보스턴 뉴스레터》는 1년 이상 유럽에 관한 기사를 출간할 수 있는 허가를 얻지 못한다.

이어서 《아메리칸 위클리 머큐리American Weekly Mercury》(필라델피아, 1719), 《뉴욕 가제트New York Gazette》(1725) 등 같은 형태의 다른 신문들이 등장했다. 이들 신문 또한 당국의 통제를 심하게 받았고 유럽에 관한 주제들만 다루었다.

당시 아메리카의 주요 도시였던 보스턴에는 1719년에 2개의 신문이 있었는데 1721년에 셋으로 늘었고, 1735년에는 인구가 1만 5000명밖에 되지 않았지만 15종의 신문이 발행되었다. 1721년 제임스 프랭클린이라는 사람이 보스턴에서 《뉴잉글랜드 커런트New England Courant》를 창간했다. 문학계를 다루었던 이 신문은 영국 정부에 적대적인 의견을 드러냈다. 특히 해적의 공격으로부터 선박을 보호하기 위해 충분한 조치를 취하지 않는다고 정부를 비판했다. 또한 보스턴에 들이닥친 천연두 감염에 맞서기 위한 캠페인을 벌이기도 했다. 검열 당국에서 《뉴잉글랜드 커런트》의 발행을 금지하자 제임스 프랭클린은 당시 열여섯 살의 동생 벤저민에게 신문 경영권을 넘겼다. 벤저민은 형에게는 알리지 않은 채 신문에 해학적인 시평들을 기고했다. 그는 사일런스 두굿Silence Dogood이라는 필명을 사용했으며, 과부인 척하기도 하고, 세 명의 다른 사람인 척하기도 했다. 벤저민은 중요한 성공을 거두었다. 이후 제임스 프랭클린은 《유니버설 인스트럭션 인 올 아츠 앤드 사이언시스: 앤드 펜실베이니아 가제트The Universal Instruction in all Arts and Sciences: And Pennsylvania Gazette》(모든 예술과 학문에 관한 범용 지침 및 펜실베이니아 가제트)를 매입했다. 뒤에서 다시 살펴보겠지만, 이 신문은 향후 중요한 역할을 수행하게 된다.

1725년 영국에 충성하는 영국인 인쇄업자 윌리엄 브래드퍼드가 영국인 식민지 총독을 지지하기 위해 뉴욕의 첫 신문인《뉴욕 가제트》를 창간했다. 1733년 독일 출신의 인쇄업자 존 피터 젱어는 브래드퍼드에 맞서《뉴욕 위클리 저널New York Weekly Journal》을 창간했다. 1734년 젱어는 '불온한 중상' 혐의로 체포되었다. 그가 수감되어 있던 동안에는 부인 애나가 계속해서 신문을 발행했다. 소송 과정에서 젱어의 변호를 맡은 앤드루 해밀턴은 "표현의 자유라는 대의"를 보호할 것과 "진실을 말하고 씀으로써 자의적인 권력에 맞설 것"을 호소했다. 그는 언론의 자유에 대한 예찬을 축으로 하여 자신의 변론을 구성했다. 법원에서는 1605년 런던에서 루이스 피커링이란 사람이 캔터베리 대주교를 중상한 혐의로 고발된 판례를 바탕으로 해밀턴의 손을 들어주었다. 이는 아메리카 땅에서 표현의 자유가 거둔 위대한 승리였다. 반反영국적인 신문들은 점점 더 많아졌고 더욱더 대담해졌다. 존 홀트의《뉴욕 저널New York Journal》, 세라 고다드와 메리 캐서린 고다드의《프로비던스 가제트Providence Gazette》가 대표적이다.

1736년 메릴랜드의 인쇄업자 윌리엄 파크스는 "언제나 자유와 공공선을 위하여"라는 표어를 내걸고《버지니아 가제트Virginia Gazette》를 창간했다. 그러나 파크스는 이 신문에 도망친 노예들을 찾는 특정인들의 기사를 싣기도 했다.

미국 독립전쟁이 발발하기 직전인 1765년에는 영국의 13개 식민지 가운데 뉴저지와 델라웨어를 제외한 나머지 지역에서는 각기 적어도 하나씩의 주간지가 발행되고 있었다. 이 주간지들은 일반적으로 간단하고 유용한 정보들을 실은 4쪽짜리 신문이었다. 정치적인 내용은 전혀 없었다.

아프리카의 프랑스 식민지에서 최초로 등장한 신문은 1773년 모리셔스 포트루이스에서 니콜라 랑베르가 창간한 주간지《프랑스와 부르봉 왕가의 도서 지역 식민지를 위한 공지, 게시, 잡보 신문Journal des annonces, affiches et avis divers pour les colonies des Isles de France et de Bourbon》이었다.

인도에서는 1780년에 영어로 된 인도 최초의 신문《히키스 벵골 가제트Hicky's Bengal Gazette》가 동인도회사에 고용된 제임스 어거스터스 히키라는 아일랜드인에 의해 창간되었다. 그는 이 신문에서 식민지 부르주아지의 풍속을 묘사했다. 뒤를 이어 몇몇 다른 신문들도 등장했는데, 이들 역시 영어로 되어 있었고, 동인도회사의 옛 직원들에 의해 창간되었다. 이들 신문은 각기 수백 명의 독자를 확보하는 데 그쳤다. 2021년 현재 세계 5대 신문 중에는 인도 신문들이 포함되어 있다.

6

언론, "민중의 자유를 지키는 커다란 성벽"

❦

1788-1830

18세기에서 19세기로 넘어가는 이 40년 동안에 표현의 자유와 정보의 자유를 확언하는 위대한 문서들이 작성되었다.

이 40년 동안에, 이전 사회들이 철저하게 확립한 (그리고 이론적으로 영국에서는 1695년 이후로, 아메리카의 영국 식민지에서는 1734년 이후로 더 이상 존재하지 않았고, 프랑스에서는 1789년에서 1792년 사이에 잠정적으로만 존재하지 않았던) 검열 체계가 유럽 전역에서 무너져 내린다. 하지만 세계의 나머지 지역에서는 전혀 그렇지 않았다.

정치적 자유가 자유로운 언론을 꽃피울 수는 있어도, 자유로운 언론이 정치적 자유의 수호를 보장하지는 못하기 때문이다. 이것이야말로 이 시대가 남긴 커다란 교훈 중 하나이기도 하다.

모든 것은 북아메리카에서 시작되었다.

보스턴: "언론의 자유는 민중의 자유를 지키는 커다란 성벽이다"

7년전쟁으로 파산하게 된 영국 국왕은 1765년 북아메리카 13개 식민지에 신문을 포함한 모든 인쇄물에 과세하기로 했다. 이에 따라 검열도 부활했다. 이 세금은 인쇄업자들에게 치명적이었다. 70년 전에 이미 폐지된 영국의 인지세법과 달리, 이 세금은 신문에만 부과되는 것이 아니라 책을 포함하여 인쇄업자의 모든 생산물에 부과되었기 때문이다.

벤저민 프랭클린은 상황을 정확히 파악하고 동업자 데이비드 홀에게 보내는 편지를 《펜실베이니아 가제트》에 실었다. "이는 누구보다도 인쇄업자들에게 더 많은 영향을 끼칠 것이다."

이 세금에 저항하는 반란이 미국 독립전쟁의 시발점이 된다.

신문들은 이 인지세법을 '블랙 액트Black Act'라 부르며 곧바로 비난하고 나섰다. (이후 미국의 2대 대통령이 되는) 우스터 출신의 젊은 변호사가 《보스턴 가제트》에 긴 팸플릿을 (익명으로) 기고하여 "인쇄업자님들이" 무서워하지 말고 이 세금을 납부하지 말 것을 촉구했다.

1765년 8월 보스턴에서는 인지세법에 반대하는 이들이 세금 징수원들의 허수아비를 만들어 불태우고 영국에서 인지를 싣고 온 선박들이 화물을 내리지 못하게 막았다. 이후 몇 주 동안 식민지의 모든 신문은 본국 정부의 이러한 착취에 관해 이야기했다. 특히 11월 1일 《펜실베이니아 저널》에서는 인지세법에 반대하는 특별판을 발행했다. 《펜실베이니아 크로니클Pennsylvania Chronicle》은 이 세금을 비난하는 존 디킨슨의 〈펜실베이니아의 농부에게서 온 편지〉를 여러 차례 실었다. 11월 21일에는 앤드루 마블이 경영하고 뉴욕의 거리에서 유통되었으나 매우 단명했던 또 다른 신문 《컨스티튜셔널 커런트Constitutionnal Courant》에서는 이 세금의 '폭정'을 '비천한 노예의 사슬에' 비교하며 비난했고, '그것을 납부하지 말 것'을 권고했다. 결과는 대성공이었다. 이 신문은 보스턴과 필라델피아에서도 발행되었다.

반발이 너무도 심했으므로 몇 달 뒤인 1766년 2월 북아메리카 식민지의 총독은 인지세법을 철회했다. 동종업자들의 행동을 지지하지 않은 인쇄소들은 공격을 받아 파괴되었다. 이러한 승리는 전 국민적 의식을 고취하는 계기가 되었다.

1767년 존 애덤스와 새뮤얼 애덤스는 이제 아메리카에 대한 영국의 지배에 반대하는 '자유의 아들들'이라는 단체를 여러 개 조직했다. '로열 나인Loyal Nine'이라 불린 이 단체의 견고한 핵심 인물들은 《매사추세츠 가제트Massachusetts Gazette》와 《보스턴 뉴스레터》에 다음번 공격 대상을 알리는 기사를 보내고 이를 반드시 그다음 날에 발표하게 했다.

1768년 식민지 정부의 입법 기관인 왕립 의회는 당시 가장 많이 배포되던 식민지 신문이었음에도 발행 부수는 2000부밖에 되지 않던 《보스턴 가제트》를 폐간시킬 것을 매사추세츠 법원에 요구했다. 하지만 법원은 1734년의 판례를 근거로 이 요구를 거부하고, (앞에서 살펴보았듯이) 1720년에 캐턴이라는 필명으로 활동한 트렌처드와 고든이라는 두 영국 작가의 글을 인용했다. "언론의 자유는 민중의 자유를 지키는 커다란 성벽이다."

1773년 5월에 새로운 사건이 발생했다. 동인도회사가 아메리카에서 세금을 내지 않고 차를 판매할 수 있도록 영국 정부가 허가함에 따라 아메리카의 차 생산업자들이 큰 타격을 입었다. 동인도회사의 특권을 비난하는 《디 알람The Alarm》의 게시문들이 뉴욕에 현수막으로 걸렸다. 존 디킨슨은 《펜실베이니아 크로니클》에 편지를 보내 동인도회사의 전 제품에 대한 보이콧을 촉구했다.

같은 해 12월 16일 반란자들이 항구에 도착한 영국 배에서 차 상자들을 바다에 내던지기 위해 《보스턴 가제트》의 사무실에 모였다. 이에 대한 보복으로 영국인 매사추세츠 총독은 계엄령을 내렸다. 이로써 검열도 되돌아왔다. 《보스턴 가제트》의 편집장은 도피했고, 영국 당국은 그를 현상수배했다.

1774년, 뉴욕에 정착한 영국인 토머스 페인은 자신의 신문 《펜실베이니아 매거진Pennsylvania Magazine》에서 매사추세츠의 반란자들을 옹호했다. 인쇄업자 윌리엄 고다드는 우편제도 자체와 우편을 통해 배포되는 신문에 부과되는 세금을 비판하고 신문의 효율적 배송을 위해 '합헌적 우편 체계'를 창설할 것을 제안했다. 앞으로 살펴보겠지만, 당시 신문들이 너무나 필요로 했던 우편 체계는 미국의 독립과 헌법을 쟁취하기 위한 싸움에서 매우 핵심적인 요소가 된다.

1775년 4월 19일 렉싱턴 전투가 발발하면서 미국 독립전쟁이 시작되었다. 뉴욕에서는 영국 쪽을 지지했던 《뉴욕 가제트》의 인쇄소가 파괴되었다. 《보스턴 가제트》와 《펜실베이니아 매거진》은 속박에서 벗어났다. 1776년 1월 10일 토머스 페인은 《상식론Common Sense》이라는 팸플릿을 발행했다. 여기에서 그는 쉬운 어휘들을 사용하여 영국과의 관계 단절과 공화국 건설을 주장했다. 결과는 대성공이었다. 1776년 6월 12일 버지니아는 권리 선언을 채택하고, 언론의 자유를 선포하는 첫 번째 주가 되었다. 이는 1768년 매사추세츠 법원 판결을 취한 것이고, 매사추세츠 법원의 판결은 1734년 뉴욕 법원의 판결을 취한 것이었다. "언론의 자유는 자유를 지키는 가장 큰 성벽들 가운데 하나이며 전제 정부에 의해 절대로 제한될 수 없다."

1776년 7월 4일 필라델피아 의회에서는 조지 워싱턴의 지휘 아래 13개 식민지 대표들이 독립선언문에 서명했다. 런던에서는 《웨스트민스터 매거진》이 런던 시장 토머스 핼리팩스 경의 편지를 공개했다. 이 편지에는 핼리팩스 경이 "아메리카의 우리 형제들을 지지하며" 국왕에게 "무력 동원을 멈출 것"을 요구한다는 내용이 담겨 있었다. 《먼슬리 리뷰Monthly Review》는 조지 워싱턴을 두고 "현대의 파비우스 막시무스"*라고 불렀으며, 《스코츠 매거진Scots Magazine》은 "지각 있고 청렴결백한 인물"로 묘사했다. 벤저민 프랭클린은 미국의 첫 파리 주재 대사가 되었다. 그러나 독립전쟁은 아직 끝나지 않았다.

1777년에서 1781년까지 사라토가와 체서피크만에서 벌어진 전투들에서 프랑스의 지원을 받아 승리함으로써 독립이 실현되었다. 1783년 9월 3일 13개 식민지 대표들과 영국 사이에 파리조약이 체결되면서 미국이 탄생했다. 이를 계기로 미국 독립을 열렬히 지지했던 라로슈푸코 공작은 벤저민 프랭클린에게 프랑스의 정치가이자 경제학자인 튀르고와 박물학자 뷔퐁을 소개했고, 프랭클린은 조약을 조율하기 위해 파리에 온 토머스 페인과 토머스 제퍼슨을 공작에게 소개했다. 1784년 벤저민 프랭클린은 미국으로 돌아갔다.

미국에서는 대부분 광고를 통해 자본을 조달하는, 미국 최초의 일간지 《펜실베이니아 패킷 앤드 데일리 애드버타이저Pennsylvania Packet and Daily Advertiser》가 등장했다.

1787년 제임스 매디슨, 알렉산더 해밀턴, 존 제이가 함께 미국 헌법을 지지하는 85개 논문을 모아 《연방주의자 논집The Federalist Papers》을 펴냈다. 이들은 푸블리우스Publius라는 이름을 사용했다. 그런 만큼 미국 사회

---

* 한니발의 군대를 추격하는 지구 전술을 구사하여 2차 포에니 전쟁을 승리로 이끈 고대 로마의 정치가.

에서는 익명이 될 권리가 중요했다.

미국 헌법은 1787년 9월 17일에 채택되고 1789년 3월 4일에 발효되었다. 미국 헌법은 우편에 관한 국가의 통제를 마련하고 의회에 "우체국과 우편 배송 도로를 창설할" 권한을 부여했다. 이는 새로운 나라를 건설하는 데 통신망이 매우 중요하다는 이야기였다.

1790년 미국 땅에서 100여 종의 신문이 등장했다. 30여 년 전에 대략 20종의 신문이 있었던 것과 크게 대조되는 수치다.

1791년, 버지니아의 대표자인 제임스 매디슨은 최초의 헌법 수정안을 제시하고 채택되도록 했다. 이 수정 헌법은 발언의 자유를 언론의 자유와 결부시켰다. "의회는 발언의 자유나 표현의 자유를 제한하는 어떠한 법률도 만들어선 안 된다." 대부분의 다른 나라에서와 달리, 미국 수정 헌법 제1조의 원칙은 여러 차례 도전을 받으면서도 절대 폐지되지 않는다. 앞으로 살펴볼 7년 뒤의 사건에서 일시적으로 폐지된 것만이 예외다.

1789년부터는 보스턴의 교사였던 존 페노가 《가제트 오브 더 유나이티드 스테이츠The Gazette of the United States》를 격주로 발행했다. 연방주의를 표명한 이 신문은 미국 최초의 당파적 신문으로 간주된다. 부통령 존 애덤스와 재무장관 알렉산더 해밀턴은 이 신문에 익명으로 기고했다. 2년 뒤 알렉산더 해밀턴은 이 신문을 파산에서 구해주었고 자비로 빚을 갚아주기까지 했다.

반反연방주의자들은 이 신문에 맞서, 제퍼슨과 매디슨의 요청에 따라 1791년 《내셔널 가제트The National Gazette》를 창간했고, 벤저민 프랭클린의 손자 벤저민 배치는 《필라델피아 오로라Philadelphia Aurora》를 창간했다.

1792년 2월 20일, 워싱턴 대통령은 헌법에 근거하여 우편제도를 만들어 우편물의 기밀 유지를 보장하고 신문에 대한 특혜적 요금을 책정했다

(의회는 언론에 대해 무료로 우편 서비스를 제공하려던 워싱턴의 계획을 거부했다).
이 법에 따라 신문과 잡지의 유통 속도가 엄청나게 빨라졌다. 이는 또한
문맹 퇴치를 촉진하는 계기가 되었다.

연방주의자들(오늘날의 민주당 지지자들)은 의회에서 다수당의 지위를
잃게 될 것을 염려하여, 언론의 자유와 7년 전 표결된 수정 헌법 제1조를
재검토하고자 했다. 1798년 코네티컷의 대표자 존 앨런은 "언론과 의견
의 자유는 인간과 인간 사이의 모든 신뢰를 무너뜨리기 위해 고안되었으
며 (…) 이는 모든 결합의 끈을 끊어버리는 결과를 낳을 것"이라고 썼다.
연방주의자들은 소요죄 처벌법이 표결을 통과하도록 했다. 이 법은 미국
의회와 대통령에 대해 "거짓되고, 수치스럽고, 악의적인" 글을 쓸 경우 벌
금형과 금고형을 선고할 수 있게 했다. 공화당을 지지하는 어떤 인쇄업자
들은 유죄판결을 받고 투옥되기까지 했다. 그러나 언론이 공격받을 때마
다 그랬듯이 그러한 탄압은 검열에 대한 더 큰 반발을 불러일으켰고 검열
대상이 된 언론들은 오히려 엄청난 인기를 누렸다. 1801년에 공화당이
선거에서 승리했다. 이제 대통령이 된 제퍼슨은 소요죄 처벌법을 폐지하
고 이 법에 따라 유죄판결을 받은 모든 이를 사면했다. 민주당원인 알렉
산더 해밀턴은 제퍼슨이 권좌에 오른 것에 크게 실망한 다수의 자본가
들로부터 자금을 지원받아 《뉴욕 이브닝 포스트New York Evening Post》(또는
《이브닝 포스트》)를 창간했다. 이로써 당시 미국에는 230종의 신문이 발행
되었고 그중 17종이 일간지였다.

검열이 부활한 이 3년의 시기가 지난 뒤 오늘날에 이르기까지, 적어도
공식적으로 미국에서 언론의 자유가 문제가 된 적은 없었다. 자유를 쟁취
하기 위한 이 모든 투쟁에서 여성들과 노예들이 요구의 주체가 되는 일은
매우 드물었음은 물론이다.

파리: "생각과 의견의 자유로운 소통은 인간의 가장 소중한 권리 가운데 하나다"

1788년 말 파리에서 발행되고 있던 신문은 4종에 불과했고, 그나마 심하게 검열을 받고 있는 상황에서 루이 16세가 삼부회를 소집했다. 삼부회를 준비하기 위해 그는 "시민들이 자유로이 그들의 불평을 알릴 수 있도록 허가했다." 이는 곧 표현과 출판의 자유를 의미하는 것이었다. 1789년 초가 되자 신문의 수가 폭발적으로 늘었다.

1789년 1월부터 4월까지 발간된 온갖 형태의 신문은 2600종이나 됐다. 이 신문들은 급하게 착상되고 출간된 탓에 미학적인 고려는 거의 없었다. 보통 8면으로 이루어졌고 각 지면은 글로 빽빽하게 채워졌다. 기사들의 큰 제목들과 개요들을 1면에 실어놓았는데, 이는 길거리에서 소리치며 신문을 배포하는 고함꾼의 수고를 덜어주려는 것이었다.

이러한 자유를 제한하고자 출판총감(국왕의 검열 담당관)은 소집된 대표들에게 삼부회의 토론 내용은 기밀로 유지될 것임을 알렸다. 검열을 피해가기 위해 대표들은 '유권자들에게 보내는 편지'를 작성하여 그들에게 위임된 권한을 설명하고 토론 내용을 이야기했다. 검열 당국은 이에 대한 대응책을 찾았다. 지방에서는 정보가 통제되었고 새로운 신문들은 이에 대해 불평했다. 1789년 2월 4일자 《레 아피슈 드 렌Les Affiches de Rennes》에는 이런 글이 실렸다. "어떻게 이럴 수 있습니까? 렌에서 이미 일어났고 지금 일어나고 있는 일에 대해서는 한마디도 없습니다! 그렇습니다, 존경하는 독자 여러분 (…) 그렇습니다, 한마디도 없습니다. (…) 괴로움과 신중함으로 인해 우리는 그에 관한 개탄스러운 이야기를 할 수 없습니다." 이 마을에서 저 마을로 돌아다니는 행상들이 클럽 및 신문과 더불어 정보의 주요 원천이 되었다.

1789년 3월 16일, 지롱드파의 수장 자크 피에르 브리소는 파리에서 일간지 《르 파트리오트 프랑세Le Patriote français》의 창간을 알렸다. "우리는 정치적이고 전국적이며, 검열을 비롯한 모든 종류의 외부 영향으로부터 자유롭고 독립된 신문의 발행을 제안한다." 이 신문에는 삼부회에서 이루어진 토론의 내용이 실렸다. 수학자이자 정치가인 콩도르세와 가톨릭 사제이자 공화주의자인 아베 그레구아르가 이 신문에 기고했다.

1789년 봄, 거리에서 팔린 신문은 30만 부에 달했다. 1789년 5월 19일, 신문들은 삼부회 회의들을 보도할 수 있다는 공식 허가를 받았지만, 논평과 해설을 달아 출간하는 것은 여전히 금지되었다. 6월 27일, 세 계급의 대표자들이 모여서 삼부회를 국민의회로 전환하고 헌법 작성을 시작했다.

1789년 7월 17일 제지업자 루이 마리 프뤼돔은 자신이 혼자 제작하는 《레 레볼뤼시옹 드 파리Les Révolutions de Paris》라는 주간지의 첫 호를 출간했다. 이 40쪽짜리 잡지는 매주 일요일에 발행되었고, 민중의 참상과 검열을 비판했다. 프뤼돔은 이 주간지에서 가장 먼저 바스티유 함락 사건을 이야기했다. 하지만 《가제트 드 프랑스》는 이 소식을 무시했고, 다른 외국 신문들은 조금 늦게 전하면서 별로 중요하지 않은 사건으로 기술했다.

8월 3일, 국민의회는 다음 헌법이 나오기 전에 〈인간과 시민의 권리 선언〉을 먼저 발표하기로 결정했다. 이 권리 선언문은 제롬 샹피옹 드 시세가 지휘하는 사무국에서 제안한 24개 조항을 바탕으로 (장니콜라 데뫼니에, 세자르 기욤 드 라 뤼제른, 프랑수아 드니 트롱세, 미라보, 클로드 르동 5인으로 구성된) 위원회에서 작성되었다. 8월 17일 이 위원회에서 권리 선언문 제8조에 들어가야 할 내용으로 언론의 자유에 대한 첫 토론이 진행되었다. "시민은 타인의 권리를 침해하지 않는 한 자신의 생각을 말과 글과 인쇄물로 알릴 권리를 갖는다. 특히 편지들은 신성시되어야 한다." 8월 19일에는 제8조의 내용이 제11조가 되었다. "자유로운 생각의 소통은 시민의 권리이므로 시민들의 권리를 침해하지 않는 한 제한되어서는 안 된다." 이는 절대적 언론의 자유를 명시하는 것이었다. 하지만 최종 문안은 아직 표결로 확정되지 않았다.

8월 24일 월요일, 표결이 이루어졌다. 루이 알렉상드르 드 라로슈푸코 공작(앞서 벤저민 프랭클린에 대한 이야기에 등장했던 인물)은 이렇게 선언했다. "전제정치를 무너뜨리는 것은 언론이다. 이전에 광신을 무너뜨린 것도 언론이었다." 그리고 다음과 같은 문구를 제안했다. "생각과 의견의 자유로운 소통은 인간의 가장 고귀한 권리 중 하나다. 따라서 모든 시민은, 법으로 규정된 경우들에서 이러한 자유의 남용에 해당하지 않는 한, 자유로이 말하고 쓰고 출판할 수 있다." 바레르 드 비외자크는 이렇게 덧붙였다. "그러므로 이 언론의 자유를 신성시해야 한다. 언론의 자유는 생각의 자유로운 소통과 분리할 수 없는 한 부분이다. (…) 언론으로 무장한 의견의 확산은 불가항력이다." 라보생테티엔은 완화된 표현을 사용했다. "언론의 자유는 우편의 비밀을 침해해서는 안 된다." 그리고 "언론의 자유에 장애가 없지 않다." 하지만 "어떠한 조항도 더 중요하지 않다"라고 결론 내렸다. 결국 권리 선언문의 두 가지 가안이 대결했다. 회의 기록 사본에서는 이렇게 말한다. "제6국*의 가안 제11조에 대해 표결한 결과 이 조항은 기각되었다. 라로슈푸코 공작의 조항을 표결한 결과 이 조항이 공포되었다."

---

* 국민의회는 신속하고 효과적인 토론과 업무를 위해 국민대표들을 여러 개의 국(bureau)으로 나누어 배치했는데, 그중 인권 선언문 작성을 다룬 곳이 제6국이었다.

막연한 자유

1789년 9월, 검열관의 딸 루이즈 드 케랄리오가《주르날 데타 데 드 시투아양Journal d'État et de citoyen》(국가와 시민의 신문)의 편집장이 되면서 최초의 여성 신문 편집장이 등장했다. 그러나 당통과 데물랭의 친구였던 그녀는 곧 벨기에로 망명하게 된다.*

1789년 11월《백과전서》,《메르퀴르 드 프랑스》,《가제트 드 프랑스》와 그밖에 다른 여러 신문의 편집을 연속으로 맡고도 지칠 줄 모르는 팡쿠크는 새로운 신문《르 모니퇴르 위니베르셀Le Moniteur universel》을 발행하고, 이를 위해 영국에서 이미 한 세기 전부터 (세금 때문에 신문의 지면 수가 제한되어서) 사용해오고 있던 '브로드시트'라는 커다란 판형을 처음으로 채택했다. 이 신문은 정부의 새로운 공식 기관지가 되었다.

파리에서 프랑스 대혁명을 지지하는 가장 중요한 신문 중에는 미라보의《르 쿠리에 드 프로방스Le Courrier de Provence》와 프뤼돔의《레 레볼뤼시옹 드 파리》가 있었다. 또한《민중의 벗L'Ami du peuple》이라는 신문도 있었는데 8~12면 분량의 이 신문은 급진적 혁명가 마라에 의해 전체가 편집되었고, 때로는 파리의 벽들에 게시되는 단순한 현수막 형태로 제작되기도 했으며, 정기적으로 발행되지는 않았지만 대략 600호까지 계속 이어졌다. 자크르네 에베르의《르 페르 뒤셴Le Père Duchesne》은 "나는 여러분에게 뚱뚱한 여자 천 명의 배를 걸고 맹세한다"처럼 매우 속된 언어를 사용했다. 쇼데를로 드 라클로가 운영한《헌법의 벗들의 신문Journal des amis de la Constitution》은 지방에 있는 자코뱅파의 서신들을 실었다. 앙투안 모모로

---

* 남편 로베르가 루이 16세 처형에 적극 찬성했던 탓에, 왕정복고가 이루어지고 루이 18세가 왕위에 오르자 벨기에로 피신해야 했다.

('자유, 평등, 박애'라는 혁명 표어를 고안한 인물)는《클뤼브 데 코르들리에 신문 Journal du club des Cordeliers》*을 발행했는데, 이 신문은 프랑스 대혁명의 가장 극단적인 시류 가운데 하나를 대변했다.

혁명에 반대했던 신문들 가운데 여전히 발행되고 있는 신문들도 있다. 왕실 정부가 운영하던《가제트 드 프랑스》는 격주로 발행되다가 1791년에 일간지가 되면서 제목 또한《가제트 나시오날 드 프랑스 Gazette nationale de France》로 바뀌었다. 이 신문은 외교부에서 관리했다.《주르날 폴리티크 나시오날, 레 악트 데 아포트르 Journal politique national, Les actes des apôtres》(전국정치신문, 사도들의 활동)에서는 언어학자이자 저널리스트 리바롤이 협력하고 있었고,《가제트 드 파리 Gazette de Paris》는 샬롱쉬르마른의 주교 안 드 클레르몽토네르에 의해 운영되었다. 그밖에 1790년 1월부터 발행된《라포칼립스 L'Apocalypse》를 비롯하여 다른 왕당파 신문들도 등장했다. 전직 배우 피에르제르맹 파리조는《라 쾨유 뒤 마탱 La Feuille du matin》을 창간했다. 1791년 루이 16세가 파리에서 도주하다가 바렌에서 체포되었을 때《가제트 드 파리》의 편집장 바르나베 뒤로주아는 왕당파 사람들에게 왕을 대신하여 자신을 볼모로 내놓으라고 요구했다.

그밖에 다른 신문들은 신중한 노선을 유지하고자 노력했다. 샤를조제프 팡쿠크의《르 모니퇴르 위니베르셀》처럼 장프랑수아 고티에 드 비오자의《논쟁과 법령의 신문 Jouranl des débats et décrets》또한 그러했다.

얼마 뒤에《주르날 데 사방》,《가제트 드 파리》,《르 파트리오트 프랑세》,《주르날 드 파리》,《르 모니퇴르 드 파리》는 사라졌다.

---

* 클뤼브 데 코르들리에는 당통, 마라, 데물랭이 창설한 정치 집단 '인간과 시민의 권리들의 벗들의 협회(Société des Amis des droits de l'homme et du citoyen)'의 별칭이다.

당시 어떤 저널리스트들은 밥벌이를 잘했다. 1789년 7월 28일부터 1793년 6월 2일까지 자크 피에르 브리소는 《르 파트리오트 프랑세》를 발행하여 장관의 월급에 맞먹는 급여를 받았다. 카미유 데물랭은 저널리스트가 더 이상 용병이나 정부의 노예가 아니라고 했다.

하지만 지불해야 할 대가는 과중했다. 이들 저널리스트 가운데 브리소, 라로슈푸코, 당통, 마라, 뒤로주아, 로베스피에르, 에베르, 올랭프 드 구주, 데물랭 등 다수가 처형되거나 살해되었다.

공포정치: "여론의 독살자들은 체포될 것이다"

1792년 8월 1일, 왕당파를 지지하는 《르 모니퇴르 위니베르셀》은 프로이센의 카를 빌헬름 페르디난트 폰 브라운슈바이크-볼펜뷔텔 공작의 선언을 게재했다. 그는 체포된 프랑스 왕과 왕의 가족들에게 어떤 폭력이라도 가해진다면 파리 사람들에게 "군사작전을 실행하여 완전히 전복시켜"버리겠다고 공언했다. 혁명가들은 분노했고 공포정치가 시작되었다.

8월 10일, 폭도들이 튈르리궁으로 진격했다. 《가제트 드 파리》의 편집장 바르나베 뒤로주아가 왕을 대신하여 자신을 볼모로 내세워 체포되었다. 보름 뒤 그는 단두대에서 처형된 최초의 저널리스트가 된다. 8월 11일 왕당파나 중도파 신문들은 발행이 금지되었다. 이 신문들의 발행인과 인쇄업자들은 체포되었고 지역 보급소들은 혁명에 찬성하는 신문들의 보급소로 쓰이게 됐다. 8월 12일, 파리 코뮌은 이렇게 선포했다. "그들의 인쇄기, 활자, 도구는 혁명파 인쇄업자들에게 분배될 것이다."

언론의 자유는 2년도 지속되지 못했다.

9월 4일, 〈인간과 시민의 권리 선언〉에서 언론의 자유에 관한 조항을 작성한 루이 알렉상드르 드 라로슈푸코 공작이 귀족들을 사냥하던 사르트와 오른 출신의 지원병들에게 살해당했다. 검열은 이제 가차 없이 실시되었다. 12월 4일 국민공회는 "프랑스에서 왕정의 복구나 국민 대표단의 해체를 제안하는 글을 작성하거나 인쇄했다고 확증된 자는 누구나 혁명재판소로 넘겨져 사형에 처할 것이다. (…) 금지된 글을 판매하거나 배포하는 이들은, 글의 작성자를 찾아낼 경우 3년 금고형에 처할 것이고, 작성자를 찾아내지 못할 경우 2년의 징역형에 처할 것"이라고 공포했다.

런던의 1792년 9월 10일자《타임스》는 프랑스 혁명가들을 "파리의 짐승들"이라고 비난하며 "전인미답의 아프리카 사막에 긴 자국을 남기며 네 발로 돌아다니는 가장 야만적인 폭군들이 두 발로 선 파리의 이 짐승들보다 더 낫다"라고 썼다. 같은 시기에, 역시 런던에서 한 언론사에 근무하던 윌리엄 헨리 스미스가 런던의 선착장에 있던 서적상들의 연결망을 만들었다. 이는 초보적이긴 하지만 최초로 언론 배송 체계를 확립한 사례가 되었다.

1793년 1월 25일, 파리에서 나흘 전에 집행된 루이 16세의 처형에 관해 《타임스》는 이렇게 보도했다. "이 왕국에서는 개개인의 가슴이 파리의 흉포한 야만인들에 대한 격분으로 불타올랐다. 프랑스인이라는 이름조차 추악하게 느껴질 정도였다. (…) 마케도니아인 아기스가 반란을 일으킨 무지한 백성들에 의해 죽어야 했던 바로 그 범죄 때문에 프랑스의 루이 16세 또한 살해당했다."

1793년 5월 29일, 국민공회는 공공장소에 벽보를 게시하려는 인쇄업자들에게 그 글을 작성한 사람의 이름을 벽보에 밝히도록 하고 공식 문서에만 쓸 수 있는 흰색 종이의 사용을 금지했다(그런데 색깔이 있는 종이는 값이 더 비쌌으므로 그러한 벽보에 사용되기 어려웠다). 1793년 6월 2일, 마라가 살해되기 한 달 전에, 브리소의 신문이 폐간되고 브리소는 단두대에서 처형당했다.

납으로 된 덮개가 언론 위에 씌워졌다. 1792년 1월 파리에는 대략 216종의 신문이 있었던 데 반해, 1793년 6월에는 113종만 발행되었다.

1794년 3월과 4월에는 자코뱅파 저널리스트였던 에베르와 데물랭이 처형되었다. 곧이어 로베스피에르마저 7월 28일에 같은 운명을 맞았다.

그라쿠스 바뵈프 역시 같은 운명을 피할 수 없었다. 《르 트리뷩 뒤 푀플, 우 르 데팡쇠르 데 드루아 드 롬Le Tribun du peuple, ou le Défenseur des droits de l'homme》(민중의 대변자, 또는 인간 권리의 수호자)을 창간한 뒤 사형선고를 받은 그는 1797년 5월 27일 혁명재판소에서 스스로 목숨을 끊었다. 혁명의 폭력성을 비판했던 프랑수아 드 팡주는 가까스로 단두대를 피해갔다.

혁명가 저널리스트들의 운명은 극단적이었다. 볼테르의 강력한 적수의 아들이며 1789년 당시 《라네 리테레르L'Année littéraire》(문학 연보)의 소유주였던 루이스타니슬라스 프레롱은 《르 비외 코르들리에Le Vieux Cordelier》(옛 코르들리에)를 발행했다. 그리고 마라에게 가담하여 《로라퇴르 뒤 푀플L'Orateur du Peuple》(민중의 대변자)을 발행했다. 1793년에는 마르세유와 툴롱에서의 반혁명 세력 진압을 지휘했다. 당시 진압 방식이 너무도 과격해서 로베스피에르조차 충격을 받았다. 그리고 혁명의 방향은 다시 한번 크게 선회했다. 1794년 8월, 로베스피에르가 처형되고 한 달이 지난 뒤 프레롱은 언론의 절대적 자유를 옹호했다. 1794년에는 당시 열세 살의 폴린 보나파르트를 사랑하게 되었지만, 그녀의 오빠는 그녀에게서 그를 떼어놓았다. 결국 그녀의 오빠는 제1통령이 되었고 1802년에 그를 군수로 임명해 생도맹그로 보내서 투생 루베르튀르의 봉기를 진압하게 했다. 하지만 프레롱은 생도맹그(오늘날의 아이티)에 도착한 뒤 두 달 만에 황열병으로 죽었다. 폴린의 남편 또한 똑같이 생도맹그에 파견되어 황열병으로 죽었다.

기계식 텔레그래프: "프랑스는 너무나 광활해서 공화정을 이룰 수 없다"

이 시기에 프랑스에서는 혁명의 사상과 행정과 통치 측면에서 필요한 중요한 혁신이 일어났다. 이 혁신은 시간의 여명 이래 처음으로 정보의 전송 속도를 엄청나게 높여주었다. 텔레그래프(기계식)가 등장한 것이다.

실제로 이제 막 탄생한 프랑스 공화정에서는 통합된 영토를 통치할 수 있는 수단을 확보하는 것이 매우 중요했다. 그런데 파리에서 일어나는 일이 지방에서는 허접한 신문들이나 거짓 소문들 때문에 잘못 알려지는 경우가 많아서 왕국이 분열되거나 내전이 일어날 수도 있었다. 이런 현상은 특히 서부 전역에서 극심했다. 혁명에 적대적인 교회는 1709년에 루이 14세가 했던 것처럼 군주의 설교나 서한을 통한 국가 메시지의 일치를 더 이상 보증하지 않았다. 곧 새로운 기술이 도래하여 국민의 일치를 확인하는 데 조력할 것이다. 이제 그러한 수단을 확보하는 것이 필수 불가결해졌다.

1791년 3월 3일, 성과를 거두지 못한 몇 번의 시도(제네바에서의 전기 텔레그래프, 메닐몽탕과 바뇌 사이의 알파벳 텔레그래프, 런던에서의 광학 텔레그래프) 끝에, 라발의 부르주아 집안의 상속자 클로드 샤프는 한 권의 책에서 9999개의 행에 분산되어 있는 9999개의 단어를 판독할 수 있는 부호 체계를 개발했다. 그의 목표는 분명히 정치적인 것이었으며, "정부의 지시 사항들이 최단시간에 멀리 떨어진 곳까지 전달되어야 한다"라는 시대의 조류에 전적으로 부합하는 것이었다. 샤프 자신에게는 이 발명이 "프랑스는 너무 광활해서 공화정을 이룰 수 없다고 생각하는 이들에 대한 최선의 응답이었다."

17킬로미터 떨어져 있는 사르트의 두 코뮌 사이에서 전송된 샤프의 첫 메시지 또한 명확히 정치적인 것이었다. "국민의회는 공공에 유용한 시도들에 대해 보상할 것이다." 그들은 통신망을 설정하기 시작했다. 우선 북쪽 통신선부터 시작했는데 이는 혁명의 적군들과 대치하는 곳에서 무슨 일이 일어나는지를 계속 지켜보기 위해서였다. 그리고 이어서 여러 개의 통신선이 설치되었다. 1793년에는 (오스트리아 군대를 감시하기 위한) 파리-릴 통신선이 설치되었고, 이어서 (브르타뉴 지방을 통제하기 위한) 파리-브레스트 통신선과 파리-스트라스부르 통신선이 설치되었다(이로써 스트라스부르에서 파리까지 44개의 텔레그래프를 통해 소식들이 도착하는 데 6분 30초밖에 걸리지 않았다). 하지만 아직 신문이나 사적인 개인들을 위해 텔레그래프로 정보를 유통하는 일은 논의되지 않았다.

1794년 8월 30일, 실험이 아닌 실제 텔레그래프 전송이 처음으로 이루어졌다. 릴에서 보낸 메시지가 불과 몇 분 만에 파리에 도달했다. 이 메시지는 프랑스공화국의 군대가 오스트리아 군대를 물리치고 콩데쉬르에스코를 점령했음을 알리는 것이었다.

1795년, 총재정부는 검열을 부분적으로 완화했다. 왕당파 신문들도 새로이 허가되었다. 하지만 혁명에 참여했던 저널리스트들은 여전히 배제되어 있었다. 바라스의 쿠데타가 일어나고 나흘 뒤인 1797년 9월 8일 500인회(총재정부의 입법 기관)는 54명의 저널리스트를 올레롱섬에 강제 수용하기로 결정한 자크샤를 바이월의 보고서에 찬성했다. 강제수용된 54명의 저널리스트 중에는 이시도르 토마 랑글루아(1792년부터 《포스티용 드 라 게르Postillon de la guerre》의 편집자로 근무), 르네앙브루아즈 도보노(생도맹그의 《주르날 데 콜로니Journal des colonies》의 창립자이자 운영자), 장프랑수아 드 라 아르프(1793년 《메르퀴르 드 프랑스》의 편집장에 재임용) 등이 있었다.

같은 시기에 31종의 신문이 폐간되었다. 이제 파리에는 정치 간행물이 70종밖에 발행되지 않았다.

1797년 7월, 이탈리아 원정 중에 있던 보나파르트는 자신의 군대에 정보를 제공하고자 오직 병사들만을 위한《르 쿠리에 드 라르메 디탈리 Le Courrier de l'armée d'Italie》(이탈리아 원정군 통신)를 창간했다. 이 신문의 편집은 옛 자코뱅파였던 마르크앙투안 쥘리앵이 맡았다. 1797년 8월, 보나파르트는《라 프랑스 뷔 드 라르메 디탈리La France vue de l'armée d'Italie》를 창간하고 레뇨 드 생장 당젤리에게 운영을 맡겼다. 이 두 인물은 각기 전기傳記가 나와도 될 만큼 아주 모험적인 삶을 살았다.

1798년 보나파르트는 같은 방식으로《르 쿠리에 드 레집트Le Courrier de l'Égypte》를 발행했는데 이 신문은 군대 공식 신문의 지위를 차지했다(프랑스인 인쇄업자이며 카이로에 주재한 프랑스 영사의 종손從孫인 장조제프 마르셀이 운영을 맡았으며 총 116호까지 발행되었다). 이 신문에는 고고학적 발견과 피라미드에 관한 내용도 실렸다. 1799년 말에는 그해 7월 15일에 프랑스 병사가 발견한—그러나 이후에 프랑스가 영국에 패배하여 영국인들이 가져가버린—로제타석에 관한 최초의 기사도 이 신문에서 볼 수 있었다. 이 원정 기간에 이집트 연구소Institut d'Égypte에서는 과학예술위원회의 기사들을 모아《라 데카드 에집시엔La Décade égyptienne》(이집트 10년)을 발행했다.

브뤼메르 18일(1799년 11월 9일)의 쿠데타 이후, 1800년 1월 1일 통령정부가 공식적으로 창설되었다. 이제 다시 총체적인 검열이 이루어졌다.

이 모든 일은 이후에 이어질 수많은 복고復古와 반복을 통해 우리가 보게 될 사실을 증명한다. 즉 언론의 자유만으로는 독재의 도래를 막지 못한다.

제국: "출판의 권리는 자연권이 아니다"

쿠데타 이후 나폴레옹이 가장 먼저 관심을 가진 사안 중 하나가 언론을 제압하는 것이었다. "언론의 굴레를 느슨하게 풀어준다면 나는 3개월도 권좌에 머물지 못할 것이다." 나폴레옹에게 "출판의 권리는 자연권에 속하지 않았다." 공화국의 통령들은 새로운 간행물의 창간을 금지하고 "사회계약에 대한 존중, 국민의 주권, 군대의 영광에 반하는 기사들"을 게재한 60종의 신문을 폐간했다. 《르 모니퇴르 위니베르셀》과 《르 쿠리에 드 파리》는 통령정부의 공식 기관지가 되었다. 혁명 8년 니보즈 27일(1800년 1월 17일)의 칙령은 파리에 오직 13종의 신문만이 계속 발행될 수 있도록 하고, 사전 허가 제도를 부활시켰다. 특히 1792년에 창간된 《라 가제트 위니베르셀》은 《누벨 폴리티크Nouvelles politiques》라는 이름으로 유통되었다가 다시 《누벨리스트Nouvelliste》로 바뀌고 나중에는 《퓌블리시스트Publiciste》라는 매우 신중한 신문으로 바뀌었다.

1801년 모든 신문의 유통을 전적으로 금지하는 명령이 내려졌다. 파리 안에서 고함꾼들이 신문을 바구니에 담아 돌아다니며 배포하는 것은 말할 것도 없었다. 당국의 허가를 받은 예외적인 신문들 이외에 다른 어떤 신문의 판매도 금지되었다. 또한 파리에서 지방으로 단 한 부의 신문도 유포되지 않도록, 사기업에서 정기간행물과 1킬로그램 미만의 소포를 배송하는 것도 전면 금지되었다.

1804년 4월 22일, 나폴레옹은 경찰청장 조제프 푸셰에게 이렇게 써 보냈다. "신문들을 조금 억누르십시오. 신문들에 좋은 기사들이 실리도록 하십시오. (…) 내가 의도하는 바는, 내가 보기에 가장 인기 있어 보이는 《주르날 데 데바》, 《퓌블리시스트》, 《가제트 드 프랑스》의 편집자들을 경찰청장이 불러들여서 계속해서 영국 신문들을 중계하고 끊임없이 여론을 불안하게 한다면 그들의 수명이 그리 오래가지 못할 것이라고 명확히 말해주시라는 겁니다. 혁명의 시간은 끝났고 이제 프랑스에는 오직 하나의 정당만이 있음을 알려주십시오. 나는 신문들이 나의 이익에 반하여 말하고 행하는 것을 절대 참아주지 않을 것입니다."

1805년 7월 16일, 4월에 가했던 위협을 실행하면서 나폴레옹은 《주르날 데 데바》를 금지시키고 이름을 바꾸어 《주르날 드 랑피르Journal de l'Empire》(제국의 신문)가 되게 했다.

이 시기에 조제프 피에베라는 개인 저널리스트가 등장했다. 본래 왕당파였던 그는 총재정부 치하에서 숨어 지내다가 1803년 푸셰의 명령으로 투옥되었는데, 바로 그해에 나폴레옹의 비밀 요원이 되었다. 1804년에는 이듬해에 《주르날 드 랑피르》로 개명되는 《주르날 데 데바》의 편집장이 되었고, 1810년에는 나폴레옹에 의해 남작에 봉해졌다. 그리고 니에브르의 현감이 되고, 루이 18세 편에 합류했다가 결국 '백일천하' 기간에 나폴레옹에 의해 파면되었다. 하지만 다시 왕정복고의 예찬자가 되었다가 언론의 자유의 예찬자가 되었고 이 때문에 1818년에 투옥되었다. 또한 처음으로 공식 관저에 파트너와 살았던 프랑스 사회의 고위직 동성애자 가운데 한 명이었다.

같은 시기에 샤프는 공식 회보의 전달이나 화폐청의 공지, 선박의 입항, 국민 복권의 당첨 등에서 텔레그래프가 할 수 있는 역할에 대해 들어볼 것을 황제에게 제안했다. 나폴레옹은 이 모든 걸 거부했으나 복권만은 예외였다. 그는 샤프에게 파리와 튀랭 사이에, 그다음에는 파리와 베네치아 사이에 보충적인 2개의 텔레그래프 전송선을 연결할 것을 요청했다.

황제는 언론에 강박적으로 집착했으며, 이미 언론을 통제하고 있었음에도 늘 경계했다. 나폴레옹의 비서였던 팽 남작의 비망록 덕분에 그가 매일 아침 여러 신문을 빠르게 훑어보고 개인 사서인 리포에게 "특히 종교와 철학, 정치적 의견들에 관해 대중의 정신에 침투할" 수 있을 만한 것들을 분석하도록 요청했다. 매우 길었던 것으로 유명한 목욕 시간에는 비서에게 경찰 회보의 발췌본을 읽게 했는데, 경찰 회보는 그에게 의심스러운 기사들을 알려주는 역할을 했다. 이를테면 1805년 경찰 회보는 툴롱에서 나온 소문을 보도했는데, 영국군이 곧 리스본에 상륙한다는 이야기였다. 이를 본 나폴레옹은 푸셰에게 서신을 보냈다. "여론을 지원하기 위해 조금 더 움직이시오! 내가 아무리 멀리 떨어져 있어도 신문들을 읽는다는 사실을 편집자들에게 알리시오."

1805년 5월 20일, 나폴레옹은 푸셰에게 다시 서신을 보냈다. "나의 의도는 이제부터 발행 전날에 검열을 거치지 않을 경우《주르날 데 데바》가 발행되지 말아야 한다는 것이오. 확실하고 착실하고 수완이 있는 사람을 골라 검열관으로 임명하시오. 신문 소유주들이 그에게 1만 2000프랑의 급료를 줄 것이오. 내가 설정하려 하는 바로 이 조건에 따라서만 이 신문은 계속해서 발행될 것이오."

나폴레옹은 인가받은 몇 안 되는 신문들에 대해서도 불로뉴 진영에 있는 자신의 군단이 오스트리아를 향해 출발하는 것을 보도하지 못하게 막았다. 그는 오스트리아의 새 황제 프란츠 1세가 임박한 공격을 눈치채지 못하게끔 그에 대한 비판을 멈추라고 요구했다. 그해 12월 2일, 아우스터리츠에서 거둔 빛나는 승리는 열흘 후에야《르 모니퇴르 위르베르셀》에 보도되었다. 런던에서는 1806년 1월 11일이 되어서야 이 소식이 공지되었다.

1806년부터 황제는 (이전에 이탈리아 원정 군대와 이집트 원정 군대에 대해서 했듯이)《뷜탱 드 라 그랑드 아르메Bulletins de la Grande Armée》(대육군 회보)를 발행하게 하고, 종종 자신의 글을 직접 게재했다. 이 회보는 처음엔 병사들에게만 배포되었으나, 나중엔 정부 공식 기관지가 된《르 모니퇴르 위니베르셀》에 의해 발행되었다. 프랑스 전역의 공공건물 외벽에 이 신문의 사본이 붙었고 교회, 학교, 광장에도 배포되었다. 1807년에는 몇 안 되는 (각 현에 하나씩 있는) 지방 신문들 또한《르 모니퇴르 위니베르셀》에서 발췌한 기사들을 게재하게 되었다. 1808년 6월, 오스트리아의 보수주의 정치가 메테르니히는 이렇게 썼다. "나폴레옹에게 신문은 30만 군사의 가치가 있다. 그에게 급료를 받는 엉터리 기자들 반 타*만 있으면 30만 군사보다 내부를 더 잘 감시하고 외부를 더 많이 위협할 것이다."

1808년에 카를로스 4세와 그의 아들 페르난도 7세가 스페인의 왕위를 두고 맞붙은 바욘에서 나폴레옹은 스페인 왕위를 자신의 동생 제롬에게 주기로 결정했다. 이 소식이 너무 빨리 전해지는 것을 피하고 스페인의 두 지망자에게 했던 거짓 약속의 신빙성을 유지하고자 황제는 푸셰에게 서신을 보냈다. "신문들이 우스운 소식을 내보내는 것을 막으시오." 1810년에도 마찬가지였다. "신문들을 향해 권고하여 '폴란드'라는 단어를 꺼내지도 못하게 하고, 전반적으로 그 나라의 일들에 관해 가능한 한 언급하지 못하게 하시오." 어느 날《가제트 드 프랑스》가 프로이센에 관한 불쾌한 기사를 황제가 원하지 않는 때에 게재하자 황제는 이 신문을 3주간 정간시켰다. 황제는 신문을 완전히 금지하기보다는 '재범의 경우' 폐간하겠다고 위협하면서 정간 조치를 선호했던 것으로 보인다.

1810년 2월 5일 새로운 칙령이 내려져 "국가의 주권자나 국가의 이익에 반하는 문서를 출간하는 것이 금지되었음"을 다시 한번 알렸다. 그해 8월에는 나폴레옹 자신이 직접 각 현에 단 하나의 간행물만 허용하겠다는 뜻을 다시 한번 밝혔다. 이러한 금지 명령이 반복된다는 것은 실제로는 적용이 안 되었음을 의미했다. 이에 나폴레옹 정권은 강경해졌다.

러시아 원정에 나선 프랑스 제국의 대★육군에 관한 소식이 파리에 도착하기까지는 오랜 시간이 걸렸다. 프랑스군이 모스크바에 도착한 것은 1812년 9월 14일이었지만, 《르 모니퇴르 위니베르셀》이 이 소식을 파리에 전한 것은 9월 30일이었다. 그리고 같은 9월 14일에 일어난 모스크바의 화재 소식은 나폴레옹 자신이 9월 16일에 쓴 편지에서 이미 언급되고 있지만 10월 3일이 되어서야 같은 신문에 실렸다.

1812년 12월 3일 《뷜탱 드 라 그랑드 아르메》 29호는 러시아에서 육군이 패배한 것은 오직 나쁜 날씨 때문이었다고 설명했다. 이 기사는 14일이 지난 뒤에야 《르 모니퇴르 위니베르셀》에 실렸다.

1815년 6월 18일에 벌어진 워털루 전투는 6월 21일이 되어서야 웰링턴 공작의 공식 전문을 통해 런던에 알려졌다. 6월 22일자 《모닝 포스트》의 머리기사는 이렇게 시작했다. "위대하고 영광스러운 소식. 보나파르트의 전 군대가 파괴되었다. 그는 가까스로 달아났다."

1815년 파리에서는 오직 4개 신문(《주르날 드 파리》, 《르 모니퇴르 위니베르셀》, 《가제트 드 프랑스》, 《주르날 드 랑피르》)만 발행되었다. 1798년에 70종이 발행되었던 것과 크게 대비된다. 제국은 몰락했지만 검열이 문제시되지는 않았다. 1789년에서 1792년 사이에 잠시나마 누렸던 언론의 자유를 되찾기 위해 프랑스 언론은 1881년까지 계속 싸워야 했다.

왕정복고: "언론은 그 본성상 무질서와 소요의 도구일 뿐이다"

프랑스에서는 나폴레옹의 몰락이 검열의 폐지로 이어지지 않았다. 다만 검열관을 고용하는 이들의 이름이 바뀌었을 뿐이다. 1815년 11월 9일의 법은 단도직입적으로 검열을 추인했다. "우리가 국유 재산이라고 하는 것의 불가침성에 대한 불안이든, 십일조나 봉건적 조세를 복구하자는 주장에 대한 풍문이든, 합법적 권위의 존속에 관해 시민들을 불안하게 하고 그들의 충정을 동요시키는 소식이든, 이러한 것들을 퍼트리거나 믿게 하려는 모든 개인은 소요죄로 처벌될 수 있다."

1816년 12월, 경찰청장 드카즈 백작은 언론에 관한 새로운 법안을 내놓았다. "신문을 비롯한 정기간행물은 국왕의 인가를 받아야만 발행될 수 있다." 217명의 의원 가운데 128명이 찬성표를 던졌고, 1817년 1월 법이 공포되었다. 1817년 1월 29일, '화술의 왕자'라 불린 피에르폴 루아예콜라르(장차 아카데미 회원이 되는 철학자)는 논쟁 중에 "입헌 정부의 영혼과 생명인 토론에" 필수 불가결한 핵심으로 신문을 묘사했다. 그는 언론의 자유를 결사적으로 옹호하며 이 법을 일컬어 "불경하고 물질주의적"이라고 말했다. "이 법은 내세의 삶을 믿지 않습니다. 이 법은 지옥에 갈 법이며 이 세상을 악마의 기도로 가득 채웁니다." 그가 보기에 문제를 일으키는 것은 신문이 아니라 신문을 조작하는 이들이었다. "이 나라의 한복판에는 신문을 새로운 불화와 반란의 도구로 만들 수 있는 당파들이 실재하지 않습니까?" 그는 또한 언론의 범법 행위들은 앞으로 교정재판소가 아니라 중죄법원에서, 즉 국민 배심원단에 의해 심판받아야 한다고 주장했다. 하지만 그 이상으로 멀리 나가지는 않았다.

1819년 3월, (당시 법무부 장관이었던 에르퀼 드 세르 백작의 이름을 딴) 세르 법에 의해 이론상 언론은 자유화되었다. 사전 허가 제도는 폐지되었고, 편집자 두 명의 도덕성을 보증하는 보증서와 1만 프랑의 보증금을 예치하도록 했다. 신문에 대한 발매 금지는 기사가 나간 이후에만 가능했다. 신문에 대한 징계는 네 가지 범법 사안, 즉 왕실 사람에 대한 모욕, 범죄와 범법 행위의 공공연한 선동, 미풍양속이나 공중도덕 저해, 정치적 비방과 중상에 대해서만 취해질 수 있다.

파리의 민중은 늘 그러했듯이 정보를 거의 얻지 못했고 소문들에 희생되었다. 1824년 8월 25일, 튈르리궁에서 왕족과 대신들의 인사를 받을 때 루이 18세는 왕좌에 반쯤 누운 상태로 소리 내어 응답하고자 애썼다. 그가 병들었다는 소문을 불식시키고자 그의 건강함을 알리는 공보가 수천 부 발행되어 파리 시청에 게시되고 튈르리궁 주변과 교외에 배포되었으며 일간지들에 게재되었다.

새로운 신문들이 등장했다. 당시 가장 영향력이 있던 신문으로는 《가제트 드 프랑스》,《라 코티디엔La Quotidienne》,《주르날 드 데바》,《르 콩스티튀시오넬Le Constitutionnel》, 뱅자맹 콩스탕의 《라 미네르브 리베랄La Minerve libérale》, 샤토브리앙의 《르 콩세르바퇴르Le Conservateur》가 있었다. 이 신문들 가운데 어떤 것들은 정기구독과 광고 덕분에 금전적으로도 수지맞는 사업이 되었다. 1826년 《르 콩스티튀시오넬》의 수익률은 27퍼센트였으며,《글라뇌르 되르에루아르Glaneur d'Eure-et-Loir》의 경우는 55퍼센트였다.

1829년 프로스페 모루아와 피에르 드 세귀르뒤페이롱의 《르뷔 데 되몽드Revue des Deux Mondes》가 창간되었고, 2년 뒤 화학자였다가 인쇄업자가 된 프랑수아 뷜로즈에게 매각되었다. 뷜로즈는 이후 40년 동안 이 신문을 운영하면서 19세기 프랑스의 최고 신문으로 성장시키고 생트뵈브, 위고, 상드, 비니, 라마르틴, 텐, 르낭, 발자크, 뒤마의 글을 게재하게 된다.

1830년 쥘 드 폴리냐크 백작이 득세하면서 이 소심한 접근 방안을 끝내고자 했다. 그는 "정기간행물은 다만 무질서와 소요의 도구에 지나지 않았으며, 또한 본질적으로도 그 도구에 지나지 않는다"라고 설명했다. 그의 주도 아래 1830년 7월 25일 샤를 10세는 4개의 칙령을 공포하여

'월트라ultra'라고 불린 과격 왕당파 신문들을 제외한 다른 모든 신문들의 발행을 금지했다. 이 칙령들은 결국 또 하나의 혁명을 불러일으킨다. 그리고 프랑스 역사상 처음으로, 우선 영국에서 그러했고 다음엔 북아메리카에서 그러했듯이, 언론의 자유라는 이름으로 정권이 붕괴되었다.

부자들에게 봉사하는 영국의 자유로운 언론

이 시대 전체에 걸쳐 영국의 공식적인 규범은 언론의 자유였지만 그것은 허구에 지나지 않았다. 언제나 그러했듯이 재산이 있는 최상위 남성 부자들에게 한정된 영국 엘리트들은 정치적으로 급진적인 대중 언론이 발전하는 것을 보고 동요했으며, 언론을 통제하기 위해 모든 일을 했다. 하지만 신문을 검열하지 않고, 신문의 가격과 교육의 비용을 높여서 오직 부자들만 신문을 소유하고 읽을 수 있게 했다.

게다가 신문이 성장하는 것을 막기 위해 재능 있는 젊은이들이 저널리스트가 되는 것을 만류하고자 모든 일을 다 했다. 저널리스트는 좋은 집안의 자제들에게는 괜찮은 직업으로 여겨지지 않았다. 1807년의 한 규정에 따르면 신문사에서 임금을 받은 적이 있는 사람은 법과 관련된 직업을 갖는 것이 금지되었다. 또한 귀족이 저널리스트와 결투를 벌이는 것은 품위 없는 행위로 간주되었다.

그럼에도 영국의 언론은 진보했다. 무엇보다도 기술적 발전이 있었다. 1812년 런던으로 망명한 두 독일인 인쇄업자 프리드리히 쾨니히와 안드레아스 프리드리히 바우어가 《타임스》에 최초의 증기 윤전기를 소개했다. 이 기계 덕분에 1시간에 수백 쪽을 인쇄하는 것이 가능해졌다. 이는 이제까지 제대로 평가받지 못했던 중요한 혁신이었다. 1814년 《타임스》는 이 증기 윤전기를 사용한 최초의 신문이 되었다. 1815년에는 20년 전에 창간되어 당시 영국 제1의 신문으로 여겨지던《모닝 애드버타이저》가 플리트 스트리트에 자리를 잡았다. 당시 이 거리에는 이미 위그노들이 차린 수많은 서점과《데일리 커런트》같은 몇몇 신문사, 그리고 존 머리 출판사가 성업 중이었다. 이제 런던의 대형 신문사들은 그 뒤를 따라 플리트 스트리트로 모여들게 된다.

1819년 신문에 부과되는 세금이 인상되고 모든 정치적 출간물로 확대되었다. 진정한 의미에서의 저항은 없었다. 하지만《더 폴리티컬 레지스터The Political Register》의 윌리엄 코벳 같은 몇몇 저널리스트는 예외였다. 얼마 뒤 에세이스트 윌리엄 해즐릿은 그를 가리켜 '제4권력'*이라고 말했다. 이는 한 저널리스트나 언론 일반을 가리켜 '제4권력'이란 표현이 쓰인 최초의 사례였다.

1823년에는 인쇄업자 로버트 벨에 의해 최초의 스포츠 신문인《벨스라이프 인 런던Bell's Life in London》이 창간되었다. 이 신문은 우선 귀족들을 위해 경마 소식을 실었다("일요일에 이 신문이 없다면 신사는 정말로 완벽해지지 못한다").

미국을 방문하고 경탄한 토크빌

1809년 미국에서는 토머스 제퍼슨의 임기가 끝난 뒤 제임스 매디슨이 백악관에 입성했다. 뉴잉글랜드의 신문들이 노골적으로 반란을 부추겼을 때조차 언론의 자유는 더 이상 문제시되지 않았다.《이브닝 포스트》는 '뉴잉글랜드 농부'의 서명이 들어간, 영미전쟁과 매디슨 대통령에 반대하는 사설을 아무런 제재도 받지 않고 게재할 수 있었다.

---

* 입법·사법·행정권에 버금가는 권력이라는 의미.

독립을 쟁취하는 데 크게 기여했던 미국의 언론은 한 세기 전과 마찬가지로 여전히 상인들이 경쟁자들보다 먼저 유럽의 소식을 알게 하는 역할을 했다. 특히 상인들은 상품 가격을 자신들에게 유리하게 정하고자 했는데, 그러려면 정보를 남들보다 하루라도 먼저 아는 것이 중요했다.

1812년 보스턴에서는 헨리 블레이크와 새뮤얼 톱리프가 항구에 사람들을 보내 이제 막 도착한 선박의 승객들과 선원들에게서 유럽의 상황에 관한 정보를 수집해오게 했다. 얼마 뒤에는 광학 텔레그래프를 설치하여 이러한 정보들, 특히 유럽의 상품 가격에 관한 정보들을 정기구독을 신청한 시내의 도매상인들에게 보내주었다.

《저널 오브 커머스 Journal of Commerce》를 창간한 아서 태편과 새뮤얼 모스는 1824년에 정보를 더 빨리 얻기 위해 돛대가 2개 달린 삼각돛배를 보내서 유럽에서 오는 선박으로부터 유럽의 신문들을 먼저 받아왔다.

1827년 뉴욕에서는 흑인 성공회 사제가 《프리덤스 저널 Freedom's Journal》을 창간했는데, 이는 최초의 흑인 신문이었다.

미국의 우편제도는 유례없이 번창했다. 우편제도는 나라 전체를 하나로 연결했으며 서부 개척 속도에 맞추어 확장되었다. 1828년 미국에는 인구 10만 명당 74개의 우체국이 있었다. 이는 인구 10만 명당 17개의 우체국이 있던 영국이나 4개의 우체국이 있던 프랑스와 크게 대조되는 수치였다. 배송되는 우편물은 대부분 신문이었다.

1830년 12월, 알렉시스 드 토크빌은 (미국의 징벌 제도를 연구하는 임무를 띠고) 미국을 방문했을 때 편지와 신문이 켄터키와 테네시에서 가장 멀리 떨어진 지역들까지 도달하는 속도를 보고 강한 인상을 받았다. 특히 정치적 사건이나 사상의 변화에 관한 소식을 접하지 못하는 사람이 없다는 사실에 크게 놀랐다. 그는 신문 구독을 정부의 탈집중화와 미국인들이 지역적 뿌리가 없다는 사실로 설명했다. 정부의 탈집중화는 지역 문제에 대한 관심을 촉진했고, 지역적 뿌리가 없다는 사실은 집단 소속을 위해 여러 협회를 만들게 했으며, 협회들은 신문을 창간했다. 몇 달 뒤 토크빌은 미시간의 외딴 오두막에서 만난 개척자를 이렇게 묘사했다. "매우 문명화된 이 남자는 한동안 숲속에서 적응한 뒤 성경과 도끼와 신문(…)을 가지고 스스로 신세계의 황무지 속으로 들어갔다. 이 황무지의 한복판에서도 생각이 얼마나 빠른 속도로 유통되고 있는지 헤아리는 것은 무척 어려운 일이다." 그리고 "나는 가장 개화되고 가장 인구가 많은 프랑스의 지방 면(面)에서조차 이처럼 커다란 지적 움직임이 일어나리라고는 믿지 못하겠다."

토크빌은 바로 그때 프랑스가 한참 뒤져 있음을 깨달았다. 저렴한 비용으로 신문을 배포할 수 있는 경제적 수단도 없는 프랑스는 이 모든 지성·경제·과학·정치적 운동들에서 뒤처질 것이었다. 실제로 지도자 계층은 고사하고 어떤 프랑스인도 읽는 법을 배우고, 교양을 쌓고, 기술과 산업, 가치와 자유를 발견하도록 격려를 받지 못했다. 영국도 사정은 마찬가지였다. 당시 영국은 경제적 우위를 유지하고 있었지만, 언론을 민중에까지 확산시키는 것을 거부한 데 대한 비싼 대가를 곧 치르게 된다.

다른 나라들에서는…

1800년 남아프리카에서는 알렉산더 워커와 존 로버트슨이라는 두 명의 노예 상인이 《케이프타운 가제트 앤드 아프리칸 애드버타이저Cape Town Gazette and African Advertiser》를 창간했다. 하지만 정부에서는 정보가 새는 것을 막고자 이 신문을 즉시 사들여 정부 공식 신문으로 삼아 영어와 네덜란드어로 발행했다. 1824년에는 《사우스아프리칸 커머셜 애드버타이저South African Commercial Advertiser》에 이어 《사우스아프리칸 저널South

African Journal》이 등장했고, 1826년에는《더 뉴 오건The New Organ》이, 그 이
듬해에는《더 콜로니스트The Colonist》가 창간되었다.

인도의 경우, 1826년 5월 30일 콜카타에서 변호사 주갈 키쇼어 슈클
라가 최초의 힌디어 주간 신문《우단트 마르탄드Udant Martand》(떠오르는
태양)를 창간했다. 이 신문은 금세 폐간되었지만, 그 창간일인 5월 30일은
오늘날에도 여전히 '힌두 저널리즘의 날'로 기념되고 있다. 1827년에서
1835년 사이에 벵골 지역에서는 16종의 신문이 등장했다.

중국의 경우, 1815년부터 미국인 선교사 로버트 모리슨이 믈라카에서
《차이나 먼슬리 매거진China Monthly Magazine》을 발행했다. 1827년에는《캔
턴 레지스터Canton Register》가 나왔고, 1835년에《캔턴 프레스Canton Press》
가 뒤를 이었다. 이들은 모두 영어로 간행되었다. 중국어 신문은 아직 등
장하지 않았다.

이집트에서는 1828년 무함마드 알리(오스만제국의 이집트 총독, 마케도니
아 출신이며 1805년부터 철권통치를 했다)가 이집트의 공식 신문이 되는《알
와카이 알미스리이야흐al-Waqā'i' al-Miṣriyyah》(이집트 정세情勢)를 창간하기로
결정했다. 한 면이 2단으로 구성되어 같은 기사가 한쪽에는 튀르크어로,
다른 쪽에는 아랍어로 게재되었다.
　이스탄불에서 처음 등장한 신문들은 프랑스어로 발행되었다. 우선, 1810
년에 프랑스인들에 의해 격월로 발행된《뷜탱 드 누벨Bulletin de nouvelles》은
《가제트 프랑세즈 드 콩스탕티노플Gazette française de Constantinople》로 개명
되었다가 다시《메르퀴르 오리앙탈Mercure oriental》로 바뀌었다. 1824년

프랑스인 저널리스트 알렉상드르 블라크는 스미르나에서 정치·상업·문
학을 다루는 프랑스어 신문《쿠리에 드 스미른Courrier de Smyrne》을 격주로
발행했다. 1831년에는 이스탄불에서 술탄 마흐무트 2세의 자금을 지원
받아 프랑스어 주간지《르 모니퇴르 오토망Le Moniteur ottoman》을 창간했
다. 그로부터 몇 달 뒤 정부에서는 이 신문의 튀르크어 버전 발행을 명령
했다. 이것이 자국 언어로 발행된 최초의 신문이었다. 이 신문은 9년 동안
발행되었고, 수도의 지식인들과 고위 관리들과 사업가들 사이에서 주로
읽혔다.

7

남들보다 먼저 모든 것을 알아야 한다

✤

1830-1871

약 400년 전에 인쇄술이 발명되긴 했으나 민중의 정보 습득 방법은 지난 수천 년 동안 거의 아무것도 변하지 않았다. 대체로 민중은 권력자들이 그들에게 전해지기를 바라는 정보 이외에 다른 정보를 얻지 못했다. 하지만 40년 동안의 정치적 격변 뒤에 40년 동안의 기술적 진보(증기선, 기차, 전기 텔레그래프, 사진, 전화)가 이어졌고, 이에 따라 새로운 소식을 전하는 방식도 격변했다. 이러한 혁신 가운데 어떤 것은 프랑스에서 나왔다. 하지만 프랑스는 그것들을 그저 늘어놓을 수만 있었다. 정치적 검열이 사적 이용을 막았기 때문이다. 대부분의 혁신적 기술들은 영국과 미국에서 발전하게 된다.

시장 경제의 산업화 과정의 시초에서부터 경제적 정보를 가장 먼저 획득하거나, 아니면 적어도 늦지 않게 입수하여 사용한다면 그것이야말로 무엇보다 가치가 있음이 명확해졌다. 1812년의 보스턴에서 보았던 일은 세계 모든 산업가와 금융가의 요구 사항이 되었다. 그러자 다른 이들보다 먼저 모든 것을 알아야만 한다는 강박이 찾아왔다. 단지 군사나 정치에 관한 정보만이 아니라 이제는 무엇보다도 산업에 관한 정보를 남들보다 먼저 획득해야만 했다.

모든 것은 국민의 일부분만 민주주의의 이점들을 향유하고 있던 2대 산업 강국 미국과 영국에서 시작되었다. 그런 뒤에 희미하게나마 다른 곳에서도 이어진다.

우선 미국에서는 국가의 탄생 이래, 백인들은 경제적 이익의 원천이기도 한 지식·정보의 전송과 공유에 관해 국민적 일치를 이루고자 하는 결심이 확고했다.

다음으로 영국에서는, 그리고 이후 유럽의 다른 나라들에서는, 강력한 귀족들도 상인들과 중간 계층의 정보 획득을 막을 수 없었다. 귀족들은 언론이 가공할 수입원이 된다는 사실을 이해했다. 그들의 권력을 강화하는 비밀 유지와 그들의 부를 늘려주는 정보 확산 사이에서 의견이 나뉘었지만, 앵글로색슨 계열의 지도층은 오래 망설이지 않았다. 부를 늘리는 쪽을 택한 것이다.

언론의 발전은 민주주의를 강화했지만 매우 빈약한 방식으로 강화했을 뿐이다. 1792년의 프랑스에서 보았듯이, (그나마도 여전히 몇몇 사람들만 전용할 수 있던) 민주주의가 조금 더 자유로운 언론을 가능하게 했다 하더라도, 언론의 자유나 새로운 기술만으로 독재정치의 부상을 저지할 수는 없다. 뒤에서 다시 살펴보겠지만, 오히려 언론의 자유나 새로운 기술은 독재정치에 기여할 수 있다.

말을 더 빨리 전달하는 기술: 기차와 텔레그래프

두 가지 혁신적 기술이 이제까지 실질적으로 거의 변함없이 유지되던 정보 전달과 신문 배송의 속도를 급격하게 높여주게 된다. 이러한 혁신적 기술이 가장 잘 이용된 곳은 당연히 언론의 자유가 가장 많은 나라 미국이었다. 두 가지 혁신적 기술이란 기관차와 전기 텔레그래프였다.

25년 전 실제로 사용 가능한 최초의 기관차가 등장한 곳은 영국이었지만, 철도가 가장 빠르게 건설된 곳은 미국이었다. 1838년에는 공식적인 우편 배송 노선으로 철도가 사용되었고, 급보急報 선별 및 배송 전용 차량이 배치되었다. 이듬해에는 영국에도 최초의 우편 차량이 등장했다. 이제 말보다 훨씬 더 빠른 속도로 우편물을 배송하는 것이 가능해졌다.

같은 해에 윌리엄 포더길과 찰스 휘트스톤이라는 두 영국인이 매설된 전선을 통해 작동하는 전기 텔레그래프 체계를 발명하여 특허를 따냈다. 두 사람은 우선 런던과 버밍엄을 연결하여 실험해보았다. 하지만 이 전기 텔레그래프 체계가 실제로 사용되기 시작한 곳은 미국이었다. 같은 해에 뉴욕의 회화 및 조각 교사였던 새뮤얼 모스는 (그의 조수 앨프리드 베일이 한 것이 아니라면) 전기 텔레그래프 체계를 개량하여, 2년 뒤 점과 선으로 이루어진 부호 체계와 함께 자신의 이름으로 특허를 따냈다. 미국의 기업들이 이 전기 텔레그래프 체계를 실제로 사용하기까지는 6년을 더 기다려야 했다. 대중에게 개방된 전선들을 통해 우선은 워싱턴과 뉴욕이 연결되었고, 이어서 전국이 연결되었다. 연방정부는 전기 텔레그래프 체계의 사용권만을 보유했을 뿐 독점권을 확보하지 않았다.

이 시기에 프랑스에서는 사기 사건이 발생하여 샤프의 텔레그래프가 신용을 잃게 되었다. 당시 파리에서 보르도까지 정보가 도착하려면 아무리 빨라도 사흘이 걸렸지만, 샤프의 텔레그래프는 단 3시간 만에 도착했다.

보르도의 명예로운 은행가였던 조제프 블랑과 프랑수아 블랑 형제는 투르에 있는 중계지점 관리자를 매수하여 '인하baisse'라는 단어를 '인상 hausse'으로 바꾸게 해서 연금 가격의 3퍼센트 변동에 관한 메시지를 역으로 바꾸어버렸다. 이렇게 해서 두 은행가 형제는 큰돈을 벌었다. 1836년 투르의 관리자가 병이 들자 그 후임으로 온 사람이 이 사실을 발견하고서는 경찰에 신고하면서 사기 사건도 끝이 났다.

프랑스에서 여객용 열차에 우편물을 함께 실어서 운송한 것은 1842년에야 시작되었다. 우선은 스트라스부르와 발 노선에서 시도되었고, 1845년에는 파리와 루앙 사이에 최초의 우편 차량이 배치되었다. 같은 해에 《시핑 앤드 머컨타일 가제트Shipping and Mercantile Gazette》(해운·무역 신문)는 기차와 관련하여 "이러한 통신 방식의 상업적 중대성"을 주목했다.

이 시기에 미국에서는 뉴욕 앤드 미시시피 밸리 프린팅 텔레그래프 컴퍼니와 뉴욕 앤드 웨스턴 유니온 텔레그래프 컴퍼니와 같은 민간 기업들이 모스의 전기 텔레그래프를 보급했다. 우선은 볼티모어와 워싱턴 사이에서 텔레그래프를 보낼 수 있게 되었고, 영토 확장과 철도 부설의 속도를 따라 점차 미국 전역에 텔레그래프 망이 깔리게 되었다.

1846년 멕시코-미국 전쟁이 진행되는 중에 기업가들은 말과 텔레그래프와 기차를 연결하여 정보를 전달해야겠다는 아이디어를 떠올렸다. 새뮤얼 모스, 제라드 핼록(《저널 오브 커머스Journal of Commerce》의 사주), 제임스 왓슨 웹(《쿠리어 앤드 인콰이어러Courier and Enquirer》의 사주) 세 사람이 결탁하여 포니 익스프레스라고 이름 지은 회사에 자금을 댔다. 기수들이 정기적으로 교대하면서 뉴올리언스에서 (텍사스에서 벌어지는 전쟁 소식들을 모아서) 노스캐롤라이나까지 연결하고, 철도와 텔레그래프의 터미널이 있었던 노스캐롤라이나부터는 철도를 따라 부설된 텔레그래프 케이블을 따라 동부의 도시들로 소식을 전하는 것이었다. 이로써 시간을 더 단축하게 되었다.

미국에서, 곧이어 영국에서도 저널리스트들이 모스의 텔레그래프를 직접 이용하기 시작했다. 처음에는 주가 동향과 일기예보를 전하는 데 사용했다가, 점차 통신원들로부터 정보를 수신하는 데에도 사용하게 되었다.

1847년 1월, 독일의 브레멘은 유럽 대륙에서 가장 먼저 개인의 사적인 텔레그래프들, 특히 아마추어의 텔레그래프들을 전송하기 위해 전기 텔레그래프의 사용을 허가한 최초의 도시가 되었다. 프랑스에서는 이 기술에 대한 국가의 독점권을 폐지하는 것이 논의되지 않았다. 이전에도 국가는 다른 모든 것을 독점해왔기 때문이다. 이전에 샤프의 텔레그래프 망을 설치했던 것처럼 1847년 내무부의 책임 아래 전기 텔레그래프 망을 설치할 때에도 공식적인 텔레그래프의 전송만이 허가되었다. 같은 해에 오스카르 드 라 파이예트가 브레멘의 경우를 언급하며 기업과 신문, 개인들이 사용할 수 있게 전기 텔레그래프를 개방해야 한다고 정부에 요구했다. 기조와 루이필리프 정부의 마지막 내무부 장관이었던 뒤샤텔 백작은 이렇게 응답했다. "텔레그래프는 상업적 도구가 아니라 정치적 도구여야 한다."

1856년 뉴욕 앤드 미시시피 밸리 프린팅 텔레그래프 컴퍼니와 뉴욕 앤드 웨스턴 유니온 텔레그래프 컴퍼니가 웨스턴 유니온이라는 회사로 합병되었고, 장거리 철도 노선을 따라 최초의 대륙 횡단 전기 텔레그래프 케이블 설치를 마무리했다. 1866년에는 해저 케이블을 통해 뉴욕과 영국을 연결했다.

훨씬 더 빨라진 인쇄술: 윤전기

신문 인쇄 속도에도 혁명적 변화가 일어났다. 1846년 뉴욕의 리처드 호가 19세기 초에 발명된 윤전 인쇄의 원리에 기초하여 처음으로 실제 사용 가능한 원통형 인쇄기를 제작했다. 1847년에는 프랑스인 이폴리트 마리노니가 원통 2개가 돌아가는 윤전기를 개발했다. 이에 대한 응답으로 미국인 리처드 호는 원통 6개가 돌아가는 윤전기를 만들고 나중에는 원통 10개가 돌아가는 윤전기까지 개발했다.

1850년경에 화학적인 사진요판*이 등장하면서 다양한 형태의 인쇄물을 대량으로 인쇄하는 것이 가능해졌다. 1851년에는 전기도금 기술(전기를 사용한 금은세공 기술)을 통해 페이지 전체를 복제하고 인쇄 활자의 형틀을 제작할 수 있게 되었다.

1860년 미국과 프랑스에서는 인쇄용지를 릴에 감아 사용하는 방식으로 윤전기를 개량했다. 이 기술을 통해 시간당 1만 2000부에서 1만 8000부를 인쇄할 수 있게 되었다. 같은 해에 리처드 호는 한 시간에 2만 부를 찍어낼 수 있는, 라이트닝 프레스Lightening Press라는 이름의 윤전기를 생산했다.

1865년 목재를 원료로 하는 종이 대신 넝마로 만든 종이를 사용하게 되면서 인쇄 비용이 절감되었고, 이로써 신문 생산 원가가 급격하게 낮아졌다. 이제 신문 제작은 수익성이 매우 좋은 사업이 되었고, 각 신문사는 신문 가격을 더 낮출 수 있었다.

---

* 인쇄 판형은 크게 활판과 요판으로 나뉘는데, 활판은 볼록하게 나온 부분에 잉크를 묻혀 찍어내는 것이고 요판은 오목하게 들어간 부분에 잉크를 넣어 찍어내는 것이다. 활판은 글자를 인쇄하는 데 주로 사용되고 요판은 그림을 인쇄하는 데 주로 사용되었다.

마침내 볼거리를 제공하다!

또 하나의 혁신이 언론에 완전히 새로운 차원을 열어주었다. 글만이 아니라 이미지를 통해 사건들을 설명할 수 있게 된 것이다. 하지만 이번에도 이 혁신적 기술은 유럽에서 나왔지만 산업적으로 먼저 활용된 곳은 미국이었다.

처음엔 최근 사건들을 묘사한 그림을 새로 만들어진 미술관에 전시하는 것으로 시작되었다. 1819년에 전시된 제리코의 〈메뒤즈호의 뗏목〉은 3년 전에 일어난 난파 사건을 그린 것이었다. 1824년에 전시된 들라크루아의 〈키오스섬의 학살〉은 2년 전 그리스에서 일어난 학살 사건을 그린 것이었다.

같은 해인 1824년 프랑스에서는 사진 기술이 시작되었다. 조제프 니세포르 니엡스가 유대 역청(일종의 자연산 아스팔트)을 입힌 주석판을 사용하여 원판 제작 과정을 향상시켰다. 하지만 며칠에 걸친 노출 시간이 필요했다. 그로부터 13년이 지난 뒤 이번에도 프랑스에서 루이 다게르가 노출 시간을 한 시간 이하로 줄였다. 1843년에는 삽화가 들어간 최초의 프랑스어 주간지로 창간된 지 얼마 되지 않은《릴뤼스트라시옹 L'Illustration》에서 멕시코의 정치적 소요 사태를 보여주는 은판 사진을 목판화로 만들어 게재했다.

1847년 니세포르 니엡스의 조카 아벨 니엡스 드 생빅토르가 유리판 대신 종이를 사용함으로써 훨씬 더 정확한 이미지를 얻을 수 있게 되었다. 처음에 사진은 화가가 그린 원본 그림으로 사용되었다. 당시 삽화들에는 '사진의 재현'이라는 설명이 붙는 경우가 많았다. 1848년 7월 1일자《릴뤼스트라시옹》에는 6월 봉기 때 촬영된 파리의 바리케이드 사진을 재현한 판화가 게재되었다.

1853년 크림전쟁 기간 중 영국 정부에서 파견한 로저 펜턴은 최초의 종군 사진사가 되었다. 1869년 아쟁에서는 루이 뒤코 뒤 오롱이 빨강, 노랑, 파랑 세 가지 필터를 통해 촬영한 3개의 이미지를 겹쳐서 컬러 사진을 발명했다.

정보 전달자에게 정보를 제공하다: 통신사

신문사는 최대한 빨리 정보를 획득하는 것이 점점 더 중요해졌다. 신문 사들은 모든 곳에 통신원을 파견하여 직접 정보를 수집할 수는 없었으므로, 단순히 정보를 모아 신문사에 판매하는 것을 업으로 삼는 기업들, 즉 통신사에 도움을 청했다.

통신사는 프랑스에서 먼저 시작되었고 이후 미국, 영국, 독일, 이탈리아에서도 등장했다.

1825년 파리의 샤를 아바스와 스트라스부르의 에두아르 징어는 각기 프랑스 언론을 번역하여 외국 신문과 외교관에게 기사를 판매하는 회사를 설립했다. 아바스는 비범한 인물이었다. 이전에 포르투갈에 거주했던 적이 있었고 모든 시장에서 거래했기 때문에 유럽의 통치 가문들을 잘 알았으며 여러 개의 외국어를 구사했다.

1830년 12월 파리에서는 자크 브레송이라는 저널리스트가 '통신 사무소'를 열었다. 이 회사는 주가 동향과 국내외 소식들을 수집하여 지방과 외국 신문사에 판매하는 통신사였지만 그리 오래가지는 못했다. 검열 당국이 세밀하게 감시하며 사업을 방해했기 때문이다.

1838년 샤를 아바스는 내무부 장관 카미유 드 몽탈리베의 지원을 받아 국가로부터 자신의 번역 사무소를 '뉴스 사무소'로 전환할 권리를 얻었다. 무엇보다도 그는 국가의 소식들에 대한 우선 접근권을 확보했다.

여전히 독점적 지위였지만 국가가 아닌 민간인에게 그러한 권한이 주어졌다는 점에서 달랐다. 아바스는 '코레스퐁당스 제네랄Corréspondance générale'이라는 이름으로 뉴스를 번역하여 구독 신청한 신문사들에 우편으로 전달했다. 영국의 소식들을 받기 위해서는 처음에 전서구를 이용했다. 하지만 1844년부터는 (당시 534개의 기지국과 5000킬로미터의 케이블을 확보한) 샤프 텔레그래프를 이용했고, 1849년부터는 전기 텔레그래프를 사용했다. 신문사들이 현금을 지불하지 못할 때도 있었기 때문에 그는 신문사에 백지 면을 요구했고 이를 기업이나 은행에 광고란으로 재판매했다.

같은 과정이 미국에서도 진행되었으나 언론이 이 과정을 모방했다는 점에서 달랐다. 1846년 뉴욕에서는 이전에 이미 포니 익스프레스를 설립했던 신문사 세 곳을 포함한 신문사 여섯 곳(《더 선The Sun》,《뉴욕 헤럴드The New York Herald》,《뉴욕 트리뷴New York Tribune》,《디 익스프레스The Express》,《쿠리어 앤드 인콰이어러》)에서 멕시코-미국 전쟁에 관한 소식을 얻기 위해 AP통신Associated Press을 설립했다. 1848년 이 6개 신문사는 부에나비스타호라는 배를(1824년과 달리 이번에는 범선이 아닌 증기선을) 공동 구입해서 유럽에서 오는 소식들을 핼리팩스에서 더 빨리 가로채서 보스턴으로 돌아와 텔레그래프를 통해 뉴욕의 신문사들로 보내기 시작했다. 그 덕분에 6개 신문사는 다른 신문사들보다 하루를 더 앞설 수 있었다.

1849년 (얼마 전 카를 베르텔스만이 종교 서적 출판사를 설립한) 독일에서는 베른하르트 볼프(모든 신문이 검열을 받던 베를린에서 당시 가장 많이 읽히던 일간지《베를리너 나치오날 차이퉁Berliner National Zeitung》의 소유주)가 WTB통신을 설립하고, 자신의 신문과 경쟁이 되지 않는 다른 신문들에 주식시장과 관련된 정보들을 전달했다. 볼프는 이를 위해 처음으로 전기 텔레그래프를 사용했다. 1855년 그는 구독자들에게 주로 동유럽에서 오는 국제 정치 소식들을 배포하기 시작했다.

1851년 런던에서는 율리우스 로이터(본명은 이스라엘 베어 요자파트)가 로이터통신을 설립하고 영국 신문들에 주가와 1차 원료 가격에 관한 정보들을 판매하기 시작했다. 처음에는 전서구를 이용하다가 도버와 칼레를 연결하는 최초의 해저 텔레그래프 케이블을 이용했다.

1853년, 베네치아 반란에 가담했다는 이유로 오스트리아군에 의해 오랜 기간 투옥되었던 이탈리아의 저널리스트 굴리엘모 스테파니는 밀라노에서 외국 소식을 제공하기 위해 아바스와 직접 연결된 통신사를 설립했다.

같은 해 25년 경력의 서적상 루이 아셰트는 런던의 스미스를 본보기로 삼아 최초의 기차역들 가까이에 신문과 서적을 파는 판매점을 열었다. 이와 동시에 민간의 언론 배송 서비스를 시작했다. 아셰트는 단시간에 이 분야에서 독점적 지위를 확보했는데, 사실 프랑스에서는 독점하지 않고는 어떤 분야에서도 성공할 수 없었기 때문이다.

1858년 《타임스》는 로이터통신의 서비스를 구독했다. 1859년 1월 10일 로이터통신은 피에몬테-사르데냐 국왕의 호전적 담화를 공개함으로써 최초의 정치적 특종을 따냈고, 이는 프랑스-오스트리아 전쟁과 이탈리아 독립으로 이어졌다.

1864년 싱클레어 터시는 신문과 서적을 유통하는 아메리칸 뉴스 컴퍼니를 창립했다. 이 회사는 한 세기 뒤에 세계 최대의 도서 유통 회사가 되었다가 갑작스레 사라졌다.

1865년 비스마르크는 볼프의 WTB통신에 대한 감독권을 행사하고 이 통신사에 독점권을 부여했다.

1869년 아바스, 로이터통신, WTB통신은 미국의 AP통신과 결합하여 하나의 통신사 카르텔을 형성했다. 이로써 이 통신사들은 국제 뉴스들을 공유하고 유통 구역을 분배했다.

1875년 아바스는 텔레그래프를 이용해 정보를 수집하기만 한 것이 아니라 구독자들에게 정보를 배포하기 시작했다. 이를 위해 그는《코레스퐁당스 제네랄》의 배달 서비스에 텔레그래프 서비스를 추가했다. 처음에는 리옹의《르 프로그레Le Progrés》와 보르도의《라 지롱드La Gironde》 같은 몇몇 지방 신문들을 대상으로 하다가 나중에는 모든 고객에게 서비스를 제공했다.

미국: 페니페이퍼, 종군기자, 인터뷰의 등장

1830년대 초부터 전 세계가 미국 언론의 발전을 동경하게 되었다. 영국 작가 리처드 코브던은 영국보다 여섯 배나 많은 신문이 미국에서 발행되고 있다고 추산했다(실제로는 세 배 정도 많았다).

인쇄와 배송 비용이 낮고(뉴스보이라 불린 소년들이 거리에서 신문을 팔았다) 세금이 부과되지 않았으며 광고가 발달한 덕분에 언론사들은 일간지 가격을 6페니에서 1페니로 낮출 수 있었다. 그럼에도 독자가 늘어난 덕분에 수익은 오히려 증가했다.

이렇게 저렴해진 신문은 페니페이퍼penny paper라고 불리게 된다. 페니페이퍼의 등장은 미국 저널리즘을 바꾸어놓는다. 페니페이퍼는 판형이 작아 (탁자 위에 펼쳐놓고 볼 필요 없이, 걸어가면서도 읽을 수 있었다) 쉽게 알아볼 수가 있었다. 오락용 신문이었기 때문에 가장 중요한 정보들만 간추려 게재되었다. 범죄나 추문 같은 범상치 않은 이야기들이 주로 실렸다.

최초의 페니페이퍼《더 선》은 1833년 뉴욕에서 젊은 출판업자 벤저민

H. 데이에 의해 창간되었다. 그는 이 신문 100부 한 묶음을 소매상인들에게 67센트를 받고 팔았다. 2년 뒤에는 제임스 고든 베넷이 500달러를 가지고 자택 지하실에서 《뉴욕 헤럴드》를 만들어 유럽에 통신원들을 두고 주로 비밀스러운 소문들과 다양한 사건들에 관한 기사를 실었다. 그 뒤에는 《펜실베이니아 패킷 앤드 데일리 애드버타이저》가 나왔다. 이 신문은 전체 지면의 60퍼센트 이상을 광고에 할애해서 많은 수익을 올렸다.

30년 뒤에 남북전쟁이 벌어질 것이라는 최초의 조짐이 언론에 등장했다. 1831년 윌리엄 개리슨은 뉴욕에서 《리버레이터The Liberator》라는 주간지를 창간했다. 이 신문은 노예제도에 반대했고 여성의 권리를 옹호했다. 발행 부수가 3000부밖에 되지 않았지만, 중도층 노예제 폐지론자들 사이에서 가장 영향력 있는 신문으로 간주되었다. 같은 시기에 《뉴욕 이브닝 포스트》의 편집장 윌리엄 컬런 브라이언트 역시 노예제 폐지론을 옹호했다. 1841년 《뉴욕 헤럴드》의 편집자들 가운데 하나인 호러스 그릴리는 이 신문사를 떠나 정치적 목소리를 내고 노예제에 맞서 싸우기 위해 《뉴욕 트리뷴》을 창간했다. 반대로 남부의 여러 주에서는 노예제에 비판적인 기사를 게재하는 모든 신문의 유통을 금지했다.

1820년 미국에는 24종의 일간지가 있었지만 1850년에는 무려 254종의 일간지가 발행되었다. 특히 시카고, 세인트루이스, 샌프란시스코, 뉴욕 같은 대도시에서는 여러 일간지가 나왔다. 이들 신문은 우선 자사 저널리스트들이 수집한 지역 정보들을 실었고, AP통신으로부터 구매한 전국 및 해외 소식들도 게재했다.

1851년 《뉴욕 트리뷴》 출신의 헨리 자비스 레이먼드라는 저널리스트가 페니프레스와 차별화된 언론을 만들고자 문학 비평 쪽으로 관심을 틀어 《뉴욕 타임스New York Times》라는 새로운 신문을 창간했다.

1860년에는 매슈 B. 브래디(미국 부호들과 파리의 빅토르 위고, 알퐁스 드 라마르틴의 공식 사진사)가 선거 유세 중이던 에이브러햄 링컨의 사진을 찍었다. 그해 11월 6일 선거에서 승리한 뒤 링컨은 이렇게 말한다. "브래디가 나를 미국의 대통령으로 만들었다." 대통령 선거 유세에서 언론의 사진이 갖는 영향력을 처음으로 인정한 사례였다.

1860년 12월, 대통령에 당선된 지 얼마 되지 않은 링컨은 취임 연설에서 노예제 폐지를 집중적으로 언급했다. 사우스캐롤라이나가 연방을 탈퇴하자 미시시피, 플로리다, 앨라배마, 루이지애나, 조지아, 텍사스가 뒤를 이었다. 1861년 2월 4일 남부의 주들은 아메리카합중국에서 따로 분리되어 이른바 남부연맹이라 불리는 아메리카 연합국을 이루었고, 멕시코-미국 전쟁의 영웅 제퍼슨 데이비스가 대통령이 되었다.

북부와 남부의 내전은 1861년 4월 2일 사우스캐롤라이나에 있는 북부연합의 군사시설을 남부연맹 군대가 폭격하면서 시작되었다. 당시 전국에는 387종의 일간지가 있었고, 그중 70종이 남부에서 발행되었다. 전국의 인쇄소 가운데 남부에 소재한 곳은 전체의 10퍼센트도 되지 않았다. 버지니아의 도시들은 거의 모두 하나의 신문만 보유하고 있었는데, 그중 리치몬드에는 5개의 신문(《인콰이어러Enquirer》,《리치몬드 데일리 휘그 Richmond Daily Whig》,《디스패치Dispatch》,《이그재미너Examiner》,《센티널Sentinel》) 이 있었고, 그중《리치몬드 데일리 휘그》만 버지니아가 연방에서 분리되는 것을 반대했다.《인콰이어러》는 점점 더 어조가 과격해졌고, 심지어는 너무 무르다고 생각되는 데이비스 대통령까지 비난했다.

북부에서는 신문 발행 부수가 폭발적으로 늘었다. 계속되는 전투는 전쟁 통신원들에게 엄청난 정보를 제공했고, 그들은 텔레그래프를 통해 눈부신 단신들을 전송했다. 1861년 4월 3일 호러스 그릴리의《뉴욕 헤럴드》는 13만 5000부를 찍었는데, 이는 거의 남부 전체 일간지의 총 발행 부수에 맞먹는 양이었다. 《뉴욕 트리뷴》은 20만 부를 넘겼다. 브래디는 《뉴욕 타임스》를 위해 사진사 팀('그게 무엇인가?'라는 뜻의 와티짓whatizzit이라고 명명)을 꾸리고 연합군을 따라 전투 현장을 누볐다. 1862년 브래디는 앤티텀 전투의 현장에 널브러진 시신들의 사진을 찍고 "이 전쟁의 실상에 대한 끔찍한 증거"라는 코멘트를 달았다.

1862년 9월 22일 링컨은 노예제 폐지와 남부 노예들의 해방을 선언했다. 1863년 7월, 게티즈버그 전투가 북부연합군의 승리로 끝나고 남부연맹군이 퇴각했지만 리치몬드의 《이그재미너》는 "우리 군대는 여전히 승리하고 있다"라고 썼다. 그리고 며칠 동안 남부의 신문들은 어느 쪽도 이 전투에서 이기지 못했다고 계속해서 확언했다.

1865년 4월 9일, 버지니아의 애퍼매턱스 전투에서 패배한 뒤 리 장군은 항복했다. 1861년에 120종의 신문이 발행되던 버지니아에서는 이제 17종의 신문만 남았다.

그로부터 일주일도 지나지 않은 1865년 4월 14일 밤 10시 30분, 워싱턴 D.C.의 포드 극장에서 〈우리 미국인 사촌Our American Cousin〉 공연을 관람하던 중 링컨이 저격당했다. AP통신의 저널리스트 로런스 고브라이트는 범죄 순간을 현장에서 직접 목격하지는 못했지만 몇 분 뒤에 바로 극장에 도착했다. 그는 서둘러 통신사 사무실로 긴급 텔레그램을 보냈고, 통신사를 통해 미국 내 모든 신문에 기사가 전송되었다. 어떤 신문들(인디애나의 《데일리 스테이트 센티널Daily State Sentinel》, 《뉴욕 타임스》, 《뉴욕 트리뷴》 등)은 단어 하나 바꾸지 않고 이 텔레그램을 그대로 게재했다. 《이브닝 스타》는 〈대통령 암살〉이라는 제목으로 "대통령은 공격을 받고 의식을 잃은 상태이며 죽어가고 있다"라고 전했다. 《뉴욕 타임스》는 〈우리의 커다란 상실〉이란 제목 아래 4월 16일자 1면 전부를 이 소식에 할애했다.

1867년《뉴욕 헤럴드》의 조지프 버브리지 맥컬러는 한 매춘부가 살해 당한 사건이 일어난 뒤에 해당 유곽의 소유주인 모르몬교의 수장을 만나 여러 가지를 물었다. 이것이 신문사 최초의 '인터뷰'였다. 1869년《옥스퍼 드 영어 사전》은 '인터뷰'를 표제어로 싣고 이것이 미국에서 발명된 것임 을 분명하게 밝혔다.

영국: 부자들에게는 수지맞는 사업, 일반 대중에게는 오락거리

1830년 영국의 부자들은 정보에 대한 독점을 유지하기 위해 할 수 있 는 일을 다 했고, 신문들은 여전히 매우 비싼 가격에 팔렸으며, 판매 수익 의 절반은 세금을 납부하는 데 지출되었다. 맨체스터에서 발행된《푸어 맨스 가디언Poor Man's Guardian》은 신문에 부과되는 세금에 반대하는 캠페 인을 벌이면서 세금이 폐지되기만 한다면 신문을 1페니에 판매할 수 있 을 것이라고 설명했다.

1833년부터 이러한 요구가 관철되었다. 광고에 부과되는 세금이 절반 으로 줄었고 이어서 종이에 부과되는 세금과 인지세가 절반으로 줄었다. 다른 한편으로는 광고 수입이 늘었다. 신문들은 점점 더 수익성이 좋아졌 다. 주간지들이 시험 삼아 일간지로 전환하는 경우가 많았다.

1842년에는 허버트 잉그램이《일러스트레이티드 런던 뉴스Illustrated London News》를 창간했다. 세계 최초로 삽화가 들어간 주간지였다. 총 16쪽 에 32개의 목판화가 들어갔다. 제1호에서는 빅토리아 여왕의 궁전에서 열린 가면무도회에 대해 보도하고, 미국 대통령 선거 후보자들을 소개했 으며, 아프가니스탄 전쟁 소식을 전한 뒤, 연극평과 서평, 사망·출생·결 혼 등의 소식을 실었다. 리처드 가넷과 로버트 루이스 스티븐슨 같은 작가들과 에드워드 던컨 같은 예술가들이 이 주간지에 기고했다.

1848년 혁명의 실패 이후 유럽 대륙에서 영국으로 도피한 망명자들이 런던에서 창간한 신문 중에는 카를 마르크스가 1850년에 복간한《노이에 라이니셰 차이퉁Neue Rheinische Zeitung》이라는 월간지도 있었다. 이 월간지는 6호까지 발행된다.

1855년 인지세법이 완전히 폐지되었다. 신문을 소유한 유력자들은 걱정이 없었다. 노동자들은 이제 정치적 내용이 빠져 있는 선정적인 신문들을 읽을 수 있게 되었지만, 여전히 대학에 들어갈 수 없었고, 클럽에 가입하거나 가정을 꾸리기는 더욱 어려웠다.

같은 해에 작가 아서 슬레이가《데일리 텔레그래프Daily Telegraph》를 창간하고 이듬해에 편집자 조지프 레비에게 팔았다. 레비는 이 신문을 중산층의 기관지이자 영국 최초의 페니페이퍼로 만들었는데, 이는 미국에서 처음 페니페이퍼가 등장한 지 20년 만의 일이었다.《데일리 텔레그래프》는 쥘 베른의 1876년작 소설《미셸 스트로고프Michel Strogoff》에도 등장할 만큼 영국에서 가장 발행 부수가 많은 신문이 된다.

1869년 카디프에서는 뷰트 후작 존 크라이튼스튜어트에 의해 웨일스 지방의 첫 페니페이퍼인《웨스턴 메일Western Mail》이 창간되었다.

영국 식민지들에서는 여전히 영어 신문이 발행되다

1859년 나이지리아의 아베오쿠타에서는 성공회선교협회(CMS)의 헨리 타운젠드 신부가 나이지리아 최초의 신문(이자 부분적으로나마 토착어로 발행된 아프리카 최초의 신문)인《뉴스 리포트 포 디 에그바 앤드 요루바 피플 The New Report for the Egba and Yoruba People》을 창간했다. 이 신문은 2주에 한 번 영어로 발행되었는데, 드물지만 몇몇 기사들은 요루바어로 번역되어 게재되었다. 주로 수도자들의 도착과 출발, 서품, 교회의 활동에 관한 내용이 실렸다. 1860년에는 도시의 소식들과 카카오 및 면화의 작황에 관한 정보들도 보도되었다. 발행 부수는 3000부가량 되었다. 1867년 유럽인들이 도시에서 쫓겨나게 되었을 때 신문사도 파괴되었다.

인도에서는 영어 신문(1838년에 창간한 《타임스 오브 인디아The Times of India》가 대표적이다)들이 몇 배로 증가했다. 1854년에는 최초의 힌디어 일간지 《사마차르 수다바르샨Samachar Sudhavarshan》이 창간되었다. 그리고 다수의 힌디어 일간지들이 뒤를 이었다. 두 힌디어 신문 《파얌에아자디Payam-e-Azadi》와 《사마차르 수다바르샨》은 1857년의 봉기를 지지했다. 이에 대한 응답으로 이른바 '재갈법Gagging Act'으로 불리는 법령이 나와 힌디어 언론을 가혹하게 검열했다.

중국에서는 최초의 잡지인 《이스턴 웨스턴Eastern Western》이 1833년부터 1838년까지 홍콩에서 발행되었다. 영어 잡지였지만 부분적으로 중국어 기사들도 실렸다. 그다음으로는 《차이나 시리얼China Serial》이란 잡지가 역시 홍콩에서 1853년부터 1856년까지 발행되었다.

부패하고 부유해지는 프랑스의 언론

1830년 이후 프랑스의 언론은 검열로부터 조금 자유로워졌다. 어떤 이들은 뒤처진 프랑스 언론이 미국과 영국의 언론을 곧 따라잡으리라고 생각했다. 하지만 그런 일은 절대 일어나지 않는다. 프랑스 신문의 가격은 앞으로도 오랫동안 매우 높게 유지된다. 일간지 1년 구독료가 파리 노동자의 평균 월급보다 비쌌다. 프랑스 신문들은 국가의 지원과 부정부패 없이는 생존하기 어려웠다.

1831년 젊은 저널리스트 에밀 드 지라르댕이《주르날 데 코네상스 위틸 Journal des connaissances utiles》이라는 주간지를 창간하여 즉각적인 성공을 거두었다. 한때 발행 부수가 13만 부에 달했지만, 이러한 성공이 오래가지는 못했다. 1832년에는 아베 미뉴의《뤼니베르L'Univers》같은 다수의 가톨릭 신문들이 등장했다. 빅토르 콩시데랑의《라 데모크라시 파시피크 La Démocatie pacifique》같은 푸리에주의(공상적 사회주의) 신문들도 많이 등장했다. 하지만 발행 부수는 매우 적었고 가격은 과도하게 비쌌으며 독자도 얼마 되지 않았다.

어떤 신문들은 수익성이 매우 좋았다. 1833년 파리에 설립된 66개의 합자회사 가운데 33개가 언론사였다. 이들 언론사의 주요 수입원은 신문 판매가 아니라 광고였다. 특히 법적 고지문과 은행 광고들이 수익성 좋은 시장을 형성했다. 그리고 은행들이 시세를 조작하거나 시세에 대한 거짓 정보를 공지하고자 지급하는 부정한 돈 역시 신문사의 주요 수입이 되었다.

1836년 7월 1일, 에밀 드 지라르댕은 정치, 농업, 상업, 산업의 현황을 다루는 일간지《라 프레스La Presse》를 창간하고 미국 신문을 모델로 삼아 광고 수입을 추구했다. "프랑스에서는 저널리즘이라는 산업이 본질적으로 잘못된 기초 위에 놓여 있다. 즉 광고료보다 구독료에 의존하고 있다는 말이다. 그 반대로 되어야 바람직할 것이다." 그는 신문에 연재소설을 게재한 최초의 인물이기도 했다. 알렉상드르 뒤마의《솔즈베리 백작부인La comtesse de Salisbury》과 발자크의《노처녀La Vieille Fille》가 그의 신문에 연재되었다.《주르날 데 데바》도 이 아이디어를 채택해서 외젠 쉬의《파리의 미스터리Les Mgstères de paris》를 연재했는데, 이 연재소설에 대해 테오필 고티에는 이렇게 썼다. "모두가《파리의 미스터리》를 탐독했다. 글을 읽을 줄 모르는 이들조차 빠져들었다. 그들은 마음씨 좋고 학식 있는 어떤 문 지기에게 소설을 낭독하게 했다." 같은 해에 모이즈 폴리도르 미요가《르 가맹 드 파리Le Gamin de Paris》를 출간했다. 그는 늦은 저녁 시간에 극장 출 구에서 고함꾼들이 소리치며 신문을 판매하도록 했다.

1839년부터 루이 뵈요가 지방의 돈 많은 부르주아 독자들 사이에서 많이 읽히고 있던 유력 가톨릭 일간지《뤼니베르》의 편집장을 맡았다. 그 는 30년 넘게 편집장으로 일하면서 바티칸과 매우 가까운 이 신문을 교 회가 영향력을 행사하는 중대한 도구로 만들었다.

그럼에도 프랑스의 언론은 아주 작은 집단 안에서만 읽혔고, 대중에게 존경받거나 사랑받지도 못했다. 더욱이 언론은 부패했고 무시당했다.

1840년 오노레 드 발자크가《라 르뷔 파리지엔La Revue parisienne》에 다 음과 같이 기술함으로써 저널리스트들과 관련된 당대의 정신을 훌륭하 게 요약했다. "프랑스에서 언론이란 국가의 제4권력이다. 언론은 모두를 공격하지만 누구도 언론을 공격하지 않는다. 언론은 닥치는 대로 비난한 다. 언론은 정치인들과 문인들이 자기에게 속한 사람들이라고 주장하면 서 거기에 어떤 상호성이 있기를 바라지는 않는다. (…) 애초에 언론이 존 재하지 않았다면 굳이 발명할 필요는 없을 것이다."

《라 프레스》의 수입에서 광고가 차지하는 비중은 10퍼센트밖에 되지 않았다.《주르날 데 데바》는 20퍼센트,《르 피가로Le Figaro》는 20퍼센트 미만이었다. 영국과 미국의 신문들에 비하면 상당히 적은 편이었다.

루이필리프는 본래 왕위에 오를 때는 검열에 반대했다가 (1835년 피스 키의 암살 시도가 실패한 후 언론의 권력, 특히 풍자하는 권력을 탓하며) 검열을 복 구했지만, 권력이 자신에게서 빠져나가는 것이 느껴지자 1848년 1월 언 론의 자유와 인지세 및 공탁금의 폐지를 선포했다. 파리에서는 물론 지방에서도 온갖 경향과 양식의 신문들이 몇 배로 늘어났다. 이제 만화가 정치적 무기가 되었다(이 분야에서는 《라 카리카튀르La Caricature》나 《르 샤리바리 Le Charivari》에 만평을 실었던 도미에가 뛰어났다). 조르주 상드는 《라 브레 레퓌블리크La Vraie République》에, 라마르틴은 《르 비앵 퓌블리크Le Bien public》에, 프루동은 《르 르프레장탕 뒤 푀플Le Représentant du peuple》(민중의 대표)에 영감을 제공했다. 카를 마르크스는 《노이에 라이니셰 차이퉁》(신新라인 신문)을 발행했다. 이 신문의 편집자들은 (프리드리히 엥겔스, 빌헬름 볼프, 게오르크 베르트 등) 모두 공산주의자동맹의 구성원들이었다.

하지만 이 시기는 오래 지속되지 못했다. 루이-필리프가 왕위를 내놓은 1848년 2월 24일이 지나고, 언론의 자유가 확고해진 6월의 나날이 지난 뒤, 1848년 8월에 임시정부는 검열을 재개했다. 이제 의회, 공화국의 기관들, 종교의 자유, 개인의 소유권, 가족의 권리를 비판하는 것은 금지되었고, 이들에 대해 비판한 자는 벌금형이나 금고형에 처해졌다. 지라르댕의 《라 프레스》는 발간이 금지되었다. 어떤 신문들은 파산했다. 1848년 8월 라므네는 자신의 《르 푀플Le Peuple》을 폐간하면서 마지막 호에 이렇게 썼다. "말할 수 있는 권리를 누리려면 돈이, 그것도 많은 돈이 있어야 한다. 우리는 부유하지 않다. 가난한 사람들에게는 침묵만 있을 뿐이다." 마찬가지로 6000명이 구독하던 마르크스의 신문도 301호를 끝으로 폐간되었다.

1851년 12월 쿠데타를 일으켜 공화국의 대통령이 된 루이나폴레옹 보나파르트는 파리의 인가받은 일간지의 수를 다시 줄였다. 이제 파리에는 정부에서 발행하는 신문으로는 《라 프레스》·《르 모니퇴르 위니베르셀》·《라 파트리La Patrie》, 중도 자유주의 신문으로는 《레 데바Les Débats》, 아뱅의 반反교권주의 신문 《르 시에클Le Siècle》을 포함해 11종밖에 남지 않았다. 각 소도시는 현감이나 시장의 명령에 따라 단 하나의 신문만 가질 수 있었다. 그 신문은 일반적으로 광고지에 불과했고, 신문 발행을 부업으로 하는 인쇄업자의 소유였다. 대도시에서는 그러한 신문을 두세 종 보유할 수가 있었고, 시장은 이 신문들이 자신에게 도움이 되도록 신문들 사이에 경쟁관계를 조장하고 당시 언론에 주어지는 위장된 형태의 보조금이었던 합법적 광고들에 반대할 권리를 빼앗았다.

"나쁜 신념"이나 "본질적으로 공중의 평화를 깨뜨릴 뉴스"를 출간하거나 복제한 혐의에 대해 유죄 선고를 받은 저널리스트는 투옥되었다. 비밀 자금은 신문들의 충성을 확고히 할 수 있었다. 겉으로는 분명하게 반대 목소리를 내는 신문들조차 마찬가지였다. 광고도 한몫했는데, 특히 당시 급속히 증가하기 시작한 대출 광고들이 그러했다. 이렇게 해서 언론의 수익성은 점점 더 좋아졌다.

1854년 이폴리트 드 빌메상이 파리 사람들의 생활을 보도하는 주간지 《르 피가로》를 복간했다. 이 주간지는 1826년 가수 모리스 알루아와 작가이자 정치인 에티엔 아라고가 보마르셰*의 작품 속 인물을 참조하여 "풍자적이고 정신적이며 논쟁적인 신문"을 지향하며 창간했으나 1833년에 폐간됐었다. 복간된 《르 피가로》는 다른 신문들처럼 법적 고지와 금융 광고를 통해 높은 수익을 올렸다. 초기 투자자는 20년도 되지 않아 자본금이 36퍼센트나 증가하는 것을 보게 된다.

1857년에는 프랑스 건축가 가브리엘 다비우드의 기획에 따라 파리의 대로에 최초의 신문 판매용 키오스크가 60개 설치되었다(다비우드는 샤틀레 극장과 생미셸 분수를 기획하기도 했다).

---

* 특권 계급을 풍자한 두 회곡 《세비아의 이발사》와 《피가로의 결혼》으로 유명한 궁정 악사이자 극작가.

1860년부터 제2제국은 언론을 자유화했다. 정부는 또 하나의 가톨릭 신문인 《르 몽드Le Monde》와 최초의 자유주의 신문인 《르 탕Le Temps》의 창간을 허가했다. 1863년에는 모이즈 폴리도르 미요가 《르 프티 주르날 Le Petit Journal》의 발행을 허가받았다. 이 신문은 일반 신문의 절반 크기로 모두 4면으로 구성되었고 가격은 5상팀이었다. 다양한 사건들을 다루었고 현란한 연재소설란이 있었다. 1865년에는 《주르날 일뤼스트레Journal illustré》가 창간되었다. 3년 전 런던에서 창간된 《페니 일러스트레이티드 페이퍼Penny Illustrated Paper》를 모방한 것으로 귀스타브 도레의 삽화들이 실렸다. 같은 해에 자유주의 일간지 《레베느망L'Événement》도 창간되었는데, 처음으로 구독자들에게 선물(식사나 밀감)을 제공했다.

　　1865년 남북전쟁이 종결되고 링컨이 암살된 직후에, 젊은 의사였던 조르주 클레망소가 《르 탕》의 통신원으로 미국에 갔다. 미국에 4년 동안 머무르면서 〈미국에서 온 편지〉라는 제목으로 100여 통의 서신을 작성하여 익명의 보고서 형식으로 게재했다. 그는 노예제와 인종차별을 비난했고, 언론의 자유를 동경했다. 물론 자유로운 미국 언론은 "비방"과 "중상"을 통해 사생활을 "가차 없이 공격"하는 일도 많이 했다.

　　1866년 《르 피가로》는 일간지가 되었고 과감하게 정치 영역을 다루기 시작했다. 제2제국에서 사전 허가제를 폐지하자, 샤를 들레스클뤼즈의 《르 레베유Le Réveil》, 앙리 로슈포르의 《라 랑테른La Lanterne》 등 수많은 신문이 등장했다. 1870년 초 《르 프티 주르날》의 발행 부수는 30만 부에 달했다. 파리의 모든 일간지의 발행 부수는 총 100만 부에 이르렀으며, 이는 1800년에 비해 서른 배나 늘어난 것이었다.

가짜뉴스가 일으킨 전쟁

1870년 프로이센의 수상 오토 폰 비스마르크는 독일을 통일하여 프랑스에 맞서기를 희망했고, 프랑스를 침략자의 위치에 놓고자 했다. 그는 은행가이자 실업가인 자신의 친구 게르손 폰 블라이흐뢰더를 통해 1865년부터 자신이 통제하고 있던 대부분의 독일 언론과 WTB통신의 지지를 받아 원하는 바를 이루었다.

프랑스 제2제국은 당시에 저널리스트 빅토르 누아르가 나폴레옹 보나파르트의 동생 뤼시앵 보나파르트의 아들이자 나폴레옹 3세의 아버지인 피에르나폴레옹 보나파르트에 의해 살해된 후 어려운 상황에 처해 있었다. 빅토르 누아르가 근무했던 《라 마르세예즈La Marseillaise》의 운영자 앙리 로슈포르는 투옥되었다. 프랑스의 언론은 프로이센과의 전쟁에서 패한 오스트리아를 지원하지 않았다는 이유로 황제를 책망했다. 더욱이 프랑스는 프로이센 국왕의 사촌으로 스페인 왕위 후보자인 레오폴트 폰 호엔촐레른 후작에게 위협을 받고 있었다. 프랑스가 독일과 스페인 양쪽의 강력한 적들 사이에 끼일 위험이 있었다. 1870년 2월 프랑스 황제 나폴레옹 3세는 호엔촐레른 후작의 스페인 왕위 거부 의사를 끌어냈다.

하지만 비스마르크는 단념하지 않았다. 그는 7월 2일에 다시 호엔촐레른 후작이 스페인 왕위 계승 후보임을 공지함으로써 프랑스 언론의 화를 북돋웠다. 7월 3일 《르 골루아Le Gaulois》는 "약하고 작아진 조국과 전쟁 중 하나를 택해야 한다면 우리는 망설이지 않을 것이다!"라고 썼다. 7월 7일 일간지 《르 페이Le Pays》는 이렇게 썼다. "10년 전에는 중요하지 않았던 이 사안이 이제는 고통으로 가득 찬 우리의 잔을 넘치게 할 한 방울의 물이 되었다. (…) 프로이센은 그들의 청원을 철회하거나 싸워야 할 것이다." 《르 탕》, 《르 프랑세Le Français》, 《르 시에클》, 《라브니르 나시오날

L'Avenir National》,《르뷔 데 되 몽드Revue des Deux Mondes》 등의 신문들은 상황을 진정시키고자 애를 썼다. 하지만 헛된 노력이었다.

7월 9일, 베를린 주재 프랑스 대사이자 황제의 친구였던 뱅상 베네데티 백작은 바트엠스에서 요양 중이던 프로이센 국왕을 찾아가 호엔촐레른 후작의 스페인 왕위 요구 철회를 이끌어냈다. 이 사실을 알게 된 비스마르크는 국왕이 프랑스 대사를 다시 만난다면 자신은 사임하겠노라고 위협했다. 하지만 7월 11일 프랑스 대사는 이 온천 도시의 산책로에서 마주친 프로이센 왕에게 다시는 스페인 왕위 계승 후보자를 내놓지 않겠다고 약속할 것을 요청했다. 국왕은 이를 거부했고, 이제 다시는 그와 접견하지 않을 것임을 부관을 통해 알렸다.

7월 13일 프로이센의 왕은 비스마르크에게 텔레그램을 보내서 프랑스 대사와 마주친 일과 그의 접견을 거부한 일을 간략히 알렸다. 당시 사임을 생각하고 있던 비스마르크는 함께 저녁식사를 하고 있던 두 독일 장군 몰트케와 론에게 국왕의 텔레그램을 읽어주고 프랑스와 전쟁을 벌인다면 이길 수 있다고 생각하는지 물었다. 몰트케 장군은 승리를 확신하며 말했다. "전쟁이 빨리 시작될수록 우리가 이길 가능성이 더 많습니다." 비스마르크는 언론을 이용해 그로부터 한 달이 지나기 전에 프랑스가 전쟁을 선포하도록 만드는 데 성공한다.

프로이센의 수상은 왕에게서 받은 텔레그램을 축약하여 긴급 통지문을 작성한 뒤 독일의 모든 대사와 WTB통신에 발송했다. WTB통신은 이 통지문을 다시 아바스의 통신사에 텔레그래프로 전달했다. 이 통지문은 프로이센 왕이 프랑스 대사에게 준 모욕을 확정적인 방식으로 제시했다("국왕은 프랑스 대사의 접견을 재차 거부했으며, 보좌관을 통해 앞으로 대화는 없을 것임을 그에게 알리게 했다"). 그리고 이 통지문에는 모르고 지나치기 쉬운 방식의 조건법 문장이 추가되어 있었다. "바트엠스에서 나온 다른 정보들에 따르자면, 국왕은 자신의 사촌이 스페인 왕위를 포기했음을 분명하게 인정했고 분쟁의 여지가 있는 모든 문제에서 벗어난 것으로 간주하겠노라고 알리도록 했을 것이다." 물론 독일 언론은 프랑스 언론과 마찬가지로, 논쟁을 촉발하는 첫 번째 문장만을 취하고 문제를 누그러뜨리는 그다음 문장은 생략했다. 7월 13일, 비스마르크는 베를린 거리에 《도이체 알게마이네 차이퉁Deutsche Allgemeine Zeitung》의 특집호를 무료로 배포하여 불붙은 논쟁에 기름을 끼얹었다. 이 특집호는 사건을 보도하면서 단지 프로이센 왕이 프랑스 대사와 접견했다는 사실만을 전하며, 프로이센 왕을 집요하게 괴롭히는 프랑스 대사의 캐리커처를 함께 실었다.

이튿날인 7월 14일 파리의 석간지 《라 프랑스La France》에서 프랑스 정부는 선전포고를 통해 대응할 준비를 하고 있다고 응수했다. 군중이 프로이센 대사관에 몰려가 항의하는 과정에서 대사관의 유리창이 깨졌다. 《르 콩스티튀시오넬》에 따르면 "거대한 군중이 대로에 난입하여" "비스마르크를 쓰러뜨려라!", "라인강으로, 라인강으로!"라고 외쳤다.

7월 15일 《라 리베르테La Liberté》는 이렇게 기술했다. "프로이센이 싸우기를 거부한다면 우리는 개머리판으로 그들의 등짝을 때려 다시 라인강을 건너가 강의 좌안을 비우도록 몰아낼 것이다."《주르날 데 데바》 같은 신문들은 상황을 진정시키고 정말로 일어난 일을 이해하고자 노력했다. "극단적인 주장들에 동요하지 말 것."《르 콩스티튀시오넬》은 이렇게 덧붙였다. "우리가 평화를 원할 때, 형식상의 문제들은 필요한 해결책을 쉽게 찾아낸다." 같은 날 티에르, 아라고, 강베타 등이 포함된 83인의 의원들은 프로이센 왕이 정말로 원하는 바를 이해하기 위해 모든 외교 문서를 살펴볼 것을 요구했다. 하지만 같은 날 상원과 하원의 다수 의원은 이에 반대했고, 의회에서는 표결로 전쟁 자금을 승인했다. 나흘 뒤인 7월 19일에 마침내 전쟁이 선포되었다.

전쟁이 시작되자 프랑스군은 즉각 패배했다. 9월 4일 공화국이 선포되었고, 이 새로운 공화국은 검열을 폐지하고 독점적인 우편 서비스의 폐기를 언론 전체로 확대했다.

마침내 언론의 자유가 찾아왔다.

2년 사이에 모든 것이 바뀌어버린 일본

일본에서는 메이지 시대의 도래와 더불어 한 세기 뒤면 세계에서 가장 많은 발행 부수를 자랑하게 될 언론이 탄생했다.

1861년 6월 22일 아마추어 저널리스트 A. W. 핸사드가 영어 신문《나가사키 시핑 리스트 앤드 애드버타이저Nagasaki Shipping List and Advertiser》를 주 2회 발행한 것이 그 시초였다. 이 신문은 이후에《재팬 헤럴드Japan Herald》로 이름이 바뀐다. 1865년에는 편집자 하마다 히코조(미국 국적을 취득한 뒤 조지프 헤코로 개명했다가 미국 영사의 통역으로 요코하마에 돌아왔을 때 다시 본래 이름으로 개명)가 일본 최초의 민간 신문이자 영어 신문인《가이가이신문海外新聞》을 발간했다.

《재팬 헤럴드》와《가이가이신문》은 한 달에 두 번 요코하마에 정박하는 영국 선박들이 가져오는 소식들만을 실었다. 무엇보다도 외국인 독자들을 위한 것이었다.

1867년 15대 쇼군 도쿠가와 요시노부는 후계자 지명을 거부하고 권력을 새로운 메이지 왕가의 황제에게 이양했다. 1868년 3월 17일에《주가이신문中外新聞》이 창간되었다.《가이가이신문》과 같이 이 신문 또한 해외에서 들어오는 소식만 실었지만, 일본어로 발행되었다.

1868년 10월 23일 메이지 시대가 공식적으로 시작되었다. 역사의 전환점이 된 이해에 여러 신문이 창간되었다. 가니치 하시준이 운영하는 《나이가이신보內外新報》는 작은 공책 형식으로 대략 사흘에 한 번 정도 발행되었다. 《신붕지랴쿠新聞誌略》, 《주가이신문》을 모방하고자 한 《키쇼자포寄書雜報》, 많은 삽화와 몇몇 국내 소식들을 전하는 《코코신문江湖新聞》 등이 있었다.

1869년 천황이 16종의 신문 창간을 허가하면서 신문들의 등장 속도가 훨씬 더 빨라졌다. 이중에는 아직까지 발행되는 신문들이 있으며, 특히 두 신문은 오늘날 세계에서 가장 많은 발행 부수를 자랑한다.

8

진보의 구현

※

1871-1918

　에밀 졸라가 20여 년 동안 발표한 소설 20권으로 이루어진《루공마카르 총서Les Rougon-Macquart》의 후반부에 있는 소설《돈 L'Argent》(1891년 발표)에서 마침내 저널리스트라는 직업이 거론된다. 특히 언론과 금융과 정치 사이의 지옥 같은 관계망이 이 소설에 잘 드러나 있다. 주인공 장트루는 보르도 출신의 교사였는데 파리에서 발간되는《레스페랑스 L'Espérance》의 편집자가 되었다가 "작은 금융 정보지 10여 개"의 소유주가 되었고, 그렇게 해서 "수많은 특별 정보지들의 유순한 무리"를 형성한다. 그는 "대형 정치 신문들과 문예 신문들"을 부패시키고 "매우 존경받던 옛 정보지의 네 번째 페이지"까지 사들이고, 아울러 "상대 회사의 성가신 부문 편집자의 침묵"을 매수하기도 했다. 그리하여 금융 언론에서 가장 존경받던 신문《라 코트 피낭시에르La Cote financière》를 소유하게 되었다. "이 오래된 견고한 신문 뒤에는 12년 동안의 완전무결한 정직성이 있었다." 장트루는 수많은 공감을 통해 이득을 챙겼다. 특히 보비예 백작부인에게서 남편의 애정 편력에 대해 신문들이 함구하는 대가로 많은 돈을 갈취했다.

이 모든 것이 사실 그대로였고 꾸며낸 것은 전혀 없었다. 1871년에서 1918년까지 프랑스 언론 대부분이 이러했다. 이 시기는 주식에 도취하고 추문과 공갈과 부패가 만연했다. 언론은 수십 년 전보다 더 자유롭지 않았다. 정치권력과 종교권력에 밀착되어 있으면서도 추문에 대한 대중의 수요에 점점 영합했다. 유력가들이 조심스레 지키고 있는 비밀들을 언론이 늘 대중에게 전달했던 것은 아니다. 언론은 자본 세력의 통제 속에서 자본의 주요 대리자로서 은행들을 보아 넘겼다. 또한 언론사 사주들에게 언론은 광고 그리고/또는 가짜뉴스 그리고/또는 공갈을 통해 돈을, 그것도 많은 돈을 벌어주는 수단이었다. 더욱이 언론은 대체로 남성들의 것이었다.

서방 곳곳에서, 그리고 몇몇 다른 나라들에서도 도시화의 진전, 우편망의 개선, 교통·통신 수단의 발달, 몇몇 옛 기술(사진, 전기, 전화)이나 새 기술(전화, 영화, 전기모터, 내연기관, 자동차, 비행기), 교육의 점진적인 일반화가 서구인들의 생활수준과 지적 욕구를 높여주었다. 더 많은 사람이 일간지에 접근할 수 있게 되었고, 더 이상 소문이나 추문에 만족하지 않았다.

더 나은 정보 전달 수단

50년 동안 몇몇 주요 기술의 발전을 통해 신문의 효율은 증대되고 비용은 감소했다.

1873년 병기와 재봉틀을 생산하던 엘리펄렛 레밍턴이 타자기를 대량 생산하기 시작했다. 타자기의 특허권은 1714년부터 이미 존재했지만,

완전히 타자기로 작성한 최초의 원고(마크 트웨인의 《톰 소여의 모험》)가 나온 것은 1872년이었다. 타자기는 편집실의 업무를 완전히 바꾸어놓았고, 1806년에 발명된 먹지의 사용을 가능하게 했으며 출판사와 사무실에 타자수라는 새로운 직업이 탄생하게 했다. 이 힘든 직업은 처음부터 주로 여성의 몫이었다.

1876년부터 1878년까지 3년 동안, 이후에 정보 전달 방식에서 중요한 역할을 하게 되는 세 가지 기술 혁신이 일어났다. 전화, 전구, 축음기가 발명된 것이다.

우선 1876년 미국인 알렉산더 그레이엄 벨이 — 오늘날 벨의 특허권 자격에 대해서는 논란이 있지만(이탈리아계 미국인 안토니오 메우치가 1870년 동일한 특허를 신청했으나 자신의 시제품을 분실했다) — 특허받은 전화기를 내놓았다. 1877년에는 미국인 토머스 에디슨의 원통형 축음기가 등장했다(프랑스인 에두아르레옹 스코트 드 마르탱빌의 포노토그래프가 이미 1860년부터 존재하고 있었고, 뒤이어 프랑스인 샤를 크로의 팔레오폰도 나와 있었다).* 1879년에는 역시 토머스 에디슨이 발명한 전구가 등장했다. 이 세 가지 발명은 정보 전달 방식은 물론이고 사람들의 생활방식까지 바꿔놓았다.

1884년 뉴욕과 보스턴 사이에 최초의 장거리 전화선이 개통되었다. 1890년대 중반 멤피스에서는 시내 전체에 전화기가 1500대밖에 없었지만, 《멤피스 커머셜 어필Memphis Commercial Appeal》은 세계 최초로 편집국에 전화기를 설치한 신문이 되었다. 1901년 《뉴욕 이브닝 포스트》에서는 처음으로 기자들이 전화 통화로 기사를 작성했다. 기자들이 편집국으로

---

* 포노토그래프는 소리를 기록한 최초의 기계다. 음파를 증폭시켜 그 파동을 시각적으로 기록한 것으로 소리 자체를 재생할 수는 없었다. 팔레오폰은 원통형 축음기와 원리가 같은 것으로 소리를 녹음하고 재생할 수 있는 최초의 기계였다.

전화해서 뉴욕에서 북쪽으로 약 140킬로미터 떨어진 포킵시에서 열리는 보트 경기를 보도했다.

1888년 조지 이스트먼은 사진을 찍는 데 사용하던 유리 건판을 셀룰로이드로 대체할 생각을 해냈다. 이로써 선명한 영상을 오래 간직할 수 있게 되었다.

그런 뒤에 중요한 두 가지 기술적 진보가 이루어졌다. 하나는 영화였고, 다른 하나는 라디오였다.

1895년 루이 뤼미에르가 최초의 실사 영화를 선보였으며 동시에 픽션 영화도 만들었다. 그해 6월 11일 뤼미에르는 리옹의 사진 대회를 (43초 분량의 흑백 필름으로) 촬영하여 12월 28일 파리에 있는 그랑 카페의 살롱 앵디앵에서 상영했다. 이때 그 유명한 〈뤼미에르 공장을 나서는 노동자들 Sortie des usines Lumière〉도 함께 상영되었다. 얼마 뒤에는 멜리에스가 최초의 다큐멘터리 촬영을 위해 최초의 리포터들(프랜시스 두블리에, 펠릭스 메스기슈, 알렉상드르 프로미오, 마리우스 샤뷔)을 스페인의 투우장, 미국의 도시, 러시아의 종교의식 등 세계 곳곳의 현장으로 파견했다. 같은 해인 1895년에 기업가 레옹 고몽에 의해 세계 최초의 영화사가 설립되었다.

1897년 7월 2일, 엔지니어 굴리엘모 마르코니가 영국에서 최초의 무선통신(무선전신) 특허를 획득했다. 하지만 그는 이탈리아에 머무르기를 원했던 것 같다. 2년 전에 이탈리아 정부에 무선통신 서비스를 제안했으나 이탈리아 우편전신부 장관은 그를 미친 사람 취급하며 퇴짜를 놓았었다. 처음에 무선전신은 새로운 텔레그래프에 지나지 않았다. 즉 사적인 메시지를 전하는 수단이었을 뿐 정보를 널리 알리는 수단은 아니었다. 다만 부호화된 메시지를 전달했을 뿐, 목소리 자체를 전달하지는 못했다. 1898년 귀스타브 에펠은 12년 전에 완성했으나 해체될 우려가 있었던 자신의 에펠탑을 활용할 수 있는 한 가지 방법을 찾아냈다. 군대가 에펠탑에 안테나를 설치할 수 있도록 허락한 것이다.

1900년에는 이미 여러 편집국과 사무실에 타자기가 70만 대 이상 보급되었다. 파리 만국박람회에서는 '텔레비전'의 첫 원형이랄 수 있는 발명품이 러시아인 엔지니어 콘스탄틴 페르스키에 의해 전시되었다. 1901년에는 뉴펀들랜드와 콘월 사이에서 대서양을 횡단하는 무선전신이 처음으로 연결되었고, 1906년 12월 24일에는 매사추세츠와 스코틀랜드 사이에서 사람의 목소리가 무선통신으로 전송되었다.

1908년 프랑스인 엔지니어 에두아르 블랭이 벨리노그라프^{bélinographe}를 발명했고, 팩스의 전신이랄 수 있는 이 장치를 통해 전화선으로 이미지를 전송하는 일이 가능해졌다. 그해 1월 22일에 네덜란드의 빌헬미나 여왕의 사진이 22분 만에 700킬로미터 떨어진 파리에 도달해서 샹젤리제 거리의 페미나 극장 스크린에 투사되었다.

같은 해에 (파리에서 고기를 파는 행상이었다가 아르헨티나로 건너가 앵무새를 팔기도 했던) 샤를 파테가 동생 에밀과 함께 생드니 대로 6번지에 작은 극장을 열었다. 사람들은 이곳에서 경마의 결과나 주식시장의 동향에 관한 소식을 알 수 있었다. 2년 뒤에는 세계 여러 곳의 소식을 전하는 뉴스 필름을 상영했다. 곧이어 런던, 미국, 이탈리아, 스웨덴에도 파테의 극장이 자리를 잡았다. 파테의 경쟁자인 고몽 또한 고몽-악튀알리테를 창립하고 전 세계에 극장을 열었다.

통신사의 지정학

이 시기에 지방이나 외국에 통신원을 파견할 만한 형편이 되는 신문사는 거의 없었다. 신문사들은 여전히 프랑스의 아바스, 영국의 로이터,

독일의 WTB, 미국의 AP 등 통신사들이 보내주는 텔레그래프 서비스에 의존하고 있었다.

비스마르크는 신경에 거슬리는 WTB통신의 운영 방식을 감시했다. 볼프는 WTB통신의 경영을 황제의 협력자인 리하르트 벤첼에게 맡겨두었다.

아바스통신은 1879년에 에를랑제 남작의 의견에 따라 주식회사가 되었고, 대부분 프랑스 정부의 보조금에 의지해 운영되었다.

이 시기에는 로이터통신 또한 영국 총리들(디즈레일리, 글래드스턴, 애스퀴스)에 의해 감시를 받았다. 그럼에도 로이터통신에서 각 언론사에 정보를 보내지 못하는 일은 없었다. 심지어 정부에서 해당 정보를 알기 전에 로이터통신에서 먼저 언론사에 정보를 보내는 일도 있었다. 보어전쟁이 한창이던 1900년, 전선을 넘어 모잠비크에 도착하는 데 성공한 로이터통신의 리포터가 마페킹의 포위가 끝났다는 소식을 텔레그래프로 보냈다. 이 소식이 바로 다음 날 여러 신문에 게재되었는데, 영국 정부는 그로부터 이틀이 지난 뒤에야 그 사실을 확인했다. 이에 대한 보상으로 1915년 요하네스버그 사무소장 로드릭 존스 경은 허버트 드 로이터 남작(창립자의 아들)의 뒤를 이어 로이터통신의 수장이 되었다.

미국에서는 1875년에 AP통신이 공화당 정부로부터 뉴욕에서 긴급 타전을 위한 전신선을 획득했다. 이에 대한 보답으로 AP통신은 이듬해 대통령 선거에서 민주당 후보는 외면한 채 공화당 후보의 담화만을 보도했다. 하지만 이것이 AP통신의 신뢰성을 실추시켰고 경쟁자인 다른 통신사의 창립으로 이어졌다. 결국 AP통신은 멜빌 스톤(28세에 《시카고 데일리 뉴스Chicago Daily News》를 설립한 인물)에 의해 공정성을 회복할 수 있었다. 1876년 6월 25일, 시팅불과 크레이지호스가 승리한 리틀빅혼 전투*를 취재하던 마크 켈로그는 취재 도중 사망한 최초의 AP통신의 통신원이 되었다.

곳곳의 저널리스트들이 통신사들로부터 벗어나기를 원했다. 특히 해외에 나가 있던 영국의 통신원들은 주재국의 국립 통신사들로부터 제공되는 기사에 만족하지 않았다. 1870년 런던의 《타임스》에서 파견한 파리 주재 통신원은 "아바스통신은 전적으로 정부의 명령을 따르며, 마음에 들지 않는 것은 제거하거나 변조한다." 마찬가지로 신문사들도 통신사의 저널리스트들이 편집국에 정보를 직접 보낼 수 있도록 통신사가 텔레그래프를 독점하는 것을 비판했다. 이는 영국에서는 1870년부터, 미국에서는 1875년부터, 프랑스에서는 1878년부터 지속된 현실이었다. 파리의 몇몇 대형 신문사들은 자사 저널리스트들을 위해 스스로 전신선을 설치했다.

통신사들도 가만히 있지 않았다. 신문사들이 경쟁 상대가 되는 것을 막기 위해 통신사들끼리 연합하기 시작했다. 1875년 아바스, 로이터, WTB, AP통신이 전 세계를 나누어 가졌다. AP통신은 미국 뉴스를, 로이터는 북유럽 뉴스를, 아바스는 남유럽 뉴스를, WTB통신은 동유럽 뉴스를 나머지 다른 통신사들에 제공하기로 했다.

이러한 통신사들의 카르텔을 무너뜨리려는 두 가지 시도가 이루어진다.

우선 1887년에서 1889년 사이에 아바스통신이 협약을 깨고 자사의 통신원들을 동유럽에 파견했고, 비스마르크는 1882년 정치 및 군사 분야에서 결성된 '3국 동맹'의 독일(WTB), 오스트리아(KKTK), 이탈리아(스테파니)의 통신사들을 묶어서 '3국 전신 동맹'을 조직했다. 하지만 이 통신사

---

* 리틀빅혼 전투(Battle of the Little Bighorn)는 1876년 아메리카 원주민이 미국 육군을 상대로 싸워서 승리를 거둔 기념비적 전투다. 시팅불(Sitting Bull)과 크레이지호스(Cazy Horse)는 승리를 이끈 라코타족의 지도자들이다.

동맹은 그리 오래 지속되지 못했다.

1890년 출판사 집안의 상속자인 데이비드슨 달지엘이 런던에서 순전히 상업적인 통신사를 창립했다. 그는 처음으로 고객들에게 정보를 전달하는 데 텔레그래프가 아니라 전화를 사용했다. 텔레그래프의 경우 정해진 시간에 맞추어 정보를 단속적으로 보내야 했지만, 전화로는 언제든 계속해서 정보를 전달할 수 있었다. 달지엘의 통신사는 큰 성공을 거두었고 유럽 여러 곳에 지부를 열었다. 아바스통신은 달지엘이 3국 동맹을 위해 일한다는 소문을 퍼뜨렸다. 《르 마탱Le Matin》과 《라 코카르드La Cocarde》는 달지엘이 '영국계 미국인이며 유대인'임을 밝혔고 그의 통신사는 '프랑스와 러시아의 우호관계를 깨뜨리기' 위해, 그리고 '독일의 이익에 봉사하기' 위해 존재한다고 설명했다. 달지엘의 통신사는 3년 만에 파산했다.

1897년 미국에서는 언론사의 사주이면서 이미 오하이오주에서 다수의 소규모 통신사들을 창립한 에드워드 윌리스 스크립스가 일리노이주 대법원으로부터 한 신문사가 경쟁하는 두 통신사를 구독할 권리가 있다는 판결을 받아냈다. 이로부터 10년이 지난 뒤 스크립스는 국제합동통신 United Press International(UPI)을 설립했다. 이 통신사는 설립 이후 369개 신문사를 고객으로 두었다. 하지만 이 때문에 AP통신이 파산하는 일은 일어나지 않았다. AP통신은 달지엘의 통신사를 제외하고는 가장 먼저 전화를 사용해 30개 정도의 신문사에 밤낮으로 기사를 전달하는 통신사가 되었다.

1909년, 뒤에서 다루게 될 미국 언론사의 사주였던 윌리엄 랜돌프 허스트 또한 인터내셔널 뉴스 서비스International News Service(INS)라는 통신사를 설립해 주로 자신이 소유한 신문들에 정보를 제공했다.

영국: 타블로이드 신문과 징고와 언론귀족

19세기 후반 영국에서는 징고jingo, 언론귀족Press Lord, 타블로이드 tabloid라는 세 단어가 새롭게 등장했다.

우선은 민족주의적인 신문들이 등장하기 시작했고 이 신문들에 '징고'라는 별칭이 붙었다. 징고라는 말은 1877년에 러시아-오스만 전쟁에 대한 디즈레일리의 호전적 정치를 지지하는 노래에서 비롯했다.*

같은 시기에 (이후에 언론귀족이라 불리게 되는) 몇몇 귀족들은 나라 안에서 가장 유명한 언론사들을 소유했다. 그들 중 대다수는 본래 평민 출신이지만 언론을 통해 큰돈을 벌어 귀족이 된 사람들이었다.

언론귀족의 일인자는 나중에 노스클리프 경이 되는 앨프리드 함스워스였다. 그는 1888년에 독자들의 질문에 답을 해주는 (앞서 보았듯이 프랑스에서는 한 세기 전에 등장했던) 《앤서스 투 코러스판던츠Answers to Correspondents》라는 잡지를 발행했다. 이 잡지는 5년 만에 발행 부수 100만 부를 넘어섰고, 함스워스는 삽화가 들어간 여러 잡지와 여성 주간지를 발행했다.

1888년에 제임스 셰리던이 《파이낸셜 타임스Financial Times》를 창간했다. 1890년에는 보수적인 《데일리 텔레그래프Daily Telegraph》가 발행 부수 30만 부를 돌파했고, 《스탠더드Standard》는 25만 부를 발행했다.

이러한 신문들의 정치적 영향력은 상당히 컸다. 1891년 《포트나이틀리 리뷰Fortnightly Review》에 기고한 사설에서 오스카 와일드는 이렇게 썼다.

---

* 러시아-오스만 전쟁 당시 인기를 끌었던 반(反)러시아 대중가요에 '맹세코'라는 의미로 쓰이는 'by Jesus'대신 'by jingo'라는 표현이 들어갔다. 이후에 맹목적인 애국주의나 민족주의를 가리키는 말로 징고이즘(jingoism)이란 용어가 사용되었고, 그러한 입장과 태도를 노골적으로 표명하는 이들을 징고라고 불렀다.

"저널리즘은 이제 더 이상 버크의 시대처럼 제4의 권력이 아니다. 물론 그 시절에 그랬다는 것은 전혀 의심할 여지가 없다. 그러나 저널리즘은 나머지 세 권력을 먹어치웠다. (…) 우리는 이제 저널리즘의 지배를 받고 있다."

1892년 미국인 집안의 영국 방계에 속하는 윌리엄 애스터는《팰맬 가제트Pall Mall Gazett》를 매입하고《팰맬 매거진Pall Mall Magazine》을 창간했으며, 1911년에는《디 옵서버The Observer》를 발행했다. 1916년에는 애스터 남작이 되었고, 이듬해에는 애스터 자작이 되었다.

1894년 이제 노스클리프 경이 된 함스워스가《이브닝 뉴스Evening News》를 매입하고, 오늘날까지 통상적인 신문 판형으로 쓰이는 브로드시트의 절반 크기 판형으로《데일리 메일Daily Mail》을 창간했다. 이 작은 판형을 비판하기 위해 저널리스트 에드워드 쿡이 창간한 자유주의 신문《웨스트민스터 가제트Westminster Gazette》는 타블로이드tabloid라는 경멸적인 말을 새로 만들어냈다. 원래 이 단어는 런던의 제약회사 버로스 웰컴 앤드 컴퍼니에서 생산하는 알약을 가리키는 말이었다. 노스클리프 경은 당시 런던에서 일간지를 창간하는 데 일반적으로 들어가는 것보다 다섯 배나 많은 돈을 들여 이 신문을 창간했다. 그리고 처음으로 독자들에게 주식에 출자할 것을 제안했다. 그의 신문은 다양한 사건들과 여성에 관련된 사안들, 스포츠, 경기 결과 예측 내기 등에 큰 지면을 할애했다. 4년이 지난 뒤《데일리 메일》의 발행 부수는 100만 부에 이르렀다.

1903년에는 두 번째 타블로이드《데일리 미러Daily Mirror》가 나왔다. 삽화가 많이 들어간 이 신문은 단기간에 발행 부수 100만을 넘겼다.

이 시기에《타임스》의 발행 부수는 7만 부에서 3만 8000부로 떨어졌다. 노스클리프 경은 이 신문을 존 월터에게서 매입하여 많은 돈을 투자하고 판매 가격을 3분의 1로 낮추어 1914년에는 발행 부수를 14만 5000부까지 늘렸다.

같은 해에 영국의 전체 신문 발행 부수는 650만 부에 달했다.

미국: 광고가 신문 기사를 결정하다

미국에서는 독립을 쟁취한 이후부터 나라 전체를 연결하는 거의 완벽한 우편 서비스 덕분에 지난 한 세기 동안 언론의 보급이 매우 잘 이루어졌다. 미국의 언론은 계속해서 확장을 추구했다. 하지만 연방정부는 1873년의 콤스톡법Comstock Act(피임과 성애에 관한 물품을 우편 서비스를 통해 운송하는 일을 금지하는 법안)을 이용해 무정부주의 신문들을 외설물로 분류하고 이 신문들의 배포와 구입과 구독을 막는 방편으로 삼았다.

또한 페미니즘 언론도 등장했다. 빅토리아 우드헐과 테네시 클래핀 자매가 1870년부터 1876년까지 《우드헐 앤드 클래핀스 위클리The Woodhull and Clafin's Weekly》라는 주간지를 발행했다. 이 주간지를 통해 두 사람은 청교도의 위선을 비판하고 여성의 영성과 참정권, 자유연애에 대해 말하고, 한 목사가 자신의 가장 절친한 친구의 아내와 바람피운 이야기를 전하며 남자들의 부정不貞을 비난했다.

1877년 클리블랜드에서 번창하는 사업가의 아들인 에드워드 윌리스 스크립스는 스물네 살의 나이에 《페니프레스Penny Press》를 창간했다. 이 신문은 이후에 《클리블랜드 뉴스Cleveland News》로 이름이 바뀌었다가 《클리블랜드 페니프레스Cleaveland Penny Press》가 된다. 스크립스는 지역 신문의 젊은 편집자들에게 돈을 빌려주고 그 신문들의 주식 51퍼센트를 받았다. 이렇게 해서 그는 3년 만에 25개 신문사를 매입했다. 이것이 E.W. 스크립스 컴퍼니라는 이름으로 오늘날까지 이어지는 언론 제국의 시작이었다.

같은 해에 필라델피아에서는 프랜시스 웨일랜드 에이어가 신문의 광고란을 관리하고 판매하는 최초의 회사를 설립했다. 이 회사의 첫 고객은 싱어 소잉 머신, 폰즈뷰티크림, 아이보리 비누를 판매하는 프록터앤드 갬블(P&G)이었다. 페니프레스의 두 승자(《더 선》과 《헤럴드》)는 신문의 역할이 더 이상 정보를 전달하거나 오락을 제공하는 것이 아니라 독자들을 끌어들이고, 그렇게 해서 주요 수입원인 광고주를 끌어들이는 것임을 이해했다.

다른 두 명의 언론사 사주가 이러한 모델을 차용했다.

우선, 조지프 퓰리처가 있다. 1864년 열일곱 살에 독일에서 미국으로 이주한 그는 미주리주 세인트루이스에 자리를 잡고 독일어 일간지의 원고료 관리 업무를 하면서 생활비를 벌었다. 1879년에는 《포스트디스패치 Post-Dispatch》를 사들였고, 1883년에는 《뉴욕 월드 New York World》를 매입했다. 이 신문은 선전 문구들과 범죄 이야기, 여러 가지 게임과 이미지와 내기 등을 실었다. 신문의 가격은 매우 낮았다. 이 신문의 저널리스트들은 실제 뉴스에 더해 허구적 사건들과 '스턴트 stunt'*들을 실었다. 이렇게 해서 이 신문의 특파원 가운데 한 사람이 15년 전에 출간된 쥘 베른의 작품 속 주인공인 필리어스 포그를 모방하여 대서양 횡단 여객선을 타고 80일간의 세계 일주를 시작했다. 퓰리처는 1895년에 (프랑스에서 최초의 만화 《프누야르 가족 La Famille Fenouillard》이 출간되고 6년 뒤에) 미국 최초의 만화를 출간했다. 리처드 펠튼 아웃콜트가 글을 쓰고 그림까지 그린 이 만화는 거리의 악동이 펼치는 모험 이야기다. 이 악동은 처음엔 푸른색 옷을 입고 있었지만, 나중에 노란색 옷으로 바뀐 뒤에 유명해지면서 '옐로 키드

---

* 본래 '곡예'를 나타내는 말이지만 이목을 끌기 위해 벌이는 행위나 멍청하고 위험한 행동을 가리킨다.

Yellow Kid'라고 불렸고, 다른 신문사들은 이 악동의 이름을 따서 퓰리처의 신문을 경멸하는 뜻으로 '황색언론yellow journalism'이라고 불렀다.

다음으로, 윌리엄 랜돌프 허스트는 아버지 조지 허스트가 그를 위해 매입한 뉴욕의 《이그재미너》를 통해 첫 과업을 완수했고, 1895년 《뉴욕 모닝 저널New York Morning Journal》을 창간하여 1센트에 판매했다. 1903년에는 《뉴욕 데일리 미러New York Daily Mirror》를 발간했는데, 이 신문은 영국의 타블로이드 신문처럼 보통 신문의 절반 크기 판형으로 발행되었고, 각종 소동과 범죄 이야기를 사진들과 함께 실었기 때문에 미국 최초의 타블로이드 신문으로 간주되었다. 또한 스포츠와 여성 관련 기사에 여러 면을 할애했고, 만화를 싣기 위해 아웃콜트를 영입하기도 했다.

허스트와 퓰리처의 신문들은 대도시의 바쁜 사람들과 영어에 익숙하지 않은 이민자들이 주 고객이었는데, 이들은 간단히 아침식사를 하면서 신문을 읽는 것으로 하루를 시작했다. 그 덕분에 이 신문들은 빠른 속도로 발행 부수 30만 부를 넘겼다. 조작된 사진이나 허위 인터뷰를 싣고 선정적인 제목을 붙이는 경우도 많았다. 신문의 판매 대금은 주요 수입원이 되지 못했다. 수입은 주로 광고에서 발생했으며, 광고주는 기사 내용에 크게 관여했다.

그러므로 독자들에게 무엇을 말하고, 무엇을 팔 것인지 결정하기 위해서는 반드시 독자에 대해 알 필요가 있었다. 그래서 이 신문들은 미국의 주요 대학들에서 마케팅·심리학·사회학 강의의 개설을 촉구했다. 한편 1890년에 상원의원 셔먼은 기업 담합을 막는 법안을 가결시켰다. 이로부터 한 세기 뒤에 언론 보호를 위해 바로 이 셔먼법이 원용되는 것을 보게 될 것이었다.

이러한 언론의 반대편에는 편집자 아돌프 옥스가 있었다. 그는 신문을 조금 더 비싼 값에 더 적은 사람들에게 팔더라도 광고를 줄여서 정보를 전달하는 신문의 첫 번째 기능을 유지하고자 했다. 1896년 10월 그는 J.P.모건을 비롯한 뉴욕의 부유한 자본가들을 모아서 《뉴욕 타임스》를 매입했다. 1851년에 창간된 이 신문은 당시 빈사 상태에 있었다. 발행 부수도 9000부밖에 되지 않았고 매주 1000달러의 손해를 보고 있었다. 옥스는 이 신문을 가지고 당시 미국에 없던, 확실한 정보를 전달하는 진중한 신문을 만들고자 했다. 그는 가독성이 더 좋은 잉크와 품질이 더 좋은 종이를 사용하고 새로운 활판을 이용했으며, 서평란과 비즈니스란을 따로 운영했다. 판형도 키웠다. 그는 광고를 거부했고, 판매 가격은 1부에 3센트로 결정했다. 그의 지시에 따라 출간된 첫 신문인 1896년 10월 25일자 《뉴욕 타임스》에서 옥스는 "인쇄될 가치가 있는 소식들"을 인쇄하길 원한다고 밝혔다. 이러한 옥스의 시도는 성공을 거두었다. 1898년 《뉴욕 타임스》의 발행 부수는 2만 5000부를 넘겼고 1902년에는 10만 부 이상이었다. 1904년 러시아와 일본이 뤼순항을 차지하기 위해 전쟁을 벌이는 동안 《뉴욕 타임스》는 바다 위의 선박으로부터 받은 최초의 신문 기사를 게재했다. 1905년 옥스는 맨해튼 42번가와 브로드웨이가 만나는, 오늘날 타임스스퀘어라고 불리는 광장 한쪽 브로드웨이 1475번지에 신문사 본사를 차리고 뉴욕 시장으로부터 지하철역 건설을 허가받았다. 1912년 《뉴욕 타임스》는 다른 어느 신문들보다 먼저 타이태닉호의 침몰 소식을 매우 완전한 방식으로 보도했다. 당시 편집장은 이 대형 여객선이 첫 뱃고동 소리를 울린 뒤부터 펼쳐진 일들을 한 편의 드라마처럼 전달했다. 옥스가 매입한 지 20년이 된 《뉴욕 타임스》의 발행 부수는 34만4000부에 달했다. 같은 해인 1912년 뉴욕의 컬럼비아대학에는 세계 최초의 '저널리스트' 학위 과정이 개설되었다.

1914년 미국에는 2430종의 일간지가 발행되었고, 뉴욕에만 22종이 있었다. 이들 일간지 전체의 발행 부수는 2600만 부가 넘었다. 광고 수익은 일간지 전체 수익의 60퍼센트를 차지했다. (허스트와 스크립스의 언론 그룹들을 포함하여) 13개의 주요 언론 그룹들이 63종의 일간지를 발행했다.

이민자들이 모두 영어를 말하지는 못했으므로 외국어로 발행되는 강력한 신문들도 존재했다. 러시아에서 온 에이브러햄 카한은 뉴욕의 이디시어 언론에 실망하여 1897년 《주이시 데일리 포워드Jewish Daily Forward》를 창간했다. 이 신문의 발행 부수는 1914년에 100만 부를 넘기면서 1877년 무정부주의적 사회주의 활동가에 의해 창간된 독일어 일간지 《아르바이터차이퉁Arbeiter-Zeitung》에 필적하게 되었다. 마찬가지로 1913년 샌프란시스코에서는 인도 민족주의를 촉진하기 위한 《힌두스타니 가다르Hindustani Ghadar》라는 주간지가 매주 월요일에 발행되었다. 이 신문은 대부분 인도 본토로 보내졌지만 도착하는 즉시 영국 정부에 의해 불온 선전물로 분류되어 파기되었다.

자본에 봉사하는 프랑스의 언론

미국에서 벌어지는 일이 프랑스에서는 전혀 일어나지 않았다. 언론은 오락의 편도 아니었고 정보의 편도 아니었다. 광고를 통해 돈을 벌 수도 없었다. 하지만 거짓말을 해서 돈을 벌 수는 있었다.

매우 드물긴 했지만 어떤 신문들은 계속 정직한 언론으로 남아 있으면서 정치적 교전의 중심에 있게 된다.

1870년과 그 이듬해에 전쟁과 코뮌*이 맹위를 떨치는 동안 파리의 지

---

* 파리 시민들이 세운 사회주의 자치 정부.

역 신문인 《르 피가로》와 《르 골루아》가 큰 피해를 보았다. 이들 신문의 편집부는 베르사유와 생제르맹으로 피신했다. 파리에서는 쥘 발레스가 창간하여 발행 부수가 10만 부에 달한 《르 크리 뒤 푀플Le Cri du peuple》 (민중의 외침)이 코뮌 군대 내 특파원들을 통해 전투에 관한 소식을 제공했다. 《르 페르 뒤셴》은 5만 부를 발행했다. 그리고 《라 누벨 레퓌블리크La Nouvelle République》(새로운 공화국), 《라프랑시L'Affranchi》(해방된 자), 《라 부슈 드 페르La Bouche de fer》(철의 입) 등이 발간되었다. 《주르날 오피시엘Journal officiel》(1869년 제국 정부의 공식 신문인 《르 모니퇴르 위니베르셀》의 새 이름)은 《주르날 오피시엘 드 라 코뮌 드 파리Journal officiel de la Commune de Paris》가 되었고 매일 1판과 2판을 발행했다. 1판에는 코뮌 평의회의 법령과 보고가 실렸고, 2판에는 지방과 해외의 소식들이 실렸다. 1871년 3월에는 반反코뮌 진영의 《라 클로슈La Cloche》와 협업하던 젊은 저널리스트 에밀 졸라가 파리에서 80시간 동안 구금되었다. 4월에 다시 볼모로 잡힐 위험에 처하자 파리를 떠나 보르도에 피신했으며, 코뮌이 와해된 5월이 되어서야 파리로 돌아왔다.

《르 피가로》는 학살을 불러일으켰다. "티에르*에게는 한 가지 중요한 과업이 남아 있으니, 그것은 파리를 정화하는 것이다. 이런 기회는 다시 오지 않을 것이다." 1860년 이후로 무신론 학생 신문 《르 데모크리트Le Démocrite》에 기고한 사설 때문에 여러 차례 투옥된 저널리스트이며 코뮌의 안전위원회 의장이었던 라울 리고는 1871년 5월 24일에 총살되었다. 장바티스트 미예르(클레르몽페랑의 《레클레뢰르 레퓌블리캥L'Éclaireur

---

* 언론인 출신의 정치인. 프랑스가 프로이센과의 전쟁에서 패한 직후 들어선 제3공화국의 행정수반을 맡아서 전후 문제를 처리하는 한편 파리 코뮌 진압에 성공하여 첫 대통령으로 선출되었다.

républicain》의 옛 편집장이자,《르 프롤레테르Le Prolétaire》의 창립자이며, 1871년에 선출된 센 지역구 국회의원) 또한 이틀 뒤에 총살되었다. 다른 저널리스트들은 루이즈 미셸과 함께 누벨칼레도니로 추방되었다. 그들 중 파스칼 그루세, 앙리 로슈포르, 아실 발리에르, 올리비에 팽, 프로스페올리비에 리사가레, 프랑수아 주르드는 그곳을 탈출하여 영국으로 갔다가 프랑스로 돌아올 수 있었다.

파리 코뮌이 와해된 뒤에 다시 정국이 안정되고 언론도 재정비되었다. 제2제국의 신문들은 대부분 사라지고,《르 프티 주르날》이나《르 피가로》, 그리고 침몰하지 않는 금융언론 같은 소수의 신문만이 살아남았다.

우선, 1871년에 폴 달로즈는 아셰트가 독점하고 있던 신문 배급망을 우회하고자 신문·잡지 배송회사를 차렸다. 그러자 다른 배송회사들도 뒤를 이었는데,《르 피가로》와 경쟁하던《라 랑테른》이 페리네라는 배송회사를 소유했고, 이 회사를 통해 지방에 정기간행물을 배포했다. 파리에는 키오스크가 점점 더 늘어났다.

당시 프랑스의 4대 일간지는《르 프티 주르날》(1863년 모이즈 폴리도르 미요가 창간),《르 프티 파리지앵Le Petit Parisien》(1876년 국회의원 루이 앙드리외와 그의 친구 쥘 로슈가 창간), 1883년 새뮤얼 체임벌린이 창간했고 가스통 르루가 쓴 연재소설(《세리비비》,《노스트라다무스》,《보물 추적자》)로 유명했던 《르 마탱》, 그리고 1892년 저널리스트 페르낭 크소가 에밀 졸라, 쥘 르나르, 옥타브 미르보, 클레망소, 시인 호세마리아 데 에레디아와 함께 창간한《르 주르날》이었다. 이들 신문은 매우 강력한 힘을 발휘하며 살아남는다. 하지만 나치에 부역했다는 이유로 1944년에 모두 폐간된다.

다른 일간지들도 등장했으나 그렇게 큰 성공을 거두지는 못했다. 1880년 외젠 마이에르가 창간한《랭트랑지장L'Intransigeant》(타협하지 않는 자)은 불랑지즘boulangisme*에 가담했다. 오귀스트 뒤몽이 창간한 일간지《질 블라스Gil Blas》는 삽화가 그려진 부록과 함께 1879년부터 1940년까지 발행되었다.《르 피가로》는 발행 부수 8만 부를 넘겼으며 그 뒤로 매달 첫째 월요일에 '문학의 밤' 행사를 개최했다. 그리고 1868년에 창간되어 정치와 문학 관련 소식을 다루는 일간지《르 골루아》가 있었다. 그밖에 보나파르티즘**을 지지하는《르 모 도르드르Le Mot d'ordre》와 가스통 카를의《라 페 La Paix》가 발행되었다.

제2제국 시절에 크게 성공했던 금융언론은 세력을 다시 회복했다. 대체로 은행에서 소유한 '금융 신문들'은 1874년 전신망을 창설해서 파리 증권거래소의 주식 시세 정보를 받아서 은행들과 아바스통신에 전달할 수 있게 했다.

파리 코뮌 이후 제거되었던 사회주의 언론이 다시 회복되는 데는 오랜 시간이 걸렸다. 급진적 경향을 띤 신문들 가운데 가장 중요한 신문은 정치가 강베타의《라 레퓌블리크 프랑세즈La République française》였다.

이 일간지들은 모두 각자의 정치적 지지자와 금융 서비스 판매와 금융기관의 기부에 우선 의지했다. 부동산을 담보로 대출해주던 은행 크레디퐁시에Crédit foncier에서 여러 신문, 특히 금융 신문과 저널리스트에게 매달 넉넉한 자금을 불입해주었다.《르 모 도르드르》는 6만 프랑을 받았으며《라 페》는 1879년 5월에서 11월까지 매달 12만 5000프랑을 받았다. 1881년 한 공화파 국회의원은 크게 놀라서 이렇게 말했다. "어떤 신문들에

---

* 프로이센과의 전쟁에서 패한 후 프로이센에 복수해야 한다고 주장한 조르주 불랑제 장군에 대한 지지 운동.
** 나폴레옹 보나파르트와 그의 조카 루이나폴레옹 보나파르트에 의한 제정을 지지하는 세력이나 운동.

서는 금융란의 편집자가 신문사 사주로부터 급료를 받는 대신, 자기 방식대로 금융란을 처리할 권리를 구입한 특정 기업가로부터 급료를 받았다."

다수의 신문이 수익을 내는 주요 원천은 오후가 끝날 무렵 어떤 부호나 기업가에게 다음 날 신문의 1면을 보여주면서 기사가 그대로 나갈지 말지는 오직 그에게 달려 있다고 말하는 데 있었다. 이러한 위협은 19세기 말까지 팽배했으며 여기에 저항하려는 사람도 거의 없었다.

1878년 11월 5일 국회의원 알프레드 나케가 언론의 자유를 제한하는 모든 법률의 폐지를 제안했다. 하지만 1881년 1월 24일이 되어서야 이에 대한 논의가 시작되었다. 1881년 7월 29일 에밀 드 지라르댕의 지휘 아래 국회의원 22명이 제안한 법안이 마침내 세계에서 가장 자유로운 언론 제도를 보장하는 법률로 귀결되었다. 이로써 출판과 배포의 자유가 보장되고 정치권력이 신문사에 행사할 수 있는 수단이 실질적으로 모두 제거되었다.

이 법률에서 신문 소유주에 관한 내용은 제44조에 가서야 등장하는데, 그들의 신문에 의해 명예가 훼손된 사람들에게 배상할 것을 명하고 있다. "신문이나 다른 정기간행물의 소유주는 제3자를 위해 선고된 배상금을 지불할 책임이 있다."

1883년 부르봉 왕가의 마지막 수장인 샹보르 백작이 죽자《뤼니옹 L'Union》을 포함한 정통 왕조 지지파 신문들이 학살당했다.《르 골루아》는 프랑스 귀족층의 기관지가 되었다. 종교 언론은 메종 드 라 본 프레스의 성모승천수도회 신부들에 의해 쇄신되었다. 이 출판사에서는 다수의 정기간행물을 출간했는데 그중《라 크루아La Croix》는 그해에 일간지가 되었고 발행 부수가 17만 부에 달했다.

1884년 파리에 자리 잡은 미국인 저널리스트 새뮤얼 체임벌린은 영어 일간지 《모닝 뉴스The Morning News》를 창간한 다음 프랑스어 일간지 《르 마탱》을 발간했다. 그는 이 일간지가 《뉴욕 타임스》를 모델로 삼아 사실을 해설보다 우위에 두는 신문이 되기를 바랐다. 각 당의 에디토리알리스트éditorialistes라고 하는 (당시에는 퓌블리시스트publicistes라고 했던) 논설위원들이 이 신문에 기고했다. 체임벌린은 자신의 두 신문을 영국의 작은 통신사인 센트럴뉴스에 가입시키고, 아직 아바스통신이 접근하지 못한 대서양 횡단 케이블을 사용하여 미국의 정보들을 독점적으로 획득했다. 《르 마탱》의 판매 가격은 10상팀이었다. 체임벌린은 《르 마탱》을 《르 피가로》의 저널리스트인 앨프리드 에드워즈에게 매각했다. 에드워즈는 당시 다수의 다른 신문들처럼 광고를 가장한 금전 갈취에 뛰어들었다. 《르 마탱》의 광고 수입 비중은 1886년 37퍼센트에서 1894년 50퍼센트로 증가했다. 이 일간지는 1944년까지 살아남아 계속 발행된다.

1886년 《르 주르날 일뤼스트레》에는 화학자 미셸외젠 셰브뢸과의 인터뷰 기사와 함께 나다르가 촬영한 사진 보도가 처음으로 실렸다.

1889년 프랑스에 최초의 만화가 등장했는데 이는 미국보다 앞선 것이었다. 《주르날 드 라 죄네스Journal de la jeunesse》(청년 신문)에 실린 크리스토프(본명은 마리루이조르주 콜롱)의 만화 《프누야르 가족》은 한 부르주아 가정의 생활을 묘사한 것이었다.

1891년 《질 블라스》(12년 전 오귀스트 뒤몽이 창간한 일간지)는 매 호에 점점 더 커지는 광고를 통해 에밀 졸라의 《돈》이 연재될 것임을 알렸다. 마치 작품 속 작품처럼 졸라의 연재소설은 독자들을 끌어들였고, 이 독자들은 소설에서 규탄하고 있는 이 신문의 증시 관련 지면들을 지배하는 금융가들의 고객이 된다.

1892년 《르 피가로》의 저널리스트였다가 《르 골루아》와 《르 프티 주르날》로 옮겼던 피에르 지파르가 세계 최초의 스포츠 신문《르 벨로Le Vélo》(자전거)를 창간했다. 그는 또한 파리-브레스트 자전거 경주대회와 파리 마라톤 대회를 창설했다. 하지만 투르 드 프랑스Tour de France*에 대한 아이디어를 떠올린 것은 1900년 앙리 데그랑주가 창간한 최초의 스포츠 일간지《로토벨로L'Auto-Vélo》였다.

그리고 프랑스 사회의 새로운 골칫거리가 아주 오랜 옛날로부터 다시 찾아왔다. 반유대주의가 창궐한 것이다. 유대교에서 비애국적 보편주의의 발현을 보았던 평신도들의 반유대주의가 교회의 반유대주의에 더해졌다. 비단《르 마탱》같은 대형 신문들만 반유대주의에 찬동한 것이 아니라, 반유대주의를 옹호하는 신문들도 생겨났다. 1892년 에두아르 드뤼몽이《라 리브르 파롤La Libre Parole》을 창간한 것이 대표적이다. 그리고 온 나라와 언론이 둘로 쪼개지는 사태가 벌어졌다. 드레퓌스 사건이 시작된 것이다.

1894년 11월,《라 리브르 파롤》은 '유대인 드레퓌스의 반역'이란 표제를 달고 나왔다. 12월 22일 육군 대위 드레퓌스는 독일을 위한 첩보 활동을 했다는 혐의로 유죄판결을 받고 기아나에서의 종신징역형에 처해졌다. 이에 여러 신문이 격노했다.《라 크루아》와《르 펠르랭Le Pèlerin》(순례자) 같은 가톨릭 신문들을 비롯하여《레클레르L'Éclair》,《랭트랑지장》,《르 골루아》등이 들고일어났다. 이들 신문에서 유대인은 매부리코와 커다란 귀, 음흉한 분위기를 풍기는 추잡한 모습으로 그려졌다. 그렇게 해서 이들 신문은 독자를 늘렸다.

---

* 1903년부터 매년 개최되고 있는 프랑스의 장거리 자전거 경주 대회. 보통 3주 동안 20개 구간에 걸쳐 진행된다.

하지만 드레퓌스는 언론에서 지지를 받기도 했다. 그러나 그를 지지한 《라 리브르 크루아양스La Libre Croyance》(자유로운 믿음), 《라 그랑드 바타유La Grande Bataille》(대전투), 《르 피가로》, 《르 시에클Le Siècle》, 《라 프롱드 La Fronde》, 《라 프티트 레퓌블리크La Petite République》, 《레 드루아 드 롬Les Droits de l'homme》(인간의 권리)은 많은 독자를 잃었다.

1897년 말, 아셰트가 경쟁관계에 있는 신문 배송회사들을 사들이던 즈음에, 에밀 졸라가 《르 피가로》를 통해 드레퓌스 사건에 개입했다. 유죄 판결을 받은 알프레드 드레퓌스의 형 마티외 드레퓌스는 《르 피가로》를 통해 육군 소령 페르디낭 발생 에스트라지를 진범으로 지목했다. 하지만 1898년 1월 11일 군법회의는 만장일치로 무죄를 선고했다.

1898년 1월 13일, 불과 몇 달 전에 에르네스트 본(《랭트랑지장》의 편집자)이 창간한 《로로르L'Aurore》(여명)의 1면에는 여덟 종단에 걸쳐 에밀 졸라의 〈나는 고발한다J'accuse〉라는 글이 게재되었다. 이 글을 썼다는 이유로 졸라는 징역형을 감수해야 했으며 결국 런던으로 망명했다. 반유대주의 언론은 그를 돼지로 묘사했다.

1898년에는 드레퓌스에 맞선 싸움에 《르 프티 주르날》이 뛰어들었다. 카랑 다슈는 이 신문에 반유대주의적 만평을 게재했고, 다른 뛰어난 만화가 장루이 포랭과 함께 드레퓌스와 유대인들을 고발하는 일에만 전념하는 신문 《Psst…!》*를 창간하기까지 했다.

하지만 이후에 드레퓌스 사건의 진실이 밝혀지기 시작했다. 1898년 8월 30일 육군 대령 앙리가 드레퓌스를 범인으로 만들기 위해 자신이 문서를 위조했음을 고백했다. 1899년 9월 9일 《Psst…!》는 발행이 중지되

---

* 사람이나 동물을 부르고자 입술 사이로 공기를 내보내는 소리를 나타낸다.

고 드레퓌스는 다시 유죄판결을 받고 10년 징역형에 처해졌으나 사면을 받아들여 석방되었다.

같은 시기에 수단의 전진기지인 파쇼다에서 프랑스군과 영국군이 충돌하는 일이 발생했다. 아프리카 대륙을 두고 프랑스의 동서 횡단 정책과 영국의 남북 종단 정책이 그곳에서 마주친 것이다. 두 나라의 신문들은 불에 기름을 끼얹었다. 영국의 '징고이즘'과 프랑스의 '쇼비니즘'*이 전쟁을 부추겼다. 하지만 수적으로 열세였던 프랑스군은 영국군에 양보해야만 했다. 프랑스의 민족주의 언론은 엄청난 분노를 쏟아냈고, 이를 통해 상당한 독자를 새로 확보했다.

이제 중산층 프랑스인에게 일간지를 읽는 것은 하나의 관습이 되었다. 젊은 정치인이자 작가였으며, 미래의 《락시옹L'Action》과 《르 시에클》의 운영자가 되는 앙리 베랑제는 드레퓌스의 복권을 위한 싸움에 뛰어들었다. 그리고 바로 그해에 그는 툴루즈의 《라 데페슈La Dépêche》에 "신문의 사유화는 알려지지 않은 징벌을 구성한다"라고 썼다.

여성들도 존재를 드러내기 시작했다. 1897년에 마르그리트 뒤랑은 《라 프롱드》를 창간했다. 이 신문의 어조는 무척 진지했으며, 심도 있는 주제들을 다루고 경박한 주제는 전혀 다루지 않았다. 또한 여성에게도 모든 직업을 개방할 것, 자신의 상속 재산을 관리할 수 있는 권리를 인정할 것 등 여성들의 요구 사항을 개진했다. 이 신문의 저널리스트였던 카롤린 레미는 오페라코미크 극장의 화재 사건을 보도하고, 여성 노동자들에 대한 현장 탐방 기사를 작성했다. 그녀는 1898년 생테티엔 근처 빌뵈프에

---

* 애국적 무용담으로 유명한 가상의 프랑스 군인 니콜라 쇼뱅(Nicolas Chauvin)에게서 비롯한 말로, 지나친 애국주의나 국가주의를 비판적으로 지칭한다.

서 폭발 사고가 일어나 사상자가 나온 직후에 직접 광산에 들어가기도 했다. 이는 여성이 광산에 들어간 최초의 사례였다.

19세기가 끝나고 20세기로 넘어갈 무렵에도 똑같은 4개의 일간지가 프랑스 시장의 대부분을 점유하고 있었다. 《르 프티 주르날》, 《르 마탱》, 《레코 드 파리L'Écho de Paris》, 《르 프티 파리지앵》, 《르 피가로》, 《로로르》를 비롯한 다른 신문들도 여전히 존재했다.

1900년 《레코 드 파리》는 앙리 시몽의 지휘 아래 '프랑스조국동맹'*의 기관지가 되었다. 같은 해에 문학과 연극만을 다루는 일간지 《코메디아 Commedia》가 창간되었다.

1902년 《르 피가로》의 경영자가 된 가스통 칼메트는 "가장 부유한 부르주아지, 대기업, 상층 산업, 군대, 가장 우아한 외국인 사교계"를 겨냥하여 이 신문을 현대화했다. 마르셀 프루스트가 1908년부터 이 신문에 기고했다. 1902년부터 1906년까지 이 신문에 기고한 피에르 드 쿠베르탱 등 여러 저널리스트가 《르 피가로》를 통해 명성을 얻었다.

1904년 장 조레스가 새로운 사회주의 신문 《뤼마니테L'Humanité》를 창간하여 14만 부를 발행했다. 이 신문사는 '한 팀의 조합 노동자들'로 이루어졌고, 샹티에 거리 8번지에 위치했는데 이곳은 1778년 모차르트가 어머니와 함께 머물렀던 곳이다. 아나톨 프랑스는 이 신문 2면에 소설을 연재했다.

1904년에서 1908년 사이에 한 가지 사건이 극에 달한 파리 언론의 부패상을 적나라하게 드러냈다. 러시아 제국의 공채 매각 시기에 파리의 주요

---

* 우익 예술가, 과학자, 지식인 등을 모집하여 결성되었다. 반(反)드레퓌스 진영을 형성하여, 한 해 먼저 결성된 인권연맹에 대항하고 에밀 졸라를 공격하는 데 앞장섰다.

신문들(《르 프티 주르날》,《라 랑테른》,《르 피가로》,《르 프티 파리지앵》,《르 마탱》, 《라 프랑스》)은 모두 (시간이 많이 흐른 뒤에 알려지지만) 모스크바로부터 '금 융 광고'라는 엄청난 선물을 받았다. 물론 여기에는 러시아 제국 공채에 대한 응모를 방해할 수 있는 러시아 제국의 정치적·경제적 약점들에 관 한 기사를 싣지 않는다는 조건이 붙었다.

1906년 알베르 롱드르는《르 마탱》에서 의회 출입 저널리스트로서의 경력을 시작했다.*

상당히 많은 수의 신문들이 알려지지 않은 채로 남아 있지만(1910년에 는 60종의 신문 가운데 39종의 발행 부수가 5000부에 미치지 못했고, 그중 25종은 500부 미만으로 발행되었다), 언론을 통해 엄청난 부호들이 계속해서 생겨나 고 있었다.《르 프티 주르날》의 모이즈 미요,《라 프레스》의 에밀 드 지라르 댕,《르 피가로》의 이폴리트 드 빌메상,《르 탕》의 아드리앵 에브라르,《르 골루아》의 아르튀르 메이에르는 각자의 후계자에게 500만에서 1000만 프랑의 재산을 남겼다. 1911년 파리에서 이루어진 상속 가운데 단 열 건 만이 1000만 프랑을 넘겼을 뿐이다.

전쟁이 발발했을 때, 매일 인쇄되는 일간지 부수는 인구 1000명당 244부 였다. 1815년에 인구 1000명당 1.3부였던 것과 비교하면 세계에서 가 장 높은 증가율을 기록한 것이었다. 파리의 일간지 발행 부수는 1870년 에 100만 부를 넘어섰고 이제는 550만 부에 달했다. 하지만《르 프티 주 르날》,《르 프티 파리지앵》,《르 마탱》,《르 주르날》의 발행 부수가 450만 부를 차지했다.《르 탕》은 발행 부수가 적었지만(가장 많았을 때 4만 5000부)

---

* 탐사 저널리즘의 창시자로 알려진 그는 단순히 뉴스를 전달하는 데 그치지 않고 스스로 조사하여 자 신의 관점에서 뉴스를 만들어냈다. 그가 사망한 이듬해인 1933년부터 매년 최고의 기자들에게 알베 르 롱드르 상이 수여되고 있다.

외국에서 가장 영향력 있는 프랑스 신문으로 남아 있었다. 지방에는 매주, 격주, 혹은 3주 간격으로 발행되는 신문들이 수천 종 존재했다. 각 군에는 하나 이상의 지역 일간지가 있었는데, 1914년에는 모두 250여 종이 발행되었다.

1914년 프랑스 언론은 영국 언론보다는 다섯 배, 미국 언론보다는 스무 배 적게 광고를 받았다. 그리고 우리는 이미 프랑스 언론에 어떤 광고가 실렸는지 살펴보았다.

빌헬름 1세 시대의 독일 언론

세계 최강국을 꿈꾸며 대영제국과 경쟁하기 시작한 독일에서도 1874년 매우 희미하고 매우 간단하게나마 언론의 자유를 법률로 명시하면서 (이 법률은 바이마르공화국이 선포된 1918년에야 확정된다) 대형 신문들의 시대가 열렸다.

베를린의 정파들은 각기 중요한 정기간행물을 발행하고 있었다.《노르트도이체 알게마이네 차이퉁Norddeutsche Allegemeine Zeitung》(1861년 창간)은 정권과 비스마르크의 공식 기관지였다.《디 포스트Die Post》(1866)는 극보수 기업가들의 기관지였고,《크로이츠차이퉁Kreuzzeitung》(1848)은 프로이센 보수주의를 대변했고,《게르마니아Germania》(1871)는 중도 가톨릭 기관지였으며,《베를리너 타게블라트Berlner Tageblatt》(1871)는 자유주의 유인물이었고,《태글리셰 룬트샤우Tägliche Rundschau》(1881)는 자유주의 프로테스탄티즘 신문이었다.《베를리너 로칼안차이거Berliner Lokalanzeiger》는 1883년에 주간지로 창간되었다가 1885년에 일간지가 되었다. 이 신문의 소유주는 1899년에 주간지《디 보헤Die Woche》를 창간하고 1904년에는 《디 가르텐라우베Die Gartenlaube》(삽화가 들어간 가정 잡지)와《슈포르트 임

빌트Sport im Bild》(삽화가 들어간 스포츠 주간지)를 사들였다. 그밖에도《추쿤
프트Zukunft》 같은 주간지들과 뮌헨의《심플리키시무스Simplicissimus》 같은
풍자적 간행물도 있었다.

출판업자 요한 바티스트 지글이 창간한 가톨릭 신문《다스 바이에리셰
파터란트Das Bayerische Vaterland》는 제국의 정치와 독일의 재상을 공개적으
로 비판했고, 그 대가로 투옥되었다. 레오폴트 울슈타인의《베를리너 모르
겐 포스트Berliner Morgen Post》는 독립적이었다. 1913년 발행 부수가 40만
부에 달했고, 2차 세계대전이 끝날 때까지도 권위 있는 신문으로 남는다.

아우구스트 셰를은 1883년에《베를리너 로칼안차이거》를 창간했고,
1899년에는 주간지《디 보헤》를 발행했으며,《디 가르텐라우베》와《슈포
르트 임 빌트》 같은 신문들을 되살렸다. 이후에 무기 생산으로 부자가 된
셰를은 1916년 자신의 언론 제국을 크루프의 경영자 알프레트 후겐베르
크에게 매각한다.

이제 독일의 영토가 된 알자스-로렌 지방에서는 스트라스부르의《주
르날 달자스로렌Journal d'Alsace-Lorraine》이나《르 쿠리에 드 메스Le Courrier
de Metz》 같은 프랑스어 신문들이 등장했지만, 끊임없이 검열에 시달리고
협박과 감시를 받아야 했다.

다른 지역들에서는 거의 아무 일도 일어나지 않았다

1885년 인도에서는 간디의 정당(인도국민회의)이 되는 의회 정당의 회
의들이 처음으로 소집되었고, 그 결실 중 하나로 1878년 9월 20일 첸나
이에서《힌두The Hindu》라는 일간지가 발행되기 시작했다. 뒤이어 여러
신문이 창간되었다. 영국 정부는 이러한 상황을 우려했고, 1910년 언론
법을 통해 인도 언론에 재갈을 물렸다.

중국에서는 신문이 거의 발행되지 않았고, 그나마 존재하는 신문들은 거의 외국인이나 서구화된 중국인을 대상으로 하는 것이었다. 이 시기에 가장 큰 영향력을 발휘한 중국어 신문은 1868년 미국인 선교사에 의해 창간된《만국공보萬國公報》였다. 이 신문은 그리스도교에 대한 것만큼 해외 정세에 대해서도 많이 다루었다. 1901년 중국에는 대략 160종의 신문이 있었고 이들 신문의 총 발행 부수는 10만 부 정도였다. 그중 영국 사업가가 창간한《진강신보鎭江新報》는 프랑스 조계지의 아편굴에서 젊은 여성들이 착취당하고 있음을 중국어로 강하게 비판했다. 이후 이러한 관행은 프랑스 당국에 의해 금지되었다. 1911년 공화국이 수립되면서 언론의 자유도 확립되었다. 그럼에도 중국 언론은 별로 발전하지 못했다. 국민 대다수가 문맹이었기 때문이다.

일본에서는 메이지 유신 이후 3년 뒤인 1871년 가와라반瓦版(1615년 이후 커다란 종이 위에 먹물로 인쇄되어 비정기적으로 배포되었던 유인물)이 최초의 신문들에 자리를 내어주었다. 1871년 진정한 최초의 일본어 신문《요코하마마이니치신문橫浜毎日新聞》이 창간되었다. 이 신문은 해외 소식과 국내 소식을 모두 다루었다. 그 뒤에《요코하마마이니치신문》과《주가이신문》이 나왔는데 이들 신문은 민주주의 헌법을 강력히 요구했다.

1872년에는 작가 조노 덴페이가《도쿄니치니치신문東京日日新聞》을 창간했다. 이 신문은 음성 낭독을 통해 민중 구독자를 끌어들였다. 판화로 제작한 컬러 삽화를 삽입하여 여러 가지 이야기와 범죄 사건을 다루었다.

1873년에는 여러 일간지가 등장했고 그중 어떤 신문은 오늘날에도 여전히 발행되고 있다.《도쿄신문東京新聞》(《마이니치신문每日新聞》의 전신),《유빈신문郵便新聞》(오늘날의《호치신문報知新聞》), 그리고 가장 오래된 지역 신문인 고후의 《고후신문甲府新聞》(오늘날의 《야마나시신문山梨新聞》)이 나왔고 《요미우리신문讀賣新聞》이 창간되었다.

1875년에는 《도쿄신문》에서 세계 최초로 신문을 가정에 배달하는 서비스를 시작했다. 많은 시간이 지난 뒤이긴 하지만 일본 언론은 가정 배달 서비스를 통해 지속적인 성공을 거두게 된다.

수많은 일본의 훌륭한 저널리스트들이 자유사상과 공화정의 대변자가 되었다. 그중에서도 가나가키 로분이라는 필명으로 알려진 노자키 분조는 최초의 만화 잡지 《에신분니폰치繪新聞日本地》를 창간했다.

1912년부터 이른바 '다이쇼 데모크라시'* 시기에 일본 정부는 《아사히신문朝日新聞》과 같이 가장 강력한 신문들을 금지했다.

이 신문들 가운데 3개 신문(《마이니치신문》, 《요미우리신문》, 《아사히신문》)은 2021년 세계에서 가장 중요한 5대 일간지에 포함된다. 1909년에 설립되어 문학잡지 《유벤雄辯》을 출간한 고단샤는 오늘날 일본 제1의 출판사가 되었다.

1876년 이집트 알렉산드리아에서는 레바논 출신의 형제 비샤라 테클라와 살렘 테클라가 아랍 세계의 두 번째 신문인 《알아흐람Al-Ahram》(피라미드)을 창간했다. 이 일간지는 오늘날에도 여전히 발행되고 있다.

1904년 러시아에서는 내무부·외무부·재무부 장관들이 상트페테르부르크 전신통신사(ATSP)를 설립했다. 1898년 차르 니콜라이 2세는 자기 아버지의 재위 기간에 재무부 장관이었던 세르게이 비테와 상의하여 1899년 헤이그 회담(만국평화회의)에서 협약의 제14조를 제안하여 합의

---

* 1911년부터 1925년까지 일본에서 일어난 민주주의 운동 및 사조를 총칭하는 용어.

를 이끌어냈다. 저널리스트에 대한 보호를 규정하는 제14조의 내용은 이러하다. "신문사의 통신원과 특파원, 종군 상인, 군비 납품업자처럼 군대에 직접 소속되지 않으면서 종군하는 개인들 가운데 적군의 수중에 놓여 적군이 그들을 구류하는 것이 유용하다고 판단한 자들은, 자신이 수반하는 군대 당국으로부터 정당한 자격을 부여받았을 경우 전쟁포로로 대우받을 권리를 갖는다."

그럼에도 19세기 말까지는 여전히 러시아 내에서 신문을 발행하기 위해서는 사전 허가를 받아야 했다. 19세기 내내—표트르 라브로프의《브페료트Вперёд》(전진前進)와 알렉산드르 게르첸의《콜로콜Колокол》(종鐘)처럼*—영향력이 큰 신문들은 외국에서 인쇄되어 러시아 내에서 은밀하게 배포되었다. 같은 해에 사전 허가 제도가 폐지되었다. 그러자 신문의 종류와 발행 부수가 폭발적으로 늘었다. 1912년부터《프라우다Правда》(진실)가 발행되기 시작했고, 1913년에는 약 800종의 간행물이 나왔으며 총 판매 부수는 3500만 부에 달했다. 1914년《프라우다》의 발행이 잠시 정지되었으나 계속해서 4만 명 이상의 독자들에게 은밀하게 배포되었고 프롤레타리아 계급에게 떨쳐 일어날 것을 촉구했다.

언론과 세계대전

1914년 8월 전쟁이 발발하자 전 세계 모든 신문의 발행 부수가 늘어났다.

영국인들은 즉각 유럽과 미국을 연결하는 독일의 해저 텔레그래프 케

---

* 표트르 라브로프는 러시아의 인민주의를 대표하는 작가이자 혁명가이며, 알렉산드르 게르첸은 '러시아 사회주의의 아버지'라고 불리는 사상가이자 소설가다.

이블을 파괴했다. 이러한 봉쇄망을 돌파하기 위해 독일은 트란스오체안 게젤샤프트Transozean Gesellschaft(대양횡단회사)를 설립하여 라디오를 통해 세계 언론에 독일에 관한 정보를 전송하고자 했다.

프랑스에서는 종이가 귀해지고 출판에 필요한 자원들이 사라져갔다. 신문 제작도 어려웠고 판매도 어려웠다. 지면도 2~4면밖에 되지 않았다. 1914년 8월 5일의 법률에 의해 실시된 검열은 언론인이 군사작전에 관해 이야기하는 것, 병기에 관한 자료를 인용하는 것, 사망자·부상자·포로의 수를 보도하는 것, 명령을 비판하는 것을 금지했고, 위반하는 자는 징역 5년에 처했다. 프랑스 언론은 이 법률에 순순히 복종했다.

1914년 8월 17일자《랭트랑지장》에 실린〈독일의 불량품〉이라는 제목의 기사에서는 "탄알이 살을 뚫고 지나갔지만 상처가 남지 않아서" "부상자 수송 기차 안에서도 총에 맞은 젊은이들은 쾌활하게 웃고 있을" 정도였다고 썼다. 1914년 9월 15일자《르 마탱》은 독일 무기의 효율성이 너무 떨어져서 "그저 사람을 멍들게 할 뿐"이라고 썼다. 1914년 10월 11일자《르 프티 파리지앵》은 "더구나 우리의 군대는 이제 기관총을 우습게 여긴다. (…) 더 이상 긴장하지도 않는다"라고 전했다.

이 시기의 훌륭한 저널리스트 가운데 하나이며《르 주르날》의 종군기자였던 에두아르 엘세는 나중에 후회하며 이렇게 인정하게 된다. "나는 그들이 웃고 노래했다고 썼다. 하지만 나는 이 젊은이들이 피로에 비틀거리며 그림자처럼 움직이는 것을 보았다. 그들은 자신이 전혀 이해하지 못하는 이 행군과 전투에 얼이 빠져 있었다. 지친 나머지 죽음에도 무감각해진 그들은 기진맥진하여 끝장이 난 사람들처럼 보였다. 내가 잘못을 저질렀다. 나는 그걸 알고 있고, 재빨리 이 나쁜 음악을 떨쳐버렸다. 그러나 나는 그때 어머니들, 아내들, 아이들을 생각했고, 전쟁 초기의 몇 주 동안 가족들이 겪었을 너무도 낯선 이 고통을 생각했다."

1914년 8월, 영국군과 프랑스군은 몽스에서 패배하여 퇴각하고 있었지만, 종군기자 아서 무어는 《타임스》에 이렇게 썼다. "병사들은 안정적이고 유쾌하다." 1914년 9월 영국의 한 법률은 "누구든 국왕 폐하나 일반 시민의 활기를 손상할 수 있는 정보를 말이나 글로 퍼뜨려서는 안 된다"라고 규정했다. 1916년 7월, 영국 군인 20만 명이 전사해 1차 세계대전 중 가장 많은 피를 흘린 전투 가운데 하나로 꼽히는 솜 전투가 시작되었을 때 《맨체스터 가디언Manchester Guardian》의 기자는 이렇게 썼다. "우리의 상실은 심각하지 않고 (…) 첫날 아군의 공격은 매우 만족스럽다." 이 전투의 시작을 직접 목격한 두 명의 저널리스트 가운데 한 사람은 나중에 이렇게 쓴다. "우리가 보내는 급전들을 검열할 필요는 전혀 없었다. 우리 자신이 우리의 검열관이었다." 다른 저널리스트는 이렇게 쓴다. "나는 내가 쓴 것에 대해, 마음속 깊이 철저하게 부끄러움을 느낀다. 그것이 전혀 사실이 아니었기 때문이다."

어떤 일간지들은 물자 보급에 관한 필수 정보를 제공한 덕분에 판매량이 늘었다. 1917년 신문 판매 부수를 보면, 《르 마탱》은 150만 부였고, 《르 프티 주르날》은 200만 부가 넘었다. 참모부의 기관지인 《레코 드 파리》는 40만 부에 달했다. 《랭트랑지장》은 가장 많이 팔리는 석간신문이 되었다. 여전히 위니옹 사크레Union sacrée*에 충실한 《뤼마니테》는 창간(1904) 당시 14만 부였다가 1905년에는 1만 5000부로 줄었고, 1912년에는 다시 8만 부로 늘었지만 '평화론자들'의 손에 넘어간 뒤로는 다시 줄

---

* 1차 세계대전 중에 좌익 인사들이 정부에 반대하여 맞서거나 파업을 일으키지 않겠다고 합의한 일종의 정치적 휴전협정.

었다.《르 골루아》는 많은 독자를 잃었다.

그리고 변한 것은 아무것도 없었다. 프랑스 신문들(《르 주르날》과 《르 보네 루주Le Bonnet rouge》)는 여전히 돈을 받고 평화론자들의 글을 실어주었다.《르 주르날》의 주주들이 신문을 살리기 위해 투자자들을 찾고 있었을 때, 이 신문의 운영자 피에르 르누아르와 사기꾼 볼로 파샤*는 독일 금융가들의 돈을 받아 투자했다.

1906년 외젠 메를과 귀스타브 에르베가 창간하여 무정부주의와 평화주의를 주장한 주간지 《라 게르 소시알La Guerre sociale》(사회적 전쟁)의 옛 저널리스트 모리스 마레샬은 (1915년 창간에 실패한 뒤에 다시) 1916년에 《르 카나르 앙셰네Le Canard enchaîné》**를 창간하고 3만 5000부를 발행했다. 이 신문의 이름은 조르주 클레망소가 1913년에 창간한 《롬 리브르 L'Homme libre》(자유로운 인간)가 1915년에 《롬 앙셰네L'Homme enchaîné》(속박된 인간)가 된 사건을 참조하여 선택한 것이었다. 클레망소는 1915년에 군대 야전병원의 진료를 비판하는 기사를 실었다가 검열 당국에 의해 주요 내용이 모두 삭제되는 일을 겪었던 탓에 신문을 재창간했다. 하지만 이 신문은 매주 발행되지 않고 열흘마다 발행되었기 때문에 결국 파산하고 말았다.

《르 카나르 앙셰네》는 그 첫 호(1916)에서, 물론 허구이긴 했지만, 독일의 WTB통신과의 연합을 발표했다. '꽥꽥'이라는 제목이 달린 첫 기사는

---

* 본명은 폴 볼로. 이집트의 마지막 케디브 압바스 2세와의 친분으로 파샤라는 존칭을 얻었다. 압바스 2세는 영국에 의해 케디브 자리에서 쫓겨난 후 스위스로 망명하여 그곳에서 볼로 파샤에게 자금을 대고 프랑스 언론을 매수하여 독일의 대의를 옹호하는 기사들을 싣게 했다.
** 프랑스의 대표적 풍자 주간지. '르 카나르 앙셰네'는 '사슬에 묶인 오리'라는 뜻으로 프랑스어에서 카나르(오리)는 유언비어나 삼류 신문을 가리키기도 한다.

이 신문의 풍자적 성격을 직접적으로 선언하는 것이었다. "《르 카나르 앙세네》는 앞으로 세심한 검증을 거친 뒤에 엄밀하게 부정확한 소식들만을 싣는 커다란 자유를 누릴 것이다. 사실 각 개인은 프랑스 언론이 어느 하나의 예외도 없이 전쟁이 시작된 이래로 독자들에게 준엄하게 진실된 소식만 전달하고 있음을 알고 있다. 아! 그래, 좋다. 대중은 그런 진실된 소식들을 이미 충분히 받아 보았다. 그러니 이제는 (…) 변화를 위해 거짓된 소식들을 원하고 있다. 대중은 거짓된 소식을 충분히 받아 보게 될 것이다. 이 멋진 결과를 얻기 위해, 어떤 희생 앞에서도 물러서지 않는 《르 카나르 앙셰네》의 운영진은 전혀 망설이지 않고 명성 높은 WTB통신과 1년 계약을 체결했다. 이 계약에 따라 볼프 통신사는 매주 베를린으로부터 특별한 가시철조망을 통해 전 세계의 모든 거짓 소식들을 본 신문에 전송하게 된다."

참호에서 쓰인 신문들이 병사들에 의해 수공업적인 방식으로 배포되었다. 이들 신문에는 《르 라크리모젠Le Lacrymogène》(최루催淚), 《르 크리 뒤 푸알뤼Le Cri du poilu》(병사의 외침), 《라 미트라유La Mitraille》(총탄), 《레코 뒤 부아요L'Écho du boyau》(연락 참호의 메아리) 등 자극적인 이름이 달렸다. 손으로 쓰거나 타자기로 쳐서 아주 적은 부수를 복사해 이웃한 참호들에만 배포되는 경우가 대부분이었는데 장교들은 이 신문들을 엄격히 감시했다. 여기에서 언론의 거짓말을 가리키는 '부라주 드 크란bourrage de crâne'(두개골 채워넣기)이라는 표현이 자리를 잡았다.

1917년 4월, 미국이 참전을 선언했을 때, 미국 신문들은 투입되는 병력을 공개할 권리가 없었다. 80명의 특파원이 종군기자로 참여할 수 있게 허가받았지만, 검열관의 통제를 따라야 했다. 이중에는 코라 해리스 (《디 인디펜던트The Independent》), 메리 로버츠 라인하트(《새터데이 이브닝 포스트Saturday Evening Post》), 메리 보일 오라일리(《보스턴 글로브Boston Globe》와 《하퍼스 매거진Harper's Magazine》), 이네즈 밀홀랜드(《뉴욕 트리뷴》) 등 역사상 최초의 여성 종군기자들도 있었다. 이 여성들은 전투만큼이나 훈련 과정도 취재했으며 부상자 및 여성과 아동의 상황에 대해서도 보도했다.

미국 군대는 1918년 3월 정보 전송에 혁명을 일으킬 새로운 방식을 실험했다. 라디오가 등장한 것이다. 미군은 해병대가 미국 본토 및 카리브해 전역에 흩어져 있는 기지들과 교신할 때 사용하는 고출력 송신기를 가지고 버지니아주에 최초의 라디오 기지국을 세웠다. 이 기지국에서는 군인들을 위한 음악만을 송출했다.

1918년 3월 파리에서는 여전히 전쟁의 결과가 불확실한 상황에서 최초의 전국 저널리스트 조합이 결성되었다. 이 조합은 더 자유로운 언론의 권리와 저널리스트들의 지위를 주장했다. "자유로운 토론, 상충되는 이익들의 정직한 대조, 그리고 마지막으로 상호 계약을 포함하여 자격을 갖춘 기관에 의해 보장되고, 완전히 분명하고 완전히 자유롭고 완전히 평등하게 상대와 교섭하는 양측이 모두 서명한 합법적 형식의 계약"을 요구했다.

스페인 독감은 가공할 가짜뉴스가 등장하는 또 하나의 계기가 되었다. 1918년 9월에서 10월 초까지 미국인 19만 5000명이 스페인 독감으로 사망하자, 우드로 윌슨 대통령은 불안을 가중시키는 정보에 대한 언론 보도를 금지했다. 1918년 9월 22일 보스턴에서 56킬로미터 떨어진 캠프 데버스에서 주민의 20퍼센트가 감염되고 보스턴에서도 감염자가 나왔지만, 지역 신문들은 전쟁 및 4차 자유채권(연합국을 지원하기 위해 미국에서 판매된 전시 공채) 의무 청약 할당량에 관해서만 이야기했다. 《보스턴 포스트Boston Post》는 간략하게 보도했을 뿐이다. "어제 191명 사망. 상황은 여전히 위중하지만 보건 당국은 증가율이 최저치에 그치고 있다는 사실에 안심하고 있다."《보스턴 글로브》는 "감염 사례는 점차 감소 추세를 보이고 있다"라고 썼다. 10월 4일 뉴욕의 독감 사망자 수는 3만 3000명에 달했지만《뉴욕 타임스》는 신문 1면을 유럽의 전쟁 소식, 자유채권 판매가 인하 광고, 캐서린 에브리 모건의 결혼, 톨스토이의 작품〈산 송장〉초연에서 보여준 배우 존 배리모어의 연기에 할애했다. 그리고 작은 알림들로 채워진 광고면 다음에 "독감은 현재 43개 주를 강타하고 있다. 이 전염병을 억제하기 위해 전국에서 과감한 조치들이 취해지고 있다"라고만 보도했다. 같은 날, 당대 미국 최고의 신문 중 하나로 간주되던《뉴욕 이브닝 월드New York Evening World》조차 15면에서 "1695명 이상의 신규 감염자 발생"이라고만 보도했을 뿐이다. 더구나 그 옆에는 웃고 있는 아기의 얼굴 사진과 함께 켈로그 콘푸레이크 광고가 게재되고 그 밑에는 이러한 선전 문구가 적혀 있었다. "이 어려운 시기에도 미국 아이들이 잘 먹고 돌봄을 받는다는 사실은 축복입니다."

1918년 헨리 포드는 비서 어니스트 리볼드에게《디어본 인디펜던트 The Dearborn Independent》를 가명으로 사들이게 해서 이 신문의 발행인이 되었다. 포드는 재빠르게 이 신문을 반유대주의 신문으로 만들어, 유대인이 사람들을 타락시키려는 유일한 목적에서 주식시장을 발명했고 전쟁을 촉발하고 이용하여 미국 농부들에게서 도둑질하려 한다고 주장했다. 포드의 신문은 발행 부수가 90만 부에 달해서《뉴욕 데일리 뉴스New York Daily News》다음으로 잘 팔리는 신문이 되었다. 얼마 뒤 포드는 이 신문에 반유대주의를 조장하기 위해 만들어진 가짜 문서인〈시온 장로 의정서The Protocols of the Elders of Zion〉*를 게재하고 50만 부를 인쇄하여 배포했다. 아돌프 히틀러는《나의 투쟁》에서 이 신문을 인용했다.

영국의 언론도 감염병에 대해서는 프랑스나 미국의 언론보다 나을 게 없었다. 각 신문에서는 단 몇 줄에 걸쳐 이 독감이 그다지 심각한 질병이 아니라고 설명하고, 컵을 잘 씻을 것, 붐비는 시간을 피해서 기차를 탈 것, 과도하게 포옹하지 말 것 등 감염 예방을 위한 몇 가지 수칙을 전달할 뿐이었다. 1918년 6월 11일, 이 감염병으로 인해 이미 2만 3000명가량이 사망한 아일랜드에서는 《벨파스트 이브닝 텔레그래프Belfast Evening Telegraph》가 이렇게 보도했다. "대중이 지나치게 걱정할 필요는 전혀 없다. 지금 도시에 떠도는 소문들은 속담처럼 소금 한 알로도 감당할 수 있을 것이다." 그리고 "의사들 대부분이 이 감염병을 심각한 질병으로 여기고 있지 않다"라는 말을 덧붙이면서도, "약국들이 말 그대로 포위당한 상태"라고 전했다.

1918년 4월 프랑스에서는 파리 시민들이 3개월 동안 독일의 포격을 견디고 있는 동안에 스페인 독감이 우아즈강 쪽으로 들어왔다. 하지만 5월 말까지 이에 관한 기사는 어떤 신문에도 실리지 않았다. 5월 28일, 독일군이 마른강에 접근해오고 있을 때, 《르 주르날》은 지면 하단에 스페인에 '증상이 경미한' 유행성 독감이 발생했다고 몇 줄로 짧게 보도했다. 이튿날 《라 크루아》는 마드리드에서 12만 명의 환자가 발생했다고 전했다. 하지만 프랑스에 관한 이야기는 전혀 없었다. 7월 6일 《르 마탱》은 독일과 달리 프랑스에서는 이 독감의 확산이 심각하지 않다고 전했다. 이튿날 이 신문은 "위험할 것이 전혀 없는 일반적인 감기"에 대해 이야기했다. 8월 7일 《르 주르날》은 이 독감이 "순수하고 단순하다"라고 썼다. 9월 4일이

---

* 반유대주의를 조장하기 위해 만들어진 위서. 1897년에 스위스 바젤에서 열린 시오니스트 회의에서 유대인 장로 14인이 작성한 의결문이라는 형식을 취하고 있으며, 유대인들이 언론과 금융을 장악하여 세계를 지배하려 한다는 내용을 담고 있다.

되어서야《라 크루아》가 툴롱의 군인들 사이에서 70명의 사망자가 나왔음을 보도했다. 10월 19일이 되자 언론의 어조가 바뀌었다.《르 주르날》은 1면에서 독감 유행을 막기 위해 아무것도 하지 않은 정부를 비판하면서도, 물로 희석한 럼에 레몬즙을 첨가해 만든 그로그를 마시고 의사를 찾아갈 것과 같은 몇 가지 충고를 하는 데 그치면서 이러한 결론을 내렸다. "모든 것이 거의 벽보에 그치고 있다. 그럼에도 취해야 할 긴급 조치들이 있다. (…) 절반의 예방 조치만 취하고 있을 때가 아니다." 11월 9일, 시인 아폴리네르가 사망했다. 11월 11일,《르 주르날》은 여전히 "독감은 독일놈들처럼 패주하고 있다"라는 머리기사를 달았다. 12월 2일, 극작가 에드몽 로스탕이 사망했다.

1918년 11월 12일, 고몽은 승리한 연합군이 샹젤리제 거리에서 행진하는 모습을 촬영한 최초의 컬러 뉴스 필름을 상영했다.

9

여전히 읽고, 마침내 듣고, 곧 보게 되다

⁂

1919-1945

글로 쓰인 텍스트 외에 다른 정보를 어떻게 전달할 수 있을까? 옛날에 사람의 목소리는 이 골짜기에서 저 골짜기로 울려 퍼지는 외침을 통해 전달되었다. 19세기 말부터는 축음기와 전화기를 통해 목소리를 전달할 수 있게 되었다. 옛날에 이미지는 그림을 통해 전달되었는데 처음엔 동굴 벽에 그렸고 나중에는 나무판이나 돌판에 그렸다. 19세기 중반부터는 사진을 통해, 시간이 더 흐른 뒤에는 영화를 통해 이미지가 전달되었다. 1차 세계대전 이후 사람의 음성은 라디오 방송을 통해 널리 전해지게 된다. 라디오 덕분에 음악과 정보가 근대화된 서구 세계로부터 가장 멀리 떨어진 지역들에도 도달할 수 있었다. 텔레비전은 조금 더 뒤에 등장하게 된다.

언론은 처음에 이러한 경쟁자와 맞서 싸웠고, 나중에야 경쟁자의 발전을 허용하거나 경쟁자와 협력하기 시작했다. 사실 세계적으로 인구가 증가하고 경제가 성장하면서 광고는 물론 관객 측면에서도 모든 매체를 위한 여지가 존재했다.

그럼에도 표현의 자유를 위한 이 새로운 도구들은 많은 민주주의 국가들이 독재정치로 몰락하는 것을 막지 못했다. 신문이나 라디오 방송은 기관총 앞에서 아무것도 할 수가 없었다.

이 장에서 다루는 미디어와 관련해 제시된 수치들은, 앞선 장들에서와 마찬가지로 직접 미디어에 의해 제공된 것이거나, 미디어에 인접하여 대략적일 수밖에 없는 출처들에서 나온 것이다.

쇄신된 미국 언론: 뉴스 매거진

19세기에 수십 년에 걸쳐 탄생한 대형 신문들은 점점 더 많은 광고를 실었다. 특히 식품 회사들과 가정용품 기업들의 광고가 많았다. 광고는 페이지 수를 늘리고 정보의 장을 넓히며 내용을 다양화할 수 있는 수단을 신문에 제공했다. 무엇보다도 범죄 수사, 다양한 사건·사고, 스포츠, 지역 생활 등에 관한 정보를 실을 수 있게 되었다. 또한 수많은 새로운 신문들, 특히 주간지들이 탄생했다.

1923년 최초의 뉴스 매거진《타임Time》이 창간되었다. 분량은 70쪽이었고 판매 가격은 15센트였다. 선교사의 아들로 중국에서 성장한 창립자 헨리 루스는 악착같이 일하는 사람이었고, 민주당 당원들과 조합운동가들에게 매우 적대적이었다. 앞으로 그는 거대한 언론 그룹을 형성하게 된다. 공동 창립자인 브리턴 해든은 당시 예일대학교 학교 신문을 운영하고 있었는데 곧《타임》의 초대 편집장이 되어 1929년 서른한 살의 나이로 죽을 때까지 그 자리에서 일한다.

1926년 창립자가 사망할 당시 조지 스크립스 그룹은 여러 도시에 32개의 신문을 소유하고 있었다. 그중 어떤 신문은 조합 신문이었고 어떤 신문들은 만화(〈딜버트〉, 〈마마듀크〉, 〈피너츠〉, 〈낸시〉, 〈가필드〉 등)를 실었다. 조지 스크립스 그룹은 미국에서 허스트 다음으로 가장 큰 신문 체인이 되었다.

1929년 10월 이후 언론은 주식 관련 지면에서 경제 위기를 최소화하기 위해 할 수 있는 모든 일을 다 했다. 하지만 경제 위기는 이제 겨우 시작일 뿐이었다. 10년 전 창간된 일간지 《뉴욕 데일리 뉴스》는 1929년 10월 25일자 1면에 이렇게 썼다. "주식시장의 위기는 끝났다. 우리는 최악의 상황을 보았다. 신은 어제 상황보다 더 끔찍한 무언가가 주식시장에서 일어날 가능성을 허락하시지 않는다."

하지만 경제 위기의 끝은 아직 멀었다. 1929년에서 1933년까지 미국 경제는 무너져 내렸다. 신문의 광고 수익은 40퍼센트가량 줄었다. 많은 신문이 파산하거나 다른 신문과 합병되었다.

1930년 2월, 헨리 루스는 경제 전문 월간지 《포춘Fortune》을 창간했다. 1932년 아서 닐슨은 식품과 의약품의 판매량을 세부적으로 측정하기 위한 지표를 개발했다. 이것이 시장조사의 시작이었다(무엇보다도 시장조사라는 용어 자체가 아서 닐슨이 만든 것이었다).

1932년 11월 미국 대통령에 당선된 프랭클린 D. 루스벨트는 대통령과 언론의 관계를 근본적으로 바꾸어놓았다. 매우 폐쇄적이었던 전임자들과 달리 루스벨트는 매주 두 차례 기자 회견을 열었고 언론과 라디오 리포터들이 백악관 안으로 들어오게 했다. 심지어 그는 리포터들이 쓸 기사의 전문前文을 제시하기도 했고, 각 신문의 노선에 따라 말을 조절했으며, 장거리 이동 중에 그와 동행하는 리포터들과 포커 게임을 즐기기도 했다.

1936년 헨리 루스는 《라이프Life》를 매입하여 사진 보도에 특화된 주

간지로 재창간했다. 그리고 《스포츠 일러스트레이티드Sports Illustrated》,
《뉴스위크News Week》, 《유에스 뉴스US News》 등의 잡지들을 자신의 언론
그룹에 추가했다.

같은 해에, 2년 전 파시즘 계열의 정치 조직인 '사회정의를 위한 국민
연합National Union for Social Justice'을 창설한 가톨릭 사제 찰스 에드워드 코
글린이 헨리 포드와 같은 생각으로 《소셜 저스티스Social Justice》라는 잡지
를 창간했다.

1938년 미국 언론은 위기를 벗어났다. 1920년 미국 일간지들의 총 발
행 부수는 2050만 부였지만 1940년에는 4100만 부에 달했다.

귀족들의 언론

영국 언론 또한 매우 훌륭한 상태로 1차 세계대전에서 벗어났다. 이제
영국 국민의 3분의 2가 타블로이드 신문을 읽었고, 이 신문들의 소유주들
은 부유해졌을 뿐 아니라 강력한 권력을 갖게 되었다.

그들 중 여섯 명이 단지 부자가 되었다는 이유로 귀족 작위를 받았다.
이들은 영국 일간지들, 특히 타블로이드 신문들을 거의 모두 나누어 갖고
있었다. 비버브룩 경, 로더미어 경, 캠로즈 경, 켐슬리 경, 노스클리프 경,
애스터 경이 바로 그들이다.

캐나다 맥스 에이트켄에서 태어난 비버브룩 경은 로이드 조지 경의 요
청으로 1917년 1월 23일에 귀족 작위를 받았다. 그는 영국에서 가장 많
이 팔리는 《데일리 익스프레스Daily Express》(1919년 4만 부에서 1937년 232만
9000부로 증가)를 비롯해 《이브닝 스탠더드Evening Standard》와 《선데이 익
스프레스Sunday Express》를 소유했다. 1930년대에는 자신의 신문들에 국왕
에드워드 8세와 월리스 심슨 사이의 애정관계를 폭로함으로써 국왕의 퇴

위를 촉발했다.

런던에서 해럴드 함스워스라는 이름으로 출생한 로더미어 경은 1914년에 귀족 작위를 받았다. 1922년 형이 죽은 뒤에 로더미어 경은《데일리 메일》과《데일리 미러》(당시 발행 부수 300만 부)의 대주주가 되었다. 이듬해에는 힐튼 경의 신문 체인을 사들였고, 이를 통해 전국 조간지 셋, 전국 일요신문 셋, 런던의 석간지 셋, 지방 일간지 넷, 지방 일요신문 셋을 지배하게 되었다. 오스트리아–헝가리제국의 공주 스테파니 폰 호엔로에와 매우 가까운 사이여서 독일에 대한 적대감에 반대했으며, 히틀러가 권좌에 오른 뒤에도 마찬가지였다.

윌리엄 베리와 고머 베리 형제는 (각기 캠로즈 남작과 켐슬리 남작이라는 칭호를 받고 귀족이 되었는데) 여러 신문을 소유했고, 그중에서도 특히《뉴스 크로니클News Chronicle》을 소유한 것으로 유명했다.

노스클리프 경은 정치 엘리트와 지식 엘리트가 주로 읽는《타임스》를 소유했다. 1920년 이 신문은 '유대인의 위험'을 고발하고, 미국의 헨리 포드처럼 '〈시온 장로 의정서〉에 대한 심도 있는 조사'를 요구했다. 1922년 노스클리프 경이 사망하자《타임스》는 애스터 경에게 매각되었다.

애스터 경은 몇 가지 모험적인 업적을 달성한 뒤에도《타임스》의 편집장 조프리 도슨을 1941년까지 그대로 유지했으며 반유대주의와 보수주의 노선을 유지했다. 1959년 아들 개빈에게 자리를 내줄 때까지 신문사 회장 자리를 지킨다.

정치인들은 이 귀족들을 싫어했다. 1928년 보수당 당수 스탠리 볼드윈은 비버브룩 경을 거의 혐오했으며, 이들 귀족이 "책임 없는 권력, 곧 시대를 가로지르는 매춘부의 특권"을 지니고 있다고 비판했다.

1930년 오래된《데일리 뉴스》,《데일리 크로니클》,《웨스트민스터 가제트》가 합병되어 《뉴스 크로니클》이 탄생했다. 비버브룩 경이 소유한 이 신문의 발행 부수는 1939년에 140만 부를 넘어섰다.

영국 신문들은 대부분 히틀러의 반유대주의가 정당하다고 여기거나 심각하게 여길 필요가 없는 정치 선전의 주장일 뿐이라고 생각했다. 1930년 8월, 히틀러가 권좌에 올랐을 때도, 네빌 체임벌린과 스탠리 볼드윈*의 특권적 연단이 되어 있던 《타임스》는 사람들에게 걱정하지 말고 마음을 놓으라고 권고했다.

《맨체스터 가디언》과 같은 신문은 드물었다. 1931년 이 신문은 독일이 더 이상 유대인들에게 안전한 나라가 아니라고 과감하게 말했다. 그리고 1933년 독일 특파원 스탠리 심슨이 다하우에 첫 강제수용소가 설립되었음을 알리는 기사를 송부했으나 《타임스》의 편집장은 이 기사의 게재를 거부했다.

이 시기 내내 일간지는 여전히 수지맞는 사업이었다. 전체 발행 부수는 1920년에 540만 부에 그쳤으나 1939년에는 1150만 부에 달했다. 지방 언론의 발행 부수도 250만 부에서 600만 부로 늘었다.

이 시기에 영국령 인도에서는 모한다스 간디가 저널리즘에 투신하여 주간지들을 창간했는데, 처음에 《하지란Hajiran》을 발행하고 나중에 《영 인디아Young India》를 발행했다. 1925년 7월 2일자 《영 인디아》에서 간디는 이렇게 썼다. "나는 저널리스트가 되기로 했다. 이는 단지 재미로 하는 것이 아니라 내 삶의 사명이라고 여기는 것에 도움이 되고자 하는 것이다." 그는 자신의 신문을 정치적 도구로 삼았으며, 1930년 영국 식민지로

---

* 2차 세계대전 직전 기간에 총리직을 역임한 영국 보수당의 정치인들. 두 사람 모두 히틀러의 부상에 안일하게 소극적으로 대처하다가 2차 세계대전 발발을 막지 못했다고 비판받는다.

부터의 독립을 향한 여정에서 중요한 한 걸음이 되었던 '소금 행진'* 이후 그해 《타임》에서 '올해의 인물'로 선정되었다.

한 프랑스 언론의 부흥: 알베르 롱드르와 알렉상드라 다비드네엘, 그리고 《르 카나르 앙셰네》

영국이나 미국의 언론과는 반대로 프랑스 언론의 큰 부분은 신뢰를 잃은 상태로 1차 세계대전에서 벗어났다. 프랑스 언론은 전쟁 기간에도 변함없이 정부의 선전 도구로서 봉사했으며 1918년 스페인 독감 유행을 부인했기 때문이다. 더구나 프랑스 신문들은 종잇값 상승과 1919년 노동조합 운동 이후의 임금 인상을 겪어야 했다. 일간지들의 발행 부수는 정체되었고, 광고도 떨어져 나갔다. 그럼에도 몇몇 언론 그룹은 여전히 수익을 냈고 소유주들은 상당한 수입을 올렸다. 하지만 그들은 정치권력과, 때로는 떳떳하게 밝힐 수 없는 수입에 크게 의존했다. 1919년 《르 프티 주르날》의 재능 있는 젊은 기자 알베르 롱드르는 "클레망소, 로이드 조지, 윌슨이 고심하여 만들어낸 강화 조건에 이탈리아인들은 불만이 많다"라고 보도했다가 해고되었는데, 클레망소의 요청에 따른 것으로 보였다.

프랑스 제1의 신문은 여전히 《르 프티 파리지앵》이었다. 1919년 창립자 장 뒤퓌가 사망하자 그의 아들 폴과 피에르가 자리를 이어받았다. 이 신문은 발행 부수가 200만 부 이상이었고, "세계에서 가장 많이 발행되는 신문"임을 자랑했다(하지만 이는 영국과 미국의 주요 타블로이드 신문들의 발행 부수를 고려하면 과장된 것이었다).

당시 가장 많이 읽히는 우파 신문은 앙리 시몽의 《레코 드 파리》와 레

---

* 영국령 인도에서 소금세 폐지를 주장하며 일어난 비폭력 저항 운동.

옹 벨비의《랭트랑지장》으로 각기 50만 명과 30만 명의 독자를 거느렸다.《라 크루아》는 여전히 가장 큰 프랑스 가톨릭교회의 기관지로 남아있었다. 이 신문의 발행 부수는 대략 17만 부에서 안정적으로 유지되었다.《르 탕》역시 경영자들의 공식 기관지로 계속 유지되었지만 발행 부수는 7만 5000부를 넘지 못했다. 정치인 레옹 도데가 지원하는《락시옹 프랑세즈L'Action française》는 "유대인의 황금에 맞서 싸우기" 위해 정기적으로 구독 요청을 내보냈다. 이 신문은 많은 이들에게 읽혔지만(발행 부수가 5만 부에서 10만 부 사이를 오르내렸다) 결국 1926년 교황 비오 11세에 의해 단죄되었다. 신문의 편집자들이 가끔씩 불가지론이나 심지어 무신론적인 태도를 공공연히 보였기 때문이다.《락시옹 프랑세즈》는 독자 절반을 잃었고, 보수적인 가톨릭 우익 단체 악시옹 프랑세즈의 회원들에게는 성사가 금지되었다. 귀스타브 테리의《뢰브르L'Œuvre》는 급진주의의 가장 강력한 기관지였고, 같은 계열에는 (툴루즈의)《라 데페슈》,《라 프랑스 드 보르도 에 뒤 쉬드웨스트La France de Bordeaux et du Sud-Ouest》, (리옹의)《르 프로그레》가 있었다. 노동자 인터내셔널 프랑스 지부(SFIO)는 (1920년에 공산주의 인터내셔널 프랑스 지부(SFIC)에《뤼마니테》를 빼앗기고)《르 포퓔레르 드 파리Le Populaire de Paris》와《르 코티디앵Le Quotidien》에 의지했다. 레몽 파트노트르는 옴니옴 레퓌블리캥 드 라 프레스를 운영했는데, 이 언론 그룹에는《렉스프레스 드 레스트L'Express de l'Est》,《르 프티 니수아Le Petit Niçois》,《르 프티 바르Le Petit Var》,《라 가제트 드 센에마른La Gazette de Seine-et-Marne》이 속했다. 이들 신문은 모두 광고를 따내기 위한 노력으로 도서, 스포츠, 패션, 요리, 영화 등에 특화된 부문들을 새로이 개설했다. 금융언론은 여전히 파렴치한 행동을 이어나갔다.

일간지들이 정체되고 있던 것과 달리 시사 잡지, 문학·예술·스포츠·

여성·삽화·정치에 전문화된, 특히 극우적인 정기간행물들이 중요성을 더해갔다.

우선, 1916년에 창간된《르 카나르 앙셰네》는 1918년의 몇 안 되는 호에 대해서만《르 카나르 리브르Le Canard libre》(사슬에서 풀려난 오리)가 되었지만, 1919년 검열을 받은 뒤 다시 사슬에 묶였다. (《르 카나르 앙셰네》를 창간한 모리스 마레샬이 근무했던) 반反군국주의 주간지《라 게르 소시알》을 1906년에 창간한 외젠 메를은 1919년《르 카나르 앙셰네》를 모방하여《라 메를 블랑La Merle blanc》('하얀 티티새')을 창간하여 빛나는 성공을 거두었으나 오래가지는 못했다. 1923년 메를은《파리-수아르Paris-Soir》를 창간하고 당시 수많은 저널리스트가 그러했듯이 공갈과 사기 속에 섞여 들어갔다. 정의는 혼탁해졌고, 메를은 결국 금전 갈취 혐의로 유죄판결을 받고 2년 징역형에 처해졌다.

새로운 주간지들도 등장했다. 아르템 파야르가 창간한《캉디드Candide》, 영국 혐오와 반유대주의 색채가 강한《그랭구아르Gringoire》,《레 누벨 리테레르Les Nouvelles littéraires》 등이었다.

여성 언론은《보그Vogue》,《페미나Femina》,《르 프티 에코 드 라 모드Le Petit Écho de la mode》의 등장으로 폭이 넓어졌다.

1922년 광고주들의 요구에 따라 신문의 발행과 판매 부수를 신뢰할 수 있는 방식으로 알아보기 위해 출판물증명사무소(OJT)가 창설되어 언론 편집자들에 의해 운영되었다.

세 가지 성과가 있었다.

1923년 모스크바에 가서 소련에 대해 매우 적대적인 보도 기사를 보냈고, 중국에도 갔으며 인도에 가서 간디와 타고르를 인터뷰하기도 했던 알베르 롱드르는《르 프티 파리지앵》을 위해 카엔 감옥*의 실태를 취재하면서 더욱 유명해졌다. 그가 고발한 비참한 상황은 프랑스 사회에서 커다란 감정의 동요를 촉발했지만 개혁은 이루어지지 않았다.

1924년 《뤼마니테》는 러시아 재무부를 대표하여 라팔로비치라는 자가 파리 주재 러시아 대사관과 교신한 내용을 공개했다. 여기에는 1900년에서 1914년까지 프랑스 주요 신문들이 이제껏 상환된 적 없는 러시아의 국채 발행을 지원하기 위해 제정 러시아로부터 자금을 조달받았음을 확인하는 내용이 들어 있었다.

1925년, 학술적인 정기간행물(《라 프롱드》,《메르퀴르 드 프랑스La Mercure de France》,《르 로튀스 블뢰Le Lotus bleu》,《르뷔 테오조피크Revue théosophique》,《리데 리브르L'Idée libre》)에 주로 기고하는 예외적 저널리스트 알렉상드라 다비드네엘은 비구니로 위장하고 티베트 라싸의 금단의 도시에 잠입하는 데 성공하여 수많은 신문의 1면을 장식했다.

1927년 (이전에《뤼마니테》,《마리안Marianne》,《르 코티디앵》,《리브르》,《라 볼롱테La Volonté》 등에서 일했던) 저널리스트 베르나르 르카슈가 '반유대주의 반대 국제연맹'(LICA)을 창설하고 자신의 신문《르 드루아 드 비브르Le Droit de vivre》(살아갈 권리)를 창간했다. 이 신문에서 그는 유럽 전역에서 빠르게 증가하고 있는 반유대주의 행위들을 고발했다.

1928년, (《바바르Babar》의 창립자 장 드 브룅호프의 누이 코제트와 혼인한 뒤) 처남 미셸 드 브룅호프와 함께 이미 여러 신문을 창간했고《보그》를 운영했던 뤼시앵 보젤이 사진이 삽화로 실린 최초의 프랑스어 잡지《뷔Vu》를 창간했다. 정말 멋진 잡지였다. 하지만 이 잡지가 프랑키즘**과 나치즘에

---

* 1854년 프랑스 정부는 프랑스령 기아나의 수도인 카옌 앞바다의 한 섬에 감옥을 만들고 유형지로 삼았다. 그런 탓에 카옌 자체가 '죄수의 도시'로 알려졌다.

맞서자 광고가 빠져나갔고 보젤은 쫓겨났다. 보젤의 딸 마리클로드는 장차 《뤼마니테》의 편집장 폴 바양쿠튀리에와 혼인하여 레지스탕스의 영웅이 된다.

1928년 5월,《르 피가로》를 사들인 조향사 프랑수아 코티가《라미 뒤 푀플L'Ami du peuple》(민중의 벗)을 창간해 80만 부를 팔았다. 이어서《르 골루아》를 매입하여《르 피가로》와 합병하고 반공주의, 반유대주의, 외국인 혐오, 파시즘을 옹호하는 신문으로 만들었다. 그는 십자말풀이를 싣고, 경제 분야 전체와 스포츠 및 오락 부문을 발전시켰다.

경제 위기가 닥치자 아바스통신은 약화되어 점점 더 정부에 의존하게 되었다.

1892년 드뤼몽에 의해 창간되었다가 곧 파산했던 반유대주의 신문 《라 리브르 파롤La Libre Parole》이 1930년에 앙리 코스통의 지휘 아래 재발행되었다. 같은 해에 북부의 기업가 장 프루보스트는《파리-수아르》를 매입했다. 그는 국제 부문에 장 콕토, 사회면의 사건·사고 부문에 콜레트, 범죄 수사 부문에 조르주 심농, 전쟁 보도 부문에 조제프 케셀, 블레즈 상드라르, 앙투안 드 생텍쥐페리를 기용했다. 그는 사진 광고들을 이용해서 《파리-수아르》를 양질의 일간지로 만들었다. 1931년 이 신문의 발행 부수는 13만 4000부였다.

1932년 알베르 롱드르는 중국에서 중일전쟁을 오랫동안 취재한 뒤 여객선을 타고 돌아오던 길에 아덴 앞바다에서 의문의 사건이 일어나 사망했다. 5년 뒤 롱드르가 그토록 비난했던 카옌의 감옥이 폐쇄되었다.

1933년 샤를 드 브르퇴유 백작은 세네갈에서 주간지《파리-다카르

** 스페인의 독재자 프란시스코 프랑코의 파시즘 노선.

Paris-Dakar》를 창간했다. 이 주간지는 1936년에 사하라 이남 아프리카 지역 최초의 일간지가 된다. 이 신문은 장 프루보스트의 《파리-수아르》의 모델에서 영감을 받아 만든 것이었다. 그는 1936년에 《파리-콩고Paris-Congo》와 《파리-타나Paris-Tana》를, 1938년에 《파리-베냉Paris-Bénin》을, 그리고 이어서 《아비잔-마탱Abidjan-Matin》, 《라 프레스 뒤 카메룬La Presse du Cameroun》, 《라 프레스 드 기네La Presse de Guinée》, 《아프리크 마탱Afrique matin》, 《다카르 쥔Dakar jeunes》 등을 창간했다.

1934년 프랑수아 코티가 사망했다. 그의 부인은 《르 피가로》의 경영자로 반反의회주의자이며 파시스트인 뤼시앵 로미에를 임명했다. 6년 뒤 그는 페탱의 장관이 된다.

러시아 국채 스캔들 폭로 이후 10년이 지난 1934년에 의심스러운 광고주들을 가려내 고발하는 광고통제사무국이 창설되었다. 그 이듬해에는 브로샤르법에 의해 전문직업으로서 저널리스트의 지위를 확립하고 기자증을 도입했다.

1936년 《르 카나르 앙셰네》의 발행 부수가 20만 부에 달했으며 영향력도 증대되었다. 공산주의 언론의 발행 부수는 SFIO의 발행 부수보다 더 많이 증가했다. 레옹 블룸의 정부는 아바스통신의 적자를 완전히 책임지는 대신, 이 통신사에서 말하는 내용, 특히 스페인 내전에 대한 보도를 통제했다.

1937년 프루보스트는 《마리클레르Marie-Claire》와 《파리-미디Paris-Midi》를 창간했다. 그리고 당시 《랭트랑지장》의 스포츠 부문 부록이었던 《마치Match》를 매입하여 종합 잡지로 만들고 1년 뒤 발행 부수 110만 부를 돌파했다. 다른 유럽인들이나 미국인들과 달리 프랑스인들은 사진, 탐방 광고, 영화배우를 보고 싶어 했다. 무엇보다도 그들은 이 어두운 시절을 보낼 수 있는 오락거리를 원했다.

1939년《르 프티 파리지앵》의 발행 부수는 여전히 200만 부로 유지되었다. 이 신문은 광고를 가장 많이 따낸 신문이었음에도 광고 수익은 전체 수익의 17퍼센트에 그쳤다.《르 마탱》의 발행 부수는 30만 부였으며,《르 주르날》은 40만 부였다.《르 프티 주르날》은 이제 17만 5000부밖에 발행하지 못했다.

지방의 일간지 9종이 발행 부수 15만 부를 넘겼다. 렌의《웨스트-에클레르Ouest-Éclaire》(35만 부)는 프랑스 전체에서 발행 부수 3위에 올랐고, 그밖에 그르노블의《르 프티 도피누아Le Petit Dauphinois》(28만 부),《프로그레드 리옹Progrès de Lyon》(22만 부) 등이 있었다. 이제 파리에서 발행되는 일간지는 32종에 지나지 않았고, 지방에서는 175종이 발행되었다.

나치 권력의 부상에 봉사하는 독일 언론

1919년 이후, 패전국 독일에서는 공화국을 두고 수많은 정파가 난립하며 논쟁을 벌였다. 대륙통신은 크루프의 주인인 알프레트 후겐베르크의 텔레그라펜 우니온Telegraphen Union과 통합되었다. 후겐베르크는 전쟁 기간에 큰 재산을 모았고 몇 년 만에 신문(《데어 탁Der Tag》,《베를리너 로칼 안차이거》,《디 보헤》,《데어 키네마토그라프Der Kinematograph》,《뎅켄 운트 라텐Denken und Raten》,《가르텐라우베Gartenlaube》), 출판, 영화(UFA), 광고를 아우르는 거대한 미디어 그룹을 이루는 데 성공했다. 1918년에는 아돌프 히틀러의 국가사회주의독일노동자당(NSDAP)에 가까운 독일국가인민당(DNVP)이라는 작은 정당을 창립했다. 1919년 8월에는 루돌프 글라우어가 뮌헨에서 주간지《뮌헤너 베오바흐터Münchener Beobachter》(뮌헨의 관찰자)를 창간했다. 이 주간지는《푈키셔 베오바흐터Völkischer Beobachter》(민중의 관찰자)로 이름이 바뀌었다가 툴레협회*에 매각되었고 1920년 NSDAP에 다시 매각되었다. 하지만 이 모든 것이 초ᄳ인플레이션으로 무너졌다. 신문들은 근근이 살아남았다. 특히 경향성을 띤 평론지들이 그러했다.

1928년, 독일이 위기에서 벗어나는 듯 보이기 시작했을 때 사회주의 신문은 여전히 200종 이상 발행되고 있었지만 부수는 매우 적었다. 독일 공산당은 100여 종을 발행하고 있었는데, 그중《일루스트리에르테 아르바이터-차이퉁Illustrierte Arbeiter-Zeitung》은 몽타주 사진으로 유명해졌다. 《게르마니아Germania》와《쾰니셰 폴크스차이퉁Kölnische Volkszeitung》을 비롯한 가톨릭 신문은 거의 450종에 달했다. 당시 나치는 4700종의 독일 신문 가운데 3퍼센트 미만을 소유하고 있었다.

1930년, 이제 독일 언론의 4분의 1가량을 직·간접적으로 지배하게 된 후겐베르크는 히틀러에게 협력했다. 1933년에는 나치 정부의 경제·식량부 장관이 되었는데, 많은 이들이 그러했던 것처럼 자신도 그 자리에 오래 머물지 못할 것이라고 예상했다. 실제로 1933년 5월 정부에서 면직되고 그의 정당은 해산되었다. 그는 자신의 기업들을 모두 나치에 양도해야 했다. 이번에도 무기는 말보다도, 심지어 돈보다도 더 큰 설득력을 발휘했다.

《타게블라트Tageblatt》를 비롯해 많은 자유주의 신문들이 나치에 의해 금지되거나 몰수되었다. 울슈타인 출판사와 모스 광고사는 폐쇄되었다. 《도르트문더 게네랄안차이거Dortmunder General-Anzeiger》에 히틀러의 마음에 들지 않는 총통의 초상을 과감히 게재한 만평가 에밀 슈툼프는 체포

---

* Thule-Gesellschaft. 독일 뮌헨에서 결성된 신비주의 정치 단체. 아리아인 민족주의를 바탕으로 한 비밀결사 집단으로 인종주의와 반유대주의를 주창했다.

되었다가 풀려났고, 그런 뒤에 다시 체포되어 감옥에서 생을 마감하게 된다. 그를 고용했던 신문도 폐간되었다.

1928년에는 4700종, 1933년 1월에는 2700종의 신문이 발행되고 있었지만, 1933년 7월 이후로는 1200종의 신문밖에 남지 않았다. 1933년 10월에는 '출판발행인법'이 발효되어 전국언론협회에 등록된 국가 공무원들로 모든 신문 및 도서 발행인들을 대체했다. 그 뒤로 이 협회는 저널리스트들에게 신임장을 부여하는 유일한 기관으로 작동했다. 퓌러의 가까운 친구 막스 아만이 운영하는 에어페어라크Eher-Verlag은 나치의 출판사가 되었고 괴벨스의 권한 아래에서 직·간접적으로 독일 신문의 3분의 2를 통제했다. 많은 신문이 공식적으로는 옛 주인들의 소유로 남아 있었지만, 이 주인들은 나치의 지시 사항들을 주의 깊게 따라야 했다(한편 막스 아만은 전쟁이 끝나고 12년이 지난 뒤 자기 침대에 누워 세상을 떠난다).

당의 여러 신문 가운데 《푈키셔 베오바흐터》, 나치 정치가이자 언론인 율리우스 슈트라이허가 발행하는 주간지 《데어 슈튀르머Der Stürmer》(돌격병), 괴벨스에 의해 운영되고 항상 유대인을 비난하며 한스 슈바이처의 반유대주의 만평을 게재한 《데어 안그리프Der Angriff》(공격), '수용 가능한 인종 간 관계'에 관한 독자들의 질문에 현학적으로 답한 인종정책사무국의 월간지 《노이에스 폴크Neues Volk》, 나치 국가에서 여성의 역할은 자녀 양육이라고 설명한 여성 신문 《NS 프라우엔 바르테NS Frauen Warte》(국가사회주의 여성 전망) 등이 있었다. 어린 소년들을 위한 잡지 《데어 핌프 Der Pimpf》(소년)는 군대를 지향하도록 격려했고, 어린 소녀들을 위한 잡지 《다스 도이체 매델Das Deutsche Mädel》(독일 소녀)은 자녀를 돌보고 부상자들을 치료할 준비를 하며 '훌륭한 나치의 여성'이 될 것을 권고했다. 《다스 슈바르체 코르프스Das Schwarze Korps》(흑군단)나 《다스 라이흐Das Reich》

(왕국)와 같이 더욱 '지적이기를' 원하는 잡지들도 있었다.

군국주의에 봉사하는 일본 언론

1931년 9월, 일본 군대가 만주를 침략하자 이를 지지하는 일본 신문들은 불티나게 팔렸다. 침략에 반대하는 목소리는 드물었다. 1931년 11월, 드물지만 반대 목소리를 낸 신문들 가운데 하나인 《가이조改造》는 도쿄 정부와 중국 정부에 대한 '이중 쿠데타'를 일으켰다고 일본군을 비난하다가 폐간되었고, 이 신문의 저널리스트들은 투옥되었다.

1932년 5월 이누카이 쓰요시 총리가 암살당하자, 군 당국은 정치와 언론에 대한 통제를 강화했다. 1936년 이후로 정보·선전위원회와 출판감시과는 저널리스트들에게 기사를 통해 '미국과 영국의 세계 지배 야욕'을 공개적으로 비판할 것을 요구했다.

검열은 절대적이었다. 정부의 한 강령은 제국 군대에 '호의적이지 않은' 모든 기사와 사진을 금지한다고 규정했다. '잔혹 행위에 관한 기사나 사진' 역시 금지되었으나, 다만 '중국 군인 및 민간인의 잔인함'을 고발하는 기사나 사진은 예외였다. 1936년 7월 교토에서는 프랑스어권 교수들이 비밀리에 《도요비土曜日》(프랑스에서 인민전선을 지지하는 주간지 《방드르디 Vendredi》(금요일)를 암시하는 이름)를 발행했다. 이 신문은 문화, 오락, 반反파시즘 평화주의에 관한 기사들을 실었다. 판매는 일본 공산당의 비밀 회합 장소인 '살롱 드 테 프랑수아Salon de Thé François'에서만 이루어졌다. 하지만 불과 몇 주 뒤에 편집자들이 체포되었고 신문은 폐간되었다.

1937년 2차 중일전쟁이 발발하고 베이징이 일본군에게 함락되자, 국민당의 관보로서 1928년부터 상하이에서 발행되었으며 중국의 가장 중요한 신문인 《종양리바오中央日報》의 사주와 편집장이 살해되었고 신문은 일본에 협력하는 이들의 손에 넘어갔다.

이탈리아의 파시즘 언론

1920년대 초 이탈리아 언론은 파시스트들에 의해 장악되었다.《라 스탐파La Stampa》의 알프레도 프라사티와《코리에레 델라 세라Corriere della Serra》의 루이지 알베르티니는 이탈리아에서 가장 중요한 두 신문의 경영권을 무솔리니의 측근들에게 넘겨야 했다.

1924년, 저널리스트들은 의무적으로 파시스트 조합에 가입해야 했다.

1925년 1월, 비밀 신문들이 산발적으로 등장했다. 카를로 로셀리와 넬로 로셀리 형제가 2만 5000부 정도 발행하는《논 몰라레Non Mollare》(포기하지 말라)가 대표적이었다. 하지만 두 형제 발행인은 인쇄업자에 의해 고발되어 체포당한 뒤 살해되었다.

1926년 로마에서는 '이탈리아 저널리스트들의 복지를 위한 국립 기관'이 설립되고 두체Duce(총통)의 형제가 주관했다. 바로 이해에 사회주의 신문《아반티!Avanti!》(전진!)가 금지되었다가, 파리에서 발행되어 다시 등장했다. 1928년 이래로 법무부는 법령을 통해 파시스트 정당으로부터 독립된 모든 신문의 출간을 금지했다. 공개 가능한 정치 소식들은 국민문화부에 의해 매일 편집부에 배포되었다. 1929년 로마에서는 '파시스트 저널리스트 학교'가 설립되었다.

1939년, 이미 파시스트 신문이 된《일 코리에레 델라 세라》와《라 스탐파》는 여전히 이탈리아에서 가장 주요한 신문으로 꼽혔다(발행 부수는《일 코리에레 델라 세라》가 59만 7000부,《라 스탐파》가 30만 부였다). 다른 대중 신문 중에서도 발행 부수가 30만 부에 달하는《가체타 델 포폴로Gazzetta del Popolo》는 이탈리아 최초의 컬러 일간지였다.

소련의 언론, 현대적이고 전체주의적인 최초의 미디어 체계

차르 정권이 무너졌을 때에도 러시아 인구의 90퍼센트는 여전히 글을 읽고 쓸 줄 몰랐다. 신문은 흔치 않았고, 그 흔치 않은 신문들은 이제 볼셰비키의 통제를 받아야 했다. 반론을 제시하는 신문은 폐간당했다. 1918년 11월 17일 최초의 소비에트 저널리스트 대회에서는 그 목표들을 명확히 알렸다. "소비에트의 언론은 프롤레타리아 독재의 실현이라는 이 시대의 핵심 과업을 전적으로 따른다."

1922년 이후 글라블리트(문학·출판 총괄 관리부)에서 모든 도서와 신문의 발행을 허가하거나 불허했다. 다만 당의 언론과 코민테른의 출판물만이 글라블리트의 통제에서 제외되었다.

1925년 러시아 통신사 APT는 타스(TACC, 국영 소비에트 연방 통신사)로 이름이 바뀌었다. 이제 타스만이 소련 내 미디어들을 위한 유일한 정보원이 되었으며, 해외에서도 러시아에 대한 유일한 정보원이 되었다. 이는 산업혁명 이후 한 나라의 미디어 전체가 정부의 통제 아래 놓이게 된 최초의 사례였다.

《이즈베스티야Известия》(뉴스)는 정부의 목소리가 되었고, 《프라우다》는 당의 목소리가 되었다. 《트루드Труд》(노동자)는 조합중앙회의 목소리가 되었다. 블라디미르 마야콥스키 같은 시인들과 작가들이 이 신문에 기고했다. 《크라스나야 즈베즈다Красная звезда》(붉은 별)는 국민에게 군대를 더 친밀하게 제시하고자 했다. 그밖에 다른 신문들로는 모스크바의 공산당 중앙위원회에서 발행한 농민 일간지 《베드노타Беднота》(빈민), 다민족 위원회에서 발행한 《츠히즌나트시오날노스테이Жизнь национальностей》(민족들의 생활), 그리고 (오늘날까지도 발행되는) 이디시어 신문《비로비자녀 슈테른》(비로비잔의 별)이 있었다.

이 신문들은 모두 약간의 구독료와 판매 수익을 벌어들였고 광고 수익은 거의 없었으며, 대체로 공공 보조금으로 유지되었다. 이는 모든 공산당원이 당의 잡지나 신문을 구독해야 한다는 강령이 있었던 만큼 훨씬 더 쉬운 일이었다.

1936년《프라우다》는 190만 부나 발행되었다.《이즈베스티야》의 발행 부수는 160만이었다.《프라우다》는 광대한 소련 영토 전체에 오전 중에 모두 배포되었다. 이는 미국의 신문들도 아직 할 수 없는 일이었다. 당시 소련에는 총 45종의 신문이 발행되었고 전체 발행 부수는 970만 부였다. 여하튼 이는 종이가 있는 동안에만 가능했던 일이다.

지각변동: 미국의 라디오 방송

이제 소리가 등장했다. 정보를 전달하는 완전히 새로운 방식이 가능해졌다. 음악·연극·경기·예술가·운동선수·정치인·저널리스트·일반인의 소리를 들을 수 있게 된 것이다. 이는 정말 커다란 변화였다. 라디오는 그 특성상 무료였다. 방송을 청취하는 사람에게 돈을 받는 것은 불가능했다. 언론이 수익을 내려면 공공 보조금이나 구독료, 아니면 광고비를 받는 방법밖에는 없었다. 여하튼 원칙적으로는 그랬다. 막강한 권력을 가진 미국 신문들은 오랜 기간 라디오와의 경쟁을 제한하기 위해 할 수 있는 일을 다 하게 된다. 물론 이러한 현상은 다른 곳에서도 마찬가지였다.

1919년, 전쟁 기간에 해군이 음악을 방송하는 데 사용했던 라디오를 통해 아일랜드에서 미국까지 인간의 음성을 전송하려는 시도가 성공을 거두었다. 해군의 요청에 따라 제너럴일렉트릭(GE)에서 마르코니의 미국 자회사를 매입하여 라디오 코퍼레이션 오브 아메리카(RCA)를 창립했다. 당시 라디오 수신기는 별로 비싸지 않았고 생산하기도 쉬웠다.

미국 정부는 라디오 방송에 관한 해군의 숙련된 기술을 민간에 개방했다. 그 결과 방송국이 급격히 늘어났다. 최초의 라디오 방송국은 1920년 샌프란시스코에서 개국한 캘리포니아 시어터였다. 1920년 11월 2일 피츠버그의 한 라디오 방송국은 역사상 최초로 캘빈 쿨리지의 승리로 이어지는 대통령 선거 결과를 직접 방송했다.

어떤 언론 그룹들은 점점 중요해지는 이 새로운 미디어에 손을 대길 원했다. 1920년 말에 삼촌의 제국을 되찾은 스크립스의 조카들이 연속으로 정보를 전달하는 세계 최초의 라디오 방송국 WWJ를 창립했다. 이들은 자기 소유의 신문들에서 생산한 뉴스를 라디오 방송에 이용했다. 1922년에는 69종의 신문들이 스스로 창립한 라디오 방송국을 통해 음악과 약간의 뉴스를 방송했다.

하지만 아직 많은 이들이 정보를 전달하고 오락을 제공하는 이 새로운 방식에 호의적이지 않았다. 음악가들과 음반 회사들과 콘서트 기획자들은 라디오에서 음악을 내보내면 그들의 콘서트와 음반 사업이 위축되지 않을까 염려했다. 언론 사주들과 저널리스트들은 라디오 때문에 사람들이 신문을 보지 않을지도 모른다고 염려하면서, 신문이 배달되기 전에 라디오에서 먼저 정보를 전달하지 못하게 하기를 바랐다.

1922년, 당시 쿨리지 대통령 정부의 상무부 장관이었던 허버트 후버가 라디오 방송국을 소유하기 위해서는 연방정부로부터 면허를 구입해야 한다는 의무 조항을 신설했다. 몇몇 불분명한 법규들을 위반할 경우 정부는 면허를 취소할 수 있었다. 사람들은 이를 가리켜 '찡그린 눈썹 규제'라고 부르게 된다. 이 법규들은 뉴스를 제공하지 않으면서 정부의 통제망 안에 편입되는 라디오 방송에 유리했다. 라디오를 정치적으로 위험하지 않은 음악 미디어로 만드는 것은 사실상 검열이 미묘한 형태로 회귀했음을 의미했다.

3년 전 GE에서 창립한 최초의 라디오 방송망 RCA는 1922년부터 우선 클래식 음악을 방송하고 정보 전달은 거의 하지 않았다. 더구나 청취자 수가 매우 적었다.

그로부터 4년이 지난 뒤 RCA는 미국전화전신회사AT&T 및 웨스팅하우스와 함께 자신의 경쟁자가 될 NBC를 창립했다. 이 새로운 방송사의 운영은 1912년 타이태닉호와 끝까지 연락을 유지했던 무선통신사 중 하나였던 데이비드 사르노프에게 맡겨졌다. 사르노프는 최초의 라디오 연속극 〈에이모스 앤 앤디Amos 'n' Andy〉(애틀랜타 인근 농장에서 일하는 두 흑인 에이모스와 앤디가 시카고에 가서 더 나은 삶을 살고자 시도하는 내용)를 방송하기 시작했다. 이후에 NBC는 방송사를 둘로 분할하여 서로 다른 프로그램을 방송했다. 레드 네트워크는 음악과 오락물을 방송했고, 블루 네트워크는 일반적인 정보와 문화적인 내용 위주로 방송했다. 곳곳에서 지역 라디오 방송국이 생겨났는데, RCA와 NBC라는 2개의 전국 방송망에 가입하지 않으면 많은 청취자를 확보할 수 없었다.

1927년에는 미국에서 라디오 수신기를 소유한 가구가 700만 호에 이르렀고, 라디오법이 제정되어 라디오 운영 규범들을 공식화했다. 외설적인 어휘의 사용이 금지되었고, 뉴스 전달은 하루에 몇 분 이내로 제한되었다.

같은 해에 바이올리니스트이자 오케스트라 운영자이며 뉴욕 예술가들의 매니저이기도 한 아서 저드슨이 ABC로부터 저출력 방송국을 사들인 뒤 독립방송연합이라는 이름으로 15개 방송국을 하나의 방송망으로 묶었다. 그는 방송 프로그램에 상표명을 넣을 수 있는 권리를 기업들에게 판매해 자금을 마련했다. 이것이 바로 미디어에서 '후원'이란 것이 시작된 계기다. 몇몇 지역 방송국에서 이를 따라 했다. 특히 필라델피아의 한 지역 라디오 방송국은 시가 판매 회사인 라팔리나로부터 자금을 지원받고 〈미스 라 팔리나Miss la pa Palina〉라는 제목의 프로그램을 방송하기 시작했다. 지역 기업인 라팔리나의 소유주인 페일리 집안에서는 이듬해에 아서 저드슨에게서 이 방송망을 사들여 콜롬비아 방송회사Columbia Broadcasting System(CBS)를 창립하고 아들 빌 페일리에게 운영을 맡겼다. 빌 페일리는 오락 프로그램과 광고에서 숨은 재능을 발휘했다. 그는 1946년에 CBS의 사장이 되고, 1983년에는 회장 자리에 오른다.

1929년에도 라디오 방송국들은 여전히 아주 적은 양의 뉴스만 방송했다. 방송국에 소속된 기자들이 없었으므로 신문사와 통신사로부터 정보를 공급받아야 했다. 하루에 5분짜리 뉴스 프로그램을 두 번만 방송할 수 있었는데, 한 번은 매우 늦은 오전에 내보내고, 다른 하나는 매우 늦은 저녁 시간에 내보냈다. 이는 라디오 청취자들이 그전에 적어도 신문 하나를 사도록 하기 위함이었다. 라디오를 통해 방송되는 모든 정보는 적어도 24시간 이내의 것이어야 했고, 방송 내용은 30개 단어를 넘지 말아야 했다. 결국 모든 라디오 뉴스는 "더 자세한 내용은 청취자 여러분이 구독하시는 일간지를 참조하십시오"라는 말로 마무리되었다. 이보다 더 사람들을 만류하기도 어려웠다.

권력의 명령을 따르는 유럽의 라디오

이 시기에 유럽의 거의 모든 정부는 신문의 경쟁자가 등장했다는 점보다는 유권자들과 소통할 새로운 수단이 등장했다는 점에서 매력과 공포를 동시에 느끼고 상반되는 결정을 내렸다. 민영 라디오 방송은 전혀 없었고, 세금으로 운영되는 공영 라디오 방송만 존재했다. 물론 라디오 방송에 대한 정부의 통제와 검열 또한 심했다.

1920년 4월 영국에서는 유럽 최초의 정규 라디오 방송이 등장했다. 마르코니 컴퍼니가 콘월에 설립한 방송국에서 하루 2시간씩 라디오 방송을 송출하기 시작한 것이다. 1922년 영국 정부는 영국방송회사British Broadcasting Company(BBC)를 창설했다. 이 방송사는 방송 송출이 허가된 유일한 기업으로, 완전한 국가 소유였고 세금으로 운영되었으며 경영은 체신부 소관이었다. 당시 BBC는 연극, 음악, 교육 프로그램만 방송했다. 미국에서와 마찬가지로 뉴스 프로그램은 언론귀족들의 요구에 따라 극히 제한되었다. 1927년 BBC는 민법상의 '회사company'이기를 멈추고, 왕실헌장에 의해 구성되는 공법상의 '공사corporation'가 되었다. 하지만 청취자는 아직 많지 않았다.

1920년 12월 22일 독일에서 최초의 음악회 중계방송이 이루어졌다. 1923년에는 베를린 인근에 독일 최초의 라디오 공영 방송국이 창립되었다. 1924년에는 함부르크의 노르디셰 룬트풍크Nordische Rundfunk와 뮌스터의 베스트도이체 풍크스툰데Westdeutsche Funkstunde가 창립되었는데 이들 방송국은 우편 수취인에게 부과되는 세금으로 자금을 조달했다. 1926년 베를린에 도이체 벨레 GmbH Deutsche Welle GmbH가 설립되었다. 청취자는 매우 적었고 역시 뉴스 방송도 드물었다.

1921년 12월 24일 프랑스에서는 프랑스 최초의 라디오 방송국 라디오 투르 에펠Radio Tour Eiffel에서 방송을 시작했다. 이 방송국은 국가 소유였고 체신부가 관리했다. 하루에 30분, 일기예보, 주식 시황, 농작물 작황에 대해 보도했는데, 스포츠 이외에 뉴스 보도는 없었다. 1925년 에펠탑 후원회의 운영자였던 모리스 프리바는 바로 에펠탑에서 최초로, 이른바 '말하는 신문journal parlé'인 라디오 뉴스를 하루에 몇 분간 방송하기 시작했다. 같은 시기에 프랑스 무선통신 회사와 아바스통신에서 최초의 민영 라디오 방송사인 라이올라Raiola 창립을 인가받았다. 이듬해에 라디오 파리로 개칭된 이 방송사는 청년을 위한 프로그램을 비롯해 스포츠, 종교, 오케스트라 관련 방송 외에도 매우 제한되긴 했지만 아바스통신에서 제공하는 뉴스를 방송했다. 1926년 라디오 수신기 제조 기업의 소유주인 뤼시앵 레비가 라디오LL 창립을 허가받았다. 이듬해 룩셈부르크에서는 세 형제(룩셈부르크에 무선통신 송수신기 판매점을 소유하고 있던 프랑수아, 마르셀, 알로이즈 아낭)가 라디오 룩셈부르크를 설립했다. 이 비영리 라디오 방송 단체에서는 일주일에 3시간 동안 음악 프로그램을 내보냈다. 프로그램은 대부분 파리에서 제작되었는데 처음에는 퐁티외 거리가 그 중심이었으나 1936년 이후로는 베야르 거리로 이동했다. 제작된 프로그램은 열차로 룩셈부르크까지 운송되어 프랑스 당국의 통제를 받지 않는 룩셈부르크에서 방송되었다. 1928년에 신규 민간 라디오 방송의 창립을 금지하는 법률이 제정되었다. 이 법률에 따르면 라디오 방송에 새로 진입하는 자는 기존에 인가된 흔치 않은 면허를 사야 했다. 1929년 라디오 룩셈부르크는 프랑스 정부로부터 방송을 중지하라는 명령을 받았고, 한동안 이 명령에 복종했다.

1922년 9월 소련에서는 혁명 5주년을 맞아 유럽 대륙에서 출력이 가장 센(1800킬로미터 떨어진 곳에서도 수신할 수 있는) 코민테른 라디오 방송국을 열었다. 1924년의 법령은 누구도 외국 라디오 방송을 청취하지 않고 있음을 확인하기 위해 라디오 수신기 소유 여부를 국가에 신고하도록 강제했다. 가장 큰 기지국들은 국가가 직접 관리했다. 가장 작은 기지국들은 감시를 목적으로 삼았고 방송 내용을 받아서 내보냈다.

정부는 또한 확성기에도 많은 돈을 투자했다. 타스통신에서 받은 뉴스를 확성기로 하루 중 몇 시간 동안 방송했다. 호텔과 노동자 기숙사에도 확성기가 설치되었고, 확성기를 끄는 것은 금지되었다. 1928년에는 7000여 개의 확성기가 있었다. 정부는 정치 담론을 방송할 때가 아니면 라디오 방송을 거의 이용하지 않았으며, 직접 방송하는 경우는 극히 드물었다.

모스크바에서 블라디보스토크까지, 이르쿠츠크에서 노보시비르스크까지, 당시 소련에는 총 29개의 라디오 방송국이 있었다. 하지만 1억 4700만 인구에 라디오 수신기는 11만 5000대밖에 없었다.

대공황 이후 정보 제공의 권리를 획득한 미국의 라디오 방송

주가 대폭락 이후 미국 인구의 3분의 1이 실업자가 되었다. 많은 가정에서 전화를 포기했고, 앞에서 살펴보았듯이 신문도 포기했다. 하지만 라디오는 포기하지 않았고 각 가정에 라디오 수신기 한 대씩은 있었다. 1930년 미국 내 라디오 수신기는 2000만 대에 달했고, 사람들은 하루에 평균 4시간씩 라디오를 청취했다. 3개의 방송망(RCA, CBS, NBC) 기지국에서는 여전히 음악회, 촌극, 연속극, 광고만 방송했고 뉴스는 매우 적었다.

1931년 《타임》을 창간한 헨리 루스는 CBS의 국제 뉴스 프로그램 〈더 마치 오브 타임The March of Time〉을 후원했다. 해리 폰 젤과 같이 유명한 배우들이 내레이터로 참여한 이 뉴스 프로그램은 이후에 뉴스 필름에서 차용하는 뉴스액팅News-Acting*의 시초였다.

---

* 뉴스가 되는 사건을 현장에서 실시간으로 직접 촬영할 수 없는 경우가 많았으므로, 뉴스 필름을 제작하기 위해서는 많은 장면을 배우들의 재연으로 대신할 수밖에 없었고, 이를 가리켜 뉴스액팅이라 불렸다. 뉴스 필름은 이렇게 뉴스를 '극적으로 재구성하여' 전달했기에 대중의 인기를 더욱 쉽게 얻을 수 있었지만, 그런 만큼 보도 내용의 진실성은 훼손되었다.

1933년 1월, CBS는 소속 라디오 방송국들에 기성 프로그램을 제공하고 광고를 방송하게 해서 큰 이득을 얻었다. 빌 페일리는 편집국 개설을 시도했다. NBC 또한 편집국을 만들고자 했다. 하지만 이를 막기 위해 미국신문발행협회(ANPA)는 뉴스를 방송하는 라디오 방송사에 신문 판매를 금지했으며 AP통신 또한 정보 제공을 거부했다. 라디오 방송에 위기가 닥친 것이다. 결국 1933년 12월 NBC와 CBS 모두 편집국 개설을 포기했다.

1930년대에는 아치볼드 크로슬리가 라디오 청취자 수를 집계할 수 있는 체계(크로슬리 집계 방식)를 확립했다. 선별된 도시에서 무작위로 선택한 가정에 전화를 걸어 가장 최근에 청취한 라디오 프로그램의 이름을 물어보는 것이었다.

1932년 11월부터는 라디오가 정치적 역할을 수행하기 시작했다. 가까스로 대통령에 당선된 프랭클린 D. 루스벨트는 라디오를 통해 국민에게 이야기하길 원했고, CBS에서 저널리스트 없이 단독으로 30분가량 담화를 나누었다. 이로써 미국 국민 모두가 처음으로 대통령의 목소리를 듣게 되었다. 루스벨트는 정확성을 중시하며 언제나 완벽하게 연습한 상태에서 느릿한 말투로 청취자들에게 자신의 정책과 국제적 사건들을 설명했다. 노변담화爐邊談話(난로 옆에서 나눈 담화)라고 불리게 되는 대통령의 담화가 정기적으로 일정하게 방송된 것은 아니었다. 1933년 3월 12일(은행 위기)에서 1944년 6월 12일(전시 국채 발행 시작)까지 모두 30회 방송되었는데, 가장 짧은 경우(1939년 9월 3일 유럽에서의 전쟁에 관한 담화)는 11분 25초였고, 가장 긴 경우(1941년 5월 27일 국가 긴급사태 발표)는 44분 27초였다.

1934년 연방통신위원회(FCC)의 통신법이 제정되어 미국 전역의 통신을 규제하게 되었다. 뉴스의 수요는 매우 많았다. 더 이상 예전과 같이 유지될 수 없음을 이해한 신문들도 흐름을 따르기 시작했다. 하지만 신문사들이 예상한 것과 달리 광고는 2개의 미디어로 나뉘지 않았다. 광고가 전체적으로 증가한 것이다.

1935년 CBS 사장 빌 페일리는 젊은 저널리스트 에드워드 R. 머로(당시 27세)에게 그가 뽑은 저널리스트들로 새로운 팀을 꾸리게 한 뒤, 세계적 역사가 유럽에서 전개되고 있음을 느끼고 유럽 내 CBS의 활동 책임자로 머로를 런던에 파견했다.

1938년 7월 빌 페일리는 친구 허버트 G. 웰스에게 외계인이 뉴저지를 침공한다는 내용의 신작 소설《우주전쟁The War of the Worlds》을 라디오에서 낭독할 것을 요청했다. 그런데 소설 낭독이 진짜 뉴스 보도처럼 들렸으므로, 라디오에서 뉴스를 청취하는 일에 익숙하지 않았던 사람들은 이를 사실로 받아들였다. 당시 라디오를 듣고 있던 사람은 3200만 명이나 됐다. 전해지는 이야기에 따르면 이 방송 때문에 뉴욕에서는 공황 상태가 벌어졌고, 이후 검열 당국에서는 가짜뉴스를 포함하여 허구적 내용을 라디오에서 방송하는 것을 금지했다. 라디오에서 자유로이 뉴스를 방송할 수 있는 권리는 번복되지 않았다.

하지만 1938년 오스트리아가 독일에 병합된 직후에는 제약이 급격히 늘었다. CBS에서 뉴스 방송 분량은 30분으로 제한되었다. 루스벨트 대통령을 포함해 2200만 미국인이 CBS의 런던 특파원 에드워드 머로의 뉴스 보도를 청취했다. 그가 매일 진행하는〈월드 뉴스 라운드업〉에서는 유럽 각국 수도에 파견된 CBS 특파원들이 돌아가며 등장해서 소식을 전했다. 이들 중 베를린 특파원이었고, 나중에 이 시대에 관한 최고의 역사학자 중 하나가 되는 윌리엄 샤이러는 이렇게 말했다. "위기가 (…) 해외 라디오 특파원을 낳았다."

1938년 10월 여론조사 결과에 따르면, 미국인들은 세계에서 일어나는 사건들을 알기 위해 신문보다 라디오에 세 배가량 더 의지하고 있었다. 1940년에는 2600만 가정이 라디오 수신기를 소유하고 있었다. 이는 인구 1000명당 라디오 수신기 343개가 있음을 의미했다.

여전히 국가 소유로 남은 유럽의 라디오

1930년 영국에서는 여전히 저널리스트들과 음악가들과 배우들이 라디오를 부정적으로 보고 있었다. 어떤 대행사들은 자기 회사에 속한 예술가들의 작품과 음악회가 BBC를 통해 방송되는 것을 허락하지 않았다. 라디오 방송이 '예술가의 가치를 떨어뜨릴까' 염려했기 때문이었다. 게다가 여전히 라디오 방송은 뉴스를 거의 내보내지 않았다. 1930년 BBC는 아직 라디오 방송만 했고, 국가의 철저한 감시를 받았다. 1935년 오즈월드 모즐리(영국 파시스트연합 총재)의 인터뷰 기사와 해리 폴리트(영국 공산당 총서기)의 인터뷰 기사가 검열되었다. 라디오 수신기 보급 대수는 1930년 500만 대를 넘겼고, 1939년에는 800만 대에 이르렀다.

1933년 프랑스에서는 3년 전 금지되었던 RTL(라디오 텔레비전 룩셈부르크Radio Television Luxembourg)이 비밀리에 돌아왔다. '라디오 룩셈부르크 엑스페리망탈Radio Luxembourg Expérimental'이라는 이름을 달고, 허가되지 않은 주파수를 사용해서 매일 음악회, 뉴스, 토론을 프랑스어, 독일어, 룩셈부르크어로 방송했다. 파리에서 이를 중단시키기 위한 조치는 전혀 이루어지지 않았다. 1933년 라디오 파리는 철학 프로그램을 방송하기 시작했고 첫 손님으로 앙리 베르그손이 초대되었다. 이 프로그램은 문학, 영화, 연극에 관해서도 이야기했다.

1933년 7월 RTL은 하루 8시간 프로그램을 진행하고 방송 언어에 영어를 추가했다. 1935년 알렉스 비로가 에티오피아에서 벌어진 전투에 관한 소식을 전하면서 라디오 방송 최초의 전쟁 기사 보도가 이루어졌다. 같은 해에 마르셀 블뢰스탱(1926년 광고회사 퓌블리시스 창립)은 라디오LL의 방송 면허를 사들여서 라디오 시테Radio Cité로 이름을 바꿨다. 방송국 운영에 필요한 자금은 프로그램과 프로그램 사이에 넣는 퓌블리시스의 광고를 통해 충당했다. 블뢰스탱은《랭트랭지장》의 운영자 프랑수아 루이드레퓌스의 허가를 받아 이 신문의 저널리스트 열 명을 이용할 수 있게 되었다. 그리고 라디오 시테의 프로그램들을 소개하는 8쪽짜리 주간지를 발행했다. 이 최초의 방송 안내지는 대성공을 거두었다. 라디오 리옹, 라디오 보르도 라파예트, 라디오 툴루즈, 라디오 노르망디, PTT 마르세유-프로방스, PTT 툴루즈-피레네, 릴 PTT, 리모주 PTT 등 지역 라디오 방송들도 등장했다.

1937년 5월 19일, (얼마 전에 다수의 신문을 창간한) 장 프루보스트가 장관령에 의해 허가를 받아 뤼에유말뫼종에 또 하나의 민간 라디오 방송국 라디오37을 열었다. 1937년 11월 15일, 라디오 룩셈부르크가 최초로 중단 없는 종일 방송을 시도했다.

1938년 프랑스의 다른 라디오 방송국들이 여전히 하루에 세 번 최대 7분 이내의 짤막한 뉴스만을 보도하고 있을 때 라디오 시테는 고정 청취자들을 확보하고 1일 12회 뉴스 방송을 제안했는데, 이는 특별히 지중해의 유람선 조직 덕분에 가능했다. 1938년 3월 11일 라디오 시테는 독일에 의한 오스트리아 합병이 이루어지던 순간에 오스트리아 수상 슈슈니크와 히틀러의 담화를 직접 중계하기 위해 기존 프로그램을 중단했다. 1939년 RTL은 하루에 16시간 방송했으며 청취자는 2000만 명에 가까웠다.

그럼에도 프랑스에서는 라디오가 더디게 발전했다. 1939년 프랑스 가정에는 라디오 수신기가 총 500만 대에 불과해서, 영국의 800만 대, 독일의 1500만 대, 미국의 2600만 대와 대조되었다.

독일에서는 나치가 권좌에 올라 모든 신문을 통제했듯이 모든 라디오를 통제하기 시작했다. 1933년 3월 25일 괴벨스는 이렇게 선언했다. "우리의 목표는 우리의 원칙을 사람들의 골수에까지 스며들게 하고, 사람들의 정신을 갈고닦아서 완전히 우리의 것이 되게 하는 것이다." 당의 선전본부에서는 반유대주의 캠페인을 이끌 특별 강령들과 함께 레드너-슈넬 Redner-Schnell(웅변가의 긴급 뉴스)을 아나운서들에게 보냈다. 라디오 방송국들은 히틀러의 담화를 대량으로 내보냈다. 정부 내 선전부의 라디오 관리국장 한스 프리치는 히틀러의 음성을 라디오 방송에 더 잘 맞게 변조할 권한을 괴벨스로부터 부여받았다. 정부는 독일인들이 저렴한 가격에 라디오 수신기를 구입할 수 있도록 보조금을 지급했다. 폴크스엠팽어 Volksempfänger(국민 수신기)라는 이름의 이 라디오 수신기는 전파 수신 범위가 제한되어 있었다. 그렇게 해야 외국 방송을 청취하는 것이 불가능하기 때문이다. 사람들은 또한 확성기를 통해 공공장소와 일터에서도 라디오를 들을 수 있었다.

외국 라디오 방송을 청취할 경우 강제수용소에 보내질 수 있었다. 하지만 비밀리에 청취하는 파인트젠더Feindsender(적敵방송국)들은 큰 성공을 거두었다. 특히 런던으로 망명한 토마스 만이 BBC에서 방송하는 〈들어라, 독일이여!Listen, Germany!〉가 그러했다.

1939년 독일 가정의 70퍼센트가 라디오 수신기를 보유하고 있었다. 다른 어떤 나라보다도 라디오 보급률이 높았다.

텔레비전의 탄생

소리 다음에는 이미지였다. 이미지는 거의 한 세기 전부터 사진을 통해 개인들에게 전달되었고, 30년 전부터는 신문을 통해 모든 사람에게 전달되었다. 영화가 발명되고 곧이어 필름으로 촬영된 뉴스가 배포되었다. 특히 미국에서는 초기 영화산업을 지배하는 5개 기업(워너브라더스, 폭스, MGM, PKO, 파라마운트)이 극장에서 영화를 상영하기 전에 짧은 뉴스 필름을 내보냈다. 1929년 폭스는 브로드웨이의 한 극장을 뉴스 필름 상영에 특화된 극장으로 전용했다. 프랑스의 고몽은 전 세계의 극장들을 사들여서 자사의 영화와 뉴스를 유통시켰다. 그리고 '프랑스 악튀알리테 고몽 France Actualité Gaumont'을 설립했다가 곧이어 그 경영권을 아바스통신에 팔았다. 파테에서도 그렇게 했다.

1928년 1월 13일, 마르코니의 시스템을 사용하는 세계 최초의 텔레비전 영상이 뉴욕주의 GE 공장에서 송출되었다. 같은 해, 같은 공장에서 WNBT라는 텔레비전 채널이 시작되었다. 이 채널은 WNBC로 이름이 바뀌어서 오늘날까지 유지되고 있다.

1931년 CBS에 속한 뉴욕의 라디오 방송국 W2XAB는 '뉴욕시티 NBC'의 명의로 짧은 텔레비전 일일 프로그램을 방영하기 시작했다. 이 프로그램에는 잘 알려진 음악 그룹들이 출연했는데, 첫 출연자는 재즈 트리오 보스웰 시스터스였다. 하지만 이 프로그램을 시청한 사람은 거의 없었다. 그해에 미국에서 판매된 텔레비전 수상기는 1000대였다. 1938년 연간 텔레비전 판매 대수는 2만 대에 그쳤다.

1939년 '뉴욕시티 NBC'는 뉴욕 만국박람회 개막식을 중계방송했다. 그리고 수요일부터 금요일까지, 한 달에 58시간 동안 프로그램을 방송했으며, 시청자는 대략 5000명에서 8000명으로 추산되었다. 언론 그룹들은 아직 텔레비전에 관심을 보이지 않았다.

1926년 1월 26일 영국에서는 스코틀랜드인 엔지니어 존 L. 베어드가 최초의 텔레비전 수상기 '텔레비저televisor'를 내놓았다. BBC는 라디오에 이어 텔레비전 방송 또한 독점했다. 일주일에 5일 동안 짧은 프로그램을 드물게 방송했는데, 그중에는 배우이며 가수인 페기 오닐과의 인터뷰 생방송도 있었다. 1935년에는 텔레비저 시스템이 폐기되고 미국에서 이미 사용되고 있던 마르코니의 시스템으로 대체되었다. 1937년에는 조지 6세의 대관식이 생방송으로 처음 보도되었다. 1939년에 BBC는 평균 하루 4시간씩 방송을 내보냈는데 대체로 스포츠 경기를 중계했다. 텔레비전 수상기는 1만 5000대가량 보급되었는데, 대부분 레스토랑과 바에 설치되어 있었다.

프랑스에서는 정치인 조르주 망델의 적극적인 노력으로 1935년 4월 26일 최초의 텔레비전 방송이 이루어졌다. 그르넬 거리의 체신부 건물에서 내보낸 이 방송에는 유명 배우 사샤 기트리와 그의 부인이자 배우인 자클린 드 뢰박, 그리고 여러 여성 무용수가 출연했다. 하지만 프랑스에는 텔레비전 수상기가 10대밖에 없었다. 체신부에서는 1937년 1월부터 매일 저녁 8시부터 8시 30분까지 텔레비전 방송을 내보냈다. 방송 중에는 그해 파리에서 열린 만국박람회에 대한 최초의 프랑스어 생중계도 있었다. 하지만 프랑스가 독일에 선전포고를 하자 1939년 9월 3일 프랑스의 텔레비전 방송은 중단되었다. 당시 프랑스에는 300대의 수상기가 있었고 주로 공공장소에 설치되어 있었다.

1935년 3월 22일 독일에서는 최초의 정규 텔레비전 프로그램이 베를린의 도이체 페른제-룬트풍크Deutscher Fernseh-Rundfunk에서 방송되었다. 일주일에 3회 방송되었고 1회 방송 시간은 90분이었다. 1936년 하계 올림픽 기간에는 함부르크와 베를린에서 텔레비전 중계방송이 이루어졌고 방송 시간도 하루 8시간까지 길어졌다. 당시 독일에는 1000여 대의 텔레비전 수상기가 있었는데, 대부분은 베를린에 있었고 주로 우체국에 인접한 극장 같은 특별한 공간에 설치되었다. 전쟁이 선포되었을 때, 프랑스나 영국과는 다르게 독일에서는 방송이 계속되었다. 부상병들의 무료함을 달래주기 위해 병원에 텔레비전 수상기를 설치했을 정도였다.

1936년 소련에서는 소비에트 중앙 텔레비전(SSSR)이 공산당 선전 정책의 일부로서 공식 출범했다. 하지만 2차 세계대전이 끝나기 전까지 거의 아무것도 방송하지 못했다.

2차 세계대전 기간 추축국의 미디어

1940년 일본에서는 정보선전과가 정보국으로 개편되었다. 정보국에서는 모든 언론과 광고를 통제했다. 1941년 국가총동원법에 따라 각 현의 모든 신문을 단일한 신문으로 통합했다. 각각의 기사는 허가를 받아야 게재될 수 있었다. 정보국은 출간을 허가받은 작가와 저널리스트의 목록을 작성했다. 라디오에서 뉴스 방송은 정부의 공지사항 전달로 축소되었다. 1945년 각 현에는 34종의 잡지와 단 하나의 신문만이 남았다.

독일에서는 전쟁이 시작되자 모든 신문이 나치의 명령을 따랐다. 1940년 베어마흐트Wermacht(독일 국방군)는 주간지《지그날Signal》을 창간하고 25개 외국어 번역본을 포함하여 200만 부(프랑스어본 80만 부)를 발행했다. 이 주간지는 독일이 점령한 유럽 국가들은 물론 근동 지방과 미국에도 배포되었고, 러시아어 번역본도 발행되었다.《지그날》은 외국인 저널리스트들까지 동원했다. 예를 들면 프랑스인 사진가 앙드레 쥐카(당시 컬러 사진을 찍을 수 있는 몇 안 되는 사진가 중 하나)를 동원하여 독일의 프랑스 점령을 긍정적인 방식으로 제시하게 했다. 또 다른 주간지 《다스 라이흐 Das Reich》는 독일군을 찬양하는 보도 기사들과 미국 문화에 대한 맹렬한 비판들을 많이 실었다. 룬트풍크는 그로스도이처 룬트풍크Großdeutscher Rundfunk(대大독일 라디오)가 되었고, 베어마흐트 사령부가 제작한 일일 프로그램 〈베어마흐트베리흐트Wehrmachtbericht〉(국방군 보고)를 방영하여 독일군의 영광스러운 전투 이야기를 전했다. 극장에서는 영화 상영 전에 짧은 선전 필름을 틀었다. 1941년 괴벨스는 자신의 선전원들에게 신문, 라디오, 영화에서 바르바로사 작전*을 '볼셰비즘에 대항한 유럽의 십자군 전쟁'으로 묘사하게 했다. 1943년 2월 2일 스탈린그라드에서 패배하기까지, 모든 미디어에서 독일의 선전은, 정복한 영토에서 독일인이 이룬 위업들과 독일 병사들이 베푼 '친절'을 강조했다. 미국인들은 불량배로 묘사되었다. 하지만 독일의 패배가 알려지자 뉴스 필름과 언론에서는 독일의 영역은 적게 보여주고, 펼쳐진 지도 위로 몸을 기울이고 장군들과 토론하거나 군중에게 경례를 받는 히틀러와 이륙할 준비가 되어 있는 슈투카 전폭기 중대를 더 많이 보여주었다. 1937년에는 여전히 2500종의 신문이 발행되고 있었으나 1944년에는 977종밖에 남지 않았다. 그나마도 종이와 잉크가 부족했기에 두 페이지로 제한되었다. 1945년 4월 22일, 《다스 라이흐》에 실린 괴벨스의 마지막 사설에는 '모든 것을 건 저항'이라는 제목이 붙었다.

벨기에에서는 1940년 10월 현재 독일에 협력하는 신문들 외에 비밀 신문이 8종이 발행되고 있었다. 동조자들의 기부로 자금을 충당하는 《라

---

* 2차 세계대전 중 독일의 소련 침공 작전명. 바르바로사(붉은 수염)는 12세기 신성로마제국의 황제 프리드리히 1세의 별명이다.

리브르 벨지크La Libre Belgique》는 1942년까지 매일 4만 부가 발행되어 무료로 배포되었다. 체코슬로바키아의 프라하에서는 요세프 슈칼다가《프보이V boj》(싸움으로)를 발행했다. 발행 부수는 1만 부 정도였다. 덴마크에서도 비밀 언론이 다수 등장했는데, 공산주의 계열이 많았다. 비밀 신문이 약 600종이었고, 그중에서도《랑 오흐 포크Lang og Folk》(나라와 국민)는 발행 부수가 13만 부나 되었다.

1939년 8월 26일 프랑스에서는 검열이 시작되었다. 장 지로두, 뤼도비크 오스카르 프로사르, 장 프루보스트가 뉴스·선전·검열의 방침을 검토했다. 1940년 5월 24일 사전 허가 제도와 신문 발행의 물질적 조건에 관한 규제가 확립되었다. 같은 해 6월 11일《르 카나르 앙셰네》는 저널리스트들과 다른 직원들에게 급료를 계속 지불하면서도 의도적으로 발행을 중지했다. 공산주의 언론은 금지되었지만, 거의 즉각적으로 비밀리에 재등장했다. 짧은 기간 발행을 중지했던《르 마탱》도 같은 해 6월 17일에 자발적으로 재발행되었다.《르 프티 파리지앵》도 10월 8일에 그렇게 했다.《르 피가로》,《라 크루아》,《르 프티 주르날》,《르 탕》,《웨스트-에클레르》등 다른 많은 신문은 새로운 법률에 순응했고 즉각 유대인 저널리스트를 모두 해고했다. 종이 공급이 제한되어 일간지는 모두 두 페이지로 축소되었고, 지역 소식, 행정 정보와 물자 보급에 대해 우선 보도했다. 물론 정치 선전도 빠지지 않았다.

라디오의 경우, 1940년 6월 프랑스와 독일이 체결한 휴전 협정에서 "프랑스 영토 내에 있는 모든 무선전신 송신국은 즉각 송신을 중지해야 한다. 점령되지 않은 영토에서 무선전신 전송의 재개는 특별 법규에 따라 이루어질 것"이라고 규정했다.

1940년 6월 19일, BBC 내에 라디오 롱드르Radio Londres가 설립되었고 피에르 브로솔레트와 모리스 슈만이 참여했다.* 라디오 롱드르의 프로그램은 일일 6개의 프랑스어 뉴스와 2개의 다른 프로그램으로 이루어졌다. 〈명예와 조국Honneur et Patrie〉은 자유 프랑스가 연출하고 슈만이 진행했고, 〈프랑스인들이 프랑스인들에게 말하다Les Français parlent aux Français〉는 작가 피에르 다크와 함께 영국 정부가 제작했다.

1940년 11월, 비시로 퇴각한 아바스통신의 뉴스 부문은 프랑스 정보실(OFI)로 이관되었고 광고 부문은 독일인들에게 매각되었다.

라디오 투르 에펠과 라디오 파리는 프랑스 국립라디오방송이라는 새로운 기관의 감독을 받게 되었으며, 다른 라디오 및 텔레비전 방송국처럼 독일의 선전 도구가 되었다.

1941년 1월, 《르 프티 파리지앵》을 운영해온 뒤퓌 집안은 페탱 원수에게 호의를 표했지만 독일인들은 이 신문을 몰수하고 편집권을 차지해서 독일의 정치 선전 기관지로 삼았다. 자크 도리오의 《르 크리 뒤 푀플》 같은 파시스트 신문들은 점령군을 위해 봉사했다.

비밀 신문들이 등장했다. 1940년 10월에는 《리베라시옹 노르Libération Nord》, 1941년 7월에는 《리베라시옹 쉬드Libération Sud》, 1941년 12월에는 《르 프랑크-티뢰르Le Franc-Tireur》가 발행되기 시작했다.

양차 세계대전 중간 시기에 거의 모든 대형 신문들은 반유대주의와 페탱주의를 따르며 재발행되기 위해 모든 일을 다 했다.

1942년 11월, 남부 점령 지역에서 검열은 더욱 심해졌다. 《르 피가로》,

---

* 피에르 브로솔레트는 2차 세계대전 중 파리 레지스탕스의 정보국에서 일하다 런던으로 건너가 프랑스를 향한 BBC 라디오 방송에서 앵커를 맡으면서 유명해졌다. 모리스 슈만은 2차 세계대전 당시 드골의 망명 정부에 참여했고 프랑스를 향한 BBC의 라디오 프로그램들을 직접 진행하면서 '프랑스의 목소리'라는 별칭을 얻었다.

《르 탕》,《르 프로그레》가 자발적으로 발행을 중단했다. 하지만 비밀 언론은 이제 1000종이 넘었으며 그중에는 리옹에서 1941년에 창간된《테무아냐주 크레티앵Témoignage chrétien》(그리스도인의 증언)이 있었고,《리베라시옹Libération》도 있었다.

1943년 7월 1일, 독일인들의 요구에 따라 모나코에 '새로운 유럽을 위해 일하는' 라디오 방송이 시작되었다. 이것이 라디오 몬테카를로다. 이 방송에서는 우선 모나코의 국가를 듣고 나서 프랑스 배우 모리스 슈발리에의 열광적인 연설을 들을 수 있었다.

1943년 11월에는 프랑스 임시정부와 연계된 전국비밀언론연맹이 형성되었다. 얼마 전 알제에서 성립된 임시정부는 '언론의 자유와 명예, 그리고 국가와 재력과 외국의 영향력으로부터의 독립성'을 보장하려는 의지를 확인했다.

1944년 8월 17일 오전 9시, 연합군이 파리에 진군해오자 무명의 독일 아나운서가 라디오 파리의 마이크 앞에서 프랑스어로 마지막 선언을 낭독하고 비밀 병기에 의한 독일의 최종적 승리를 예언했다. 하지만 그 시각 라디오 파리에 보관된 문서들은 모두 불타고 있었다. 라디오 파리는 그날 오후 2시 45분에 방송을 중단했다. 독일에 협력한 민간 라디오 방송국들은 모두 폐지되었다.

1944년 9월, 전쟁 기간에 독일의 통제 속에서 등장했던 모든 신문이 폐간되었다. 독일에 협력한 신문들은 모두 몰수되고 다른 신문들로 교체되었다. 그리하여《르 프티 파리지앵》은《르 파리지앵 리베레Le Parisien Libéré》로,《르 탕》은《르 몽드》로,《웨스트-에클레르》는《웨스트-프랑스 Ouest-France》로,《셰르부르-에클레르Cherbourg-Éclair》는《라 프레스 셰르부르주아즈La Presse cherbourgeoise》로,《라 데페슈》는《라 데페슈 뒤 미디La

dépêche du Midi》로,《르 프티 마르세예Le Petit Marseillais》는《라 마르세예즈》
로,《르 파르 드 라 루아르Le Phare de la Loire》는《라 레지스탕스 드 뤼에스트
La Résistance de l'Ouest》로,《라 프티트 지롱드La Petite Gironde》는《쉬드웨스트
Sud-Ouest》로 교체되었다. 비밀 신문들과 자발적으로 발간을 중단했던 옛
신문들만 재발행이 허가되었다. 그리하여《콩바Combat》가《랭트랑지장》
을 대체했고,《르 프랑크-티뢰르》가《파리-주르Paris-Jour》를 대체했다.

　1944년 9월 30일, 프랑스 통신사Agence France-Presse(AFP)가 한 세기 이
상 아바스통신이 유지해온 역할을 재개했다.

2차 세계대전 기간 연합국의 언론

　독일 제3제국의 군단들이 소련의 영토에 진입하자 모스크바에서는 정
치·군사 선전국이 창설되었다. 라디오와 확성기가 곳곳에 설치되었다.
1939년부터 1941년까지 라디오토흐키radiotochki(라디오를 수신하여 확성기
로 확산하기 위한 장비)의 수가 열 배나 늘었다. 1941년 말에는 여전히 18종
의 신문이 있었고, 이 신문들은 특히 나치 군단이 저지른 수탈을 보도했
다.《크라스나야 즈베즈다》의 종군기자 바실리 그로스만은 모스크바, 스
탈린그라드, 쿠르스크, 베를린에서 벌어진 전투를 보도했다. 그는 트레블
린카에서 독일인들이 저지른 잔혹한 범죄들을 처음 보도한 이들 가운데
하나였다. 이제 전쟁 기자들은 군인과 다름없었다. 정부에서는, 특히 레닌
그라드가 포위되어 있던 기간에, 지역 방송국들에 수천 시간에 달하는 선
전 프로그램과 림스키코르사코프, 차이콥스키, 베토벤, 글린카 등의 음악
이 녹음된 음반 7만 장을 내보냈다. 하지만 굶주린 노동자들과 주민들은
대중적인 노래가 아니라 교향곡만 계속 들어야 하는 상황을 불평했다. 스
탈린은 유리 레비탄이라는 젊은 아나운서를 점찍어서 소련 정보국의 긴

급 통지문을 라디오에서 읽는 공식 낭독자로 지명했다. 1945년 5월 9일 제3제국의 패배를 공표한 것도 그였다. 1983년에 사망할 때까지 레비탄은 소련의 목소리가 된다. 심지어 그는 프로호로프카에서 쿠르스크 전투 기념식을 논평하던 중에 심장마비로 숨을 거두었다.

1940년 5월 영국에서는 처칠의 내각이 '자발적 검열' 제도를 만들었다. 6월이 되어 독일의 침공이 임박한 듯 보이자 검열은 더욱 엄격해졌다. 내무부 장관은 모든 신문을 잠정적으로 정간시킬 권한을 가졌다. 이 권리는 오직 두 공산주의 신문(《더 위크The Week》와 《데일리 워커Daily Worker》)에 대해서만 실제로 발휘되었다. 두 신문은 1941년 1월에서 1942년 9월까지 발행이 금지되었다. 《데일리 미러》는 전쟁과 처칠에 대해 매우 적대적이었지만 정간되지 않았다. 그러나 처칠은 힘러나 루돌프 헤스가 이 신문의 일부를 소유하고 있다고 의심하며 조사를 요구하게 된다. 물론 정부는 일반적으로 미디어와 저널리스트들의 애국심에 의지했다. 정부로부터 많은 정보를 듣게 되는 공무원, 군인, 국회의원에게서 정보 유출은 전혀 일어나지 않았다. 두 일간지 《데일리 익스프레스》와 《데일리 미러》, 그리고 일요신문들(《뉴스 오브 더 월드News of the World》, 《피플The People》, 《선데이 익스프레스》)이 시장을 지배했고 발행 부수를 늘렸다. 특히 《데일리 익스프레스》의 발행 부수는 1939년에 250만 부를 넘겼고, 1945년에는 거의 400만 부에 달했다. 극장에서는 영화가 시작되기 전에 짧은 뉴스 필름을 상영했다. 라디오는 선전 도구가 되었다. 1940년, BBC의 아버지라 불리는 존 리스가 정보부 장관으로 임명되었다. 그에게 "정보란 정치 선전의 엘리트 병사들"이며, 모든 것은 가치를 높이는 방식으로 말할 필요가 있었다. BBC는 장비를 갖춘 자동차를 타고 해안으로 급파된 저널리스트들을 통해 잉글랜드의 전투를 보도했다. 1940년 6월 13일, 한 저널리스트가 영국 공군과 독일 공군의 공중전을 직접 보도했다. 1940년 10월, BBC 본부는 독일군의 영국 대공습 때 폭격 대상이 되었다. 1939년부터 1945년 까지 BBC의 인력은 1635명에서 4000명 이상으로 늘었다. 전쟁 말기에 BBC는 32개 언어로 방송했다.

1941년 5월 미국에서는 헨리 루스가 《라이프》에 기고한 〈미국의 세기 The American Century〉라는 논설에서 민주주의의 가치들을 수호하고 자유 가 승리하도록 하루속히 전쟁에 참여할 것을 정부에 요청했다. 루스벨트 는 여전히 참전을 거부했다. 하지만 1942년 1월 진주만 공습 직후 루스벨 트는 검열국을 만들어 AP통신의 편집장 바이런 프라이스에게 운영을 맡 겼다. 이 검열국은 미디어의 행동강령을 확립하고, 국가의 단결을 위협할 수 있다고 판단되는 기사와 사진을 검열했다. 하지만 이 행동강령 이전 에, 영국에서와 마찬가지로 미국 정부는 미디어와 기자들의 애국심에 의 지했다. 이 시기에 미국인 5000만 명이 적어도 일주일에 한 번 극장에 갔 고 거기에서 영국의 뉴스 필름보다 전투 장면이나 장군들과 정치인들의 담화 등이 잘 구현된 뉴스 필름을 보았다.

1942년에 닐슨은 전국적으로 라디오 방송 분류 서비스를 시작하고 각 방송의 청취자 수를 집계했다. 그들은 1000가구에서 청취하는 방송국들 에 관한 정보를 모아 방송 프로그램들의 인기도에 관심이 있는 회사들에 게 팔았다.

1943년 말, 정부는 RCA의 시장 지배력이 지나치게 강하다고 판단하 고 이 방송사에 속한 두 네트워크 가운데 하나인 RCA블루를 매각하라고 명령했다. 이를 매입한 사람은 과자회사 라이프 세이버스, 드러그스토어 체인 렉솔, 뉴욕의 라디오 방송국 WMCA를 소유하고 있던 에드워드 노 블이었다. 그는 RCA블루의 이름만 미국방송회사(ABC)로 바꾸고 클래식 음악, 재즈, 서스펜스 연속극으로 구성된 프로그램들은 그대로 두었다.

훌륭한 종군기자들 중에는 어니스트 헤밍웨이도 있었다. 그는 이미 이탈리아에서 1차 세계대전을 취재했고, 1922년에는 그리스-튀르키에 전쟁을 취재하여《토론토 스타Toronto Star》를 통해 보도했다. 다음엔 스페인 내전을 취재하여 미국과 캐나다의 50개 신문사가 가입한 조합에 기사를 제공했다. 1942년에는 쿠바로 떠났고, 1944년 1월에는 영국으로 떠났다. 그리고 1944년 6월 오마하비치에서 하선했다가 9월에는 파리의 리츠 호텔에 자리를 잡았다.

스페인 내전 시기에 만나 헤밍웨이와 결혼한 마사 겔혼은 당시에《콜리어스Collier's》라는 잡지를 위해 이 전쟁을 취재하고 있었으며, 이후에는 노르망디 상륙작전에 참여한 유일한 여성 저널리스트가 되었다. 그녀는 "다른 누군가의 삶에서 각주"가 되지 않기 위해 1945년 헤밍웨이와 이혼하고 종군기자로서의 행로를 계속 걸어갔다.

재닛 플래너는 1925년부터《뉴욕커New Yorker》의 파리 주재 특파원으로 활동하다가 뉴욕으로 돌아와 1940년부터 1944년까지 일했다. 그녀는 나치가 저지른 예술 작품 도난을 고발했는데, 특히 크라쿠프의 성모 성당 제단화 도난을 취재한 것으로 유명했다. 1944년 3월 그녀는 그때까지 가장 면밀하게 글로 쓰인 필리프 페탱의 초상들 가운데 하나를 작성하고, 뉘른베르크 재판 과정을 취재한 뒤 파리로 돌아와 1975년까지 그곳을 근거지로 활동했다.

《생쥐와 인간》,《분노의 포도》로 유명한 작가 존 스타인벡은 1943년《뉴욕 헤럴드 트리뷴New York Herald Tribune》에 의해 이탈리아 전선에 파견되었다. 그는 특히 살레르노 전투를 취재했는데 전쟁의 추이보다는 병사들의 생활에 더 관심을 보였다.

1945년 4월 12일, 1938년부터 CBS의 유럽 지부장으로 일한 에드워드 머로는 부헨발트 강제수용소에 들어간 최초의 저널리스트가 되었다. 그는 라디오 방송에서 자신의 독특한 목소리로 화장터에 '장작처럼 쌓여 있는 시신들'을 묘사했다.

10

세 미디어의 황금시대

※

1945-2000

1954년 토론토대학의 영문학 교수 마셜 맥루한은 자신의 저서《구텐베르크 은하계The Gutenberg Galaxy》에서 이제 막 시작된 텔레비전 방송을 통해 이 세계 모든 주민이 머지않아 같은 '감각적 지각'을 공유하고 '지구촌'을 형성할 것이라고 예견했다. 그로부터 7년 뒤, 맥루한은《카운터블래스트Counterblast》에서 사용 가능한 정보의 세 가지 모드인 신문, 라디오, 텔레비전을 총칭하는 '미디어'라는 단어를 대중화했다. "미디어는 장난감이 아니다. 미디어가 마더 구스*와 피터팬의 손안에 놓여서는 안 될 것이다. 미디어는 다만 새로운 예술가들에게만 맡겨질 수 있다. 미디어가 예술의 형식이기 때문이다." 이 단어는 큰 성공을 거두었다. 사실 이 시기에

---

* Mother Goose. 어린이들을 위한 전래동요와 전래동화의 작가로 알려진 (허구의) 여성을 가리키는 이름이다.

정보의 세 가지 모드는 일관되고 강력한 하나의 전체를 이루었으며 서로를 방해하지 않았다. 전후 세계 경제가 다시 성장하기 시작하자 모든 미디어를 위한 광고와 사설의 새로운 시장이 열렸다.

1972년까지 선진국에서는 이 세 미디어 가운데 신문과 라디오가 주된 정보 전달의 수단이었다. 이후에는 텔레비전이 그 자리를 차지해서 적어도 2000년까지 지위를 유지했다. 개발도상국에서는 수천 종의 신문과 라디오가 한꺼번에 생겨났고 곧이어 텔레비전 방송국도 등장했다. 미디어의 힘이 경계선을 넘고 검열을 부수고 독재정권을 무너뜨리고 점령자를 쫓아내는 일이 일어난다고 해도 아직 민주주의가 무너지는 것을 막지는 못했다. 칼은 언제나 적어도 잠정적으로는 말을 이겼다.

이번 장에서 제시되는 1945년부터 2000년까지의 미디어에 관한 수치들 역시 미디어나 미디어에 인접한 출처들에서 제공된 것이며 필연적으로 대략적일 수밖에 없다.

미국의 미디어: 1945~1972, 신문의 전성기

2차 세계대전이 끝났을 때 미국의 신문들은 지속적인 가공할 경쟁자와 마주하게 되었다. 라디오와 텔레비전의 시대가 온 것이다. 처음에 미국 신문들은 잘 견뎌냈다. 전체 일간지의 발행 부수는 1940년 4100만 부에서 1970년 6260만 부로 늘었다. 《워싱턴 포스트Washington Post》는 미국 대법원 변호사이자 신문사 사주의 딸 캐서린 마이어 그레이엄의 남편인 필 그레이엄에게 경영권이 넘어갔다. 일요신문들과, 《타임》, 《뉴스위크》, 《US뉴스》 등의 뉴스 매거진들도 커다란 성공을 거두었다. 이들은 사진 요판 인쇄, 오프셋 인쇄, 팩시밀리와 같은 새로운 기술의 혜택을 누렸다. 뉴스는 결코 부족하지 않았고, 신문들은 오락과 정보를 제공하는, 특히 지역의 화젯거리를 다룬다는 기존의 편집 노선을 유지했다.

이제 미국인의 82퍼센트가 청취하는 라디오는 예전처럼 두 거대 방송사 NBC와 CBS에 지배되었고, 새로운 강자로 ABC가 등장했다. 상업적 기업들의 후원을 받는 라디오 프로그램의 비율은 1939년에 3분의 1에 그쳤지만, 이제는 3분의 2로 늘었다. 대본을 쓰고 제목을 붙이고 조판하고 소리를 배열하고 효과음을 혼합하는 새로운 기술들이 등장했다. 뉴스는 여전히 사실을 전달하는 것이었고, 사설에서 다루는 일은 거의 없었으나 매우 애국적인 노선을 유지했다.

에드워드 머로는 런던에서 돌아와 CBS뉴스의 최고경영자가 되어 뉴스가 방송되지 않던 시간대에 곧 신화가 되어버리는 새로운 뉴스 프로그램 〈허드 잇 나우Heard it Now〉를 편성했다. 그는 곧 이 프로그램을 〈시 잇 나우See it Now〉라는 제목의 텔레비전 프로그램으로 변환하여 CBS에서 첫 방송을 내보내고 그 잠재성을 가늠했다. 이 프로그램은 매우 엄중한 방송이어서 시민의 권리, 인종차별, 여성의 사회적 지위 같은 새로운 주제를 과감하게 다루는 일은 거의 없었다. NBC와 ABC, 그리고 할리우드의 메이저 영화사들도 텔레비전 채널들을 만들었는데 대부분은 오락 프로그램으로 채워졌다.

1948년, 텔레비전 수상기를 소유한 가구 수는 100만에 그쳤다. 당시 텔레비전 한 대 값은 노동자의 한 달 월급과 맞먹었다. 같은 해에 할리우드의 파라마운트는 미국 최고의 텔레비전 채널 9개 가운데 4개를 소유하고 있었다. 에드워드 머로는 CBS에서 매일 저녁 7시 30분에 최초의 텔레비전 뉴스 정규 프로그램을 15분 동안 방송하기 시작했다. 이듬해에 애틀랜타에서는 제시 B. 블레이턴 시니어(애틀랜타대학의 교수)가 WERD를 창립했다. 이는 흑인이 설립한 최초의 라디오 방송국이었다. 라디오에서는 대체로 음악 방송을 내보냈다.

1949년 미국의 미디어 규제 기관에서 라디오와 텔레비전에 '공정 원칙'을 강제했다. 이 원칙에 따르자면 방송되는 모든 정보는 표현의 자유를 침해할지라도 공익에 부합해야 한다. 곧바로 이 원칙은 미디어에서 흑백 분리주의 지지 발언을 하지 못하게 하는 무기가 되었다.

1950년 신문의 퇴조를 알리는 최초의 징후가 나타났다. 신문 발행 부수가 인구보다 더디게 증가하기 시작한 반면, 라디오는 번창하고 텔레비전은 전격적으로 이륙했다. 이제 미국의 1000만 가구가 텔레비전을 소유했다. 1952년 12월에 지칠 줄 모르는 에드워드 머로가 1951년 봄부터 국제연합군으로 한국에서 싸우고 있는 미국 병사들의 일상을 촬영하기 위해 떠났다. 미국이 한국전쟁에 참전하는 데 반대 입장을 보이는 미디어는 거의 없었다.

방송 네트워크들은 소속이 바뀌었다. 1927년 창립된 이래 RCA에 속해 있던 NBC는 GE로 넘어갔다가 다시 웨스트우드 원으로 넘어갔다. ABC는 유나이티드 파라마운트 시어터에 매각되었다가 다시 독립했고, 이어서 캐피털 시티스 커뮤니케이션스의 손에 들어갔다가 결국 월트 디즈니 컴퍼니에 매각되었다. 반면에 CBS는 1927년 이후로 계속 페일리 집안의 소유였다. 농촌 지역에서는 메이저 네트워크들과 경쟁하면서 지역 케이블 네트워크가 발전했다. 지역 네트워크는 합법적인 범위 내에서 매우 지역적인 내용으로 메이저 네트워크의 프로그램들을 다시 촬영하여 방송했다. 1952년 NBC에서는 최초의 아침 TV 뉴스 프로그램인 〈더 투데이 쇼The Today Show〉를 방영하기 시작했다.

라디오와 텔레비전에서 음악, 연속극, 게임 등을 방송하지 않을 때는 지역적인 화제들과 스포츠, 요리, 집안 살림에 한정된 경우가 많았던 여성들의 관심사에 집중했고, 이는 신문들도 마찬가지였다. 자국 중심의 강력한 미국이라는 이데올로기가 지배 이데올로기로서 계속 유지되었다. 미국인들은 반공 이념에 집착했고, 중산층은 기업에서 쏟아내고 광고에서 찬양하는 최신 가정용 장비들을 소비하는 데 정신이 팔려 있었다.

1953년 드와이트 아이젠하워 장군이 새 대통령으로 취임했을 때, 미국 가정의 절반 가까이가 텔레비전을 소유했다. 하지만 신임 대통령이 텔레비전을 이용해 국민과 소통하는 일은 거의 없었다. 1947년에 발명된 트랜지스터가 이해에 상용화되어 자동차 안에서나 야외에서나 라디오를 듣는 것이 가능해졌다. 이제 젊은이들은 부모가 따라다니는 무도회가 아니라 깜짝 파티에서 서로를 만났다. 이는 혁명적인 변화였다. 같은 해에 미국 동부 해안의 몇몇 미디어는 커다란 반향을 불러일으키는 데 성공했다. 매카시 상원의원이 특히 군대를 비롯해 곳곳에 침투해 있던 공산주의 첩보원들의 정체를 밝혔노라고 발표했다. 이에 《워싱턴 포스트》는 이러한 고발이 거짓임을 밝히는 조사 자료를 공개했다. 에드워드 머로는 CBS 라디오에서 매카시 상원의원을 공격했고, 결국 상원의원은 신용을 잃고 물러났다.

1958년 뉴욕의 WNTA에서는 루이스 로맥스가 최초의 흑인 텔레비전 저널리스트가 되었다. 그는 마이크 월리스와 공동으로 〈증오가 낳은 증오 The Hate that Hate Produced〉라는 다큐멘터리를 제작하여 흑인들이 느끼는 원한과 그들 사이의 근원적인 적대감, 그리고 특히 맬컴 엑스라는 인물에 대해 폭로함으로써 수천만 미국인들에게 충격을 안겨주었다. 맬컴 엑스는 이 다큐멘터리에 등장한 이후 텔레비전 무대에 자주 초대된다.

1959년 CBS텔레비전의 회장 제임스 T. 오브리 주니어는 농촌 코미디, 경찰 수사 연속극(대부분 할리우드에서 공급), 그리고 같은 형식이지만 분량이 더 많아진 뉴스 프로그램을 통해 텔레비전을 진정한 대중매체로 만들었다. 텔레비전은 여전히 준엄하면서도 차츰 자유로운 생각들에 개방되었다. 월터 크롱카이트가 CBS텔레비전에서 뉴스 프로그램을 진행하기 시작했는데, 앞으로 20년 동안 계속하게 된다.

1960년 9월에는 미국 인구의 90퍼센트가 가정에 텔레비전을 보유하고 있었고, 70퍼센트의 미국인이 최초의 대통령 선거 후보자 토론을 텔레비전으로 시청했다. 카메라 앞에서 더 편안했던 구릿빛 피부의 케네디 후보가 면도를 말끔히 하지 않고 땀을 흘리는 닉슨 후보보다 우세했다. 선거에서 승리한 케네디는 루스벨트가 '노변담화'로 라디오에서 거둔 성공을 텔레비전을 통해 거두었다.

1963년 캐서린 그레이엄이 남편과 이혼하고(남편은 이후에 자살한다), 《워싱턴 포스트》의 경영권을 되찾았다. 《워싱턴 포스트》는 처음으로 자사의 저널리스트를 사이공에 파견했고, 다른 주요 신문들과 통신사들도 그 뒤를 따랐다. 베트남 전쟁은 즉각적으로 저널리스트들과 미디어를 두 진영으로 나누었다. 몇 주 뒤 존 스타인벡이 1940년 롱아일랜드의 지역 일간지로 창간된 《뉴스 데이News Day》의 종군기자가 되어 사이공으로 떠났다. 종이 언론의 저널리스트들이 작성한 기사는 군 당국의 검열을 받아야 했다. 텔레비전 영상은 검열 대상이 아니었다.

1963년 11월 22일 12시 30분, 텔레비전을 소유한 미국 가정의 45.4퍼센트가 주요 채널들을 통해서 케네디 대통령이 암살당하는 장면을 보았다. CBS의 사장 짐 오브리는 이 살인사건의 동영상을 복구한 뒤 '더 갈증이 날 때까지' 동영상을 반복해서 틀었다. 며칠 뒤 텔레비전을 소유한 미국인 81퍼센트가 케네디의 장례 행렬을 지켜보았다. 텔레비전은 이제 미국 사람들의 주요 정보 수단이 되었다.

같은 해에 미국 가정의 94퍼센트가 텔레비전을 소유했고, 미국인의 3분의 2가 텔레비전을 통해 대부분의 뉴스를 알게 되었다.

1967년 ABC는 베트남 전쟁에 관한 최초의 '충격' 보도(미국인 병사의 목숨을 구하려는 한 의사의 헛된 노력)를 방영했다. 1968년 2월, 베트남의 테트(설날) 대공세가 있고 난 뒤에 《뉴욕 타임스》는 평화주의 운동을 주도하며, "아시아에서의 미국 권력의 한계를 입증하는 궁극적 증거"인 이 전쟁의 종결을 요구했다. 같은 시기에 CBS의 월터 크롱카이트는 그때까지 텔레비전 뉴스 프로그램에서 존중해왔던 중립성에서 벗어나 이 전쟁이 "막다른 골목에 처했음"을 분명히 밝혔다. 이로써 존슨 대통령은 "크롱카이트를 잃었다면, 나는 미국을 잃은 것이다"라고 말했다. 3월이 되자 존슨은 재선을 위해 차기 대통령 선거에 나서지 않을 것임을 발표하면서 자신의 패배와 미국의 패배를 선동했다며 미디어를 비난했다. 실제로 그가 겨냥한 것은 텔레비전이었다. 당시 1800여 종의 일간지들은 지역에서 여전히 힘을 발휘하고 있었지만, 전국 신문으로는 《워싱턴 포스트》와 《뉴욕 타임스》 두 신문만 큰 주제들을 취재했고 대통령에게 도전할 수 있었기 때문이다. 다른 신문들은 대부분 정치적으로 어느 편도 들지 않도록 경계했다. 텔레비전 네트워크들은 오락물을 우선적으로 만들었지만, 때로는 국내외 정치에 관한 주제들을 진지하게 취재하기도 했다. 같은 해에 CBS는 〈60분〉이라는 탐사 프로그램을 방영하기 시작했다. 단시간에 CBS의 간판이 된 이 프로그램에서는 숨겨진 카메라를 사용하여, 오늘날 '갓차 저널리즘gotcha journalism'(충격적이거나 당황스러운 질문을 던지는 인터뷰 방식)이라고 하는 영역을 개척했다.

1969년 메이저 방송 네트워크는 지난 15년 동안 존재한 지방 케이블 방송들이 대도시에 진출하는 것을 저지하고자 애를 쓰고 있었다. 하지만 새로운 케이블 채널들(HBO와 디즈니 채널)은 할리우드 영화들로 미국인의 무료함을 달래주는 데서 성공을 거두었다. 그리고 이제 전 세계 수억 명의 시청자들이 달에 내디딘 닐 암스트롱의 첫걸음을 지켜보았다.

텔레비전에서 현실 상황에 대한 보도는 이제 더 이상 특정 프로그램에만 있지 않았다. 예를 들어 1970년부터 방영되어 큰 성공을 거둔 연속극 〈메리 타일러 무어 쇼〉는 텔레비전 방송 분야에서 경력을 쌓기 위해 미니애폴리스에 홀로 정착한 젊은 독신 여성의 이야기였다. 이 프로그램은 많은 미국인에게 여성들이 직장에서 겪는 문제와 불평등한 급료를 보여주었고, 이혼과 부정不貞과 혼전 성관계에 대해 금기 없이 이야기했다. 그렇지만 대부분의 다른 연속극과 다양한 프로그램들은 훨씬 더 보수적인 메시지를 전달하고 전통적인 백인 가정의 가치와 위계를 존중하도록 권장했다.

1971년에 충격적인 폭로 기사가 보도되었다. 《뉴욕 타임스》가 펜타곤의 비밀문서들을 공개한 것이다. 이로써 5년 전 존슨 대통령은 베트남에서 전쟁이 가열되기를 원했으면서 공공연하게 그 반대를 약속하고 다녔음이 드러났다. 《워싱턴 포스트》는 이러한 폭로 기사를 계속 이어갔다. 대통령제를 옹호하려는 닉슨은 이 두 신문을 금지할 수 있다고 위협했다. 하지만 대법원은 언론의 자유를 보장하는 수정 헌법 제1조에 의거해 두 신문이 옳다고 인정했다.

1972년의 격변: 비디오테이프와 리얼리티 쇼의 등장, 공정 원칙의 종말

1972년 AP통신의 사진기자 닉 우트의 사진 한 장이 전 세계 사람들의 마음을 울렸다. 미군의 네이팜탄 폭격이 가해진 베트남의 한 시골 마을에서 공포에 사로잡힌 한 소녀가 달려 나오는 사진이었다. 베트남 전쟁은 점점 더 민심을 잃어가고 있었다. 그해 6월, 미국 내 텔레비전 대수는 일간지 발행 부수를 넘어섰다. 한 경비원이 워터게이트라는 건물에 있던 민주당 본부에서 '도둑들'을 적발했다. 마침 대통령 선거를 앞두고 선거운동이 가열되던 시기였다.《워싱턴 포스트》의 편집장 벤저민 브래들리는 밥 우드워드와 칼 번스타인이라는 두 기자에게 이 수상한 불법침입 사건을 취재하게 했다.《뉴욕 타임스》역시 취재를 시작했다. 텔레비전은 별다른 관심을 보이지 않았다. 다만 CBS의〈시 잇 나우-See it Now〉와 월터 크롱카이트의 뉴스에서만 이 사건에 대해 이야기했다. 취재 결과 이 사건에 백악관이 개입했음이 드러나자 닉슨 대통령은 그해 11월 선거에서 재선에 성공했음에도 이듬해에 대통령 직을 사임했다.

텔레비전은 이제 종이 언론과 라디오보다 우위에 있었다. 특히 1973년 PBS에서〈언 아메리칸 패밀리〉라는 최초의 '리얼리티 쇼'를 방영했던 것이 주효했다. 미국인들은 보장된 관음증 안에서 점점 더 그들 자신에 대해 이야기를 나누었다.

1960년대에 등장했던 한 가지 혁신이 일반화된 것도 바로 이 시기였다. 비디오테이프가 보급되어 텔레비전 프로그램을 녹화한 뒤 원하는 시간에 보는 것이 가능해진 것이다. 이로써 텔레비전이 등장한 이래 처음으로 다른 모든 미디어와 함께 존재했던 관중의 공동체가 무너졌다. 전날 읽거나 듣거나 본 것을 서로 함께 이야기하던 사람들의 공동체가 해체되는 엄청난 변화가 일어났다.

뉴스 프로그램들이 빠르게 늘어났다.〈굿모닝 아메리카〉,〈나이트라인〉,〈20/20〉,〈디스 위크 위드 데이비드 브링클리〉등이 대표적이었다. 메이저 네트워크 세 곳의 저녁 뉴스 프로그램은 서로 엇비슷하게 1500만 명 정도의 시청자를 확보하고 있었다. 메이저 네트워크들은 음악 프로그램과 연속극 부문에서 특히 케이블 네트워크와 계속 경쟁해왔는데, 이제는 인공위성을 이용한 새로운 채널들과도 경쟁하게 되었다.

1980년에는 애틀랜타의 사업가 테드 터너가 뉴스를 연속적으로 방송하는 케이블 채널 CNN을 창립했다. CNN은 가까스로 이륙하기 시작한 반면, 또 다른 케이블 채널이면서 뮤직 비디오만 방송하는 최초의 텔레비전 채널 MTV는 즉각적으로 높이 부상했다. 〈MTV 비디오 뮤직 어워드〉는 세계에서 가장 많이 시청하는 텔레비전 프로그램이 된다.

이는 거대한 변화였다. 이 새로운 채널들은 이제 미국 가정만이 아니라 전 세계를 대상으로 방송했으며, 미국의 뉴스와 문화를 지구 곳곳에 전달했다.

1982년 대통령 선거에서 가까스로 당선된 로널드 레이건은 라디오에서 루스벨트의 '노변담화'를 부활시켰다. 사실 텔레비전에서 이를 시도했던 케네디를 제외하면 다른 전임 대통령들은 모두 이에 대해 잊고 있었다. 두 차례 임기 동안 레이건은 마지막 날까지 매주 토요일 정오에 국민을 향해 직접 이야기했다.

같은 해에 가넷Gannett*의 회장 앨런 뉴하스가 《USA 투데이USA Today》를 창간해서 36만 부를 발행했다. 미국에서 가장 영향력이 있는 일간지는 여전히 《뉴욕 타임스》, 《로스앤젤레스 타임스Los Angeles Times》, 《월스트리트 저널Wall Street Journal》, 《뉴욕 포스트New York Post》, 《워싱턴 포스트》였다. 1984년 1월 거대한 AT&T가 분할되었다. 이 회사는 수익성이 좋은 미국 내 도시 간 통신 사업을 거의 독점하고 있었다.

---

* 1923년 프랭크 가넷에 의해 창립된 이후 소규모 지역 신문들을 사들이는 방식으로 성장하여 1979년에는 79종의 신문들로 구성된 거대한 체인을 형성했다. 현재 미국에서 가장 많은 신문을 발행하는 미디어 지주회사다.

1984년은 진정한 전환점이 되었다. 미국 일간지의 총 발행 부수가 성점(6330만 부)에 이르렀다가 떨어지기 시작했다. 그럼에도 새로운 신문들은 계속해서 등장했다. 《USA 투데이》는 발행 부수가 200만 부에 달하는 엄청난 성공을 거두었다. 뒤이어 발행 부수 10만 부의 《라 보스 데 휴스턴La Voz de Houston》, 《캔자스시티 비즈니스 저널Kansas City Business Journal》, 《로키 마운트 텔레그램Rocky Mount Telegram》, 《인베스터 비즈니스 데일리Investor Business Daily》 등이 등장했다.

1987년 레이건이 임명한 신임 연방통신위원회(FCC) 위원장은 '공정 원칙'을 종결하고 당파적인 텔레비전과 라디오를 향한 길을 열어주었다.

1990년 타임과 워너가 합병하여 텔레비전 채널들을 재편했다. 다른 채널 중에는 HBO, CNN, TBS도 있었다. 이듬해에 CNN의 저널리스트들이 바그다드의 알라시드 호텔에서 걸프전을 생중계하고, 2년 뒤에는 소말리아의 모가디슈에서 미군의 패주를 생중계하는 데 성공하면서 CNN의 시청자가 크게 늘었다.

1995년 페일리 집안은 (거의 60년 동안 소유해온) CBS를 워싱턴하우스 일렉트릭에 매각했고, 이후 워싱턴하우스 일렉트릭은 비아콤에 다시 매각했다. 반면 NBC는 GE에 매각되었다.

1996년에는 오스트레일리아의 언론 재벌 루퍼트 머독이 뉴스를 연속해서 방송하는 새로운 텔레비전 채널 폭스뉴스Fox News를 개시했다. 머독은 CNN의 경쟁자가 된 폭스뉴스의 경영을 공화당의 미디어 전문가 로저 에일스에게 맡겼다. 그는 1982년 대통령 선거에서 레이건의 참모 역할을 맡았고 그다음 선거에서는 조지 H. W. 부시의 선거 참모로 활동했다. 공정 원칙이 폐지된 덕분에 에일스는 폭스뉴스를 민주당에 맞선 교전의 도구로 만들 수 있게 된다. 폭스뉴스에서는 화면 한쪽 구석에 자막으로 한 줄 뉴스를 띄우고, '브레이킹 뉴스'라고 하는 다소 예외적인 뉴스를 알리기 위해 정규 프로그램 중간에 〈폭스뉴스 얼러트Fox New Alert〉를 내보내는 등 새로운 형식들을 만들어냈다. 사람들은 이미 오래전에 특정 리얼리티 쇼들이 등장하면서 최악의 텔레비전 방송이 이미 나왔다고 생각했지만, 폭스뉴스와 이 채널을 모방한 다른 채널들에 의해 더 심각한 최악의 텔레비전 방송이 나오게 된다.

20세기가 끝나면서 기존의 세 미디어는 이미 퇴조했거나 퇴조의 기점에 서 있었다. 1945년 5900만 부에 달했던 미국의 신문 발행 부수는 2000년에 5600만 부로 줄었다. 일간지의 발행 부수는 이미 1984년부터 감소했고, 일요신문의 경우 1993년부터 감소했다. 인구 1억 명당 신문 종수는 1945년에 1200종이었으나 2000년에는 400종이었다. 1930년 미국에서는 1942종의 신문이 발행되었으나 이제는 1509종만 발행되고 있다. 《뉴욕 타임스》와 《워싱턴 포스트》처럼 성공을 거둔 몇몇 신문들은 예외였다. 미국 신문들은 대부분 지역적 관심사나 스포츠, 텔레비전, 영화, 스캔들만 다루었다. 《뉴요커New Yorker》 같은 고급 정기간행물은 부채가 많고 후원에 의지해서만 살아남을 수 있었다. 라디오는 정체되었다. CBS, ABC, NBC의 텔레비전 뉴스 프로그램의 총 시청자 수는 20년 전에 4500만에 달했으나 이제는 3040만밖에 되지 않았다. 광고 또한 텔레비전을 떠나기 시작했다. 2000년 이후 10년 동안 타임워너 그룹은 전체 기업 가치의 90퍼센트를 잃게 된다. 무언가 새로운 것이 탄생하는 중이었지만 아직 그것이 무엇인지 분명하게 아는 사람은 아무도 없었다.

정점에 이른 영국의 미디어

같은 시기에 영국의 미디어 또한 미국의 미디어와 같은 변화 과정을 겪었다. 모든 미디어가 2차 세계대전 이후의 영광스러운 시절을 보내고 난 뒤 1980년대 중반부터 우선 신문 독자가 감소하기 시작했고, 이어서 다른 두 미디어에서도 같은 현상이 일어났다. 영국에서도 미디어는 대부분 스포츠, 오락, 요리, 음악, 지역의 일상생활, 게임, 다소 허구적인 스캔들, 그리고 특히 왕실 가족과 관련된 소문들을 다루었다.

언론 대부분이 여전히 귀족들의 손안에 있었다.《데일리 메일》은 늘 그 래왔듯 로더미어 자작(3세)의 소유였고《디 옵서버》는 1977년까지 애스터 집안의 소유였다가 미국 석유회사에 매각된 뒤 스콧 트러스트 리미티드에 다시 매각되었다.《타임스》를 소유한 존 제이콥 애스터 5세는 1981년 루퍼트 머독에게 이 일간지를 팔아버렸다. 머독은 신종 기계 도입을 반대하는 저널리스트들이 파업을 일으킨 뒤에《타임스》를 재발행하기 시작했고, 1984년에는《선데이 타임스》까지 사들였다.《데일리 미러》는 기행으로 유명한 로버트 맥스웰에게 팔렸다. 캠로즈 집안 소유였던《데일리 텔레그래프》는 1986년에 콘래드 블랙의 손에 넘어갔다.

사라진 신문도 많았다. 1960년에는《스타Star》와《뉴스 크로니클News Chronicle》이 사라졌다. 1964년에는《데일리 헤럴드》가《더 선》으로 대체되었다.《더 선》의 발행 부수는 2000년에 350만 부에 달했다. 1986년 다시 한번 파업이 일어나자, 머독은 자신의 신문사들을 런던 동부로 옮겼다. 역사적으로 언론사들이 모여 있는 곳으로 유명한 플리트 스트리트는 이제 은행가들과 변호사들의 손으로 넘어갔다.

영국 일간지의 발행 부수는 1987년까지 꾸준히 늘다가 그 뒤로 감소하기 시작했다. 일간지 총 발행 부수는 1945년에 1920만 부였던 것이 1987년에 2300만 부까지 늘었다가 1997년에는 1850만 부로 줄었다. 2000년에 가장 많이 발행된 신문은《더 선》이었고 그다음이《데일리 메일》,《데일리 미러》 순이었는데, 세 신문 모두 발행 부수가 200만 부를 넘었다. 그 뒤를 잇는《데일리 텔레그래프》와《데일리 익스프레스》의 발행 부수는 각각 100만 부 이상이었다. 이 신문들은 주로 스캔들을 다루는데, 그럼에도 때로는 가장 진지하고 가장 훌륭한 신문인 척 가장했다. 진지하고 매우 보수적인《타임스》의 판매 부수는 72만 5000부밖에 되지 않았다. 신문들은 여전히 가정으로 배달되고, 특화된 판매망이든 아니든 곳곳에서 볼 수 있는 판매소에서 판매되었다.

라디오와 텔레비전은 전후 10년간 BBC가 독점을 유지했는데, 프로그램 대부분은 매우 진지한 것들이었다. 1954년 텔레비전법에 따라 1955년 ITV(독립 텔레비전Independent Television)가 허가되고 1982년 채널4에 이어 1997년 채널5가 허가되었고, 1998년에는 Sky TV와 함께 위성방송 채널이 시작되었다.

라디오 역시 BBC의 세 가지 네트워크가 독점하고 있다가 1970년대에 들어서야 IRL, 캐피털, LBC 등 공영 및 민영 방송국 19개가 신설되었다. 1990년에는 BBC라디오5(뉴스 및 스포츠)가 신설되었고, 1992년에는 클래식FM이, 1993년에는 앱솔루트 라디오(록 음악)가 등장했다.

2000년에는 69개의 상업 라디오 방송국이 있었는데, 이들 또한 일간지의 퇴조 흐름을 따랐고, 스캔들과 추측성 보도, 포퓰리즘, 기만, 민족주의로 기우는 경향을 심화하면서 향후 영국을 고립의 길로 이끌 잘 준비되지 못한 브렉시트에 이르는 결과를 낳는다. 2011년과 2012년에는 공갈과 협박을 하고 전화를 도청했다는 사실이 밝혀지면서 머독의 미디어 제국이 거의 파괴되었다.

프랑스의 미디어: 더욱 심해지는 권력과의 유착관계

프랑스에서도 같은 변화가 일어났다. 전후 프랑스에서는 엄청나게 많은 신문·잡지가 등장했으나 유통에 어려움이 많아 성장에 제동이 걸렸다. 이 기간에 라디오는 압도적인 성공을 거두었고, 텔레비전은 천천히 미디어의 중심에 자리를 잡아갔다.

파리의 미디어는 정치 및 금융권력에 상당히 의존한 반면, 몇몇 지방 신문들은 매우 번영했고 파리의 언론계로부터 더욱 멀어졌다.

먼저 새로운 신문들이 생겨났고, 그다음에 독일에 협력한 모든 신문의 파산이 이어졌다.

1944년 비밀 언론의 주요 인물이었던 에밀리앵 아모리가《르 파리지앵》을 대신하여 일간지《르 파리지앵 리베레Le Parisien libéré》를 창간했다. 그가 죽자 아들 필리프 아모리가 경영권을 물려받았다. 한편 그의 딸 프랑신 아모리는 잡지 그룹(《푸앵 드 뷔Point de vue》,《마리 프랑스Marie France》,《이마주 뒤 몽드Images du monde》)을 경영했다.

같은 해에 위베르 뵈브메리가 드골 장군의 요청으로 1941년에 자발적으로 폐간한《르 탕》의 지국들과 설비를 가지고《르 몽드》를 창간했다. 이 일간지는 빠르게 고위 공무원들과 정치인들과 교직자들에게 참고용 신문이 되었다. 시리우스라는 필명으로 쓴 뵈브메리의 사설들은 상당한 영향력을 발휘하는 경우가 많았다. 얼마 뒤 이 신문은 편집권의 독립을 보장하기 위해 최초의 편집자협회를 창설했다.

역시 같은 해인 1944년, 동서지간인 두 레지스탕스 활동가 폴 위탱데그레와 프랑수아 데그레 뒤 루(《웨스트-에클레르》창립자의 아들)가 기독민주당의 지원을 받아 독일에 협력한 사실 때문에 금지된《웨스트-에클레르》를 대체하는《웨스트-프랑스》를 창간했다. 친親유럽적이고, 사형제도에 반대하는 이 신문은 이후 60년 동안 위탱 집안에 의해 경영되며, 큰 성공을 거두어 빠르게 (2021년 현재까지) 프랑스 제1의 일간지가 되었다.

이듬해에 알베르 카뮈와 파스칼 피아가 《랭트랑지장》의 지국들과 설비를 인수하여 《콩바》를 창간했다. 이 신문은 빠르게 발행 부수 18만 5000부에 도달했다. 1947년에는 클로드 부르데가 앙리 스마자의 도움을 받아 《콩바》를 인수했다. 1948년 빅토르 파이가 이 신문의 경영을 맡았다. 1960년 필리프 테송은 여러 가지 변화를 주기 시작했다. 하지만 결국 거의 파산 상태에 이르렀고, 1974년 테송은 《콩바》를 떠나 매우 단호하게 우파의 입장을 드러내는 《르 코티디앵 드 파리Le Quotidien de Paris》를 창간했다.

1946년이 되자 벌써 용서와 망각의 시간이 찾아왔다. 자크 고데는 1940년부터 자신이 경영하다가 1944년 독일에 협력한 혐의로 폐간된 《로토L'Auto》의 새 버전으로 《레퀴프L'Équipe》를 창간했다.

1947년 (신문·잡지의 유통이 매우 혼란스러웠던 시기가 지난 뒤에), 비셰Bichet라고 불린 법률에 의해 확립된, 모든 언론의 전국적이고 공평하며 경제적으로 지속가능하고 자유로운 유통 보장을 실현하기 위해 신新파리언론배송회사(NMPP)가 창설되었다. NMPP는 신문 조합(51퍼센트)이 소유하고, 1944년 독일에 협력한 탓에 축출되었던 아셰트 그룹(49퍼센트)이 경영을 맡았다. 신문은 계속해서 매우 제한되고 구체적인 개수의 판매점, 즉 키오스크에 배포되었다.

《라 크루아》는 가톨릭교회의 주요 기관지로서의 지위를 되찾고, 다른 출판물들을 성공적으로 간행한 바야르 프레스 그룹(1873년 성모승천수도회에 의해 창설)에 의지했다.

1949년, 아셰트 그룹이 인수한 《프랑스-수아르France-Soir》가 시장을 지배하기 시작했다. 1956년에는 발행 부수가 150만 부에 달해서 '100만 부 이상이 팔리는 유일한 일간지'로 자리매김했다. 피에르 라자레프가 운영하는 이 신문에서 훌륭한 기자들(조제프 케셀, 필리프 라브로, 앙리 드 튀렌, 뤼시앵 보다르)이 일했고, 충격적인 기사들과 이목을 끄는 스캔들이 게재되었으며, 특히 폴 고르도, 장 이슈, 알베르 위데르조, 세네프의 만화가 실렸다.

등사기로 인쇄된 몇몇 레트르 콩피당시엘lettre confidentielle* 또한 장관들과 기업 총수들에게서 호평을 받았다. 특히 나치 독일에 협력했다는 이유로 1944년에 기자증을 상실했던 두 저널리스트 폴 드엠과 장앙드레 포셰의 기밀정보지들이 그러했다. 그 곁에는 또한 수많은 극우 신문들―《샤리바리Charivari》(소란),《죈 나시옹Jeune Nation》,《오 에쿠트Aux écoutes》―도 나란히 존재했다.

제4공화국이 끝날 무렵, 2개의 강력한 족벌 언론 그룹이 형성되었다. 각 그룹은 파리의 일간지를 발행하고 있었다. 아모리 그룹은《르 파리지앵 리베레》,《마리 프랑스》,《푸앵 드 뷔》,《이마주 뒤 몽드》를 소유했고 이후에《레퀴프》도 소유했다. 로베르 에르상(독일 점령군과 프랑스국가집산주의당(PFNC)의 협력자이며 프랑스반공의용군단(LVF)의 창설자**)이 창립한 그룹은 지방 신문들과 전문 잡지들(《로토주르날L'Auto-Journal》,《프랑스-앙티유France-Antilles》,《파리-노르망디Paris-Normandie》,《페미나Femina》,《TV마가진TV

---

* 한정된 수의 전문적인 구독자들을 대상으로 경제나 외교 등 특정 분야의 정보를 제공하기 위해 발행하는 정기간행물.
** PFNC는 1934년에 창립되었다가 비시 정부 아래에서 재창립된 극우 정당이다. LVF는 1941년에 창설된 파시스트 민병대로, 비시 정부와 직접 관련되지는 않았지만 2차 세계대전 중 동부전선에서 독일군과 함께 소련군에 맞서 싸웠다.

Magazine》)로 구성되었다. 1996년 에르상이 사망했을 때 그의 그룹은 일간지 25종을 소유했으며, 1975년에 매입해서 1985년에 《로로르》와 합병한 《르 피가로》를 중심으로 파리 일간지들의 발행 부수 절반 가까이를 지배했다.

《프랑스-수아르》를 운영한 피에르 라자레프가 1972년에 사망하자, 발행 부수가 200만 부에 달했던 이 신문은 가차 없이 쇠퇴하기 시작했다.

1973년에 세르주 쥘리, 필리프 가뱅, 장클로드 베르니에, 장폴 사르트르, 베르나르 랄르망이 《리베라시옹Libération》을 창간했다. 사르트르와 베르니에가 1년 동안 운영을 맡았다가, 세르주 쥘리가 그 뒤를 이었다. 이 신문은 1981년까지 신문사 직원들이 경영을 맡았고 이들은 모두 동일한 임금을 받았다. 당시 발행 부수는 10만 부를 넘겼다. 과감한 사설과 표제를 작성하는 솜씨가 한동안은 성공을 가져다주었다. 1982년 좌파 정권이 들어서자 세르주 쥘리가 30년 동안 운영해온 이 신문은 더욱 발전했고 그 영향력도 증대돼서, 1988년 프랑수아 미테랑이 재선된 날에는 예외적일 만큼 많은 판매 부수를 기록했다. 하지만 그 이후로 《리베라시옹》은 하나의 스타일을 확립했음에도 발행 부수는 차츰 줄어들었다. 민간 주주들이 신문사 지분을 사들이기 시작했고, 직원들의 지분은 1980년대에 61.7퍼센트, 1990년대에 33.8퍼센트, 2000년에는 18.4퍼센트로 줄었고 이후에는 0퍼센트가 되었다.

《르 몽드》, 《르 피가로》, 《라 크루아》는 여전히 준거용 신문의 지위를 유지했다. 필리프 테송의 《르 코티디앵 드 파리》는 평단의 호평을 받았고, 이후에 클로드 페르드리엘의 《르 마탱 드 파리Le Matin de Paris》도 그러했다. 프랑스 공산당은 더 이상 《뤼마니테》를 성공적으로 유지하지 못했다. 《뤼마니테》의 발행 부수는 1945년에 40만 부였다가, 좌파의 공동 프로그램

Programme commun*이 시작된 1972년에는 15만 부로 줄었고, 1986년 10만 7000부에서 2000년 4만 6000부로 떨어졌다.

종합 뉴스를 전달하는 주간지들도 등장했다. 이들은 30년이나 뒤늦게 미국의 뉴스 매거진을 모방한 것들이었다. 중도에는 《렉스프레스 L'Express》(1953년 프랑수아즈 지루와 장자크 세르방슈라이버가 창간)가 있었고, 좌파에는 《르 누벨 옵세르바퇴르Le Nouvel Observateur》(1964년 클로드 페르드리엘과 장 다니엘이 창간), 우파에는 《르 푸앵Le Point》(1972년 《렉스프레스》의 고참 저널리스트들이 창간)이 있었다. 다른 나라들처럼 프랑스에서도 최다 발행 부수 기록은 텔레비전 프로그램 안내에 특화된 잡지들이 장악했다.

1940년에 발행이 중단되었음에도 전쟁 기간 내내 사원들에게 임금을 지불했던 《르 카나르 앙셰네》는 1945년에 재발행되었다. 이제 대형 풍자 신문이 되었고, 많은 정보를 담고서 상당한 영향력을 발휘했다. 프랑수아 미테랑과 자크 시라크의 첫 동거 정부가 들어선 1986년과 1987년에 최대 판매 부수를 기록하며 일정하게 60만 부를 넘겼다.

이 시기 프랑스에서 라디오와 텔레비전은 여전히 정치권력의 엄격한 통제를 받고 있었다.

1945년 프랑스 라디오 텔레비전 방송(RTF)은 하나의 텔레비전 채널을 운영하다가 2개로 늘렸고, 여러 지역 방송국과 연결된 4개의 라디오 채널을 운영했다. 라디오 몬테카를로(RMC)는 라디오 룩셈부르크와 마찬가지로 본래의 협력관계에서 재탄생했다. 아직은 텔레비전이든 라디오든 어

---

* 1972년 프랑스의 사회당, 공산당, 좌익급진당이 공동 서명한 개혁 프로그램으로, 전후 경제 부흥기가 끝나고 침체기에 들어선 프랑스 경제와 사회를 활성화하기 위한 정책들을 묶어서 일컫는다.

떠한 민간 방송사도 허가되지 않았다.

1945년 10월 15일 프렌의 감옥에서 피에르 라발*의 처형을 지켜보며 라디오로 중계방송한 피에르 사바그는 1949년 6월 29일 프랑스 최초의 텔레비전 뉴스 프로그램을 만들었다.

1953년에 실시된 설문조사에서는 응답자의 50퍼센트가 "세상에서 일어나는 일에 관한 (…) 정보 중 가장 많은 부분"을 종이 언론에서 얻는다고 답했고, 나머지 50퍼센트는 라디오에서 얻는다고 답했다.

1954년에는 프랑스와 벨기에의 1600만 청취자가 RTL(라디오 텔레비전 룩셈부르크)을 들었다. 당시 RTL은 가장 인기 있는 대중 프로그램들(⟨하루 여왕⟩, ⟨뒤랑통 가족⟩, ⟨모두 잃거나 두 배로 따거나⟩ 등)을 내보냈다. 또한 아베 피에르가 RTL에 출연하여 연대를 호소하는 유명한 연설을 했다. 수백만의 프랑스인들이 이 연설을 듣고 호응한 덕분에 에마위스Emmaüs가 크게 활성화될 수 있었다.**

같은 해에 프랑스에서는 10가구 중 7가구가 라디오 수신기를 소유하고 있었다. 라디오 룩셈부르크에서 일했던 샤를 미셸송과 루이 메를랭이 외로프 뉘메로 욍Europe n°1을 창립했다. 메를랭은 피에르 사바그, 피에르 들라노에, 모리스 지겔을 끌어들였다. 1955년에는 실뱅 플루아라가 미셸송의 지분을 사들였다. 외로프1은 당시 RTL 및 RMC(라디오 몬테카를로) 다음으로 인가된 유일한 민간 라디오 방송국이었다. 이 방송국에서는 매우 혁신적인 프로그램들을 방송했고 상당한 인기를 끌었다. 1956년에는

---

* 프랑스가 독일에 점령되자 페탱의 비시 정권에서 내각 수반을 맡았다. 프랑스 해방 이후 스페인으로 탈주했다가 송환되어 반역죄로 유죄판결을 받고 총살되었다.
** 아베 피에르는 카푸친 작은형제회의 수사로, 1949년 에마위스라는 자선단체를 결성하여 빈민과 노숙자를 위해 봉사했으며, 평생 가난하고 소외된 이들의 목소리를 대변했다.

피에르 벨마르와 자크 앙투안이 이 방송국을 통해 〈여러분은 대단합니다!Vous êtes formidables〉를 방송하기 시작했다. 1955년에는 출판업자 앙리 필리파키의 아들 다니엘 필리파키가 〈친구들아 안녕Salut les copains〉을 방송하면서, 1954년 니콜 바르클레와 에디 바르클레가 창간한《자즈 마가진Jazz Magazine》을 인수했다. 모든 라디오와 텔레비전 방송의 뉴스 보도에서는 순응주의가 크게 자리 잡았다. 하지만 매우 짧은 기간에 연이어 권력을 잡은 정당들이 뉴스 보도를 통제한 것은 아니었다.

1956년 프랑스에는 총 50만 대의 텔레비전 수상기가 있었다. 이는 2년 전에 비해 두 배 늘어난 것이었다. 이후에 이 수치는 더 빠르게 늘어났다.

제5공화국이 성립되었을 때, 드골 장군은 이렇게 말할 정도였다. "종이 언론에 대한 반대 세력으로 우리에겐 텔레비전이 있다." 실제로 라디오와 텔레비전은 이제 새로운 권력에 전적으로 복속되어 있었다. 드골은 방송을 통해 53회 연설했고, 기자회견을 18회 열었다. 피에르 데그로프, 피에르 뒤메예, 피에르 라자레프의 〈1면 5단Cinq colonnes à la une〉처럼 과감하게 용기를 낸 몇몇 프로그램들도 있기는 했다. 1964년 프랑스 라디오 텔레비전 사무국(ORTF)은 모든 시청각 미디어를 더욱 잘 통제하기 위해 재편성했다. 매일 저녁 텔레비전 뉴스 프로그램을 감독하는 곳은 여전히 내무부 장관의 비서실이었다.

1968년 5월, 이제 15~20년 동안 제1의 미디어 자리를 지킨 라디오에서 몇몇 저널리스트들이 정권에 반대하는 이들의 의견을 표현하도록 허락되었다. 특히 외로프1은 시위를 직접 보도하면서 5월 혁명에 주요한 역할을 담당했다. 한 달 뒤 실시된 의회 선거에서 우파가 승리하자, 몇몇 텔레비전 및 라디오 채널에서 독립성을 보여주었던 저널리스트들은 가차 없이 축출되었다.

1969년 텔레비전에서도 광고가 허용되었다. 이 조치로 인해 종이 언론의 광고가 줄어들지는 않았다.

1970년 프랑스에 보급된 텔레비전 수상기가 1000만 대에 달했다(아직 매우 비싼 컬러TV의 비율은 0.5퍼센트에 불과했다). 1974년 5월, 텔레비전 및 라디오의 채널들은 여전히 드골의 권력에 의해 엄격하게 통제받고 있었지만, 2300만 텔레비전 시청자들이 2차 대통령 선거에 앞서 발레리 지스카르 데스탱과 프랑수아 미테랑의 토론을 지켜보았다. 이 선거에서 당선된 발레리 지스카르 데스탱은 공영 라디오 방송사들과 겉으로는 경쟁관계에 있는 듯 보이는 3개의 텔레비전 네트워크 TF1, 앙텐2, FR3에 대한 독점과 통제를 유지했다. 국영이든 민영이든 상관없이 모든 라디오·텔레비전 채널은 엄격한 정치적 검열을 받았다. 중요한 반정부 인사는 공화국 대통령의 비서실로부터 명시적 동의를 얻지 못하는 한 라디오나 텔레비전에 출연할 수 없었다. 한편으로 ORTF는 7개의 조직으로 분리되었는데, 그중 하나가 국립시청각연구소다.

1974년 장뤽 라가르데르가 외로프1의 운영을 맡았고, 이어서 아셰트와 필리파키 언론 그룹의 운영도 맡게 되었다. 《파리 마치》 또한 《엘르 Elle》, 《르 주르날 뒤 디망슈Le Journal du dimanche》를 비롯해 수많은 유명 신문·잡지와 함께 라가르데르의 수중에 들어와서 향후 라가르데르 그룹을 형성하게 된다.

1979년 '자유로운 라디오', 곧 국가로부터 독립된 미디어를 쟁취하기 위한 싸움이 시작되었다.

1981년 5월 프랑수아 미테랑이 대통령에 당선되면서 3000개에 달하는 라디오 방송국이 등장할 수 있었다. NRJ, 라디오 노스탈지, 스카이록, RFM을 비롯하여 주로 음악을 내보내는 라디오 방송국들이 생겨났다.

하지만 라디오와 텔레비전의 뉴스 프로그램이 정치권력으로부터 먼 거리를 유지하기까지는 한참 더 기다려야 했다. 미테랑 대통령은 더 호의적인 미디어를 갖추기를 무척이나 원했고, 그래서 1984년 카날플뤼Canal+의 창립을 추진했다. 하지만 카날플뤼의 두 사장 앙드레 루셀레와 피에르 레스퀴르는 이 최초의 유료 텔레비전 채널에서 뉴스를 방송하지 않기로 했고, 이는 미테랑에게 큰 손해였다. 미테랑은 또 다른 텔레비전 채널의 개국을 독려했고, 이렇게 생겨난 생크Cinq의 경영은 실비오 베를루스코니가 맡았다. 이 이탈리아 사업가는 프랑스에서도 자기 나라에서 만들어 성공을 거둔 것, 다시 말해 저급한 대중 채널밖에는 만들 줄을 몰랐다. 1987년 자크 시라크 정부는 TF1을 프랑시스 부이그의 부동산 그룹에 매각했다. 정치는 언제나 이런 식이었다.

1990년대에는 시청각 미디어 환경이 그다지 변동하지 않았다. 라디오는 RTL, 프랑스앵테르France Inter, NRJ, 외로프1이 지배했고, 텔레비전은 TF1과 프랑스2가 지배했다. 1987년 프랑스앵포France Info가 창설되면서 뉴스만 방송하는 첫 라디오 채널이 등장했다. 프랑스에서는 다른 나라들처럼 언론 그룹들이 시청각 미디어로 확장하는 데 성공하지 못했다. 저널리즘 세계의 외부에 있는 기업들(부이그, 다소, 비방디)이 이를 활용하여 뉴스 채널들을 발전시키려 했지만, 시청자 수는 하찮을 만큼 적었다.

2000년, 프랑스에서 여전히 주요 일간지로 남은 신문들은 《웨스트-프랑스》(79만 부), 《르 파리지앵》(48만 6000부), 《레퀴프》(39만 8000부), 《르 몽드》(39만 2000부), 《르 피가로》(36만 부), 《리베라시옹》(16만 9000부) 등이었다. 일반적으로 지역 신문들은 파리 신문들보다 훨씬 더 견고하고 영향력도 더 컸다.

다른 곳에서보다 프랑스에서는 저널리스트의 지위가 미디어와 상관없이 (몇몇 스타 저널리스트를 제외하고) 여전히 불안정했고, 보수는 점점 더 매력적이지 않게 되었다.

2000년 프랑스에서는 미디어의 영화로운 시절이 끝이 났다.

판매를 위한 감시

전 세계 어디에서나 감시는 예전부터 권력의 성질을 띠었는데, 특히 상업권력이 등장한 이래로 더욱 그러했다. 신문들은 오래전부터 그들의 독자가 누구인지, 그들이 무엇을 읽고 싶어 하는지, 그리고 광고를 통해 그들에게 무엇을 팔 수 있는지 알고자 했다.

광고는 이제 민영 미디어의 생존 조건이 되었다. 광고비는 미디어의 수익에서 점점 더 대체 불가능한 부분이 되어갔다. 기업들 또한 그들에게 광고비를 타내려고 다투는 미디어의 독자나 청취자나 시청자를 정확히 파악하고자 했다. 따라서 광고대행사들과 그 고객들에게 도움을 주기 위해, 우선 미국에서 미디어의 수용자를 정확히 분석하기 위한 온갖 기술들이 발전했다.

1947년 미국에서는 1923년 시카고에서 설립된 닐슨이 처음으로 라디오 청취에 관한 자세한 보고서를 작성했다. 이 보고서는 가장 청취율이 높은 20개 프로그램의 청취자를 네 가지 요소(전체 청취자, 평균 청취자, 누적 청취자, 각 가정의 소득)로 분석한 것이다. 얼마 뒤 닐슨은 텔레비전에도 같은 방식으로 시청자를 분석하여 보고서를 작성했다. 닐슨이 사용한 방법은 전 세계에서 시청각 미디어의 청중을 분석하는 주요 방법으로 확립된다.

1949년 프랑스에서는, 1938년 장 스퇴트젤이 창설한 프랑스여론연구소(IFOP)가 최초로 라디오 청취에 관한 분석을 시도했다. 1957년에는 광고매체연구센터가 창설되었고, 1964년에는 ORTF(프랑스 라디오 텔레비전

사무국)에서 1938년 이래로 BBC의 청취자 조사부의 방식에 영감을 받아 전화 설문조사를 실시했다. 1981년부터 영국에서는 BBC, 채널4, 채널 5, 스카이, 광고업종사자협회(IPA)가 보유하고 있는 방송시청자조사위원회(BARB)에서 텔레비전 방송국들의 시청자 조사 자료를 축적해오고 있다. 이를 위해 1만 2000가구가 텔레비전에 설치된 일종의 블랙박스를 통해 이루어지는 조사를 수락하고, 그 대가로 무료 텔레비전 수상기와 시청료 면제 혜택을 받았다. 같은 해에 프랑스에서는 여론조사센터(CEO)가 최초로 시청률을 조사했다. 1985년에는 메디아메트리에서 고정 조사 대상을 1000가구로 늘리고 8~16세 시청자까지 조사 대상을 넓혔으며(〈팬들의 학교L'École des fans〉라는 프로그램의 인기 때문), 1993년에는 4~6세 시청자까지 포함했다. 1992년 영국에서는 BBC와 라디오센터가 보유한 라디오 합동 청취자 조사 유한책임회사(RAJAR)가 라디오 방송 청취자를 조사하고 성인(15세 이상) 5만 4000명의 청취 행위를 기록했다.

광고 제작은 전문적인 일이 되었고, 소비자들의 깊은 욕망이라고 생각되는 바를 명확히 밝히기 위해 기호학이 발전했다. 즉 재화를 구입하는 것은 각자가 자신이 동일시하는 사회 계층에 대한 소속감의 표징을 나타낸다.

또한 프랑스에서 먼저 구매 대행업체들이 생겨났다. 이들은 이제 미디어의 지면이나 시간을 대량으로 사서 소량으로 판매했다.

1996년에는 미국에서 닐슨 미디어 연구소(NMR)가 설립되어 모든 미디어(TV, 라디오, 영화, 신문·잡지, 인터넷)의 수용자에 대한 조사 및 분석 작업을 수행하게 됐다.

독일의 미디어

나치가 패배하자 독일 미디어는 완전히 사라졌다.《푈키셔 베오바흐터》의 편집장 알프레트 로젠베르크는 뉘른베르크에서 재판을 받고 1946년 10월 16일 교수형에 처해졌다. 베어마흐트가 운영한 잡지《지그날》의 수석 편집자 하랄트 레헨페르크는 보헤미아 지방으로 도주했다가 1950년대에 다시 저널리스트가 되었다. 같은 잡지의 차석 편집자 빌헬름 레스는 1945년 소련군에 체포되어 1946년 1월 부헨발트에서 사망했다. 3등 편집자 기젤허 비르징은 1945년 6월 미군에게 체포되어 미군의 비밀 정보 기관을 위해 일한 뒤 다시 저널리스트로서 활동했고 1948년 복음주의 잡지를 창간했다.《다스 라이흐》와《푈키셔 베오바흐터》의 편집장 오이겐 뮌들러는 감옥에서 탈출하여 1981년까지 조용한 삶을 살았다.

연합국은 독일에 새로운 신문들을 창간했고, 이 신문들은 장차 독일인들의 손에 다시 맡겨진다. 그 가운데 어떤 신문들은 오늘날 대형 신문으로 성장했다. 1945년 소련의 적군赤軍이 발간한《베를리너 차이퉁 Die Berliner Zeitung》, 1945년 미군이 창간한《타게스슈피겔Der Tagesspiegel》, 1946년 영국군이 창간한《디 벨트Die Welt》, 1947년 영국의 후원으로 발간된《슈피겔Der Spiegel》 등이다. 뮌헨에서는 미군이 창간한《노이에 차이퉁Die Neue Zeitung》이 있다. 1945년 4월부터 몇몇 독일 신문들이 등장했지만, 엄격하게 지역 소식들과 공지들에 한정되었다.《샤움부르거 차이퉁 Schaumburger Zeitung》,《첼레슈 차이퉁Cellesche Zeitung》,《다이스터 운트 베제르차이퉁Deister und Weserzeitung》 등이다. 그밖에도 매우 오래된 신문들이 잿더미에서 다시 태어나기도 했다.

1948년 함부르크에서는 출판 집안의 상속자이면서 나치와 타협하지 않았던 악셀 슈프링어가 단호하게 반지성적이며 보수적인 언론 제국을 형성하기 시작했다. 우선 1948년《함부르거 아벤트블라트Hamburger Abendblatt》를 발간한 그는 1952년에 타블로이드 일간지《빌트Bild》와 함께 주간지《빌트 암 존탁Bild am Sonntag》을 창간했다. 그리고 1953년에《디 벨트》를 사들였고 그밖에 다른 잡지들도 발간했는데, 그중에서도 라디오·TV 잡지《회르추Hörzu》가 큰돈을 벌어들였다. 이어서 슈프링어는 울슈타인 집안이 1946년에 되찾았던 울슈타인 그룹을 사들였다.

연합국은 라디오 방송국 또한 새로 창립했다. 미군 네트워크(AFN)는 독일연방공화국 내 미군 기지에서 방송되었고, 미국 점령지구 라디오(RIAS)는 서베를린에서 방송되었다. 1948년 영국군은 북서독일 라디오(NWDR)가 영국 점령지구에서 방송되는 것을 허가했다. 프랑스군 또한 마찬가지였다. 1949년 서독에는 9개의 라디오 방송국이 창설되었다. 곧이어 최초의 텔레비전 채널도 등장했다. 동독에서는 독일민주공화국방송이 4개의 라디오 방송국을 창설하고, 1952년에 스탈린의 생일을 맞아 독일 텔레비전 방송(DFF)이라는 채널을 개설하고 하루에 2시간씩 방송했다.

1949년 독일연방공화국이 성립되자 연합국은 나치와 타협하지 않은 독일인들에게 1000개의 일간지 발행 허가를 내주었다. 또한 대형 정당들도 신문을 창간하는 것이 허가되었으나, 그중 다수가 빠르게 파산했다. 옛 지역 신문들이 재발행되었고 다시 인기를 얻었다. 1960년대 말에 이르자 성인 인구의 85퍼센트 정도가 적어도 하나의 일간지를 꾸준히 읽고 있었다. 1970년, 악셀 슈프링어는 전체 독일 일간지의 4분의 1을 지배했다. 서독의 두 번째 텔레비전 채널 제2독일 텔레비전(ZDF)이 1963년에 생겼고, 이어서 최초의 민영 텔레비전 채널 RTL플러스와 SAT1이 탄생했다. SAT1은 RTL에 의해 창설된 최초의 인공위성 채널이었는데 그 소유주들은 룩셈부르크인이면서 독일인이었다.

통일 이후 1992년 독일 일간지의 총 발행 부수는 2700만 부를 넘어섰다. 동독의 미디어는 사라지거나 새로운 상황에 적응했다. 16개 주의 협정에서 탄생한 공공기관인 도이칠란트 라디오는 도이칠란트풍크 Deutschlandfunk(뉴스), 도이칠란트풍크 쿨투어Deutschlandfunk Kultur, 도이칠란트풍크 노바Deutschlandfunk Nova, 이렇게 3개의 전국 라디오 채널을 운영했다.

2000년에 독일 성인 다섯 명 중 네 명은 여전히 매일 일간지를 읽었다. 각 도시에는 적어도 2개의 지역 일간지가 있었는데, 발행 부수는 미미한 경우가 많았다. 베를린에서는 《타게스슈피겔》, 《베를리너 차이퉁》, 《베를리너 모르겐포스트Berliner Morgenpost》 등 여러 일간지가 발행되었다. 이 신문들은 대체로 매우 대중적이었다. 계속 큰 성공을 거두고 있던 일간지는 스캔들을 주로 다루는 《빌트》뿐이었다. 이들 신문은 많은 경우에 금융 그룹이나 슈프링어 그룹의 소유였다. 그리고 2000년 독일에서도 다른 곳들과 마찬가지로 일간지들의 총 발행 부수는 2500만 부에서 점차 감소하기 시작했다.

사미즈다트와 글라스노스트*

전쟁이 끝나자 소련의 미디어는 스탈린과 공산당의 혹독한 지배 아래 놓이게 되었다.

공산당원들은 《프라우다》와 《이즈베스티야》를 의무적으로 읽어야 했

---

* 사미즈다트(самиздат)는 '스스로 출판하다'라는 의미의 러시아어 합성어로, 검열을 피해 비밀리에 독립적으로 발행한 출판물을 말한다. 글라스노스트(гла́сность)는 1985년 공산당 서기장 고르바초프가 단행한 개방정책을 가리킨다. 이를 통해 그동안 금지되었던 출판, 공연, 방송 등이 가능해졌다.

기 때문에 두 신문의 발행 부수는 1000만 부에 가까웠다. 당시 소련에서는 172종의 일간지가 발행되었고, 모두 당의 통제를 받았다. 라디오는 권력의 주된 통치 수단이었다. 1949년 6월에 텔레비전 방송이 시작되었다. 모스크바 디나모 경기장에서 열린 축구 경기를 생중계한 것이 첫 방송이었다. 이후 매일 저녁 텔레비전 뉴스가 방송되었다.

1953년 3월 스탈린이 사망할 당시 검열 당국은 1년에 대략 400종의 도서 및 기사를 금지시켰다. 검열 당국은 24시간 이내에 한 신문의 죽음을 결정할 수도 있었다. 서방의 라디오 방송들은 늘 방해 전파와 뒤섞여 잘 들을 수 없었다. 사미즈다트가 비밀 작업장에서 인쇄되거나 외국에서 들어왔다. 문예 사미즈다트《페닉스Феникс》(불사조)와《신탁시스Синтаксис》(통사統辭)에는 산문과 운문으로 된 문학적 에세이들이 게재되었다. 1968년에는 비밀리에《현행 사건들의 연대기Хро́ника теку́щих собы́тий》(BBC의 프로그램 제목을 따온 것)가 발행되었다. 이 신문은 스탈린에게 희생당한 이들의 후손, 곧 야키르 장군의 손녀와 막심 리트비노프의 손자가 주도하여 모스크바에서 발행되었다. 인권의 대변자를 자처하는 이 사미즈다트는 정부가 저지르는 수탈과 자의적인 체포를 기록하여 문서로 남겼다. 경찰과 지도자들에게 큰 해를 입히고자 희생자들과 형리들의 이름을 제공했고 기밀문서들을 공개했다. 끊임없이 수색과 연행이 이어졌지만 1968년부터 1983년까지 총 16호가 성공적으로 발행되었다. 이 사미즈다트의 여성 지도자들 가운데 하나였으며 브레즈네프 시대의 용기와 엄정嚴正의 본보기가 된 수학자 타티아나 벨리카노바는 1980년에 체포되었다가 1986년에 석방되었다.

사미즈다트라는 말은 또한 그 나름의 방식으로, 우리가 21세기 초에 다시 마주치게 되는 17세기 이탈리아의 아비조로 회부된다.

1981년 서방의 라디오들은 소련과의 불화를 중단했다. 미국의 라디오 리버티Radio Liberty 방송국은 당국의 허가를 받아 모스크바에 통신원을 두기도 했다. 1985년 고르바초프가 정권을 잡은 뒤로 검열은 더욱 완화되었다. 〈유노스트〉(청년)(1962년 첫 방송), 〈마야크〉(등대)(1964년 첫 방송)처럼 많은 이가 청취하고 시청한 라디오와 텔레비전의 프로그램들은 사회 문제들을 직접 다루었고 대립되는 관점들을 함께 제시했다. 1986년에는 모스크바의 학생들과 서던일리노이대학 학생들의 교류를 여러 방송국에서 소개하기도 했다. 《프라우다》의 발행 부수는 여전히 1200만 부를 유지했다.

1986년 4월, 체르노빌의 비극이 일어난 후 처음에는 참사를 감추기 위한 검열이 시도되었지만 별 효과를 발휘하지 못했다. 사건에 대한 자유로운 논의가 진행되었고 공포는 멀어졌다. 600만 부를 발행하는 《크라카딜 Крокодил》(악어)은 소련 지도자들의 캐리커처를 게재하기 시작했다. 주간지 《아가뇨크 Огонёк》(불꽃)는 투옥되거나(시인 율리 다니엘의 시) 암살된(작가 니콜라이 구밀료프의 산문) 지식인들의 작품들을 발췌하여 게재했다.

1988년 《소베츠카야 쿨투라 Советская культура》(소비에트 문화)는 스탈린식의 숙청과 과도한 산업화와 강제된 집산화를 강하게 비판했다. 이해에 250종의 잡지와 신문이 새로 등장했고, 이듬해에는 무려 760종이 창간되었다.

1990년 8월 1일 검열이 공식적으로 폐기되었다. 하지만 정부는 여전히 종이 생산과 신문 배급망을 장악하고 있었다.

최초의 민영 라디오 방송국도 등장했는데 특히 프랑스인들의 참여가 두드러졌다. 1990년에 예브로파 프루스 Европа Плюс와 나스탈기아 Ностальгия가 개국했고 1991년에는 모스크바에만 10개의 민영 라디오 방송국이 생겼다. 모스크바의 민영 라디오 방송국은 1992년에는 21개, 2000년에는 40개를 헤아리게 되었다. 상트페테르부르크에서는 1991년에 라디오 발티카Радио Балтика가 창설되었다. 니즈니노브고로드와 사마라, 로스토프온돈에도 민영 방송국들이 등장했고 1998년 러시아 전체에는 1500개의 민영 라디오 방송국이 존재했다.

1990년 《프라우다》의 발행 부수는 270만 부로 급감한다. 이 신문의 구독이 더 이상 의무가 아니었기 때문이다. 1992년에는 그리스 투자자(그리스 공산당의 측근인 얀니스 얀니코스)에게 매각되었다. 《프라우다》는 1993년에 옐친 대통령에게 반대했다가 잠시 정간되는 일을 겪기도 했다. 1997년에는 발행 부수가 25만 부까지 떨어진 상태에서 러시아 공산당에 다시 매각되었다.

1991년부터 1993년까지 러시아의 신문은 112종에서 238종으로 늘었다. 그중에서도 1991년에 창간된 《스포트-익스프레스Sport-Express》는 프랑스의 《레퀴프》로부터 영감을 받았고 오늘날 러시아에서 가장 많이 읽히는 신문이 되었다.

1993년 4월 1일, 한 무리의 저널리스트들이 고르바초프(지분 10퍼센트 소유)와 백만장자 알렉산드르 레베데프의 지원을 받아서 《노바야 가제타Новая газета》를 출간했다. 이 신문은 독립 신문을 추구했으며, 부패한 엘리트들과 파시스트 단체들과 체첸공화국 강탈을 비판했다.

소련이 해체되고 1994년부터 러시아에서는 언론의 자유가 도래하리라 믿었던 저널리스트들에 맞선 위협들이 시작되었다. 2000년에 〈나자드 v SSSRНазад в СССР〉(소련으로 회귀)이라는 텔레비전 프로그램은 옛 소련 시절을 복권하고 '개척자들의 야영지, 병사들의 동지애, 기술 개발 성공' 등을 향수 어린 시선으로 그려냈다.

신문·잡지의 발행 부수는 여전히 감소하고 있었다. 주요 신문으로는 《베체르냐야 모스크바Вечерняя Москва》(139만 부), 《콤소몰스카야 프라우다 Комсомольская правда》(78만 5000부), 《모스코우스카야 프라우다Московская правда》(30만 4529부), 《이즈베스티야》(23만 4500부), 《베르시아Версия》(17만 부), 《트리부나Трибуна》(12만 4000부), 코메르산트Коммерсантъ(13만 1000부) 등이 있었다. 이들은 거의 모두 권력과 친밀한 금융 그룹들에 의해 지배되었다.

절대권력을 지닌 일본의 미디어

2차 세계대전 이후 미국은 독일이나 일본과 달리 전쟁 도발을 지지했던 신문들을 폐간하지 않았다. 대신 의무를 부과했다. 1946년 일본신문협회는 "신문은 사회 질서의 수호자다"라고 규정한 '신문법'을 인정해야 했다. 1960년대 말까지 일본 신문들이 의견을 전달하는 일은 거의 없었고, 그 이후가 되어서야 사설과 여론조사가 실리기 시작했다. 신문은 각 가정으로 배달되었고 구독률이 매우 높았다.

1970년 일본의 인구는 1억 400만 명이었고 일본 전체 일간지 총 발행 부수는 5100만 부에 달했다. 이들 미디어(《요미우리신문》, 《도쿄신문》, 《아사히신문》, 《교토신문》)의 배후에는 금융 그룹과 공업 그룹이 있었다.

1951년부터는 상업적인 민영 라디오 방송국들이 발전하기 시작했다. 주요 라디오 방송을 통제하던 공영 기관 일본방송협회(NHK) 또한 1953년부터는 텔레비전 방송 회사가 되었다. 1954년 이후 NHK가 최초의 정규 텔레비전 프로그램을 방송했다. NHK는 텔레비전 수상기와 라디오 수신기를 소유한 가구에서 납부하는 수신료를 재원으로 운영되었다. 상업적 단파 라디오 방송국 라디오 니케이는 1954년에 개국하여 금융·건강·

문화 관련 뉴스를 전하고 주말에는 경마 대회를 중계했다. 이후에 내체로 신문사에서 소유한 민영 텔레비전 채널들이 등장했다. 일본에서 텔레비전은 엄청난 성공을 거두었다. 1964년 95퍼센트의 가정이 텔레비전을 소유했다(이는 1980년 프랑스의 TV 보급률 수준이다). 2000년에는 62개의 텔레비전 회사와 36개의 라디오 및 텔레비전 회사, 18개의 라디오 회사가 존재했다.

방송의 비약적 확장이 종이 언론을 위축시킨 것은 전혀 아니었다. 2000년에 일본 전체 인구는 1억 1700만 명이었는데 일간지는 모두 115종이 있었고 총 발행 부수는 6000만 부에 달했다. 이는 미국의 일간지 총 발행 부수를 능가하는 것으로, 일본의 언론은 세계 최고가 되었다.

신생 독립국가들의 미디어

독립을 획득한 나라들에서도 라디오와 텔레비전은 빠르게 발전했다. 종이 언론은 식민지 지배자들이 유산으로 남긴 높은 문맹률 때문에 여전히 제한되어 있었다. 지구에 사는 인류의 절반은 글을 몰랐다. 인도인의 20퍼센트만 글을 읽을 줄 알았다.

독립 이후 인도에서는 새 헌법(제19조)에 의해 표현의 자유가 보장되었다. 1964년에 이미 149종의 일간지와 726종의 정간물이 힌디어로 발행되고 있었다. 1970년대 말에는 글을 읽을 수 있는 2억 5000만 명의 인도인이 800종의 일간지 중에서 선택할 수 있었다. 이들 가운데 절반은 42종의 주요 신문을 읽었다. 이 신문들은 6개 주요 도시에서 13개 판으로 발행되었고, 그중 31종은 4대 언론사, 즉 사후 자인 집안의 타임스 그룹(대표 신문《타임스 오브 인디아》), 비를라 집안의 인디아 투데이 그룹, 수브하시 찬드라 고엔카 소유의 에셀 그룹, 그리고 여러 일간지(《아난다바자르 파트리카

Anandabazar Patrika》,《텔레그래프The Telegraph》,《데시Desh》,《사난다Sananda》,《아난다멜라Anandamela》,《아난달로크Anandalok》)를 소유한 ABP 그룹에 속했다.

인도에서 라디오와 텔레비전은 발전이 더뎠다. 1947년 독립일에, 인도 전체에 라디오 방송국은 여섯 곳밖에 없었다. 민영 라디오가 인가되었을 때에도 뉴스 방송은 금지되었다.

1965년이 되어서야 매일 텔레비전이 방송되기 시작했다. 콜카타에서 가장 먼저 시작되었고, 다음으로 1972년에 뭄바이와 암리차르에서도 매일 텔레비전을 볼 수 있게 되었다. 1975년에도 7개 도시에서만 텔레비전을 시청할 수 있었다. 채널은 두르다르샨 하나밖에 없다가, 1984년이 되어서야 두 번째 채널 DD2에서 영화, 코미디, 어린이 프로그램 및 가사 프로그램을 방송하기 시작했다. 1991년부터는 민영 방송국 및 외국 방송사의 인도 국내 방송이 허용되었다. 이에 따라 CNN, 스타TV* 등 외국 방송사가 인도에 진출하고 인도 민영 채널들(인도 최초의 민영 채널 Zee TV와 선 TV 등)도 방송을 시작했다. 가족이 경영하는 다수의 신문 그룹에서도 텔레비전 채널을 만들었다. 하지만 텔레비전이든 라디오든 민영 채널에서 뉴스를 보도하는 것은 허용되지 않았다.

아프리카의 신생 독립국가들에서도 여러 종의 신문이 등장했지만 발행 부수는 매우 적었다. 모든 신문이 자국 국경을 넘어서까지 발행되지 못했지만 1960년 튀니스에서 창간된 주간지 《쥔 아프리크 Jeune Afrique》(젊은 아프리카)는 예외였다. 몇몇 나라에서는 일간지가 하나씩만 발행되었다. 예를 들면 《호로야Horoya》(기니), 《르 탕 뒤 니제르 Le Temps du Niger》,

---

* 튀르키예 최초의 민영 텔레비전 채널.

《토고 프레스Togo Press》,《에티오피언 리포터Ethiopian Reporter》(1991),《아디스 포춘Addis Fortune》(2000) 등이다. 남아프리카공화국에서는《베일트Beeld》가 1974년에 창간되어 4개 주에 보급되었다.

국영 라디오 방송국에서는 옛 식민 본국의 언어와 지역 언어들을 모두 사용해 방송했고, 무엇보다도 농업 기술의 대중화를 위한 프로그램이 주로 전파를 탔다. 민영 라디오 방송은 1990년대에 들어서야 도입되었다. 사람들은 RFI과 BBC 등 옛 식민 본국의 방송을 청취했다.

텔레비전 방송은 매우 뒤처졌다. 콩고공화국의 초대 대통령 풀베르 율루는 1962년 프랑스에 텔레비전 방송을 위한 기술 원조를 요청했다. 1963년에는 가봉과 부르키나파소가 같은 원조를 요청했다. 가나에서는 국영 텔레비전 방송이 1965년에 등장했고 초대 대통령 콰메 은크루마의 범아프리카주의 선전에 활용되었다. 1972년에는 세네갈에서도 텔레비전 방송이 시작되었다. 1973년에는 중앙아프리카의 보카사 황제가 텔레비전 방송을 시작했고, 앙골라 라디오-텔레비전이 창립되었다. 1976년에는 남아프리카공화국에서도 텔레비전 방송이 시작되었다. 이듬해에는 나이지리아에서 나이지리아 텔레비전 공사(NTA)가 설립되었다. 리비아는 1977년 세쿠 투레 대통령의 기니, 1979년 모잠비크, 1983년 말리에 방송 설비를 갖추도록 원조했다. 카보베르데(대서양의 섬나라)와 모리타니에서는 1984년에야 사담 후세인의 지원을 받아 텔레비전 방송이 시작되었고, 차드는 1987년, 르완다는 1992년에야 텔레비전 방송이 도입되었다. 영어권 아프리카에서는 BBC와 CNN을 시청할 수 있었다. 남아프리카공화국은 다수의 영어 채널을 계획했다.

그리오는 늘 존재했다. 또한 소문은 정보 확산의 중요한 수단으로 여전히 남아 있었다. 1993년 니제르의 주간지《르 팡 아프리캥Le Paon africain》

(아프리카의 공작새)은 이렇게 썼다. "우리는 객관성을 믿지 않는다. 객관성이란 존재하지 않는다. (…) 사실을 호도하지 않으면서도, 하나의 현실은 천 가지 방식으로 기술될 수 있다. (…) 그러므로 주관성이다. 그러나 절제된 주관성, 거의 (…) 무관심하지만 완전히 분리되지는 않은 주관성이다."

세 미디어가 지배하는 세상에 등장한 네 번째 미디어: 인터넷

오랜 기간 세 미디어가 지배하던 세상에 네 번째 미디어가 등장했다. 이 네 번째 미디어는 단시간에 기존 미디어를 뒤집어놓는다. 1945년부터 2000년까지 45년 동안 이 새 미디어가 남모르게 성장했다는 사실은 기존의 세 미디어가 남모르게 퇴조했음을 의미한다.

우편이 신문으로 이어지고, 전화가 라디오로, 사진이 영화와 텔레비전으로 이어졌듯이, 처음에는 개인적인 메시지를 전달하기 위해 고안된 기술이 새로운 미디어, 곧 인터넷의 발전으로 이어졌고, 개인적인 메시지를 한 컴퓨터에서 다른 컴퓨터로 전달하기 위해 찾아낸 방식이 전혀 새로운 커뮤니케이션 수단, 곧 소셜네트워크의 발전으로 이어졌다. 인터넷과 소셜네트워크는 오랜 기간 (극소수의 엔지니어들, 특히 군사기술 전문가들에게만 한정되고 난해한) 커뮤니케이션 기술에 불과했다. 누구도 이 기술이 앞으로 하나의 미디어로 사용되리라고는 상상조차 하지 못했다.

모든 것이 시작된 것은 1948년이다. 2차 세계대전 기간 중 암호 전문가로 활동한 클로드 섀넌 교수가 정보 이론의 토대가 되는 논문을 발표했다. 이 논문에서 섀넌 교수는 '비트bit'와 코드 전송 역량이라는 개념을 처음 도입했다. 1960년대 초 (MIT에서 최초의 비디오게임 〈스페이스워〉를 개발했을 때) 미국 공군은 핵 공격 시에 공군 기지들 사이에 안전한 메시지 전송 방식을 확보할 수 있는 통신망의 개발을 원했다. 이를 위해 1964년 미국인 엔지니어 폴 배런은 (클로드 섀넌의 작업에서 영감을 받은 레너드 클라인 록 교수의 1953년 작업에서 출발하여) 일부가 파괴되어도 작동할 수 있는 촘촘한 통신망을 구상했다. 이 망을 통해서 메시지들이 통째로 전달되는 것이 아니라, 일정한 정보의 단위로 나뉘어 전달되고 수신자에게 도착하면 다시 재조합된다. 그러므로 통신망이 부분적으로 파괴되어 일부 정보 단위들이 전송되지 못한다 하더라도 메시지의 재구성이 가능해진다. 1969년 미국 국방성 고등연구계획국(ARPA)은 캘리포니아의 대학들과 통신하기 위해 이러한 망을 직접 개발했다. 이것이 아르파넷Arpanet이다.

1971년 아르파넷을 위해 일하던 미국인 엔지니어 레이 톰린슨은 이 통신망을 통해 한 기계에서 다른 기계로 메시지를 전송하는 데 성공했다. 이것이 최초의 전자우편, 곧 이메일이다. 이 메시지는 톰린슨의 세계 최초 이메일 주소 tomlinson@bbn-tenexa에서 전송된 것이었다. 1972년 (아타리에서 개발한 첫 비디오게임 〈퐁〉이 나오던 해에) 워싱턴에서 열린 제1회 국제컴퓨터통신회의(ICCC)에서 미국인 엔지니어 로버트 E. 칸이 '인터넷'이라는 말을 처음 사용했다. 이 용어는 (망을 서로 연결한다는 의미의) '인터네팅internetting'에서 나온 것이다.

1973년 스탠퍼드대학의 빈트 서프와 이제 방위고등연구계획국(DARPA)이 된 ARPA의 밥 칸이 두 컴퓨터 사이에서 통신을 가능하게 하는 전송제어 프로토콜/인터넷 프로토콜(TCP/IP)을 개발했다.

같은 해 프랑스에서는 정부와 톰슨CSF의 지원을 받아 엔지니어 루이 푸쟁이 영국인 도널드 데이비스와 미국인 폴 배런의 아이디어에서 출발하여 그와 유사한 단위 전송 시스템 다타그람Datagramme을 개발했다. 하지만 이듬해인 1974년에 일반전기회사(CGE)는 푸쟁의 프로젝트를 거부하고 체신부에서 나온 트랑스파크Transpac라는 기술을 채택했다. 이 기술은 메시지를 보낼 수만 있고 받을 수는 없었다. 이미 우편, 언론, 라디오, 텔레비전, 기타 여러 가지 제도와 기술의 발전을 방해한 프랑스의 중앙집권적 경향이 치명적인 오류를 가져온 것이다. 이는 통신 총감독국(DGT)이 개발한 미니텔Minitel로 이어지는데, 이 역시 지시 사항을 보낼 수만 있을 뿐 상호 교환할 수는 없는 방식이었다. 이미 프랑스 밖에서는 세계 전역을 휩쓸게 될 인터넷의 모험이 시작되었다.

1980년 IBM의 엔지니어 리처드 스톨먼이 (본래는 프리 소프트웨어*로서) 보편적인 무료 백과사전을 만들자는 아이디어를 처음으로 제시했다. 이 아이디어는 2001년에 위키피디아로 실현된다. 1983년 두 명의 미국인 연구자 존 포스텔과 폴 모카페트리스는 DARPA의 요청에 따라, 컴퓨터들이 각 컴퓨터의 위치를 일정하게 파악할 수 있도록 일상언어의 이름을 도메인 이름 및 IP주소와 결합할 수 있게 하는 데이터베이스를 개발했다. 이것이 도메인 네임 시스템(DNS)이다. 1984년에는 모스크바에서 역사상 가장 중독성이 강한 비디오게임으로 알려진 〈테트리스〉가 출시되었다. 1985년에는 닌텐도가 등장했고 최초의 도메인명 symbolics.com이 등록되었다. 휴대용 게임기 게임보이가 등장한 1989년에는 제네바 유럽 입자물리연구소(CERN)의 팀 버너스리가 하이퍼텍스트를 개발하여 문서들을 서로 연결할 수 있는 체계를 만들었고, 1990년 12월 20일 최초의 인터넷 사이트 info.cern.ch를 만들었다. 이 사이트는 하이퍼텍스트에 관한 자료들과 사이트를 만들기 위한 정보들을 수집하여 정리한 것이었다. 버너스리는 이 모두를 가리켜 월드와이드웹World Wide Web(WWW)이라 명명했다. 이로써 인터넷이 탄생했다.

---

* 개발자가 소스 코드를 공개하여 누구나 복제·배포·변경을 자유롭게 할 수 있게 한 소프트웨어.

이제 각 개인이 메시지를 보낼 수 있을 뿐 아니라 정보 이용이 가능한 인터넷 사이트를 만들 수 있게 되었다. 이러한 사이트들이 몇 배로 늘어나는 데는 채 10년도 걸리지 않는다.

이렇게 해서 다시 한번, 사적인 메시지의 전달 수단으로 탄생한 것이 정보 전달의 수단, 곧 미디어가 되었다. 그리고 이 미디어는 기존 미디어들의 유토피아를 실현할 수 있었다. 즉 지식과 정보를 모두와 소통할 수 있게 된 것이다. 더욱이 각 개인이 자신의 미디어를 만들 수 있게 되었다. 아비조라는 이름으로 몇몇 베네치아 상인들만 사용 가능했던 것이 처음에는 신문, 그다음엔 라디오와 텔레비전의 편집실로 확장되었다가 이제는 누구나 접근할 수 있게 개방된 것이다.

1990년에는 몬트리올 맥길대학의 학생이었던 앨런 엠티지가 아키Archie라는 최초의 검색엔진을 개발했다. 이 검색엔진은 웹사이트들로 연결된 링크들을 나열한 일종의 디렉터리로서 그 사용법이 무척 어려웠다. 1991년에는 미네소타대학에서 비슷한 프로젝트가 진행되었고 웹사이트에 색인으로 분류된 페이지들을 검색하는 최초의 검색엔진 완덱스Wandex가 등장했다.

1992년에는 최초의 전자상거래 사이트 Book.com이 만들어졌다. 하지만 온라인 결제의 보안이 확보되지 않았기 때문에 실제로 사용하는 사람은 아무도 없었다. 같은 시기에 최초의 암호화 소프트웨어 PGPPretty Good Privacy와 최초의 온라인 메일 서비스 회사인 AOL(아메리카 온라인)이 등장했다. 이때까지 전 세계에 존재하는 인터넷 사이트는 총 130개에 불과했다.

같은 해에 매우 중대한 실수가 벌어졌다.《시카고 트리뷴Chicago Tribune》에서 AOL을 통해 최초의 미디어 웹사이트를 개설하고 기사 제목과 간단한 뉴스를 무료로 제공했다. 일간지 《콜럼버스 디스패치Columbus Dispatch》도 인터넷 서비스 제공업체 컴퓨서브와 제휴하여 온라인에서 기사를 무료로 제공했다. 이러한 시도들은 이후에 매우 중대한 실수로 판명되었다. 왜냐하면 무료 서비스를 유료 서비스로 전환하는 일은 결코 쉽지 않기 때문이다.

이듬해인 1993년, 《새너제이 머큐리San Jose Mercury》는 신문의 첫 기사들을 온라인에 무료로 제공하기 시작했다. 그뿐만 아니라 통신사의 긴급 뉴스, 아직 신문 지면에 게재되지 않은 기사들, 회의나 회담의 전체 발언 기록, 주식시장 정보, 텔레비전 프로그램 등을 함께 제공했다. 같은 해에 일리노이대학에 재학 중이던 22세의 마크 앤드리슨은 최초의 범용 브라우저 모자이크Mosaic와 넷스케이프Netscape를 개발했다. 역시 같은 해에 최초의 배너 광고(미술관 광고)가 등장했는데, 이를 통해 온라인 서비스를 시도하는 신문사들이 어느 정도 수익을 기대할 수 있게 되었다. 이해에는 비디오게임 〈피파〉가 등장했는데, 일렉트로닉 아츠(EA)에서 CD로 출시한 이 게임은 판매량이 50만 장에 빠르게 도달했다.

이듬해인 1994년에는 20년 전 컴퓨터공학자 빌 게이츠와 그의 친구 폴 앨런이 설립한 또 다른 소프트웨어 프로그램 회사 마이크로소프트에서 한 컴퓨터의 전체 리소스 사용을 총괄적으로 통제하는 프로그램들의 총체, 즉 컴퓨터 운영체제를 윈도우라는 이름으로 출시했다. 이 운영체제에는 마이크로소프트에서 개발한 브라우저 인터넷 익스플로러가 탑재되어 있었다. 윈도우는 출시되자마자 거의 모든 컴퓨터에 설치되었고 단시간에 시장의 90퍼센트를 장악했다.

같은 해에 《뉴욕 타임스》도 무료 온라인 서비스를 시작했다.

1994년 8월 11일 필라델피아에 사는 필 브란덴버거가 최초의 온라인 판매 사이트 가운데 하나인 넷마켓NetMarket에서 음악 앨범(스팅의 〈텐 서머 너스 테일스〉)을 최초로 구매했다. 같은 해에 프린스턴대학에서 컴퓨터공학을 전공한 서른 살의 청년 제프 베이조스가 도서, 음반, 비디오를 판매하는 온라인 쇼핑몰 아마존을 창립했다. 역시 같은 해에 야후, 라이코스, 인포식, 알타비스타와 같은 웹 디렉토리들이 생겨났다. 그리고 루 몬툴리와 존 지아난드레아가 쿠키Cookie*를 개발했고 이를 통해 온라인 사용자의 활동을 추적할 수 있게 되었다. 이들이 지닌 극도의 중요성에 대해서는 이후에 다시 살펴볼 것이다.

1995년 (소니에서 최초의 3D 비디오게임을 출시했던 해에) 독일(《디 타게스차이퉁Die Tageszeitung》), 일본(《요미우리신문》), 프랑스(《리베라시옹》, 《르 몽드 디플로마티크》, 《르 몽드》, 《레 데르니에르 누벨 달자스Les Dernières Nouvelles d'Alsace》)의 신문들이 '카이에 뮐티메디아cahiers multimédia'라는 것을 만들어 활자신문의 요약본과 실시간 뉴스 및 옛 자료들을 역시 무료로 제공하기 시작했다. 같은 해에 미국에서는 프랑스인 피에르 오미다이어가 최초의 인터넷 옥션 사이트 이베이를 설립했다. 이 사이트에서 처음 팔린 물건은 한 수집가가 구매한, 사용 불가능한 레이저 포인터였다. 역시 같은 해에 최초의 온라인 광고 사이트 웹커넥트가 만들어졌다. 처음에 이 사이트에서는 사용자의 사생활을 침해하지 않기 위해 쿠키 사용을 거부했다. 이듬해에 등장한 웹커넥트의 경쟁자 더블클릭은 망설임 없이 쿠키를 사용해서 큰 성공을 거두었고 이후에 구글에 매각되었다.

1995년 영어 일간지 《힌두》 또한 기사를 온라인에서 무료로 제공하기

---

* 사용자가 방문한 웹사이트에서 사용자의 브라우저에 전송하는 작은 텍스트 조각 혹은 작은 기록 정보 파일. 쿠키가 있으면 해당 웹사이트에서 사용자의 방문에 관한 정보를 기억할 수 있다.

시작했다. 프랑스에서는 1996년《뤼마니테》에 이어 1997년《르 몽드》에서 일부 기사를 온라인에 게재했다.

1998년에는 AOL의 옛 간부 티나 샤키와 테드 레온시스 사이에 '소셜네트워크'라는 용어의 저작권을 둘러싼 분쟁이 있었다. 티나 샤키는 socialmedia.com이라는 도메인 이름을 폐지하는 데까지 나갔다.

웹사이트는 기하급수적으로 늘어났다. 정부 공공기관과 대학에서도 웹사이트를 만들었고, 수많은 정보와 문서가 디지털화되었다. 1996년에 이미 200만 개의 웹사이트가 존재했다. 따라서 적절한 웹사이트를 찾는 일이 매우 어려워졌다. 스탠퍼드대학의 두 학생 세르게이 브린과 래리 페이지가 웹사이트들의 백링크backlink* 수량과 성질을 알아내는 알고리즘 백럽BackRub을 개발했다. 이 알고리즘이 구글이라는 검색엔진의 기저가 되었고 구글은 빠르게 성공을 거두어 온라인 검색의 핵심 원천이 되었으며 또한 언론 사이트의 트래픽을 유도하는 주요 경로가 되었다. 언론사들은 이제 독자들에게 읽히기 위해서는 이 검색엔진의 검색 목록에 올라 있어야 하고 최대한 노출되어야 한다는 사실을 깨달았다.

1997년에는 넷플릭스라는 새로운 비디오 대여 서비스가 등장했다. 《월스트리트 저널》은 더 이상 온라인 버전에서 광고를 통해 수익을 올릴 수 있다는 희망을 버리고 세계 최초로 온라인 유료 구독 서비스를 시작했으나, 별다른 성과를 거두지 못했다.

1998년 빌 그로스는 오늘날 페이퍼클릭Pay Per Click이라고 불리는 시스템(사용자가 광고를 클릭할 때마다 광고주가 호스팅** 제공자에게 요금을 지불하

---

* 인터넷 사용자가 현재 사용하고 있는 페이지로 오기 직전의 페이지로 되돌아가는 링크. 보통 한 웹페이지에서 다른 웹페이지로 되돌아오는 하이퍼링크를 말한다.
** 서버 컴퓨터의 전체나 일정 공간을 사용할 수 있도록 임대해주는 서비스.

는 시스템)을 개발했다. 온라인 미디어의 수익에 대한 기대가 매우 컸지만, 구글이 이 수익을 독식하면서 기대도 사그라졌다. 하지만 아직 편지나 우편이 사라진다거나, 세상 모든 신문을 기다리지 않고 모두 읽을 수 있게 된다거나, 종이가 소멸할 거라고 보는 사람은 아직 아무도 없다.

1998년 마이크로소프트는 기업 해체를 피하고자 필수불가결한 운영체제인 윈도우를 자사의 다른 응용 프로그램들(사무용 프로그램, 인터넷 브라우저 등)과 분리하는 방안을 수용했다. 경고음이 울리기 시작한 것이다.

1999년 구글이 처음으로 2500만 달러를 벌어들이고 1일 검색 건수 300만을 실현하는 동안에 일본 전화회사 도코모는 휴대전화를 통한 인터넷 사용 서비스를 세계 최초로 시작했다. 그리고 지안 풀고니와 매지드 에이브러햄이 감시 시스템을 사용하여 웹에서 사용자의 동향을 측정하는 컴스코어를 창립했다.

이로써 제4의 미디어, 소셜네트워크가 탄생할 여건이 모두 갖추어졌다. 제4의 미디어는 곧 기존의 세 미디어를 뒤집어놓게 된다.

11

현기증 나도록 읽고 보고 듣고 만지기

✼

2000–2020

1980년 11월 《뉴요커》가 해당 호 전체를 할애하여 게재했다가 단행본으로 출간된 에세이 《맥락 없음의 맥락 안에서Within the Context of No Context》에서 미국 사회학자 조지 W. S. 트로는 깊은 민족적 역사도 없고 자신을 결부시킬 위인도 많지 않은 자국 시민들에게 영웅이란 만화 속 인물들밖에 없다고 설명했다. 사실과 사상을 위계화할 수 있는 오랜 역사의 문화가 부재하므로 미국인들은 선과 악을 단순한 방식으로밖에 구별하지 못한다. 특히 트로의 설명에 따르면, 미국의 미디어는 서로 다른 중요성을 가진 뉴스들을 같은 평면에 올려둔다. 이런 경향은 텔레비전이 도래하면서 더 악화되었다. 텔레비전의 등장으로 책과 양질의 신문을 읽는 시간이 줄어들었을 뿐 아니라, 옛 학생들의 협회와 클럽에서 진행되어 문서화된 의견서를 작성할 수 있게 했던 토론에 참여하는 시간도 감소했다. 미국인들은 이제 (트로가 두 '맥락'이라고 명명한) 두 실체, 곧 2억 명(당시 인구)

의 미국인 집단과 핵가족이라는 '사생활 집단'에만 속해 있다. 그들에게 이상이란 소속감을 갖기 위해 남들과 다르게 행동하지 않고, 텔레비전에서 보여주는 광경을 믿는 데 만족하는 것이다. 텔레비전은 모든 분쟁을 파괴하는 '몰역사의 힘'이다.

트로의 책을 읽는 사람은 많지 않지만 그중 다수에게 그러했듯이 나에게도 이 책은 하나의 계시였다. 나는 편집자 클로드 뒤랑 덕분에 이 책을 프랑스어권 대중에게 알리고 프랑스어 번역본 서문을 쓸 수 있어서 매우 행복했다. 하지만 그가 텔레비전에 대해 말한 모든 것이 당시에는 거의 윤곽도 드러나지 않았던 소셜네트워크에 더욱 잘 적용되리라는 사실은 알지 못했다.

2001년 이후 미디어는 전 세계에 도달했다. 전에는 오직 몇몇 영어 신문들의 소수 외국인 독자들이나, BBC나 RFI의 청취자들과 CNN과 BBC의 시청자들에게만 해당하는 경우였다. 하지만 이로 인해 극단주의자들이나 테러 단체들도 이전보다 훨씬 더 큰 규모의 대중에게 접근할 수 있게 되었다.

21세기가 시작되자 신문, 라디오, 텔레비전은 대부분 소수의 기업이나 개인에 의해 소유되었고 이들은 투자금의 수익성에 민감했다. 이 미디어들은 그들의 생존조건인 독자, 청취자, 시청자에 지나치게 집착한 나머지 정보 이전에 구경거리를, 토론 이전에 격분을 보여주는 프로그램들을 너무 빈번하게 내세웠다. 또한 자기들 사이의 경쟁에 몰두한 나머지 디지털 플랫폼과 소셜네트워크에 의해 모두 쓸려나갈 상황에 놓여 있음을 보지 못했다. 기존 미디어들 또한 디지털 플랫폼이나 소셜네트워크를 스스로 만들 수도 있었을 테지만, 새로운 소유주들은 엄청난 돈을 벌어서 다른 미디어들을 사들이기 시작했다.

소셜네트워크의 발전 과정

2000년에서 2020년에 이르는 시기는 무엇보다도 소셜네트워크의 위력이 증대되던 시기였다. 소셜네트워크라는 단어가 등장해서 사람들이 보게 된 것은 이 시기보다 5년 정도 앞선다. 무어의 법칙(마이크로프로세서의 성능은 꾸준히 향상된다)과 멧커프의 법칙(네트워크의 유용성은 사용자 수의 제곱에 비례한다)을 생각해보면 이 새로운 미디어는 점차 새로운 소통과 정보와 오락의 공간을 형성할 것이다. 물론 처음부터 정해진 계획 같은 것도 없었고, 그 창립자들의 가장 훌륭한 유토피아를 변질시킬 탈선이나 표류에 대한 예견도 없었다. 대다수 타인들의 가장 나쁜 탐욕에 봉사하게 되리라고는 생각하지 못했다.

중세 이후 늘 그랬던 것처럼 이번에도 개인적 메시지를 전달하기 위한 새로운 시스템에서 시작되어 가공할 대중 미디어의 새로운 수단이 되었다. 또한 이번에도 커뮤니케이션 수단이 양질의 정보를 가장 많이 확보한 사람들의 막대한 재산 증식의 수단이 되었으며, 다른 이들에게는 단순한 오락거리가 되었다. 이 새로운 미디어의 소유주들은 자신들에게 이익이 되도록 기존 미디어들을 지배하고 통제했다.

2000년부터 2020년까지 20년에 걸친 시기를 한 해씩 따라가다 보면, 몇 개의 거대한 소셜네트워크의 탄생과 거기에 저항할 수 있었을 사람들의 무력감을 통해, 우리가 다른 분야들에서처럼 이 분야에서 목격한 역사의 비상한 가속도를 분명하게 이해하게 된다. 예전에는 변화가 수십 년에 걸쳐 이루어졌지만, 지금 여기에서 일어나는 변화들은 불과 몇 년 혹은 몇 개월 사이에 벌어진 것들이다.

이제 그 역사를 살펴보도록 하자.

2000년에 전적으로 온라인에서만 존재하는 최초의 미디어들이 등장했다. 이들 미디어 모두가 강박적으로 집착하고 있는 것은 바로 사람들의 주의를 끌어서 집중하도록 유지해야 한다는 것이다. 보통 사람의 주의력은 12초마다 갱신되는데 이미지에 대해서는 이 시간이 조금 더 길고 텍스트에 대해서는 조금 더 짧아진다.

먼저, 한국에서는 최초의 참여형 뉴스 미디어 《오마이뉴스》가 등장했다. 여기에는 누구나 기사를 작성하여 제출할 수 있으며 어떠한 편집도 이루어지지 않는다. 다만 '사실 검증'이 이루어진 뒤에 게재할 기사들이 선택된다. 이 참여형 인터넷 신문은 처음부터 큰 성공을 거두었다. 2007년에 이미 100개국에서 5만 명의 기고자들이 기사를 제공했다. 하지만 점차 재정 문제를 겪으면서 침체를 겪었다. 같은 해에 영국의 지역 일간지 《사우스포트 리포터Southport Reporter》가 인터넷으로만 기사를 제공하는 최초의 온라인 신문이 되었고, 여전히 존재하고 있다. 같은 해에 인도의 《방글라2000Bangla2000》과 일본의 《재팬 투데이Japan Today》 역시 같은 실수를 저질렀다. 역시 같은 해에 중국 최초의 검색엔진 바이두가 출시되었다. 오늘날 바이두는 1일 검색 건수(60억 건)에서는 구글 다음으로 세계 2위이며, 방문자 수로는 세계 4위다. AFP도 같은 해에 디지털 분야를 전담하는 부서를 신설했다.

이듬해인 2001년, 뉴욕과 워싱턴 D.C.에서 발생한 테러 공격은 텔레비전 뉴스와 뉴스 채널이 크게 성공하는 계기가 되었다. 포틀랜드 리드칼리지의 철학자 래리 생어는 누피디아Nupedia라는 온라인 백과사전 프로젝트를 시작했다. 이를 위해서는 저자들이 반드시 해당 분야의 전문가여야 했고 그들이 쓰는 내용은 게재 이전에 세심하게 검토되어야 했다. 하지만 이런 검증 과정에 시간이 너무 오래 걸린 탓에 이 프로젝트는 실패로 끝날 뻔했다. 생어는 생각을 바꾸어, 면밀한 검토 과정을 거치지 않는 위키 피디아를 만들었고 단시간에 엄청난 성공을 거두었다.

2002년 페이팔에서 근무했던 리드 호프먼과 앨런 블루는 새로운 소셜 네트워크 링크드인을 개시했다. 링크드인은 기존 신문의 구인·구직란을 새로운 형식으로 가공한 것으로, 일자리를 구하는 사람들을 서로 연결해 주는 역할을 한다. (17세기 테오프라스트 르노도의 꿈이었으며, 신문에 의해서도 만들어질 수 있었을) 이 소셜네트워크는 2016년에 마이크로소프트에 매각 되었고, 2020년 현재 사용자 수가 6억 6000만 명에 달한다.

뒤이어지는 이러한 프로젝트들은 신문이나 라디오, 또는 텔레비전에 의해서도 시작될 수 있었을 것이다. 이 미디어들은 이러한 프로젝트를 해 낼 수 있는 역량을 갖추고 있었지만, 전혀 시도조차 하지 않았다. 새로운 기술에 관심을 기울이지 않았으며, 무엇보다도 미래의 부富가 독자, 청취 자, 시청자가 그들에게 제공하는 정보에 있다는 사실을 이해하지 못했다. 그 이유는 틀림없이 이 미디어들이 그들 자신의 경쟁자를 만들어내는 것 을 두려워했기 때문일 것이다. 물론 그런 우려는 잘못된 것이었다.

2002년, (이미 기업 가치가 40억 달러에 가까웠고, 2020년에는 900억 달러에 이르게 되는) 아마존은 아마존 웹서비스를 통해 사업을 다각화했다. 아마 존 웹서비스는 처음엔 서비스 공정과 생필품 배송 등을 관리했고, 이후에 는 세계 제1의 클라우드 서비스 제공업체가 된다.

2004년 2월 4일, 당시 하버드대학 학생이었던 마크 저커버그가 '더 페 이스북'을 개시했다. 처음에는 하버드 대학생들에게만 한정된 인물 소개 서비스였으나 이후에 외부인들에게도 개방되었다. 2005년 8월에는 페이 스북으로 이름이 바뀌었다. 2006년에는 전 세계 누구나 사용할 수 있는 사이트로 변경되었다. 그리고 2년이 지나서 가입자가 1억 명을 헤아렸고,

2020년 말에는 매일 접속하는 사용자 수가 22억 명에 이르렀다. 신문이나 텔레비전도 구독자나 가입자들을 바탕으로 삼고, 독자들을 상호 연결하는 옛 서비스에서 출발하여 이러한 소셜네트워크를 만들 수 있었겠지만, 그런 일은 일어나지 않았다.

2004년에는 560만 개의 인터넷 사이트가 존재하게 된 상황에서, 구글의 사장은 자기 기업의 사명은 검색엔진에 검색을 요청한 사용자를 가장 적합한 사이트(특히 미디어)로 안내하는 것이지, 검색엔진 자체에서 정보를 제공하는 것은 아니라고 밝혔다. 하지만 2년 뒤에 구글은 구글 뉴스를 통해, 온라인 미디어의 기사들을 취합하여 어떤 분석이나 의견은 달지 않고, 조회 수 순으로 정렬하여 제공하는 서비스를 시작했다. 이 서비스를 움직이는 알고리즘은 외부에 알려지지 않았는데, 특히 사람들이 곧 '소셜 그래프social graph'라고 부르는 것(각 사용자의 행동, 자주 방문하는 사이트, 검색 내용 등으로 이루어진 정보 전체)을 통제한다.

한편 2004년에는 게이머가 J. F. 케네디의 암살범이 되어 행동하는 비디오게임이 출시되었다. 게이머가 경합을 통해 대통령 암살을 정확하게 재현하는 데 성공하면 10만 달러를 획득하는 게임이었다. 이와 비슷한 게임들이 뒤이어 출시되었다. 비디오게임 역시 차츰 정보 제공에 가까워지고 있다.

2005년에는 유튜브에 첫 동영상이 올라왔다. 2005년 7월 7일 런던에서 발생한 테러 공격은 영국 신문 《가디언》이 기사를 연속해서 인터넷 사이트에 게재하고 그렇게 해서 온라인 저널리즘의 잠재적 역량을 발견하게 하는 계기가 되었다. 물론 여기에 결부된 수입원은 전혀 없었다. 세계 최초의 온라인 뉴스 사이트 가운데 하나가 등장한 것은 2021년이었고, 1일 방문자는 4400만 명이 넘었다.

2006년 3월 21일에는 잭 도시가 트위터를 창립했다. 3년 뒤 사용자 수가 100만 명을 넘어섰고 2020년 말에는 3억 2000만 명에 달했다. 이제 트위터는 단순히 개인적인 메시지 전송 수단이 아니라 명백히 온라인 미디어가 되었다. 트위터에서는 사용자 개인이 모두 저널리스트가 될 수 있다. 말하자면 최초의 디지털 아비조인 셈이다. 트위터가 나오던 해에 스웨덴에서는 스포티파이가 출시되었다. 2020년 현재 스포티파이의 유료 구독자 수는 3억 명에 달하지만, 이로부터 예술가들은 이익을 거의 얻지 못하고 있고, 얻는다 해도 그 방식이 명확하지 않다. 이 분야에서도 라디오나 텔레비전이 이와 비슷한 서비스를 제공하지 못할 이유는 전혀 없었다. 단지 그들끼리 경쟁하는 것이 두려워 그렇게 하지 않았을 뿐이다. 치명적인 실수였다.

2007년에는 첫 아이폰이 등장했다. 아이폰은 휴대전화에서 인터넷을 사용할 수 있게 함으로써 인터넷 이용 방식을 완전히 바꾸어놓았다. 또한 같은 해에 휴대전화에서 이용할 수 있는 게임들이 등장했다. 페이스북은 비컨Beacon이라는 시스템을 도입했다. 이 시스템을 이용하면 가입자는 자신의 구매 내역이나 구독 내역을 모든 '친구들'에게 알릴 수 있다. 하지만 이러한 기능 때문에 오히려 소송이 진행되었고 결과적으로 비컨은 폐기되었다. 오늘날 우리가 GAFA*라고 부르는 기업들이 사용자에 의해 생성된 정보를 전용하는 것을 중지시킨 최초의 사례이자 매우 잠정적인 조치였다.

2009년에는 온라인 신문의 독자들을 추적하는 소프트웨어 차트비트Chartbeat가 등장했다. 이 소프트웨어는 온라인 신문사들에 그들의 사이트

---

* 정보 기술 산업을 지배하는 4대 기업, 즉 구글, 아마존, 페이스북, 애플을 일컫는 말.

에서 무슨 일이 벌어지고 있고 그 독자들이 무엇을 하는지를 시각적으로 명료하게 정리하여 전달한다. 하지만 그 독자들이 다른 사이트에서 어떻게 행동하는지에 대해서는 접근할 수 없다. 이후 신문 편집실은 거의 이 소프트웨어에 중독되는 지경에 이른다. 2010년 10월 미국인 케빈 시스트롬과 브라질 출신 마이크 크리거가 이미지들을 공유하고 교환할 수 있는 인스타그램을 출시했다가 2년 뒤 페이스북에 매각했다. 2021년 초 인스타그램의 한 달 사용자는 10억 명을 넘어섰고 하루 사용자는 그 절반에 달했다.

2011년 1월, 중국 회사 텐센트에서 왓츠앱과 유사한 위챗을 개발했다. 위챗은 오늘날 이동 전화 오퍼레이터, 메시지 앱, 은행, 신문 가판대, 다이어리 등 수많은 역할과 기능을 수행한다. 이 모든 것이 중국어만이 아니라 영어로도 서비스된다. 2021년에는 10억 명의 가입자 가운데 6억 명이 적어도 한 달에 한 번은 위챗을 사용한다고 하며, 대부분은 아시아에서 사용하고 있다.

2011년에는 아마존에서 트위치라는 비디오게임 '셰어링' 플랫폼이 출시되었다. 트위치는 미국에서 가장 인기 있는 사이트 14위에 올랐고 1일 방문자 수는 1500만 명 이상이며 이들의 평균 연령은 21세다.

2012년에는 사람들 사이의 만남을 주선하는 앱 틴더가 등장했다. 2020년 현재 사용자 수는 6000만 명에 가깝다. 같은 해에는 나우디스 NowThis가 나왔는데 초기에는 소셜네트워크에서만 존재하는 언론이었다.

2015년 5월, 10여 개의 언론사(《내셔널 지오그래픽National Geographic》,《월스트리트 저널》,《버즈피드Buzzfeed》,《뉴욕 타임스》,《애틀랜틱The Atlantic》,《가디언》,《슈피겔》, BBC 등)가 기존 독자들을 유지할 수 없어 모든 기사를 온라인으로 제공하는 무료 인터넷 사이트, 특히 페이스북으로 옮겨가고 있었고,

결국 페이스북(당시 한 달 사용자 수 14억 명)과 마지못해 제휴를 맺었다. 이로써 페이스북은 이들 언론사에 약간의 보상을 지급하고 그 기사들을 직접 게시할 수 있게 되었다. 그 결과는 즉각적으로 나타났다. 이듬해에 미국인 44퍼센트가 온라인 미디어에서 주로 정보를 얻는다고 답했다. 사실 그들은 우선 페이스북에서 무료 정보를 얻는다. 그리고 페이스북은 사용자들이 무료로 제공한 상당한 정보를 광고주들에게 되팔아 이익을 얻는다. 하지만 콘텐츠를 제공한 미디어에는 이에 대해 알리지 않는다.

온라인 신문들은 차트비트를 더 많이 사용하게 되면서 클릭 수에 집착하고 더 자극적인 제목을 달게 되었으며, 젠더 이슈처럼 매우 중요하지만 지금까지 제대로 규명되지 못한 주제들을 규명하고 생성하는 데 열중하게 되었다.

2016년 프랑스에서는 미국의 하이브리드 온라인 미디어 디스이즈나우ThisIsNow를 따라 기욤 라크루아가 브뤼트Brut를 창설했다.

2017년 《폴리티코Politico》에서 일했던 세 사람 짐 밴더하이, 마이크 앨런, 로이 슈워츠가 악시오스Axios라는 인터넷 미디어를 창립했다. 이 미디어는 자신들의 사명을 '가치 있는 것에 관한 가장 지적이고 가장 신속한' 뉴스를 제공하는 것으로 삼았다. 최대 300단어로 이루어진 기사들, 매일 두 번의 팟캐스트 방송, 몇 편의 다큐멘터리를 제공해왔고, 2020년 말 현재 40만 명의 구독자를 보유하고 있다.

역시 2017년에 중국 회사 바이트댄스에서 짧은 비디오 클립을 공유하는 소셜네트워크 틱톡을 개발했다. 불과 3년 뒤 틱톡의 한 달 사용자는 6억 2500만 명에 달했다. 당시에 잠재적인 수요가 이미 어마어마했고 누군가는 그 기회를 잡아야만 했다. 하지만 옛 미디어 중에 그렇게 할 줄 알았던 곳은 하나도 없었다.

같은 해에 〈포트나이트〉라는 게임이 출시되었고, 2020년 현재 전 세계에서 3억 명이 이 게임을 하고 있다. 이 게임은 콘서트와 각종 행사를 재전송하는 플랫폼으로 이용되기도 한다.

2020년의 조사 결과에 따르면, 다른 모든 미디어에서도 마찬가지만 이들 소셜네트워크에서 사용자의 평균 집중 시간은 8초에 불과해서 2000년에 12초였던 것과 대비되었다. 이어지는 현상들은 모두 이러한 현실에서 비롯한다.

종이 신문의 몰락

종이 신문, 주로 일간지의 퇴조는 1980년대 말에 이미 시작되었고, 최근 들어 수많은 나라에서 상당히 가속화되었다. 그럼에도 드물지만 일간지이든 아니든 몇몇 신문들은 여전히 많이 읽히고 수익성도 좋다. 이들 신문은 대체로 대형 금융 그룹의 소유이며, 그 내용은 지역 뉴스, 스포츠 뉴스, 경제 뉴스가 대부분이고 드물게 국제 뉴스를 다루기도 하는데 그나마도 많은 경우 분노를 자극하는 다소 허구적인 것들이다. 전 세계에서 몇몇 신문들만 수익이 줄어드는 상황에서도 여전히 진실되고 검증된 정보들을 다루고 있다.

종이 신문들은 빠르게 진행되고 변화가 심한 오늘날의 삶의 양식에 점점 적응하지 못하고 있다. 일간지를 읽는 데는 많은 시간이 걸린다. 신문을 산다는 건 그날 하루 안에 읽기 위한 것이지 책처럼 보관하기 위한 것이 아니다. 그리고 사람들은 일간지를 읽더라도 거기 실린 정보들을 대부분 그냥 흘려보낸다. 그래서 이제 신문을 읽더라도 깊이 있는 분석이나 매우 구체적인 주제들, 혹은 의견들을 찾아 읽는다.

2020년 현재 세계에서 가장 많이 읽히는 신문은 일본의 《요미우리신문》(1일 발행 부수 910만 부)과 《아사히신문》(660만 부)이다. 두 신문은 각기 대기업과 명문 집안에서 소유하고 있다. 다음으로는 인도의 힌디어 신문 《다이니크 바스카르Dainik Bhaskar》(380만 부)와 《다이니크 자그란Dainik Jagran》(330만 부)인데, 두 신문 모두 대기업에 속해 있다. 중국 국영 통신사 신화통신 소유의 《참고소식參考消息》(307만 부)과 일본의 대기업에 속한 《니혼게이자이신문日本經濟新聞》(280만 부)이 그 뒤를 잇는다. 《니혼게이자이신문》은 2015년에 영국의 다국적 출판 기업 피어슨PLC로부터 《파이낸셜 타임스》를 사들였다. 다음으로는 중국 공산당 기관지 《인민일보人民日報》(280만 부)가 있고 비슷한 수준의 두 인도 일간지(《아마르 우잘라Amar Ujala》와 《타임스 오브 인디아》)가 있다. 이 신문들은 모두 진지하고 정통적인 방식으로 국내 사안과 경제 뉴스를 다룬다. 두 중국 신문을 제외하고 나머지 신문들은 모두 강력한 자본주의 대기업 그룹에 속해 있으며 수익의 대부분을 광고에서 얻는다. 《USA투데이》는 2016년에 발행 부수가 400만 부에 달했고 2017년에도 전체 4위에 올랐지만, 2020년에는 주중 140만 부, 주말 80만 부밖에 되지 않는다. 유럽 신문 중에는 발행 부수 10위 안에 드는 일간지가 전혀 없다.

세계에서 가장 많이 읽히는 정기간행물 4종은 모두 미국에서 발행되는 잡지다(협회나 단체에서 정기적으로 간행하는 소식지와 유통업체에서 고객들에게 배포하는 정보지는 제외다. 미국에서 노인들을 대상으로 발행되는 《AARP* 매거진》과 《AARP 불레틴》은 발행 부수가 각각 2300만 부에 달한다. 대형 유통업체 코스트코에서 배포하는 《코스트코 커넥션Costco Connection》의 발행 부수는 1200만 부에 이른다). 이 네 잡지는 모두 정치와 완벽하게 무관하기를 추구하지만, 사실

---

* 미국은퇴자협회.

이데올로기적으로 서구적 가치들과 자유시장 사회에 단단하게 결부되어 있다. 이 네 잡지의 발행 부수를 보면 《리더스 다이제스트Reader's Digest》(1000만 부, 1년에 10회 발행)가 가장 많고, 그 뒤를 잇는 《내셔널 지오그래픽》, 《스포츠 일러스트레이티드》, 《타임》은 각기 300만 부 정도 발행된다. 이들 다음으로는 발행 부수가 비슷한 중국 잡지 《독자讀者》가 있다. 다른 지역의 주요 잡지들은 대부분 텔레비전 프로그램 소개나 스포츠와 유명인 관련 소식, 여성 관련 주제들을 다루는 것들이다. 보통 사람들이 생각하는 것과는 반대로, 현실 참여적이지 않을수록 더 많이 팔린다.

2020년 세계 10대 일간지 가운데 3개가 일본 신문이었다. 일본에서는 여전히 인구 4명당 일간지 1부가 매일 발행된다. 그 가운데 95퍼센트가 구독료를 내는 가정으로 배달된다. 《주간 소년 점프》는 여전히 240만 부가 발행된다.

인도에서는 12만 종에 가까운 신문(그중 3만 6000종은 주간지)이 존재하고 매일 1억 8600만 명의 독자가 일간지를 읽는다. 4개의 일간지가 전체 힌디어 독자의 4분의 3을 나누어 점유하고 있으며, 이 가운데 두 신문은 앞서 보았듯이 발행 부수 면에서 세계 3위와 4위에 올라 있다. 격주로 발행되는 《바니타Vanithya》는 250만 부를 발행한다. 인도는 오래전부터 세계에서 신문 용지를 가장 많이 수입하는 나라였다. 하지만 매우 빠른 민주화와 스마트폰 및 인터넷의 보급으로 다른 나라들에서처럼 정보 검색과 습득이 온라인에서 이루어지는 경향이 강해지고 있다.

2020년 중국에서는 9000종 이상의 잡지와 2000종 이상의 신문이 발행되고 있다. 이들 잡지와 신문은 직·간접적으로 국영기업에 의해, 다시 말해 정부와 공산당에 의해 통제되는 여러 컨소시엄이 소유하고 있다. 가장 많이 팔리는 신문으로는 《참고소식》, 《인민일보》, 《양성만보羊城晚報》,

《중국일보中國日報》,《해방일보解放日報》,《북경일보北京日報》가 있다. 이들 신문의 주요 수익은 광고에서 나온다. 하지만 신문의 내용은 여전히 이데올로기적 통제를 받는다. 여기에도 공산당의 통제를 받는 시장경제가 작동하는 셈이다. 다른 나라들에서처럼 종이 신문의 발행 부수는 독자의 감소와 함께 빠르게 줄어들고 있다. 2020년 현재, 중국 전체의 1일 일간지 판매 부수는 9660만 부다. 2010년에는 매일 일간지를 읽는 중국인이 52퍼센트였지만 2020년에는 19퍼센트로 줄었다.

한국의 경우 주요 일간지들(《조선일보》,《동아일보》,《중앙일보》)은 대기업 그룹이나 종교 단체에서 소유하고 있다. 한국의 인구는 5200만 명인데, 이들 신문은 각기 매일 100만 부가량 발행하고 있다. 한국 신문의 수익의 90퍼센트는 광고에서 나온다. 종이 신문 구매율은 2010년에서 2018년 사이에 50퍼센트 이상 감소했고, 2019년에서 2020년 사이에 다시 30퍼센트 이상 감소했다.

미국에서는 앞서 이미 보았듯이 1980년대 이후로 일간지가 거의 몰락하다시피 했다. 일간지 발행 부수는 1984년 정점(6330만 부)에 이르렀다가 2006년에는 4370만 부에 그쳤고, 2020년에는 3300만 부로 급감했다. 일간지의 광고 수익은 더욱 빠른 속도(2008년에서 2018년 사이에 마이너스 62퍼센트)로 줄었다. 미국인이 일간지를 읽는 데 할애하는 시간은 2010년 1일 25분에서 2018년 12분으로 감소했다. 밀레니얼 세대(1980년에서 2000년 사이에 태어난 젊은이)의 절반 가까이가 일간지를 전혀 읽지 않는다. 미국에서 발행되는 일간지는 1970년에 1748종에서 2018년 1279종으로 줄었다. 뉴욕의 경우 1945년에 10종의 일간지가 발행되었으나 2020년에는 3종만 발행되고 있다. 신문 저널리스트의 수는 2008년 7만 1000명에서 2020년 3만 명 미만으로 줄었으며, 저널리스트의 지위 또한 점점 더 불안정해졌다. 신문들은 통합되거나 폐간되었다. 《뉴욕 포스트》와 《월스트리트 저널》은 2007년에 루퍼트 머독의 손으로 넘어갔다. 머독은 2020년 전 세계 200개에 가까운 신문과 잡지를 소유하고 있다. 가장 많은 저널리스트를 고용하고 있는 미국 제1의 신문 《뉴욕 타임스》는 1896년 이래로 여전히 설즈버거 가문에 속해 있으며, 지주회사인 NYT컴퍼니(마찬가지로 가치가 떨어진 《보스턴 글로브》와 몇몇 지역 신문들을 소유)가 여전히 부분적으로 소유하고 있다. 나머지 자본은 통신업계의 초기 기업가로서 세계 최고의 부호들 가운데 하나인 멕시코인 카를로스 슬림이 부분적으로 점유하고 있다. 《워싱턴 포스트》는 2013년 이래로 이 신문에서 모든 디지털 기술을 펼쳐 보이고 싶어 하는 제프 베이조스의 소유가 되었다. 이들 중에 논쟁적인 주제에 대해 심도 있게 취재할 수 있는 신문은 이제 거의 없다. 미국에서는 2000년에서 2020년 사이에 기존 신문의 4분의 1가량이 사라졌다. 조용히 사라져간 신문 대다수는 주간지였고, 일간지가 아닌 다른 신문들이었다. (전체 3000개 카운티 중에) 대략 1500개 카운티에 이제 하나의 신문밖에 남지 않았고 그것도 주간지인 경우가 많다. 대략 200개의 카운티에는 신문이 전혀 없다. 이런 현상은 미국 북부보다 남부에서 더 심하다. 미국 신문의 대부분은 뉴스 취재를 전담하는 저널리스트를 점점 더 적게 고용하고 있다. 《데일리 뉴스》는 2020년 8월 이후 더 이상 '뉴스룸'을 운영하고 있지 않다. 스캔들, 잡다한 사건, 스포츠, 여타 미디어, 영화, 실용 기사 등이 신문의 주요 내용이다. 미국인들은 이러한 변화에 대해 아무런 의식도 갖고 있지 않다. 미국인의 71퍼센트가 자신이 사는 곳의 지역 신문이 잘 유지되고 있다고 생각하고 있지만, 해당 연도에 한 가지 신문을 정기적으로 구입한 사람은 14퍼센트밖에 되지 않았다.

어떤 잡지들은 여전히 영향력을 유지하고 있다. 특히 어떤 협회나 기업에 연계된 잡지들이 그러하다. 하지만 이런 잡지들은 신문이기보다는 카탈로그에 가깝다.

유럽에서 종이 신문을 읽는 독자들의 비율이 높은 곳은 노르웨이와 핀란드다. 이 두 나라에서는 인구의 70퍼센트가 종이 일간지를 읽는다. 반면에 불가리아와 폴란드에서는 이 비율이 10퍼센트 밑으로 떨어진다. 노르웨이에서는 성인 1000명당 520부의 신문이 판매되고, 핀란드에서는 430부, 스웨덴에서는 410부가 판매된다. 반면 영국에서는 230부, 독일에서는 270부, 프랑스에서는 130부, 스페인에서는 105부밖에 판매되지 않는다. 미국인들보다 유럽인들은 서로 다른 의견들이 표현되어 더 분명하게 드러나기를 추구한다. 유럽 어느 나라에서나 가장 많이 팔리는 주간지는 텔레비전 프로그램 정보를 제공하는 것들이고, 다음으로는 여성지와 유명인을 다루는 잡지들이 많이 팔린다. 소비자들이 광고를 보며 더 나은 삶을 꿈꾸듯, 독자들은 대리만족으로 더 나은 삶을 살고자 한다. 스칸디나비아 국가들은 미디어에 대한 신뢰도가 가장 높은 곳이기도 하다.

영국에서는 2008년부터 2020년 사이에 일간지 발행 부수가 절반으로 줄었다.《더 선》의 독자는 2010년 300만에서 2020년 120만으로 줄어서 1999년에 창간된 무가지《메트로Metro》(140만 부)에 추월당했다.《메트로》는 유럽 제1의 일간지가 되었지만, 세계 10대 신문들과는 상당히 격차가 컸다.《데일리 메일》(110만 부),《이브닝 스탠더드》(78만 7000부),《데일리 미러》(44만 1000부),《타임스》(36만 부)가 그 뒤를 이었다. 2020년 영국 가정의 신문 구입 비용은 2005년의 절반에도 미치지 못했다. 영국 성인 가운데 19퍼센트만 매일 신문을 읽는다.

독일에서도 일간지의 발행 부수는 급감했다. 2003년 일간지 총 발행 부수는 2250만 부였으나 2020년에는 1250만 부로 줄었다. 일간지를 읽는 사람의 비율은 1970년 85퍼센트에 달했지만 2020년에는 절반에도 미치지 못했다. 1위 신문 《빌트》(137만 부)는 스캔들을 다루는 신문이고, 작고한 악셀 슈프링어의 부인이 여전히 소유하고 있다(악셀 슈프링어 그룹은 수익의 대부분을 언론 이외의 부문에서 얻고 있다). 1위와 격차가 큰 2위 신문 《쥐트도이체 차이퉁Süddeutsche Zeitung》(27만 5000부)은 진지한 논조와 독립성으로 유명하다. 《프랑크푸르터 알게마이네 차이퉁Frankfurter Allgemeine Zeitung》(FAZ)의 발행 부수는 간신히 20만 부에 달한다. 훨씬 뒤처진 《디 벨트》의 발행 부수는 6만 6000부밖에 되지 않는다. 지난 10년 사이에 독일 일간지의 광고 수익은 절반으로 줄었다.

프랑스에서도 종이 언론은 급감했다. 신문과 종이 언론의 소비는 1940년 통계가 시작된 이래 가장 낮은 수준이다. 일간지 발행 부수는 2860만 부, 주간지는 3080만 부다. 30세 미만 프랑스인 가운데 5퍼센트만 정기적으로 종이 신문을 읽고 있지만 가장 많이 읽는 것은 《레퀴프》다. 프랑스 고등학생 중 한 달에 여러 차례 신문을 읽는 학생의 비율은 2008년 60퍼센트였으나 2020년에는 20퍼센트로 떨어졌다. 가장 많이 유통되는 일간지는 2002년 창간된 무가지 《뱅 미뉘트20 Minutes》다. 이 신문은 벨기에 미디어 그룹 로셀과 시파-웨스트-프랑스 그룹이 소유하고 있으며 400만 명의 독자를 확보하고 있고 90만 부를 발행한다고 한다. 가장 많이 팔리는 일간지는 62만 5000부를 발행하는 (하지만 영국이나 독일의 일간지에 비하면 한참 뒤지는) 《웨스트-프랑스》이고, 《르 몽드》(37만 5000부), 《르 피가로》(33만 부), 《르 파리지앵》(18만 부), 《레퀴프》(23만 5000부)가 뒤를 잇는다. 경제 전문지 《레 에코Les Echos》(13만 1000부)는 1988년 피어슨 그룹이 베이투 가문으로부터 사들였다가 2017년 《르 파리지앵》과 함께 LVMH (모엣헤네시·루이비통)에 되팔았다. 《리베라시옹》(7만 1000부) 또한 지방의 수많은 일간지에 추월당했다. 물론 이러한 통계 수치들은 신문사에서 제공한 것이므로 주의해서 보아야 한다. 《롭스L'Obs》, 《렉스프레스》 같은 주간지들도 발행 부수가 크게 줄었지만 《르 푸앵》, 《마리안》, 《텔레라마 Télérama》, 《발뢰르 악튀엘Valeurs actuelles》, 《르 카나르 앙셰네》(45만 부를 유지하며, 그중 절반 이상은 정기구독 부수) 등은 달랐다. 《르 욍Le 1》과 같이 몇몇 특별한 잡지는 진정한 편집의 성공을 보여준 반면, 《르 데바Le Débat》는 발행이 중지되었다. 이 잡지의 두 편집자 피에르 노라와 마르셀 고셰는 마지막 호 사설에 이렇게 적었다. "잡지 한 권보다 훨씬 저렴한 가격에 할 수 있는 온라인 열람은—여러 면에서 행복한 현상이기는 하지만—근본적으로 그 의미와 기호, 심지어는 사건을 되돌아보는 것(revue)의 예정된 죽음까지도 바꾸어놓는다. (…) 온라인 열람은 하나의 기사를 그 맥락에서 끄집어내 지면으로부터 떨어진 현실을 만들어낸다."

경제학자 쥘리아 카제와 사회학자 올리비에 고드쇼가 2017년에 공동으로 진행한 연구에 따르면 프랑스 미디어의 절반 이상이 금융회사나 보험회사에 의해 지배되고 있다. 여기에는 방위산업체와 명품 기업이 추가되어야 한다.

이탈리아에서는 《코리에레 델라 세라》가 발행 부수 22만 5000부로 국내 1위 일간지가 되었다. 스페인의 경우, 스페인어를 기본 언어로 사용하는 인구가 20개국에 걸쳐 4억 2700만 명이나 존재하지만 어떠한 스페인어 신문도 스페인 국경을 넘어서지 못했다. 스페인은 1997년 성인 인구의 37퍼센트 이상이 종이 신문을 읽는다고 했지만, 2017년에는 25퍼센트로 줄었다. 더 일반적인 현상은 스포츠를 주로 다루는 신문이나 잡지를 제외하고 나머지 종이 언론이 2008년 이래로 거의 몰락했다는 것이다. 2020년 스페인 제1의 일간지 《엘 파이스El País》조차 발행 부수 16만 부를 넘기지 못했다.

러시아에서는 전국 신문 14종 가운데 2종을 정부에서 직접 소유하고 있으며, 4500개 정기간행물 가운데 상당수도 정부에 속해 있다. 독립신문들은 생존에 훨씬 더 큰 어려움을 겪고 있다. 경제 일간지 《베도모스티 Вдомости》(《파이낸셜 타임스》, 《월스트리트 저널》, 핀란드 제1의 언론 그룹 사노마에 의해 1999년 창간)는 이제 한 타블로이드 신문의 러시아 출판 그룹에 속해 있다. 1989년에 창간된 《코메르산트》는 2006년 에너지 산업을 거의 독점하고 있는 가스프롬에 매각되었다. 《프라우다》는 여전히 존재하며, 다시 러시아 공산당에 의해 경영되고 있다. 《이즈베스티야》는 이제 가스프롬에 속해 있고 2020년 현재 발행 부수는 23만 4500부 정도다. 《노바야 가제타》는 소속 저널리스트들이 여러 명 살해되었음에도 계속 발행되고 있다.*

오스트레일리아에서는 머독 그룹이 언론의 70퍼센트를 장악하고 있다. 머독 그룹은 영국에서는 《더 선》과 《타임스》를, 미국에서는 《뉴욕 포스트》와 《월스트리트 저널》을 소유하고 있다.

인도네시아에는 2019년에 172종의 일간지가 발행되었다. 인구가 2억 6700만 명인데, 일간지 총 발행 부수는 470만 부에 그친다.

에티오피아의 경우, 인구가 1억 1000만 명이지만 주요 신문은 23종이 발행되고 총 발행 부수도 매우 제한적이다. 신문 가격이 매우 비싼 탓에 독자들은 신문을 몇 분 동안 빌려 읽는 것으로 만족한다. 남아프리카공화국 제1의 일간지 《데일리 선Daily Sun》은 2002년에 창간되어 2020년 현재

---

*《노바야 가제타》(새로운 신문)는 1993년 창간된 이후로 꾸준히 러시아 정부에 대해 비판적 의견을 개진하고 고위 인사들의 비리를 폭로하면서 각종 위협에 시달려야 했다. 특히 푸틴이 집권한 이후 몇몇 저널리스트들이 암살 위협을 받고 있고 실제로 암살당하기도 했다.

28만 7000부를 발행한다. 주간지《선데이 타임스Sunday Times》(1906년 조지 허버트 킹스웰이 창간)는 남아프리카공화국 최대의 신문으로 매주 45만 부가 발행된다. 브라질의 일간지 총 발행 부수는 450만 부이며, 주요 일간지로는《오 글로부O Globo》와《폴랴 데 상파울루Folha de S. Paulo》가 있다.

전 세계에서 종이 언론이 몰락하고 있음을 보여주는 주요한 표지는 신문 용지 소비량이 감소하는 데서 드러난다. 2020년의 신문 용지 소비량은 2000년의 4분의 1 수준으로 떨어졌다. 이는 이미 북아메리카의 경우를 다루면서 살펴본 내용이다. 이러한 소비량 감소는 그 속도가 더 빨라지고 있으며, 2019년부터는 인도에서도 같은 현상이 일어나고 있다. 예외인 곳은 일본밖에 없다.

이 20년 동안 거의 세계 전역에서 대형 금융기관들이 고객들에게 무료나 고가로 발송하는 레트르 콩피당시엘이 유지 또는 확장되었다. 이런 기밀정보지는 (16~17세기 아비조 이래로) 전문적인 정보를 특정 독자들에게만 전달하는 특권적 수단으로 남아 있다. 어떤 정보들은 여전히 산업, 금융, 정치에 관한 결정에서 상당한 중요성을 지닌다. 레트르 콩피당시엘이 담고 있는 정보들은, 특히 코로나 바이러스 때문에 다른 미디어를 통해 확보하기가 더 어려워짐에 따라, 조금 지체되기는 하겠지만 결국엔 다시 부흥할 것이다.

온라인으로 이동하는 신문들

모든 종이 신문이 이제는 온라인에서 자신의 운을 시험하고 있다. 이를 위해 신문사에서는 독자들이 무엇을 좋아하는지 알고자 하고, 독자들의 주의를 최대한 오래 끌려고 노력한다. 2010년 이후 차트비트와 그와 유사한 다른 소프트웨어들이 기사를 읽는 독자들의 움직임을 분 단위로 세밀하게 추적하는 데 결정적인 역할을 하고 있다. 그럼에도 거의 모든 신문이 온라인 독자들에게 요금을 내도록 하는 데 실패했다. 신문사들은 오직 광고 수익으로만 생존하려고 시도한 뒤에, 일부 콘텐츠는 무료로 제공하면서 다른 콘텐츠는 유료로 제공하는 '프리-미엄free-mium' 모델을 선택하는 경우가 많다. 하지만 신문사 사이트 트래픽의 30퍼센트에서 60퍼센트는 구글을 통해서 발생하기 때문에 ('구글로 구독하기Subscribe with Google' 서비스는 언론 사이트의 구독 신청 과정을 수월하게 한다) 사용자의 구독을 통해 발생하는 가치의 상당 부분이 구글의 몫이 된다. 구글은 차트비트가 해당 신문 사이트에서 알아낼 수 있는 것에 더해 구독자가 소셜네트워크들에서 어떻게 행동하는지를 파악하고 이를 활용한다. 거의 모든 온라인 미디어가 충분한 광고를 끌어오는 데 실패했다. 여전히 광고만으로는 지속가능한 수익성을 유지하기 어렵다.

구독료 수입을 통해 온라인으로 이행하는 데 성공한 신문으로는《뉴욕 타임스》를 꼽을 수 있다. 오늘날《뉴욕 타임스》는 디지털 구독자 570만 명을 확보한(게임 부문과 요리 부문 포함) 세계 최대의 디지털 일간지라고 확실하게 말할 수 있다. 2020년 8월 5일에는 디지털 신문에서 발생한 수입이 처음으로 종이 신문의 수입을 초과했다.

2021년 초에는《월스트리트 저널》이 온라인 구독자 220만 명을 확보했고,《인포머Informer》(210만 명),《워싱턴 포스트》(200만 명)가 그 뒤를 이었다.《뉴욕 타임스》를 포함하여 상위 4개 신문이 모두 미국 신문이다. 이들 다음으로《파이낸셜 타임스》(110만 명)와 일본의《니혼게이자이신문》이 있다.《니혼게이자이신문》은 창간 144년 만에 2020년 9월《니혼게이자이 아시아》가 되었고 온라인 구독자 70만 명을 확보했다.《가디언》은 가장 많이 읽히는 영국 온라인 신문이 되었다. 중국 제1의 온라인 신문

《차이신Caixin》은 구독자가 30만 명밖에 되지 않고, 프랑스에서도《르 몽드》는 24만 명,《르 피가로》는 20만 명에 그치고 있다.

그러므로 신문의 디지털 전환은 대규모로 일어나고 있지만 엄청난 가치 손실을 동반하고 있다(《뉴욕 타임스》의 종이 신문 구독자 한 명은 700달러의 수익을 가져다주지만, 온라인 구독자 한 명은 150달러에 그친다).

드물긴 하지만 슬레이트Slate처럼 온라인에서 탄생한 신문들은 광고를 통해 수지를 맞추는 데 성공했다. 미디어파트Mediapart 같은 온라인 신문들은 구독료를 통해서 재정을 유지하고 있다. 그밖에 허핑턴포스트 Huffington Post, 더 컨버세이션The Conversation, 레 주르Les Jours, 아레 쉬르 이마주Arrêt sur images, 르 메디아Le Média 같은 인터넷 신문들도 성공에 대한 희망을 가지고 같은 시도를 하고 있다. 이들 신문은 팟캐스트를 통해 부분적으로 수지를 맞추려 하고 있으므로, 라디오와 결합되는 전혀 다른 모델이 될 것이다.

라디오, 관리되고 있는 퇴조

2020년, 라디오는 여전히 제작 비용도 낮을 뿐 아니라 수신 비용도 매우 낮은 미디어로 남아 있다. 이제는 라디오 수신기만이 아니라 인터넷과 스마트폰을 통해서 집에서든 이동하면서든 더 편리하게 라디오 방송을 들을 수 있다. 라디오는 오늘날의 생활방식에 매우 적합하게 적응한 미디어다. 특히 코로나 바이러스 유행으로 인한 격리 생활은 라디오가 새로이 비상하는 계기가 되었다. 오늘날 전 세계에는 대략 10만 개의 라디오 방송국에서 수천 가지 언어로 방송을 내보내고 있으며 30억 명의 사람들이 적어도 일주일에 한 번 이들 방송을 청취한다. 특히 고립된 공동체의 주민들이나 가난한 사람들, 여전히 글을 읽을 줄 모르는 사람 등이 라디오를 많이 듣는다. 사람들은 주로 음악, 스포츠 중계, 일기예보와 교통정보 같은 지역 뉴스를 들으려고 라디오를 청취한다. 한편으로 2004년에 팟캐스트가 등장했는데, 이를 통해 청취자는 자신이 원하는 시간에 오랜 시간 지속되는 방송을 들을 수 있게 되었다. 이는 1975년에 비디오테이프 녹화기로 시작된 변화를 계속 이어나간 셈이었다. 이 분야의 선두는 미국이고 브라질, 프랑스, 스페인이 그 뒤를 잇는다.

라디오는 종이 언론 못지않게 쇠퇴하고 있다. 2020년 현재 미국에서 일주일에 적어도 한 번 라디오를 듣는 사람은 8000만 명인데, 인터넷을 통해 청취하는 사람들의 비중이 점점 늘고 있다. 라디오를 들으면서 보내는 시간은 일주일에 100분밖에 되지 않는다(1930년대에 240분에 달했던 것과 크게 대조된다). 상업적 라디오 채널 수는 2000년 1만 개에서 2019년 1만 5000개 이상으로 늘었다. 18세 이상 미국인의 60퍼센트가, 특히 팬데믹 이후 라디오를 가장 믿을 만한 미디어로 생각하고 있다. 공영 라디오 방송국 NPR은 849개의—주로 음악 방송을 하는—라디오 방송국을 결집했다. 사실 세계에서 팟캐스트를 처음 실행한 곳이 바로 NPR이다. NPR은 자사의 프로그램과 협력 방송국들의 프로그램에 외부 콘텐츠를 더해 NPR One이라는 앱을 통해 방송한다. NPR은 이를테면 '청취하는 넷플릭스'를 지향하고 있다. 구글과 스포티파이, 그리고 《데일리 뉴스》, 《뉴욕 타임스》 같은 신문들도 팟캐스트를 성공적으로 진행하고 있다.

2020년 영국에서는 성인 90퍼센트가 여전히 매주 라디오를 듣고 있는데, 이중 15퍼센트 정도가 인터넷을 통해 청취하고 있다. 하지만 청취 시간은 조금 줄었다. 2010년 일주일에 22.3시간이었던 것이 2020년에는 20.2시간으로 줄었다. 청취율이 가장 높은 라디오 방송은 BBC라디오 2(청취자 수 1430만 명)이고 BBC라디오4(1942년에 시작된 상징적 음악방송

〈디저트 아일랜드 디스크〉가 방송되는 채널), BBC라디오1과 클래식FM이 그 뒤를 잇는다. 영국에서도 사람들이 라디오에서 주로 듣는 콘텐츠는 음악, 스포츠, 일기예보다. 40개 언어로 방송되는 BBC월드서비스는 이론적으로 전 세계 2억 1000만 명 이상의 사람들에게 가닿는다.

2020년 프랑스에는 1235개의 공영 라디오 방송과 1415개의 민영 라디오 방송이 존재하며, 이 가운데 한 방송이라도 일주일에 한 번 이상 듣는 사람은 4000만 명이 넘는다. 그중 15퍼센트 정도는 인터넷을 통해 청취하고 있다. 청취율이 높은 방송국은 프랑스 앵테르, RTL, NRJ, 외로프1, 스카이록 순이다. 정보를 얻고 싶은 사람들에게 프랑스 앵포, 프랑스 퀼튀르, 라디오 클라시크는 반드시 들어야 할 방송이 되었다. 한편으로 음악 방송과 공동체 방송들이 번성하고 있지만, 지난 10년 동안 라디오는 200만 명의 청취자를 잃었다. 프랑스에서도 팬데믹은 라디오의 쇠퇴 속도를 늦추면서 청취율을 높여주었다. 피에르 벨랑제가 창립한 스카이록은 기존 미디어로서는 매우 드물게 소셜네트워크를 만들었다. 스크레드 Skred라는 이름의 이 소셜네트워크는 개인 간 보안 메시지 서비스를 제공한다. 2021년 초 이 메신저의 사용자는 800만 명이었고 6초에 한 명꼴로 사용자가 늘고 있다.

2020년 독일에서는 443개의 라디오 방송국이 존재하고 3600만 명이 매일 라디오를 듣고 있다. 이 수치는 2016년과 비교하면 약간 줄어든 것이다. 청취율이 가장 높은 방송은 라디오NRW, 바이에른1, SWR3 이렇게 세 곳이다. 독일에서도 뉴스, 음악, 스포츠 관련 프로그램을 가장 많이 청취한다.

인도에서는 인구의 99퍼센트가 라디오 방송을 들을 수 있는 환경이고, 라디오 방송은 100퍼센트 공영 방송인 올 인디아 라디오(AIR)에 속해 있다. 민영 라디오 방송국은 반드시 당국의 인가를 받아야 하며, 오직 음악과 오락 프로그램만 방송할 수 있다. 라디오를 듣는 사람은 인구의 3퍼센트인 5000만 명밖에 되지 않는다.

중국에서는 인구의 22퍼센트가 매일 라디오를 듣고 있다. 청취율이 가장 높은 라디오 방송국은 음악과 스포츠 방송을 내보내는 곳들이다.

아직 버티고 있는 텔레비전

텔레비전은 오늘날의 생활방식에 점점 더 적합하지 않게 되었다. 스포츠 행사라든가 뉴스, 게임, 리얼리티 방송, TV시리즈, 선거 캠페인 등을 보기 위한 경우들만 예외적이다.

2020년 현재 사람들은 1일 평균 3시간을 텔레비전 앞에서 보낸다. 하지만 이 시간은 꾸준히 줄어들고 있다. 본방송으로 가장 많이 시청한 사건은 2008년 베이징 하계 올림픽 개막식(20억 명)과 2010년 칠레 광부 구조 과정(10억 명)이었다. 즉 스포츠 행사와 관음증적 방송이 가장 인기가 있었다.

시청자들이 텔레비전 앞에서 보내는 시간은 대부분 스포츠 방송과 오락 프로그램에 할애된다. 그 시간의 6퍼센트만 뉴스를 비롯하여 정보를 얻는 데 쓰인다. 세계 곳곳의 24시간 뉴스 채널에서는 시청자를 끌어들이기 위해 가장 저급한 것을 포함해 할 수 있는 모든 일을 다 한다. 이를테면 최악의 장면들을 계속 재생하고, 초대 손님을 선정할 때 전문적 역량이 아니라 격분하고 물의를 일으키는 능력을 보고 결정한다. 어떤 채널들은 정도의 차이가 있지만 대놓고 '정치 선전' 채널 역할을 한다. 합리적인 채널들보다 극단적인 채널들이 더 많은 시청자를 불러 모은다.

미국인 중에 텔레비전에서 정보를 얻는다고 답한 비율은 18~29세에서

12퍼센트, 30~49세에서 21퍼센트, 50~64세에서 25퍼센트, 65세 이상에서 43퍼센트였다. 2020년 미국 제1의 텔레비전 네트워크 CBS가 황금 시간대에 확보한 시청자 수는 700만 명에 그쳤다. NBC와 ABC가 각각 600만 명으로 그 뒤를 이었다. 폭스가 400만, 폭스뉴스가 250만이었는데 이는 미디어 재벌 머독의 성공을 보여준다. 1946년부터 방영된 〈미트 더 프레스〉와 1968년부터 방영된 〈60분〉처럼 훌륭한 프로그램들은 계속 이어졌다. 하지만 프로그램의 질을 유지하지 못한 지역 채널들은 확실하게 퇴조하기 시작했다. 중앙 정치 관련 방송들도 예전 같지 않았다. 2020년 9월 도널드 트럼프와 조 바이든의 대통령 선거 토론 방송은 7300만 명의 시청자가 지켜보았는데, 이는 2016년 도널드 트럼프와 힐러리 클린턴의 대통령 선거 토론 방송보다 무려 1100만 명이나 감소한 것이었다. 코로나 바이러스 유행 초기에는 4대 채널(ABC, NBC, CBS, 폭스)의 저녁 뉴스 프로그램이 시청률을 회복하기도 했다. 대부분 디즈니에 매각되고 머독 그룹에 남아 있던 채널들은 로스앤젤레스에서 루퍼트 머독의 아들에 의해 경영되고 있다.

유럽의 경우, 성인 인구의 82퍼센트가 매일 다양한 채널의 텔레비전 방송을 시청한다. 시청자 대부분은 대형 스포츠 행사의 중계방송 권한에 따라 이동한다. 오늘날 독일에는 365개가 넘는 텔레비전 채널이 존재한다. 점유율에 따른 주요 방송사는 ZDF(13퍼센트), 다스 에어스테(11.3퍼센트), RTL(8.4퍼센트) 순이다. 이탈리아는 라이1(17.43퍼센트), 카날레5(15.37퍼센트), 라이3(6.73퍼센트) 순이다. 영국은 BBC1(20.5퍼센트), ITV(17.86퍼센트), BBC2(5.36퍼센트) 순이다.

프랑스에서는 2012년에서 2020년 사이에 개인의 텔레비전 시청 시간이 평균 20분가량 줄었다. 점유율이 가장 높은 채널은 TF1(19.5퍼센트),

프랑스2(14퍼센트), 프랑스3(9.3퍼센트), M6(9퍼센트) 순이다. 5개의 24시간 뉴스 채널 중 2퍼센트를 넘긴 곳은 한 곳도 없다. 프랑스24는 이론적으로 180개국 3억 5500만 가구에서 시청 가능하고, 매주 전 세계 5500만 가구가 시청한다.

일본에서는 인구의 10퍼센트가 아침 7시에서 9시 사이, 그리고 저녁 19시에서 23시 사이에 텔레비전 뉴스를 시청한다. 공영방송사 NHK가 여전히 지배적인 지위를 갖고 있다. 3대 일간지 신문사들은 텔레비전 방송도 소유하고 있다.

한국에는 200개의 채널이 있고 그중 12개가 국영 채널이다. 3대 방송사인 한국방송공사(KBS), 문화방송(MBC), 서울방송(SBS)은 24시간 뉴스 채널도 가지고 있다. 한국에서도 텔레비전 시청자 수는 줄어들고 있으나, 스포츠 방송과 연속극은 예외다.

중국에서는 인구의 3분의 1만 매일 텔레비전을 본다. 대체로 연속극과 스포츠 방송을 점점 더 많이 시청하고, 뉴스는 잘 보지 않는다. 차이나 글로벌 TV네트워크(CGTN)는 국내 뉴스와 국제 뉴스만 방송하는 유일한 채널이다. 현재 100개 국가에서 이 채널을 시청할 수 있다. 중국 내 모든 TV채널은 분명히 국가에 의해 직접 통제되거나, 공영 기업을 통해 간접적으로 통제되고 있다.

인도에서는 9000만 가구가 텔레비전 수상기를 보유하고 있다. 공영방송 AIR은 23개 언어와 179개 지역 방언으로 방송하는 전국 420개의 방송국을 통제한다. 38~53세의 시청자들은 여전히 인터넷(24.3퍼센트)보다 텔레비전(34.5퍼센트)을 통해 정보를 얻는다. 밀레니얼 세대의 경우 22퍼센트만 텔레비전을 통해 정보를 얻고 있다. 시청자를 가장 많이 끌어들이는 방송은 스포츠, 음악, 오락 프로그램이다.

아프리카는 여전히 텔레비전이 가장 높게 평가되고 있는 유일한 대륙으로 보인다. 아프리카 가구 중 42퍼센트가 하루 평균 3시간 20분 동안 (세계 평균보다 30분 더 길다) 텔레비전을 시청한다. 뉴스보다는 스포츠와 오락 프로그램의 시청률이 훨씬 더 높다. 아프리카에서 사람들이 텔레비전을 가장 많이 시청하는 나라는 마다가스카르, 알제리, 카메룬이다. 콩고민주공화국에는 58개의 채널이 있는 반면, 코트디부아르에는 채널이 5개밖에 없다. 카날플뤼의 자회사 카날 아프리카는 스포츠와 영화를 방송하여 프랑스24와 같이 어느 정도 성공을 거두었다. 2016년에는 아프리카 전역에 방송되는 24시간 국제 뉴스 채널인 아프리카 뉴스가 콩고공화국에 본부를 두고 방송을 시작했다. 이 채널은 모두 33개국에서 영어와 프랑스어로 방송되며 대략 730만 가구에서 시청 가능하다.

2020년 말 현재 텔레비전은 전체 미디어 사용 시간의 3분의 1을 차지하고 있지만, 분명히 정체되고 있다. 세 미디어(신문, 라디오, 텔레비전)의 다수는 여전히 양질의 뉴스를 제공하고 있지만, 또 다른 다수는 생존을 위해 게임, 스포츠, 오락, 수입 시리즈, 스캔들, 그리고 전문성은 떨어지면서 격분하기만 잘하는 출연자들 사이의 논쟁에 집중하고 있다.

이러한 방송을 지양하려면, 해당 텔레비전 방송사들이 시청자들이 무엇을 원하고, 그들의 관심을 어떻게 불러일으킬 수 있는지 알아야 할 것이다. 하지만 전통적인 미디어들은 더 이상 고객의 기호, 소속, 발상에 관한 정보를 갖고 있지 못하다. 이러한 정보는 이제 케이블 인터넷 회사, 전화 회사, 그리고 특히 소셜네트워크가 가지고 있다.

정보를 주고받는 일반 수단이 되어가는 소셜네트워크

역사에서 다시 한번, 새로운 사적 통신수단이 새로운 공적 정보의 원천이 되는 일이 벌어졌다. 우편이 등장하고(또한 신문 배송에도 사용되었으며), 전화가 등장하고(라디오를 탄생시켰으며), 사진과 벨리노그라프가 등장하고(텔레비전의 먼 조상이 되었으며), 이제 또 다른 개인적인 메시지 전달 수단이 수많은 대중을 향한 메시지 전달 수단이 되었다. 디지털 플랫폼은 개인의 메시지를 전송하기 위해 고안되었지만 대중 커뮤니케이션의 수단이 되었으며, 또한 온라인 잡지, 소프트웨어 판매점, 은행, 극장, 대학, 공장, 병원, 감시 도구가 되었다. 판로가 없어져 어려움을 겪는 다른 미디어들도 이 모두를 만들 거라고 상상할 수 있었겠지만, 그런 일은 일어나지 않았다.

2021년 가장 강력한 개인 메신저는 페이스북과 페이스북 소유의 왓츠앱(한 달 사용자 19억 명, 하루 전송 메시지 650억 건)과 메신저(한 달 사용자 13억 명)이다. 2021년 초, 인스타그램 사용자들은 하루에 대략 7억 건의 '스토리'를 공유했는데, 2017년에 1억 5000만 건이었던 것과 크게 비교된다. 이들보다 조금 뒤에 중국에서는 위챗(사용자 12억 명), QQ(텐센트의 메신저, 사용자 8억 명)가 등장했다. 서방에서는 스카이프와 스냅챗(사용자 3억 명)이 등장했고, 뒤이어 링크드인, 바이버Viber, 텔레그램, 라인 디스코드(각각 사용자 2억 명)가 서비스를 시작했다.

이 개인 메신저들은 정보를 주고받는 수단으로 쓰이기도 한다. 2020년에 서방에서 정보를 얻기 위해 가장 많이 사용된 소셜네트워크는 페이스북, 유튜브, 왓츠앱, 트위터, 인스타그램 순이었다. 2018년 미국의 퓨리서치센터의 보고서에 따르면 소셜네트워크에서 정보를 얻은 사람들의 43퍼센트가 페이스북에서 정보를 얻었다. 트위터는 세계 제1의 통신사가 되었다. 특히 메신저들의 네트워크를 통해 250인 또는 그 이상의 그룹들을 향해 정보를 보내는 것이 가능해졌고, 이 그룹들은 또 그 정보를 다른 그룹들에 보내서 결국 수천 수만 명의 사람들에게 정보를 전달할 수 있게 되었다. 전체 인구 2억 명 가운데 왓츠앱 사용자가 1억 2000만 명에 달하는 브라질 같은 나라에서 특히 그러하다. 2020년 로이터 인스티튜트의 보고서에서는 인스타그램에서 정보를 얻는 사용자 수가 2018년 이후 두 배가 되었음을 보여준다. 텐센트에 따르면 중국 전역에서 위챗의 한 달 사용자는 10억 명이 넘고, 그 절반 이상이 다른 무엇보다도 정보를 얻는 데 위챗을 사용하고 있다.

이제 더는 양적으로 성장하지 않는 글로벌 미디어 시장에서 소셜네트워크는 다른 미디어의 청중을 끌어들이고 그렇게 해서 광고 수익을 올려야만 성장할 수 있다. 이를 위해 다른 미디어들이 그들의 독자들에게 제공하는 정보와 그 독자들에 관한 데이터를 아무런 대가를 지불하지 않고 훔쳐온다. 이러하기에 2020년 이후 구글에서 이루어진 검색의 절반 이상의 결과가 이 검색엔진을 통해 연결되는 기사들을 요약한 짧은 텍스트들로 이루어졌다. 이러한 현상을 방지하기 위해 전통적인 미디어들은 소셜네트워크에 있는 자신의 콘텐츠를 알리는 데 많은 시간과 자금을 투자하고 있다. 마찬가지로 중국에서는 매우 인기 있는 뉴스들을 집계해서 제공하는 투티아오Toutiao가 등장했다. 하지만 투티아오는 전통 미디어에는 아무런 도움도 되지 않는다. 이제 전통 미디어는 자신의 독자들에 대한 데이터와 소셜그래프를 더 이상 완전하게 파악하지 못하고 플랫폼의 청중들에게 정보를 제공하는 역할만 하게 되었다.

2020년 중국에서는 인구의 40퍼센트가 정보를 얻기 위해 적어도 하나의 소셜네트워크를 이용하고 있다. 위챗은 개개의 중국인들이 정부가 허용하는 정보에만 접근할 수 있게 한다. 중국의 주요 신문들은 위챗에 있는 공공 계정을 통해 기사들을 게재한다. '티핑tipping' 기능을 이용해 독자들은 자신이 훌륭하다고 평가하는 콘텐츠의 제작자에게 '팁'을 줄 수 있다. 위챗에서 활동하는 저널리스트 헤카이투에 따르면, 신문사는 기사 한 편에 75달러를 제안하지만 위챗을 통하면 600달러에서 5000달러까지 벌 수 있다고 한다. 중국에서 해외 소셜네트워크와 인터넷 사이트들은 사실상 전면 금지되어 있다. 이를 사용하려면 반드시 가상사설망(VPN)*을 통해 접속해야 하는데, 오늘날 10퍼센트가 넘는 중국인들이 그렇게 하고 있는 것으로 보인다. 하지만 VPN 서비스는 매우 불안정하고, 인터넷 서비스 제공자(ISP)가 재등장하게 되면 끊임없이 계속해서 차단당한다. VPN 중 어떤 것은 누가 연결을 시도하는지 알기 위해 정부가 던져놓은 미끼다.

인도의 페이스북 사용자는 3억 8000만 명이고 왓츠앱 사용자는 4억 명 이상으로 세계에서 가장 많다. 틱톡과 위챗은 금지되어 있으며, 정부에서는 위챗을 모방하여 인도 고유의 디지털 자이언트를 만들어내고자 노력하고 있다. 인도는 온라인 정보 최대 사용 국가가 될 것으로 예상된다. 2017년에서 2020년 사이에 4억 명의 인도인들이 인터넷 서비스에 가입했다. 하지만 10여 개의 공용어가 공존하는 인도에서는 정보가 극도로 분할되고 분절되어 있을 뿐 아니라, 민족주의적인 콘텐츠가 많다. 인쇄술이 처음 등장하던 때 유럽에서 일어난 일들의 필연적 과정이 지금 인도에서 다시 벌어진다면, 여러 주에서 자치와 독립을 요구하는 움직임이 들불처럼 일어날 것이다. 이에 대해서는 다음 장에서 이야기하겠다.

2020년 아프리카에서는 메신저와 왓츠앱 사용자가 1억 7000만 명에

---

* VPN은 인터넷 같은 공중 네트워크를 통해 외부인에게 드러나지 않게 통신할 목적으로 쓰이는 사설 통신망이다. 직접 사설 통신망을 구축하여 사용하는 것보다 비용이 저렴하면서도 보안과 능률을 향상시킬 수 있는 장점이 있다.

달했다. 2020년 2월 케냐와 남아프리카공화국에서는 성인의 75퍼센트가 국영 미디어의 공식 정보를 우회하여 다른 정보를 얻고자 소셜네트워크를 사용하고 있다. 휴대전화가 처음에 아프리카에서 발전했던 것처럼 소셜네트워크도 아프리카에서 가장 많이 발전할 것이다. 아프리카인들은 위챗을 기반으로 소셜네트워크를 수도 없이 많이 사용할 것이다.

2020년 미국에서는 소셜네트워크 사용자 가운데 절반 넘는 사람들이 개인 메시지를 보내거나, 포스트에 좋다는 반응을 하거나 코멘트를 달기 위해 소셜네트워크를 이용하고 있다. 사람들은 메시지를 보내고 정보를 얻기 위해 소셜네트워크를 이용하는데, 페이스북 사용자가 1억 9000만 명으로 가장 많고, 유튜브, 트위터, 인스타그램, 링크드인, 스냅챗이 그 뒤를 잇는다. 2020년 현재 미국인의 20퍼센트가 소셜네트워크를 통해 정보를 얻고, 신문에서 정보를 얻는 비율은 18퍼센트에 그쳤다(2016년의 두 수치가 서로 뒤바뀐 것이다). 밀레니얼 세대는 우선 소셜네트워크에서 정보를 얻었고(57퍼센트), 그다음으로 라디오(28퍼센트), 온라인 미디어(25퍼센트), 텔레비전(21퍼센트), 종이 신문(10퍼센트), 팟캐스트(8퍼센트) 순이었다. 18세 이상 미국인 여성의 78퍼센트가 소셜네트워크를 이용하는 반면에 남성의 경우 65퍼센트에 그쳤다. 2020년 가을 대통령 선거 캠페인은 이러한 온라인 정보의 가공할 발달이 이루어지는 훌륭한 계기가 되었다. 트럼프와 바이든의 토론은 비디오게임 플랫폼 트위치를 통해 다시 방송되었다.

온라인에서 새로 고침 없이 기사 하나를 읽는 데 소요되는 평균 시간은 이제 15초로 줄어들었다. 새로 고침 없이 비디오를 보는 데 소요되는 시간은 10초에 불과하다. 슬레이트, 와이어드 같은 온라인 신문들은 생태, 농업, 자동차, 무기, 금융, 기술 등에 매우 전문화되어 있으며 정보의 질을 그대로 유지하고 있다. 가장 강력한 미디어 그룹으로는 2020년에도 다수의 금융 미디어를 합병한 블룸버그가 꼽힌다. 블룸버그 라디오, 블룸버그 텔레비전, 월간지 《블룸버그 마켓Bloomberg Markets》과 1929년에 창간되었고 2009년에 《블룸버그 비즈니스 위크Bloomberg Business Week》가 된 주간지 《비즈니스 위크Business Week》 등이 블룸버그 그룹에 속했다. 이러한 축적이 이미 일으켰고 앞으로 일으킬 무수한 탈선에 대해서는 나중에 이야기할 것이다.

영국에서는 성인 인구의 40퍼센트와 16~24세 젊은이들의 60퍼센트가 정보를 얻기 위해 소셜네트워크를 이용한다고 말했다. 소셜네트워크에서 조회하여 얻은 정보가 텔레비전을 보면서 얻는 정보의 양을 훌쩍 넘었다. 독일에서는 40퍼센트에 가까운 성인들이 정보를 얻기 위해 소셜네트워크를 이용한다고 답했다. 소셜네트워크는 다른 미디어들과 동등하게 유지되고 있다. 2020년 프랑스에서는 40퍼센트에 가까운 성인들이 정보를 얻기 위해 소셜네트워크를 이용한다고 말했다. 젊은이들 가운데 30퍼센트 정도는 소셜네트워크나 온라인 신문만을 이용해 정보를 얻는다고 했다. 이들이 주로 보는 온라인 신문은 구독자 수 17만 명의 메디아파르트, 레 주르, 슬레이트, 혹은 매일 고급 간행물과 대학 교수들이 쓴 글들을 모아놓는 인터넷 사이트 더 컨버세이션 등이다.

러시아에서는 사람들이 정보를 얻는 주요 출처가 텔레비전(84퍼센트), 소셜네트워크(72퍼센트), 종이 언론(23퍼센트), 라디오(20퍼센트) 순이다.

일본은 인쇄업과 영향력이 큰 종이 신문들을 보호하려는 정치적 이유로 디지털 이행이 다른 나라들보다 더디다. 성인 인구의 25퍼센트만이 소셜네트워크에서 정보를 얻는다고 답했다.

이 모든 미디어는 점점 더 간단한 영어로 자신의 콘텐츠를 제시하려는 경향이 뚜렷하다. 전 지구적인 소셜네트워크에서 불가결하게 사용되는 소위 '글로비시globish'라고 하는 단순한 영어는 우리가 빈곤한 세계화를 향해 가고 있다는 느낌이 들게 한다. 뒤에서 다시 살펴보겠지만, 실상이 그렇지는 않다는 사실을 알게 될 것이다.

그러나 어떤 '정보들'이 관건인가?

결론적으로 정보를 얻을 수 있는 더 나은 수단이 이토록 중요했던 적은 없다

이제까지 인류가 정보를 얻기 위한 수단을 이렇게나 많이 보유했던 적은 없다. 문맹이 크게 줄었고, 남녀 아동의 교육 수준도 유례없이 향상되었다. 텔레비전 방송이나 인터넷에 접근할 수 없고 심지어 글이 없는 곳일지라도 라디오를 들을 수 없는 곳은 이제 이 지구상에 없다. 오늘날과 같이 많은 중대한 정보들이 사용 가능했던 적도 일찍이 없었다. 초·중등 교육 및 대학 교육이 점차 확대되었다. 양질의 새로운 미디어들이 하나씩 등장했다. 종이 언론에서는 잡지, 라디오에서는 팟캐스트, 텔레비전에서는 전문화된 채널과 심층 탐사 프로그램, 온라인에서는 대학과 싱크탱크의 미디어 형태로 사용 가능한 최고의 정보들이 모이고 있다. 정말로 알아야 하는 것들을 알기 위한 수단들이 이렇게 많은 사람에게 개방된 적도 일찍이 없었다. 거짓을 반박하고 오류를 지적하기가 이보다 더 쉬웠던 적도 없다. 하나의 정보가 대중에게 가닿지 못하게 막는 일이 이렇게 어려웠던 적도 없다. 이렇게 많은 사람이 풍문과 조작을 피하기 위한 분석의 수단을 사용할 수 있었던 적도 없다. 저널리스트들이 이렇게 많은 정보를 얻을 수 있었던 적도 없다. 세계 곳곳에서 이 직업에 종사하는 이들의 사명감이 이렇게 적은 적도 없었다.

그러나 모든 분야에서, 폭넓게 빈번히 교대하면서, 경보를 울리는 사람들도 점점 더 많아지고 있다. 이들은 자신의 자유를 그 대가로 지불하기도 한다. 기밀문서 공개를 목표로 하는 NGO인 위키리크스를 2006년에 창립한 줄리언 어산지가 대표적인 인물이다. 2010년 어산지는 위키리크스를 통해 이라크에 파견된 미군의 작전 수행 방식과 관련된 수백만 건의 기밀문서를 공개했다. 그런 뒤 런던에서 정치적 피난처를 찾았으나 2019년 4월 11일 에콰도르 대사관에서 체포되었고, 경비가 삼엄한 런던 벨마시 교도소에 수감되어 최종적으로는 미국으로 이송되기 위해 대기하고 있다. 미국으로 이송된다면 간첩 혐의로 최대 징역 75년형을 선고받게 될 것이다.

앞서 살펴보았듯이, 예부터 시대를 막론하고 미디어는 거짓말을 했고, 대가를 더 많이 제시하는 이들에게 그들의 펜을 팔았고, 가장 비열한 동기를 위해 봉사했으며, 비굴하게 권력에 복종했다. 하지만 심도 있고 무결한 기사를 작성하고 목숨을 담보로 추문들을 파헤치면서 업계의 명예를 구해낸 이들도 있다.

최근에도 다수의 저널리스트, 사진기자, 리포터가 살해되었다. 파키스탄에서 대니얼 펄, 아일랜드에서 베로니카 게린, 모잠비크에서 카를로스 카르도소, 쿠웨이트에서 히다야 술탄 알살렘, 모스크바에서 안나 폴릿콥스카야와 아나스타샤 바부로바, 몰타에서 다프네 카루아나 갈리지아, 이스탄불에서 자말 카쇼기가 취재 중에 목숨을 잃었다. 그밖에도 마리 콜빈과 레미 오실리크, 지슬렌 뒤퐁과 클로드 베를롱, 제임스 폴리, 파멜라 몬테네그로와 느비트 콩데 자라미요, 카뷔, 샤르브, 엘사 카야, 티뉴스, 조르주 볼린스키, 오노레, 베르나르 마리스, 무스타파 우라드 등이 있다.

미디어들이 그 역할을 충실히 수행할 능력을 충분히 갖추고 있다는 증거들이 있지만, 미디어에 대한 신뢰도는 가장 낮은 상태다. 로이터 인스티튜트의 조사에 따르면 미디어에 대한 신뢰도가 50퍼센트를 넘는 나라(핀란드, 브라질, 포르투갈, 네덜란드, 튀르키예)는 매우 드물다. 독일에서는 45퍼센트이고, 다른 나라들(이탈리아, 미국, 한국)에서는 30퍼센트 미만이며, 프랑스에서는 23퍼센트밖에 되지 않는다. 더구나 브라질과 튀르키예의 미디어에 대한 높은 신뢰도가 미디어 자체의 공신력을 반영하는 것은 아니다. 사실 많은 나라에서 정보를 주고받을 수 있는 자유는 줄어들고 있다. 국경 없는 기자회(RSF)는 저널리스트들이 누리는 자유의 정도에 따라 180개 나라와 지역의 순위를 매기는데, 이에 따르면 정보의 자유가 가장 많은 나라는 스칸디나비아 국가들이다. 독일은 11위, 프랑스 34위, 이탈리아 41위, 미국 45위, 일본 66위다. 순위가 가장 낮은 4개 나라는 중국, 에리트레아, 투르크메니스탄, 북한이다.*

민주주의 국가들에서도, 특히 소셜네트워크와 관련하여 수많은 일탈 행위들이 발생하면서 앞으로 닥쳐올 심각한 위험, 즉 금전적 문제들과 흉악한 논리들이 우려되고 있다.

소셜네트워크가 광고를 독식하면서 전통적인 미디어를 약화시킨다

무엇보다도 4개 미디어 사이에서 재정적 균형이 깨졌다.

종이 미디어들과 온라인 미디어들은 재원을 마련하기 위해 구독료를 받는다. 공영 라디오와 텔레비전은 수신료를 받는다. 또한 모든 미디어는 광고를 받아야 한다. 그런데 광고가 점점 인터넷으로 옮겨가고 있다. 그리고 2000년 이전 상황과 달리, 새로운 미디어의 등장이 글로벌 광고 시장을 더 이상 확대하지 못했기에 미디어들은 이제 늘어나지 않는 광고 총

---

* 2022년 한국의 언론자유지수는 조사 대상 180개국 가운데 43위다.

액을 두고 서로 싸워야 하는 상황이 되었다. 세계 기업 광고 투자 총액에서 종이 일간지가 차지하던 비중은 (1995년 36퍼센트였으나) 2021년 현재 5퍼센트에 불과하다. 종이 잡지의 경우는 13퍼센트에서 3퍼센트로 줄었고, 라디오는 8퍼센트에서 5퍼센트로, 텔레비전은 36퍼센트에서 26퍼센트로 줄었다. 2020년 프랑스에서는 디지털 광고가 처음으로 광고 시장의 절반 이상을 차지했다. 기업 광고는 스마트폰의 앱으로 대거 이동했다. 이것이 기존 미디어에는 치명적인 올가미가 되고 있다. 광고가 기존 신문으로 가지 않는 것이 단순히 기존 신문의 온라인 버전이 생겼기 때문이 아니라 온라인 신문 또한 광고를 끌어들이는 소셜네트워크와 경쟁하고 있기 때문이다. 게다가 소셜네트워크는 다른 미디어 사용자들이 온라인에서 무엇을 어떻게 하는지 모두 알고 있다.

끝으로, 광고의 효율성 자체가 논란이 되고 있다.

우선, 오늘날 광고는 디지털 기업들, 특히 구글에 의해 할당된다. 디지털 기업들은 그들의 소프트웨어를 통해 다양한 미디어의 독자 수와 그들의 행동, 주요 관심사, 사회적 지위, 방문 사이트 등을 누구보다 잘 알고 있으며, 기업들이 광고 매체를 선택할 때 거의 불가피하게 거쳐야 할 매개자가 되었다. 당연히 구글이야말로 기업들이 어디에 광고를 내야 할지 결정할 때 최고의 조언자가 되었다. 구글은 2020년에 세계 전체 광고비의 거의 절반을 통제하고 있으며, 미국에서는 5분의 4를 점유하고 있다. 이 시장의 2위는 페이스북이고, 알리바바와 아마존이 뒤를 잇는다. 결과적으로 전국적인 종이 미디어에서 광고는 상당히 줄었다. 라디오와 텔레비전, 그리고 지역 미디어들에만 광고가 남아 있다.

더욱이 기업들은 미디어의 종류를 막론하고 전통적인 광고를 멀리하고, 현실에서든 온라인에서든 수없이 벌어지고 있는 사건들에 적응하려 하고 있다. 이는 앞서 살펴보았듯이, 1930년대에 라디오가 부상하면서 미국의 대형 기업들이 변화된 상황에 적응하려던 것과 같다. 예를 들어 2020년 레드불은 세계 최대의 극한 스포츠 행사를 후원하고 자체 웹 TV(레드불TV), 인터넷 사이트, 신문(《레드 불레틴The Red Bulletin》)을 통해 시청각 콘텐츠와 텍스트 콘텐츠를 제작했다. 다른 기업들은 자사 광고를 온라인 미디어의 독특한 형식에 통합하고자 하면서 점점 더 언론이 편집국을 닮아가고 있다. 이것이 이른바 사람들이 거창하게 '네이티브 광고native advertising'*라고 부르는 것이다.

마지막으로, 기업들이 소비자들에게 더 많이 알려지기 위해, 인스타그램이나 다른 소셜네트워크의 인플루언서들을 통하는 경우가 점점 많아지고 있다. 완벽하게 대상을 겨냥하려면 매우 구체적으로 한정된 분야에서 활동하는 '마이크로 인플루언서micro-influencer'를 통해야 한다.

오늘날 주요 민영 미디어의 대부분은 몇몇 대부호나 투자자본의 손안에 놓여 있다

신문, 라디오, 텔레비전, 소셜네트워크, 디지털 앱, 온라인 미디어 등은 국가에 속하지 않을 경우 몇몇 대부호와 거대한 민영 투자자본에 속해 있다. 어떻게 말을 하든, 이들이 각 미디어의 콘텐츠 편집에 영향력을 행사하지 않을 수 없다.

이 모든 권력자를 위해 진짜 정보는 친구, 투자자, 금융업자, 연구자, 대학 교수, 기업가 등으로 구성된 소규모 집단 안에서만 계속 돌고 돈다. 이들은 다른 사람들보다 먼저 과학·기술·시장의 상황에 대해 더 잘 알고

---

* 광고가 실릴 해당 웹사이트에 맞는 고유한 방식으로 기획되고 제작된 광고.

있으며, 누구를 만나야 하는지도 잘 알고 있다. 이들은 이러한 정보를 통해 투자해야 할 때를 결정하고, 다른 이들이 그 진정한 가치를 알기 전에 재화나 채권을 매입함으로써 부를 축적한다.

이들의 제품, 신문, 잡지, 라디오, 텔레비전, 소셜네트워크는 그들에게 수익의 원천이자 오락거리인 반면, 다른 사람들에게는 자신이 희귀한 재화, 양질의 교육, 특권적 정보에 접근할 수 없음을 잊게 만드는 환영일 뿐이다. 정보의 대중화는 그 자체로 민주적인 것으로 여겨지지만, 결국엔 중산층을 무산계급화하는 전략일 뿐이다. 그리고 적어도 그들을 독립적이지 못한 상태로 유지하는 도구다.

이 새로운 미디어들은 또한 그 자체로 거대한 금융권력이기도 하다. 대부분의 소셜네트워크를 소유하고 있는 미국의 거대한 네트워크들과 응용 프로그램들(구글, 아마존, 페이스북, 애플)은 2020년 현재 3조 5000억 달러의 가치를 지니며, 이는 전 세계 GDP의 4퍼센트에 해당한다. 여기에 중국의 새로운 미디어들(바이두, 알리바바, 텐센트, 샤오미)을 더하면 총 가치는 5조 5000억 달러에 달하고, 이는 전 세계 GDP의 5.5퍼센트에 해당한다. 이들은 다른 미디어들의 수익을 좌우하고 새로운 경쟁자의 진입을 막으면서 수많은 다른 영역에서 일어나는 혁신들도 거의 전부 독식하고 있다.

이들의 창립자이자 소유자인 이들—제프 베이조스(아마존), 마크 저커버그(페이스북), 마이클 블룸버그(블룸버그), 세르게이 브린(구글), 마화텅(텐센트와 위챗)—은 세계 최고 부자 20위 안에 진입하는 데 20년도 채 걸리지 않았다.

전통적 미디어들이 소유하고 있는 다른 회사들은 여전히 수익성이 좋다. 월트 디즈니 컴퍼니는 ABC의 소유주이며 훌루Hulu의 공동 소유주다.

컴캐스트는 NBC와 텔레문도 외에도 15개의 전국 케이블 네트워크와 세계 여러 곳에 9개의 텔레비전 채널을 소유하고 있다. 폭스 코퍼레이션, 폭스 브로드캐스팅, 폭스 스포츠, 스타 인디아, 스카이를 보유했다. 타임 주식회사는 특히 《타임 매거진Time Magazine》, 《스포츠 일러스트레이티드》, 《인스타일InStyle》을 소유하고 있다.

2020년 미국의 6대 미디어 기업은 섬너 레드스톤의 내셔널 어뮤즈먼츠, 밥 아이거의 디즈니, 제이슨 킬라의 타임워너, 브라이언 L. 로버츠의 컴캐스트, 루퍼트 머독의 뉴스코프, 요시다 겐이치로의 소니이고, 이들이 미국 내 미디어의 대부분을 소유하고 있다. 일본은 요미우리신문 홀딩스가 《요미우리신문》을 소유하고 있고, 재팬 뉴스가 닛폰TV와 요미우리 그룹의 일부를 소유하고 있다. 독일에서는 프로지벤자트아인스가 15개의 텔레비전 채널을 소유하고 있고, 악셀 슈프링어 그룹이 35개국에 걸쳐 다수의 신문, 잡지, 텔레비전 채널, 라디오 방송국, 웹사이트(그리고 특히 《디 벨트》, 《빌트》, 《B.Z.》) 등을 소유하고 있다. 이탈리아에서는 실비오 베를루스코니가 최대 민영 텔레비전 회사 메디아세트, 최대 출판사 몬다도리, 최대 광고회사 푸블리탈리아의 최대 주주다. 그의 형제 파올로 베를루스코니는 일간지 《일 조르날레Il Giornale》의 주주이며, 그의 전 부인 베로니카 라리오는 《일 폴리오Il Foglio》의 주주다. 프랑스에서는 열 명도 안 되는 부호들이 주요 민영 미디어 거의 전부를 지배하고 있다.

소셜네트워크는 중독을 야기한다

이 새로운 정보 매체들은 이전 정보 매체들과 같은 목적을 지녔으며, 그것을 이룰 더 강력한 수단들을 지니고 있다. 2세기 전부터 정보 매체들은 돈을 벌고 영향력을 갖고자 했다. 그리고 이를 위해 가능한 한 오랫동안 사용자들의 주의를 끌고, 새로운 사용자들을 유인하고 광고를 유지하고자 했다.

정보 사이트들은 사용자들에게 맞는 정보들만 보낸다. 그들은 이용자들이 하나의 텍스트, 하나의 사진, 하나의 비디오를 얼마나 오랫동안 지켜보는지 다른 미디어들보다 먼저 알뿐더러 훨씬 더 잘 알고 있다. 또한 사용자들이 이전에 어떤 사이트들을 보았고, 거기에서 무엇이 그들의 시선을 끌었는지를 알고, 그로부터 그들의 관심을 끌 수 있는 것이 무엇인지, 어떻게 하면 숙명적인 9초의 한계를 넘어 그들의 주의집중을 더 오랫동안 붙잡아둘 수 있는지를 추론한다. 여기에는 '설득 테크놀로지'라는 거창한 이름의 기술이 사용된다. 정보 사이트들은 다른 미디어들이 그들에게 별생각 없이 넘겨버리는 데이터로부터 사용자들의 시선을 어떻게 잡아두어야 할지 알아낸다. 이를테면 아마존은 다른 기업들이 그들의 사이트에서 아마존을 참조할 수 있게 함으로써 그들이 넘겨주는 정보를 자기 이익에 맞게 사용하는 법을 알고 있다.

이러한 네트워크들은 다른 네트워크들과 함께 자기 자신의 가장 좋은 모습, 자신의 최고 이력, 친밀한 기쁜 소식들을 내세우고, 심지어는 자기 자체를 '복음'으로 제시하는 장소가 된다. 그래서 디지털 카니발 안에서 자기 자신의 허위와 모조와 재발명에까지 이르고 그 안에 포섭된다. 마치 모두가 자기 자신이 뉴스가 되기를 바라는 듯하다.

이 모든 네트워크에서는 모두가 타인의 인정을 기대한다. 모두가 타인의 인정에서 충족과 위안을 느끼고자 기다리고 있으며 거기에 점점 더 중독되어간다. 이제는 많은 사람이 보통 익명으로 되어 있는 자신의 계정에 메시지가 도착했는지, 자신이 게시한 글에 누가 '좋아요'를 눌렀는지 확인하지 않고는 10분도 그냥 보내지 못한다. 그럴 정도는 아니라도 자신의 메시지를 다시 올리면서 외롭다고, 사랑받고 싶다고 외쳐대는 것이다.

그런데 이것이 전부가 아니다.

소셜네트워크는 가짜뉴스를 확산시킨다: 앨리스 도노반의 사례

2016년 여름부터 앨리스 도노반이라는 프리랜서 저널리스트가 카운터펀치CounterPunch의 편집자들에게 18개월 동안 규칙적으로 기사를 보내왔다. 1994년에 시작된 급진 좌파적 온라인 미디어인 카운터펀치는 시리아나 힐러리 클린턴의 비밀 이메일과 같이 다양한 주제들에 관한 기사들을 그녀로부터 받았다. 2018년 미국 연방수사국(FBI)은 앨리스 도노반이 러시아 군사정보국에서 만들어낸 허구의 인물일 뿐이라는 사실을 카운터펀치의 경영자 세 명에게 알렸다. 카운터펀치는 자체적으로 조사한 결과 앨리스 도노반의 이름으로 서명된 다수의 기사가 사실은 소피아 만갈이라는 여성 저널리스트가 작성한 기사들을 도용한 것임을 확인했다. 소피아 만갈은 2015년에 설립된 미국의 싱크탱크라고 소개하고 있는 '인사이드 시리아 미디어 센터'에 가입되어 있는 저널리스트라고 했다. 하지만 카운터펀치의 저널리스트들은 한층 더 조사를 진행하면서 이 소피아 만갈 또한 허구의 인물이거나, 아니면 적어도 《뉴요커》와 《아랍 뉴스Arab News》에 실린 기사들을 다시 복제한, 알려지지 않은 인물의 가명임을 밝혀냈다.

이 경우는 전혀 예외적이지 않다. 카운터펀치와 같이 찾기 어려운 정보에까지 늘 주의를 기울이고 있는 미디어조차 함정에 빠질 수 있었다. 인터넷에는 이러한 부류의 가짜 저널리스트들이 곳곳에 존재하며 가짜뉴스를 퍼뜨린다. 더 거슬러 올라가 보면 러시아 첩보기관인 인터넷 리서치 에이전시와 마주치게 된다. 이 기관은 특히 2016년 미국 대통령 선거운동 기간에 가짜뉴스들을 퍼뜨리고 트윗을 생성하고 페이스북에 기사들을 올렸다. 그러면 이 기사들은 곧 가짜 명의로 만들어진 임시 사이트들이나 서방의 어지간한 신문들에 게재되었다.

예부터 늘 여러 가지 소문이 무성했다. 처음에는 입에서 귀를 통해, 다음엔 종이 신문, 그리고 라디오와 텔레비전을 통해서 소문이 널리 퍼져나갔다. 아주 오래전부터 사람들은 돈을 벌기 위해 거짓말하는 것을 용납해왔다. 새로운 미디어들에서는 더욱 그러하다. 2004년 이후로 중국 당국은 공산당에 우호적인 수백만 개의 댓글을 소셜네트워크에 쓰게 했다. 다른 나라들과 수많은 기업들도 마찬가지로 그 활동이나 제품이나 서비스를 칭찬하는 댓글을 대량으로 게시하게 했다. 영국에서는 브렉시트를 찬성하는 당에서 케임브리지 애널리티카*의 도움을 받았다. 미국에서는 두 정당 모두 이 회사의 서비스에 크게 의지했다. 오늘날에는 이러한 사람들 혹은 로봇들이 1년에 5억 건 이상의 댓글을 달고 있다. 이제 이런 일은 레스토랑, 호텔, 화장품 회사들의 관행이 되어 있다.

온라인에서 이루어지는 추천이 아무런 의미가 없고, 더 이상 누구의 말을 믿어야 할지 알 수 없는 지경에 이르렀다. 이제는 윌뢸르Ulule 같은 온라인 자금 조달 사이트에서 익명의 방식으로 적은 금액을 여러 사람에게서 받아, 무지와 음모에 호소하며 이미지마다 오류와 조각난 사실과 거짓으로 가득한 중상용 정치 선전 영화에 자금을 댈 수도 있게 되었다. 〈홀드업Hold-Up〉** 같은 영화가 대표적인 예다. 민주정치가 이러한 현상에 종지

---

* 영국의 정치 컨설팅 회사. 창립자들이 영국 보수당, 왕실, 군대와 상당히 친밀한 인맥을 가지고 있었고 이를 통해 사업을 확장했던 것으로 알려져 있다. 2018년 이른바 '페이스북-케임브리지 애널리티카 정보 유출 사건'으로 문을 닫았다.
** 피에르 바르네리아스가 감독한 다큐멘터리 영화. 코로나19 팬데믹이 누군가에 의해 기획된 것이며 정부의 대응 방침 또한 그 기획에 따른 것이라는 음모론이 주된 내용이다.

부를 찍는 법을 찾아내지 못한다면 앞으로도 우리는 더 많은 사례들을 보게 될 것이다.

소셜네트워크는 사람들을 죽인다: 코로나 바이러스의 경우

팬데믹을 관리하는 과정에서 어떤 미디어들은 특히 위험할 수 있다는 사실이 이미 드러났고, 아직도 드러나고 있다. 어떤 미디어들은 극도로 진지했고, 다른 미디어들은 최후의 교주들을 예찬하고 그들이 주는 영약을 권하면서 사람들을 죽일 준비가 되어 있었다.

어떤 미디어들은 훌륭하고 매우 진지한 모습을 보여주었다. 많은 나라에서 전국 텔레비전 채널들은 일반적으로 탁월했다. 미국에서처럼 정부의 말을 반박해야 했던 경우도 있다. 어떤 저널리스트들은 특히 프랑스, 이탈리아, 인도, 영국에서 용기와 역량을 증명해 보였다. 반대로 스캔들 위주의 신문들과 타블로이드 신문들은 최악의 가짜뉴스들을 실어 날랐다. 24시간 뉴스 채널들은 안테나를 통해 계속 방송을 송출해야 했으므로 전문가들과 사기꾼들에게 발언권을 주었는데, 우선 사기꾼들에게 주었다.

소셜네트워크들은 흔치 않게 진실을 실어 날랐지만, 그와 동등하게 최악의 거짓들도 실어 날랐다. 이 거짓 메시지들은 사람들을 죽게 했다. 그리고 이 메시지들은 강력할뿐더러 셀 수 없이 많다. '가짜뉴스'는 트위터에서 진짜 뉴스보다 여섯 배 빨리 확산된다. 2020년 4월 한 달 동안에만 전 세계 팩트체크 기관들(프랑스에서는《르 몽드》의 데코되르Décodeurs와 AFP의 팍튀엘Factuel)의 네트워크가 페이스북에서 5만 건 이상의 가짜 게시물을 적발했다. 미국 카네기멜론대학의 연구조사에 따르면 2020년 1월부터 4월까지 트위터에 올라온 코로나19 관련 게시물 가운데 45퍼센트가 로봇에 의해 전송된 가짜뉴스였다. MIT에 따르면 코로나19에 관한 채팅의 50퍼센트가 거짓이었다. 2020년 4월 영국에서는 셀 수 없이 많은 메시지에서 코로나19와 5G통신을 연관시켰다. 그 결과 영국 전역에서 많은 기술자와 통신 설비가 공격당했다. 소셜네트워크에서 검증 없이 추천된 치료법들 때문에 실제로 여러 나라에서 많은 사람이 죽었다.

소셜네트워크와 마찬가지로 전통적인 미디어들 또한 제 역할을 수행하지 못했다. 특히 서방의 전통적인 미디어들은 중국의 팬데믹 상황을 추적하면서 미리 걱정하지 않으려 했지만, 12월 이후 한국에서 일어나는 일들은 주의 깊게 살피지 않았다. 한국에서 코로나19에 대한 대응이 신속하고 매우 효율적으로 이루어질 수 있었던 것은 위챗에서 중국인들이 이야기하는 내용을 중국 정부의 검열 이전에 한국인들이 먼저 파악하고 있었기 때문이다. 만약 세계의 미디어들이 그 순간부터 우한보다 서울에서 일어나는 일들을 주시했더라면 전 세계 모두가 더 잘 대비할 수 있었을 것이고, 그랬다면 세계적으로 팬데믹 사태도 더 잘 제어되었을 것이다. 이러한 의미에서 우리는 정부가 최선의 전략을 취하도록 미디어들이 돕지 못했다고 말할 수 있다.

소셜네트워크는 다른 방식으로도 사람들을 죽인다

우리가 이미 보았듯이, 예부터 익명의 풍문, 거짓말, 중상, 비방은 말로 중얼거리거나, 글로 쓰거나, 전화로 통화하거나, 라디오나 텔레비전으로 방송하거나, 사람들을 죽게 했다.

2020년 온라인 미디어와 소셜네트워크를 통해 악행을 저지르는 방법들이 그 어느 때보다 더욱 강력해졌다. 이제는 익명으로 작성된 메시지 하나로 어떤 사람에 대한 허위 진술을 매우 믿을 만한 방식으로 배포하거나, 그러한 진술을 모두에게 알리면서도 처벌받지 않는 게 가능해졌다.

그래서 240개의 기호로 된 하나의 트윗으로 한 사람의 평판을 세계적으로 오랫동안 망치는 것도 가능하다. 어느 나라에서나 이러한 행위는 정말로 불법이 아니다. 전혀 통제되지도 않는다. 누구나 한번은 이러한 행위의 피해자가 될 수 있다. 더구나 이러한 피해는 정말로 충격을 받은 사람들이나 악의적으로 조작하는 이들에 의해 반복된다. 가짜뉴스를 퍼트리는 익명의 계정들이 점점 더 많아지고 있다. 그들 가운데 다수는 로봇이다. 페이스북과 트위터의 전체 계정 가운데 적어도 15퍼센트가 로봇에 연결된 것으로 드러났다. 여하튼 매우 폐쇄적인 몇몇 독재 국가들을 제외하고는 어느 나라에서나 이런 메시지를 배포 전에 검열하는 것은 불가능하다. 취소되거나 수정되더라도, 작성자가 엄하게 처벌받더라도, 그 흔적은 거기에 늘 그대로 남아 있으며 중상은 계속해서 전파된다.

더욱이 가짜뉴스는 반복될 뿐 아니라 나중에는 적법성을 획득한다. 무엇보다도 가짜뉴스가 편집되어 어떤 책이나 신문, 인터뷰에서 사실의 인용처럼 제시될 경우에 그러하다. 그런 식으로 가짜뉴스는 자리를 잡는다. 그리고 가짜뉴스를 말했다고 여겨지는 사람이 그것이 거짓임을 밝히려고 하면 피고인의 자리에 서게 된다. 사람들이 되풀이해서 말하게 될 사실들을 검열하거나 사실 여부를 확인하는 어떤 기관이 있다 해도, 이러한 정보들이 벽과 경계를 가로질러서 확산되는 것을 막을 재간은 없다. 참과 거짓을 구분할 수단이 없는 것이다.

이러한 폐해의 사례는 셀 수 없이 많다. 수백만 명의 사람들이 매일같이 그러한 폐해를 겪고 있다. 폐해를 겪은 사실이 때로는 은폐되기도 하고 만천하에 공개되기도 한다. 때로는 아주 비극적인 사태로 전환되는 경우도 있다. 프랑스에서는 사뮈엘 파티라는 역사·지리 교사가 소셜네트워크에서 비난을 받고 결국 2020년 10월 16일 이슬람 테러리스트에 의해 콩플랑생토노린에서 살해되었다.*

소셜네트워크는 살인자 종파를 만들어낸다: 큐아논이라는 전범

1978년 이란에서 호메이니가 녹음한 카세트테이프들이 사람들을 죽이게 했던 것처럼,** 1993년과 1994년 르완다에서 밀콜린Mille-Collines 라디오가 사람들을 죽이게 했던 것처럼,*** 소셜네트워크는 사람들을 죽이는 신념과 종파를 만들어낸다.

2003년 미국에서는 15세 청소년 크리스토퍼 풀이 몇 해 전에 일본에서 니시무라 히로유키라는 학생이 만든, 투챈2chan이라고도 하는 투채널 2channel을 모방하여 포채널4channel(또는 포챈4chan)이라는 사이트를 개설했다. 이 사이트는 젊은이들의 은밀한 대화 장소가 되었다. 일본의 투챈이 초기에 그러했듯이 미국의 포챈도 처음에는 만화에 대해 주로 이야기했지만, 나중에는 누구도 절제하지 않고 동성애 혐오와 백인 우월주의를 노골적으로 드러냈다. 2015년 크리스토퍼 풀이 포챈의 경영을 포기하면서 일본 투챈의 창립자 니시무라 히로유키가 경영을 맡게 되었다. 이 사이트는 수많은 비난과 고발의 장소가 되었다. 사람들은 이 사이트에서 힐러리 클린턴의 선거운동 총책임자 존 포데스타에 맞선 대규모 캠페인을 개시했다. 2017년 10월에 올라온 익명의 글에 "힐러리 클린턴에 대한 범

---

* 중학교 교사였던 사뮈엘 파티는 표현의 자유를 가르친다는 취지에서 《샤를리 에브도》에 실린 이슬람 풍자 만평과 그에 관련된 테러 사건을 학생들에게 제시한 일로 이슬람 원리주의 성향의 학부모들로부터 강한 비난을 받았고 소셜네트워크를 통해 비난이 확산되었다.
** 아야톨라 호메이니는 망명생활 중 팔레비 왕조를 몰아내고 이슬람 공화국을 세워야 한다고 주장하는 연설을 카세트테이프에 녹음하여 이란으로 들여보냈다. 이 카세트테이프가 수없이 복제되고 이란 전역으로 확산되어 혁명 발발에 일조했다.
*** 1994년 르완다 내전 중 벌어진 집단학살(후투족에 의한 투치족 학살)의 주범 카부가는 밀콜린 라디오의 설립과 운영에 자금을 댔고, 이 방송국은 투치족 살해를 부추기는 데 큰 역할을 했다.

죄자 인도가 어제부터 진행 중이다. 공범들이 해외로 도주하여 반란을 일으킬 것으로 예상되며, 미군은 이를 진압할 준비에 착수했다"라는 내용이 올라왔다. 이후 국가 기밀 사안에 관해 최대 권한을 받았으나 신분을 숨겨야 하는, '큐 클리어런스Q clearance'(이로부터 큐아논QAnon이란 명칭이 유래)라는 인물이 서명했다고 하는 다른 메시지들이 등장했다. 이들 메시지에서는 미국의 최고 권력자들을 타도하기 위한 '폭풍' 작전이 개시될 것이며 권력자들은 권력을 유지하기 위해 내전을 일으킬 것이라고 알렸다. 이어서 이 '익명의 인물'은 포챈에서 '드랍drop'(투하물)이라 불리는 수천 개의 메시지를 보내고, 에잇챈8chan과 에잇쿤8kun 등 미국 극우파와 밀접하게 관련된 사이트들은 물론 레딧, 페이스북, 트위터에서도 보냈다. 이 메시지들 가운데 하나를 예로 들면, 미국 민주당은 아동성애 인신매매 조직으로부터 자금을 조달받고 있으며, 이 조직은 민주당 지도자들이 영생을 얻기 위해 먹어치울 아이들을 공급한다는 것이었다. 이렇게 해서 이 큐아논을 교주처럼 숭배하는 신자들의 집단, 곧 하나의 이단 종파가 형성되었다. 이들은 트럼프 대통령이 자신들과 연합하여, 여전히 정부, 금융기관, 미디어의 중심에 침투한 민주당 엘리트들의 사악한 범죄와 아동성애에 맞서 비밀 전쟁을 수행하리라고 주장한다. 트럼프 대통령은 이들의 메시지를 반박하지 않고 오히려 자신의 트위터 계정을 통해 리트윗하기도 했다. 2020년 말 거의 1만 개에 가까운 'Q드랍'에 대한 조사가 이루어졌다. 페이스북에서 전송된 이 메시지들 가운데 하나는 납치되어 트럭에 실려 있던 39명의 아이들이 조지아주에서 발견되었다고 주장했다. 이 메시지는 100만 번 이상 공유되었다. 이와 관련된 각각의 게시물에 대해 수백만 명의 사람들이 격론을 벌였다. 미국 상원의원들도 이들을 지지했다. 2020년 8월 현재 페이스북의 큐아논 그룹들에는 300만 명의 사람들이 가입되어 있다. 2020년 10월, 사용자들의 항의가 일기 전에 페이스북은 '폭력적인 내용을 담고 있지 않더라도' 큐아논과 관련된 페이지들이 제거될 것이라고 공지했다.

하지만 이러한 조치로 멈춘 것은 아무것도 없다. 인스타그램의 인플루언서들은 오스트레일리아나 브라질(2019년 극우파 후보 보우소나루의 대통령 당선에 크게 기여했다), 뉴질랜드, 독일, 영국, 네덜란드, 포르투갈, 이탈리아, 프랑스, 남아프리카공화국에서 큐아논의 게시물들을 중계했다. 수천 수만 번 공유된 게시물들에서는 남아프리카공화국의 프리토리아가 인신매매의 중심이라고 설명했다. 미국 하원의원 선거에 출마한 후보들 가운데 80명이 공개적으로 큐아논을 지지한다고 밝혔다. 그들 가운데 하나인 마저리 테일러 그린은 하원의원으로 당선되었다. 트럼프 정부에서 국가정보국장을 맡았던 존 랫클리프 또한 큐아논 신봉자다.

이렇게 큐아논은 인터넷 밑바닥에서 시작해서 3년 만에 일종의 종교가 되었으며 구원자를 기대하는 미국 중산층을 사로잡았다. 이러한 구원자에 대해서는 1957년에 이미 노먼 콘이 《천년왕국 운동사The Pursuit of the Millennium》에서 이야기한 바 있으며, 1972년 르네 지라르의 《폭력과 성스러움La Violence et le Sacré》, 1980년 조지 W. S. 트로의 《맥락 없음의 맥락 안에서》 등 많은 학자가 이에 대해 다루었다.

뒤에서 다시 살펴보겠지만, 모든 것이 더 악화될 상황에 놓여 있다.

소셜네트워크는 민주주의를 위협한다: 2020년 11월 미국 대통령 선거

사람들은 점점 더 자기확신의 거품 안에 갇히고, 타인의 생각과 주장을 아는 것은 더욱 어려워졌다. 그러면서 정치 진영 간의 이동은 점점 더 어려워지고, 어쨌든 함께 살아가야 할 사람들 사이에 놓인 다리도 모두 무너지고 있다. 사람들은 선거에서 패배한 진영의 분노와 원한을 부추기고, 패배한 진영에서는 스스로의 패배를 조작과 기만의 결과로밖에는 보지 못한다. 자신의 진영이 아닌 다른 출처에서 나온 정보를 받아들이지 않기 때문이다.

2020년 11월 미국 대통령 선거는 지엽적인 일화에 그치지 않는다. 이 선거는 어떤 움직임이 일고 있음을 알리는 하나의 표징이다. 이 움직임이란, 선거 방식 때문에 일시적 다수를 형성하는 경우가 많은 소수에게 민주주의는 점점 더 용인할 수 없는 것이 되어간다는 것이다.

수치들이 이를 말해준다. 48개국에서 여론을 측정하는 세계가치조사(WVS)라는 기관에 따르면 미국 유권자 가운데 '의회나 유권자들에게 가로막히지 않는 강력한 지도자를 원하는' 사람들의 비율이 1990년에는 25퍼센트였다가 2017년에는 37퍼센트로 늘었다. 지금은 이 수치가 틀림없이 더 상승했을 것이다. 민주주의는 이제 위험에 처했다.

미국에서 일어난 현상은 다른 모든 곳에서도 일어나고 있다. 이는 모든 사람이 제각기 자신의 신념·문화·언어·젠더 안에 갇혀 있도록 하는 소셜네트워크의 논리를 따른 것이다. 이러한 현상은 시장의 하수인들의 자폐적이고 자기도취적인 역동을 더욱 악화시키면서, 오늘날 사람들이 목격하고 있는 상황을 만들어낸다. 타협은 민주주의 절차의 기본이지만, 통합된 사회는 분열되어 이제 더 이상 타협에 만족할 수 없는 병렬된 신념의 블록들로만 구성되기에 이르렀다.

당신이 어떻게 정보를 얻는지 나에게 말해달라, 그러면 나는 당신이 누구인지 말해주겠다[*]

어느 시대에나 개인이 정보를 얻는 방식은 그 사람의 사회적 지위, 교육, 습관, 호기심, 비판 정신에 의해 결정된다.

모든 정보의 출처로부터 멀리 떨어져 지내는 사람들은, 본인의 결정으로 그렇게 되었든 어쩔 수 없이 그렇게 되었든, 발전도 없고 배움도 없이 현재 상태에 만족하며 자신의 가족이나 종교라는 환경에서 주어진 신념들에서 벗어나지 못한다.

한번 선택한 미디어에서 수년 동안 몇 시간마다 정기적으로 정보를 얻는 사람들은 자기 의견을 더욱 강화할 수밖에 없다. 한 가지 신문만 읽는 사람들, 한 가지 라디오만 듣거나 한 가지 텔레비전만 보는 사람들, 한 가지 온라인 게시물만 보는 사람들, 또는 자기가 좋아하는 소셜네트워크가 알려주는 것만 믿는 사람들이 바로 그러한 경우다.

이처럼 행동하는 사람들은 확신으로 가득 차 있고, 비판 정신을 약화하며, 그들의 진리를 옹호할 것 같은 모든 역모와 음모론을 믿을 준비가 되어 있다.

해석의 틀도 없고 특별한 호기심도 없고 질적 요구도 없이 다양한 소셜네트워크에서 시간을 보내면서 자신이 자유로운 정신을 지녔다고 믿는 사람들 또한 이러한 소셜네트워크의 그물에 걸려든다. 소셜네트워크는 그들이 의식하지 못하는 사이에 그들의 취향과 관심사를 분석하고 그들의 선입견에 가까운 것들을 무엇보다 먼저 알려준다. 소셜네트워크는 자발적으로 오직 한 가지 관점만을 듣게 되는 상황 속으로 그들을 비자발적으로 이끈다. 과거에 다른 미디어나 교통수단에 대해 그러했듯이, 이러한 사람들은 소셜네트워크에서 얻는 시간보다 잃는 시간이 많다.

＊《미식예찬》의 저자 브리야사바랭의 말 "당신이 무엇을 먹는지 나에게 말해달라, 그러면 나는 당신이 누구인지 말해주겠다"를 변형한 것이다.

반면에 10여 개의 신문을 까다롭게 두루 읽고, 여러 개의 라디오 방송을 듣고, 여러 개의 텔레비전 채널을 보고, 양질의 여러 온라인 신문을 읽고, 자신의 관점에 부합하는 것만 읽으려고 하지 않는 사람들, 자기 자신을 거슬러 생각해보고, 친구나 부모나 인내심이 있고 믿을 만하게 응답해주는 상대와 대면으로나 가상으로 대화하고, 세상에 대한 지식의 원천을 늘리고 비판 정신을 발전시키는 사람들은 예방이 되어 있다. 이렇게 대비가 되어 있어야 한다.

전국 차원이든 지역 차원이든 정치·경제·기술·문화·학문 분야의 권력자들 무리에 접근할 수 있는 사람들만이 지난 3000년 전부터 그래왔듯이 지금도 여전히 돈을 투자하고 권력의 자리를 차지하고 자유로운 삶을 창출하는 데 필요한 핵심 정보에 접근할 수 있다. 이는 예부터 언제나 그러했다.

기술이나 인구·문화·경제·정치·역사의 변화가 아무리 거대하다 하더라도 핵심은 수천 년 동안 전혀 변하지 않았다. 늘 그러하듯이 우리는 과거로부터 미래에도 유효한 법칙들을 끌어낼 수 있다.

12

정보를 얻고 자유로워지고 행동할 것

❊

2021-2100

1948년에 출간된 조지 오웰의 《1984》는 히틀러와 스탈린의 전체주의에서 영감을 받아 쓴 소설이다. 이 소설은 한 남자와 한 여자가 그들 자신이 누구인지를 강제로 부정하게 만드는 한 체제에 의해 어떻게 망가지는지를 묘사한다. 정치 선전, 감시, 역사 재편집, 뉴스피크newspeak,* 사상 검열 등 최악의 독재 수단들이 등장하며 이들은 모두 '빅브라더'를 위해 사용된다.

오늘날 많은 이들에게는 이 허구가 현실이 되어 있다. 실제로 독재정권 아래 살아가는 세계 인구 3분의 1이 넘는 사람들만이 아니라 민주주의 안에서 살아가는 사람들에 대해서도 마찬가지다. 그들은 형식적인 민

---

* 《1984》의 배경이 되는 국가 오세아니아의 공식 언어. 지배층에 의해 규정된 문법과 용례 이외에 간접적 표현이 불가능하고, 시간이 갈수록 어휘의 수가 줄어드는 특징이 있다.

주주의 안에서 박해받거나 굶주리거나 충분히 교육받지 못하거나 충분히 정보를 얻지 못하거나 산만해지거나 자아에 허영을 품거나, 짧은 메시지, 상업 광고, 요란한 정치 선전, 허위 비방, 대략적인 뉴스, 과격한 분노, 폭력에 호소, 점차 치밀해지는 감시 등의 디지털 홍수에 굴복한다. 현대의 빅브라더는 독재자와는 거리가 멀다. 그것은 개인도 아니고 국가도 아니다. 소수의 대부호들을 위해 봉사하는 기술 체계, 그것이야말로 오늘날의 빅브라더다.

더 많은 교육, 문화, 계몽, 자유, 진보, 복지, 정보, 과학, 창조성을 획득하고자 수천 년 동안 싸워온 끝에 사람들은 결국 이러한 상황에 이르게 된 것일까? 우리는 그냥 체념하고, 그토록 많은 천재, 자유의 순교자, 연구자, 교사, 기자, 기업가, 노동자, 작가, 투사, 예술가가 결집하여 전수해준 이 환상적인 도구들을 이토록 많은 사람이 이토록 서글픈 방식으로 사용하고 있는 모습을 그저 지켜보아야만 하는 걸까? 특히 적어도 지난 20년 전부터 디지털 기술의 위대한 약속들을 탈선시켜온 이 방식을 체념하고 받아들여야 하는 걸까?

하지만 이것은 아직 시작에 불과하다.

다음 세대를 기다리고 있는 것, 더 멀리 한두 세기 뒤에 올 세대들을 기다리고 있는 것은 (한두 세기 뒤에도 인류가 여전히 존재하고 있다면) 훨씬 더 대단한 것이다. 훨씬 더 미친 듯한 것, 사실상 오늘날에는 이해할 수 없는 것이 우리의 다음 세대를 기다리고 있다.

우리는 앞으로 어떤 세상에서 살게 될까? 우리가 예상하는 생태·기술·경제·사회·이데올로기·지정학·문화·정치의 가공할 변화들이 어떤 결과를 가져올까? 사람들은 진실과 거짓, 정보와 오락을 구분할 줄 알게 될까? 신문은 여전히 존재할까? 라디오 방송국은? 텔레비전은? 소셜네트워크는? 저널리스트는? 사람들은 오늘날보다 각 개인의 필요에 더 잘 맞추어진 정보를 얻는다는 구실로 사적 권력 그리고/또는 정치권력의 감시를 더 많이 받게 될까? 특히 건강에 관한 정보를 받게 된다는 구실로? 모든 개인은 자신에 관한 정보 이외에 다른 것을 받길 원하고, 받을 수 있을까? 가장 중요한 정보들, 남들보다 먼저 알아야만 가치가 있는 정보들은 여전히 전 세계 부의 대부분을 축적해온 극소수 사람들의 차지가 되어 있을까? 정보를 제공한 이들이 정보를 제공받은 사람들에 관한 정보를 최고 입찰 가격에 팔거나, 그들이 의존하고 있는 정치권력에 양도한다면 정보를 제공받는다는 것은 무슨 소용이 있을까? 진실이든 거짓이든, 모든 정보는 언젠가 자동기계에 의해 만들어지고 곧바로 가짜뉴스의 무한한 원천들로 흘러 들어가게 되지는 않을까? 모든 개인은 타인들의 세계의 무한한 홀로그램들에 접근할 수 있을까? 우리는 여전히 더 많이 상상할 수 있을까? 여전히 더 잘 상상할 수 있을까? 정보의 자유가 도래하리라는 희망은 여전히 가능할까?

과거로부터 어떤 교훈을 끌어내야 할까?

우리가 예상되는 것들을 잘 이해하고, 읽고, 듣고, 보고, 알기 위해 창조한 도구들에 의해 우리 사회가 어느 날 휩쓸려가지 않게 하려면, 우선 정보와 통신수단의 역사를 구분 짓는 방대한 사건, 기술, 시도 등으로부터 교훈을 끌어내야 한다. 과거 속에서 미디어 역사의 법칙을 형성하는 동기, 불변 요소, 항구 요소, 경향을 짚어낼 수 있기 때문이다.

사람들은 역사에서 수천 년 전부터 지금까지 유효하고 앞으로도 최소 수십 년 동안 유효하게 남을 법칙들을 발견할 수 있다. 그러한 법칙들을 열거하면 다음과 같다.

1. 사적인 메시지를 유통시키던 수단들은 차례로 대중 커뮤니케이션의 수단들로 변신한다. 편지는 신문이 되고, 전화는 라디오가 되고, 사진은 텔레비전이 되고, 전자 메시지는 인터넷이 되었다. 다른 정보 전송 수단들도 그러할 것이다.

2. 정보 제공 수단들은 성숙하고, 교양을 쌓고, 기분전환을 하고, 예술 작품을 만드는 데 소용된다. 이 수단들은 조각, 판화, 인쇄, 사진, 디스크, 영화, 라디오, 텔레비전, 비디오게임, 온라인 게임을 가능하게 했다.

3. 정보를 생산하고 유통하는 다양한 방식들은 차례로 상업적 활동이 되었고, 자동화되고 인공물에 의해 (인쇄술부터 소셜네트워크까지) 대체되었다.

4. 하나의 커뮤니케이션 도구는 정치에서는 권력의 원천이고, 그 소유주에게는 수익의 원천이며, 그 고객에게는 오락의 원천이다.

5. 각 사회의 이데올로기·문화·경제·정치의 형식은 대체로 각 개인이 사용할 수 있거나 선택하는 정보 습득의 방식을 결정한다.

6. 역으로 각 사회의 정치·문화·경제의 미래는 그 사회에 속한 각 개인이 정보를 습득하거나 습득하지 못하는 방식에 좌우된다.

7. 한 시대의 지정학적인 중심 권력은 당대의 통신·정보 수단들을 더 잘 제어하고, 그 경계 바깥으로 뻗어나가기 위해 그 수단들을 사용할 줄 아는 나라에 있었다.

8. 권력은 정말로 중요한 것들에 관한 정보를 가장 먼저 습득하고, 어떤 정보를 다른 이들에게 전송할지 결정하며, 다른 모든 정보는 검열하거나 감추거나 비방할 수 있는 수단들을 요구한다.

9. 권력이 늘 국민의 취향을 알고자 하듯이 미디어도 늘 고객의 취향을

알고자 한다. 권력도 미디어도 대상을 유혹하고, 기분을 풀어주고, 주의를 끌려고 애를 쓴다. 또한 경찰 수사나 정치, 금융과 관련하여 대상으로부터 얻은 정보를 최대한 활용한다.

10. 상대적 수치만이 아니라 절대적 수치에서도 점점 더 많은 사람이 확인 가능하고 입증 가능한 정보에 접근할 수 있다. 점점 더 많은 사람이 스스로 증언할 수 있거나 그 결과를 분석할 수 있는 믿음직한 정보를 제공할 수 있는 상황이 되었다.

11. 누구나 행동을 위해 적절하고 사용 가능한 모든 정보에 평등하고 자유롭게 접근할 수 있는 것이 민주주의의 존재 조건이다. 하지만 이 조건이 독재가 들어서는 것을 막기 위한 충분조건은 아니다.

12. 표현·전달·조작·통제·행동·해방을 위해 모든 감각이 차례로 이용되었고 이용되고 있으며 앞으로도 이용될 것이다. 시각과 청각이 먼저이고 촉각, 후각, 미각이 뒤따라오며 그밖에 다른 감각들도 차례로 이용된다.

수천 년 전부터 지금까지 이러한 경향들이 계속해서 진행되어 왔다. 그러지 않을 이유가 없다. 앞으로 몇 년 동안 많은 나라에서 사람들은 계속해서 종이 신문을 사서 읽고, 라디오를 듣고, 텔레비전을 보고, 소셜네트워크를 이용할 것이다. 점점 더 많은 사람이 자신을 저널리스트라 말하고 미디어를 만들 것이다. 어떤 경우에는 점점 더 신뢰도가 높아질 것이고 다른 경우에는 점점 더 분파적이고 종파적이며 기만적일 것이다. 특권자들은 계속해서 앞으로도 오랫동안 다른 이들보다 먼저 결정적인 정보들을 입수하여 이득을 얻고 그로부터 거대한 부를 축적할 기회를 끌어낼 것이다.

그런 다음, 이 미디어들은 여하튼 오늘날 우리가 알고 있는 형태로 차례차례 진화하고 소멸할 것이다. 그리고 결정적으로, 이 미디어들과 더불어 문학과 세상의 쟁점에 관한 지식과 진리와 자유에 대한 접근 통로도 사라질 수 있다. 가장 부유한 이들과 가장 정보를 잘 갖춘 이들이 새로운 도취, 새로운 감각을 알고, 언젠가는 인공의 사건들에 빠져들고, 더욱이 그 사건들의 전개에 관한 정보만을 얻게 될 것이다. 그러면 어느 날엔가 그들 자신도 가능한 모든 방식으로 그 인공의 사건들을 소비하는 인공의 존재가 될 것이다. 충분히 많은 사람이 투쟁하여, 온 인류가 정보를 얻고 자신의 교양을 함양하며 비판하고 조사하고 생각하고 자유로워질 수 있는 수단을 획득하지 않는다면 말이다.

내일은 어떤 세상이?

우리는 각 사회의 이데올로기와 문화와 경제의 형태가 사람들의 정보 습득 방식을 매우 광범위하게 결정한다는 것을 살펴보았다. 정보 습득 방식이 어떻게 변할 것인가를 이해하기 위해서는 내일의 사회가 어떻게 변하고, 역으로 정보 습득 방식의 변화가 내일의 사회에 어떤 영향을 끼칠지를 최대한 이해해야 한다.

6000년의 인류 역사를 이야기하고, 역사와 정보 전달 사이의 관련성을 이야기할 수 있다 해도, 한 세기 안에 우리 사회가 어떤 모습으로 바뀔지 감히 추론할 수 있는 사람은 거의 없다. 그러한 추론이 매우 어렵다는 것은 사실이다. 미래를 결정하는 매개변수는 셀 수 없이 많다. 2021년의 세상이 이러할 거라고 2000년에 어느 누가 예견할 수 있었겠는가?

미래를 예견하는 것이 불가능하지는 않다. 가능한 수많은 미래를 어렴풋이 보여주는 공상과학 소설도 엄청나게 많다. 영화들은 있음직한 세계의 확산과 거기에서 실제와 가상이 뒤섞이는 방식을 스크린에 펼쳐 보인다. 또한 장기적 경향들을 묘사하는 열정적인 미래학 문헌도 있다. 나는 오래전부터 한 가지 방법론을 개발하는 데 전념해왔고 그로부터 몇 가지 결과를 도출했다. 가장 개연성 있는 미래의 모습은 이러하다.

앞으로도 수십 년 동안 세계 인구는 계속 증가하다가 감소하기 시작할 것이다. 기후는 악화될 것인데, 어쩌면 그런 뒤에 나아질 수도 있다. 사회의 교육과 문화 수준이, 특히 여성들의 경우에 향상될 것이다. 점점 더 많은 사람이 도시와 도시 인근에 살 것이다. 생활방식과 노동과 소비가 한동안 빠르고 유연한 형태로 바뀌면서 한 장소에 고정되지 않고 이동하는 형태로 바뀔 것이다. 노동과 소비가 점점 더 많은 경우에 서로 혼합될 것이다. 혼자 일하고 혼자 사는 사람이 더 많아질 것이다. 커플 관계는 고용 관계와 마찬가지로 점점 더 불안정해질 것이다. 기후 문제로 에너지 절약이 강요되고, 가능한 한 빨리 화석 에너지를 포기하게 될 것이다.

시장과 시장의 지배자들은 정보를 제공하고, 감시하고, 설득하고, 속박할 것이다. 가장 희귀한 정보, 가치 있는 정보는 계속해서 같은 인물들, 그들의 상속자들, 그리고 이 닫힌 세계들의 틈으로 들어가 그 일부가 될 줄 아는 이들이 독점할 것이다. 다른 이들은 생계를 유지하고 기분전환을 하는 데만 몰입하고, 그들 자신이 오락물의 주요 대상이 된다.

투자자본의 대부분을 끌어들이는 산업들은 생활산업(건강, 위생, 식품, 농업, 교육, 문화, 연구조사, 디지털, 유통, 청정에너지, 지속가능한 주거, 생수, 보안, 민주주의, 정보, 오락, 요양, 보험, 신용)이 될 것이다. 인간의 활동 가운데 점점 더 많은 활동이 자동화될 것이다. 무어의 법칙과 멧커프의 법칙은 앞으로도 오랫동안 유효할 것이다. 커뮤니케이션 방식들은 앞서 제시한 열두 법칙을 따라 계속 진화할 것이다.

주요 강대국들(미국, 중국, 유럽)은 적어도 반세기 동안 경제, 정치, 군사, 문화 분야에서 서로 대립할 것이다. 그런 다음 인구와 경제 분야에서, 그 다음엔 군사 분야에서 부상하는 인도, 나이지리아, 인도네시아, 브라질이 새로운 강대국으로 등장할 것이다. 거대한 급진 세력들이 계속해서 세상을 흔들어놓을 것이다.

인류는 점점 더 분명하게 세 집단으로 분류될 것이다. 매우 소수인 첫 번째 집단은 호화로운 유랑생활을 하면서 대부분의 권력과 지식과 부를 장악할 것이다. 가장 가난한 두 번째 집단은 참담한 유랑생활을 하며 굶주림으로 죽는 경우도 종종 있을 것이다. 세 번째 집단은 앞의 두 집단 사이에서 가상의 유랑생활을 하며 첫 번째 집단에 들어가길 꿈꾸지만 첫 번째 집단이 전복되리라는 데 회의적이다.

첫 번째 집단에서는 정보가 계속 소수의 부자, 투자자, 금융가, 연구자, 대학 교수, 기업가 친구들 사이에서 돌고 돌 것이다. 그들은 다른 이들보다 먼저 과학, 기술, 시장, 혁신의 상황을 알고, 누구를 만나야 할지도 알 것이다. 두 번째 집단을 이루는 가장 가난한 사람들은 세상의 뉴스를 단지 전화 통화나 자기 뒤에 이 집단에 들어오는 사람들에 의해서만 알게 될 것이다. 마지막으로 세 번째 집단을 이루는 정주 중산층은 신문이 존재하는 한 여전히 신문을 읽을 것이다.

아주 빨리 대응하지 않는다면, 국가는 정보를 수집하는 대그룹들 앞에서 모든 권력을 점차 잃게 될 것이다. 이들 대그룹은 수집된 데이터를 가지고 모든 공공 서비스(교육에서 오락까지, 생산에서 건강까지, 소비에서 오락까지, 은행에서 보험까지, 경찰에서 사법까지, 출생에서 사망까지)를 보장할 것이다.

각 개인은 반대되는 정보들을 회피하면서 자신의 거품 안에 갇혀 지내게 된다. 따라서 자기확신 속에 빠진 집단들이 서로 타협을 이루기란 점점 더 어려워질 것이다. 개인의 자유보다는 안전을 추구하게 될 것이다. 환경적 요구들이 점점 더 강력한 제약을 부과할 것이다. 우리는 이미 경험하고 있는 초^超감시에서 자기감시로 넘어갈 것이다. 그러면 각 개인은 다른 서비스 제공자들에게 자신에 관한 정보를 점점 더 많이 자발적으로 넘기게 될 것이다. 그리고 각 개인은 신앙이나 의식보다 오락에 의존해 죽음의 공포를 피하게 될 것이다.

이런 세상이 마련해놓은 거대한 모순들 앞에서, 그 모순들이 극단에 이르기 전에, 우리가 이러한 악몽들을 끝내야 한다고 주장하는 집단들이 등장할 것이고 이미 등장하고 있다. 이들은 우리가 세상에 의미를 부여하고, 이 세상으로부터 가혹하게 이득을 취하는 이들을 제거해야 한다고 주장한다.

이 가운데 어떤 집단들은 학대당하는 소수를 위한다면서 신앙, 정착, 폐쇄, 종파주의, 또는 공동체주의를 옹호할 것이다. 또 어떤 집단들은 생태적 이상들을 탈선시킬 것이다. 다른 집단들은 단순히 권력을 가졌다고 생각되는 이들을 제거하길 원할 것이다. 그들은 어떤 나라들에서 공포를 퍼뜨리고 승리를 거둘 것이다. 그리고 한동안 사회나 종교, 정체성이나 생태론에 관한 독재를 정착시킬 것이다.

다른 집단들은 개인의 자유를 위해 현실적이고 실제적인, 다시 말해 미래 세대들에게 투표권을 부여하고 커다란 공통의 문제들에 관한 지구적 협치를 조직적으로 실행할 수 있는 민주주의를 확립하기 위해 싸울 것이다.

어느 집단이 이길까? 싸움은 시작되지도 않았다. 미디어는 이 전투에서 핵심 무기가 될 것이다.

어떤 종이 신문들은 한동안 살아남을 것이다

많은 나라에서 한동안은 종이 신문을 읽을 시간, 정치적 자유, 금전적 여유, 지적 호기심을 가진 사람들의 수가 늘 것이다. 이런 나라들 대부분에서 사람들은 출근하기 전에 일간지와 잡지를 집에서 받아 보길 바랄 것이다. 그럼에도 결국 이런 사람들의 수는 줄어들 것이다.

민주주의 국가들 중에서도 일본처럼 흔치 않은 나라에서만 장기간 종이 언론의 미래가 보장되어 있다. 특히 이런 나라들에서 세계 10위 안에 드는 종이 신문들은 한동안 계속 독자들에게 읽히고 수익성도 유지할 수 있을 것이다. 다른 민주주의 국가들에서 일간지들은 조금씩 사라질 것이다. 가장 잘 버티는 신문들은 스포츠 신문들과 몇몇 지역 신문들이 될 것이다.

그럼에도 이런 모든 나라에서 저널리스트가 되려는 젊은이들의 수는 증가할 것이다. 뒤에서 다시 보겠지만, 이런 젊은이들은 다른 미디어들을 향해 선회할 것이다.

중국 같은 독재 국가들에서는 일간지들이 계속해서 대중에게 명령과 공지를 전달할 것이다. 그리고 직접적으로든 간접적으로든 유일한 당의 소유로 남을 것이다.

발행 주기가 어떻게 되든 사건을 해설하고 풍자하는 잡지들이 일간지보다 조금 더 지속적으로 읽힐 것이다. 하지만 무엇보다도 전문화된 독자들에게 서비스를 제공하거나, 다른 미디어들의 프로그램을 안내하거나, 유명 인사들의 사생활을 이야기하거나, 공동체 생활, 스포츠 환경, 경제, 공연, 젠더와 소수자 문제, 그밖에 많은 구체적 주제들을 다루는 잡지들이 살아남을 것이다. 이런 신문들은 특정 고객층에게 유용하고 독창적인 내용을 실을 줄만 안다면 디지털 버전을 굳이 따로 두지 않아도 수익을 낼 수 있을 것이다. 언론사는 차트비트의 뒤를 이을 응용 프로그램들을 통해 고객들의 욕구를 더 잘 이해할 수 있을 것이다.

이런 신문들은 정치 지도자들의 숨겨진 재산이 아니라면, 거대 금융 그룹이나 데이터를 수집하는 거대 기업들의 소유일 것이다. 이들은 수집된 데이터를 이용해 사용자들의 행동과 네트워크들을 알아내기 위한 수단을 완성하려 한다. 그 목적은 이용자들에게 정보 이상의 것, 즉 보험, 신용, 교육, 무기, 음식, 교통수단 등을 판매하려는 것이다.

우리는 이 종이 신문들을 동시에 여러 개 구독할 수도 있을 것이다. 이미 우리는 영화를 보기 위해서는 넷플릭스나 애플을 구독하고 음악을 듣기 위해서는 스포티파이를 구독하고 있다. 이런 다수의 구독 플랫폼들이 이미 존재하고 있으며 어느 정도 성공을 거두고 있다. 이 시장의 선두주자는 캐나다의 프레스리더Press Reader다. 1999년에 시작되어 현재 한 달 사용자 1200만 명을 거느린 이 디지털 신문을 구독하면 60개 언어로 발행되는 7000종 이상의 신문과 잡지를 읽을 수 있다. 스웨덴의 리들리Readly는 2013년부터 3400종의 신문·잡지를 모았으며 그중 1000종은 독일어로 되어 있다. 2011년에 창립한 미국의 매그즈터Magzter는 오늘날 수천만 명의 독자들을 모았는데 특히 인도에서 많은 독자를 확보했으며, 대략 5000종 이상의 신문·잡지를 독자들에게 제공한다. 일본에서는 노르독Nordoc Inc이 2015년에 창립되어 현재 600만의 독자를 모았고 일본어와 영어로 된 다수의 신문·잡지를 독자들에게 연결한다. 프랑스의 경우 카페인Cafeyn에서 1600종, 이프레스ePresse에서 450종의 신문·잡지를 확보해두었다.

그렇지만 다소 장기적인 관점에서 볼 때 대부분의 나라에서 저널리스트들의 자질과 갈망에도 불구하고 종이 언론의 경제적 모델은 계속 유지하기 어렵게 될 것이다.

우선 일간지들은 (그다음엔 잡지들이) 각 개인이 이미 다른 미디어들을 통해 받았을 정보들을 더 이상 제시간에 전달하지 못할 것이다. 일간지들은 또한 주간지가 여전히 제공할 수 있는 깊은 분석을 제시하는 데 필요한 수단과 시간을 확보하지 못할 것이다. 그리고 이 신문들은 차차 전체 광고를 잃게 될 것이다. 기업들은 (대상이 더 잘 한정되는) 소셜네트워크, (더 많은 파급력을 지닌) 인플루언서의 개인 계정에 직접 광고를 올리고, 정보 자체에 광고를 끼워넣는 데서 더 많은 수익을 낼 것이다. 또한 이제 곧 등장할 새로운 미디어가 신문에서 광고를 빼앗아갈 것이다. 다음으로, 가판대에서 판매하든 가정으로 배달하든 신문 배포 비용이 지나칠 정도로 상승할 것이다. 반면에 디지털 신문은 배포에 거의 비용이 들지 않는다. 마지막으로, 아프리카의 여러 나라처럼 아직 종이 언론이 발전하지 않은 나라에서 종이 언론이 밝은 미래를 맞게 될 가능성은 거의 없어 보인다. 특히 나이지리아(한 세기 안에 인구가 가장 많은 나라, 혹은 그런 나라들 가운데 하나가 될 것이다)와 콩고민주공화국(최대 프랑스어 사용 국가)은 유선 전화 단계를 거치지 않고 곧바로 이동전화 단계로 넘어갔듯이, 종이 언론 단계를 거치지 않고 곧바로 디지털 언론으로 넘어갈 것이다.

그러므로 종이 언론들은 살아남기 위해 팟캐스트, 소셜네트워크로 확장하고, 세미나와 포럼을 열고, 저널리스트를 대규모 감축하고 무료로 기사를 제공하는 기고가들과 제보자들을 이용할 것이다. 그렇지 않다면 수익성 외에 다른 목적을 지닌 후원자를 찾아야 할 것이다.

어떤 나라들에서는 종이 신문이 이미 사라지고 있다. 세계에서 스마트폰 보급률이 가장 높은 노르웨이(95퍼센트 이상)에서는 대중이 언론을 매우 신뢰하고 있지만 어떤 신문들은 이미 완전하게 디지털로 전환되었다.

노르웨이 신문《아프텐포스텐Aftenposten》의 경우 2021년 수익의 대부분이 디지털 구독에서 발생했다. 저널리스트들도 이제 휴대전화 화면을 위해서만 일한다는 사실을 받아들이고 있다. "우리의 기사들은 그것을 위해 기획된다. 단지 그것을 위해."

스웨덴의 경우, 주요 신문의 편집국에서 디지털 버전에만 집중하기 위해 종이 버전의 제작 전체를 외부 대행사에 맡기고 있다. 미디어 그룹 십스테드가 소유한《스벤스카 다그블라데트Svenska Dagbladet》에서는 종이 버전 제작을 TT통신사에 맡기고 있다. 이 통신사는 이 신문의 웹사이트에서 가장 많이 읽힌 기사들과 긴급 뉴스들을 가지고 종이 신문을 구성한다.

혼합 미디어: 위태로운《뉴욕 타임스》의 리더십

재정 독립을 유지하고자 노력하는 신문들 가운데 많은 신문이 종이 버전을 그대로 유지하면서도 디지털 버전을 개발할 것이고, 그렇게 해서 비용을 줄일 수 있을 것이다. 앞에서 이미 보았듯이, 이러한 전략으로 성공을 거둔 예가 바로《뉴욕 타임스》다. 지금도 여전히 좋은 수익성을 유지하고 있는 이 신문은 2021년 초에 디지털 구독자 500만 명을 확보했고, 이로써 세계 제1의 디지털 신문이 되었다. 2011년《뉴욕 타임스》는 2025년까지 디지털 구독자 1000만 명 확보를 목표로 했으나, 이제는 전 세계에서 대학 학위가 있고 영어를 할 줄 아는 인구 전체를 끌어들이겠다는 목표를 갖고 있다. 이 신문 최고경영자의 오만한 표현을 빌리자면 "미국에서, 그리고 보다 일반적으로는 서방에서 일어나고 있는 일들을 알고자 할" 2억 명이 그 대상이 된다. 이 신문은 "독립적이고 세계적이고 믿을 수 있는 유일한 정보의 원천으로" 인정받길 원하고 있다. 더욱이 이를 위한 경쟁자들이 점점 줄어들고 있다고 생각하는데, 그러한 정보의 원천이 되기 위해서는 "한데 모이기 어려운 매우 높은 수준의 저널리스트들로 구성된 거대한 팀을 채산성이 맞게" 운영해야 하기 때문이다.

이런 야망이 지닌, 특히나 제국주의적이고 오만한 성격과 별개로, 또한 최근 들어 이 신문을 점점 덜 '신뢰할 수 있는 정보의 원천'으로 만들고 있는 이 신문 자체의 일탈들과도 상관없이, 우리는 적어도 나이지리아에서처럼 인도에서도, 그리고 어쩌면 중국, 베트남, 또는 유럽의 다른 나라들에서도 신문들이 국제판을 발행해 능력 있는 기자들이 탁월한 영어로 작성한, 제국주의와 상대주의와 미국식 공동체주의에 덜 물든 전 세계 뉴스들을 《뉴욕 타임스》보다 훨씬 더 낮은 가격으로 제공하는 걸 보게 될 것이다. 오만은 강자를 무너뜨리는 최악의 적이다.

수많은 다른 디지털 신문들도 종이 버전을 내면서 발전해나갈 것이다.

모두가 제각기 자신의 기호에서 출발해서, 사이트를 일일이 참조하지 않고도 온갖 미디어에서 관심 있는 기사들을 모아다 자기만의 디지털 신문을 만들 수 있게 될 것이다. 매우 많은 저널리스트가 점점 더 복잡하고 정교해지는 소프트웨어를 이용해 혼자서 디지털 신문을 발행할 수도 있다. 하지만 이러한 경로는 가장 유망하지만 실제로 가는 사람은 매우 적다. 이에 대해서는 다음 장에서 다시 살펴보도록 하겠다.

그렇다고 해서 어떤 미디어가 되었든 무료로 제공되는 풍성한 정보들을 두고 한 미디어의 디지털 구독을 시작하는 일이 쉽지는 않을 것이다. 라디오, 텔레비전을 비롯해 수많은 사이트와 플랫폼에서는 무료 정보와 해설을 생산하고 이를 위해 다른 미디어들의 콘텐츠를 훔치고 있다.

결국 특정 독자층, 특히 종이 신문에 대한 소속감을 지닌 노년층을 위해 전문화된 신문들이 한동안 살아남을 수 있을 것이다. 또한 후원을 통해 살아남는 신문들도 있을 것이다. 일반 기업들이 직원들이나 고객들을 위해 신문을 후원하거나, 보험회사들이 보험 가입자를 위해, 협회들이 회원을 위해, 교회들이 신자를 위해, 미디어들이 그 관객들을 위해 신문을 후원하기도 한다. 이런 신문들은 외부의 전문가들을 활용하여 특정 분야의 사건들을 그 문화적이고 역사적인 맥락 속에 위치시키고, 과거에서 의미를 찾아 해설하는 기사들을 게재하고, 이로써 불확실한 유랑 사회에 뿌리를 제공한다. 이런 정기간행물은 점점 더 브로슈어나 앨범처럼 잡지와 책 중간쯤 되는 혼성 출간물의 형태를 띨 것이다.

종이 신문은 오래 존재하는 만큼 계속해서 비방과 거짓 스캔들과 살해 요구 등이 모여드는 집합소가 될 것이다. 사실 신문은 수백 년 전부터 그래왔다. 엘리트를 제거하고 우상을 파괴하려는 욕망은 점점 강력해질 것이다. 그리고 언론은 그 영감의 원천들을 찾아낼 것이다.

또한 종이 신문은 16세기 아비조 이래로 늘 존재해왔던 것, 즉 대형 금융기관에서 고객들에게 무료로 제공하거나 비싼 값에 판매하는 것과 같은 레트르 콩피당시엘로 계속 발전해나갈 것이다. 거기에 실리는 정보들은 다른 미디어들이 그 이상의 금전적 이득을 제공하지 않고 가져다 다시 사용하기 전에, 금융과 정치에 관련된 결정들에서 상당히 무게 있는 영향력을 가질 것이다. 이 레트르 콩피당시엘들이 정보 전달 속도를 높이기 위해 디지털로 옮겨간다면, 가장 발전된 암호화 기술을 사용해야 할 것이다.

그중 어떤 정보지들은 앞으로 보게 되겠지만 일반 대중도 유력자들과 같은 진실에 대한 권리를 가지고 있다는 사실을 받아들임으로써 대형 대중 미디어가 되려는 시도에서 성공하기도 할 것이다.

미래의 유랑 미디어, 라디오

한 세기가량 존재해온 이 미디어의 미래는 유망하다. 라디오는 중심지에서 멀리 떨어져 사는 주민들이 일반적인 정보와 접촉할 수 있는 첫 번째이자 가장 중요한 지점이었고 앞으로도 그럴 것이다. 인터넷 사용이 가능한 곳에서는 댑DAB*이나 VPN을 통해 스마트폰으로 라디오를 들을 것이다. 도시인들은 사무실이나 가정, 대중 교통수단에서, 혹은 운동을 하거나 산책을 하면서, 혹은 자전거나 자동차를 타고 가면서 (운전 중 헤드폰으로 듣지 않는다는 조건으로) 라디오를 듣는다. 라디오가든 같은 앱은 (허가받는 조건으로) 전 세계 모든 라디오 방송을 탁월한 조건에서 들을 수 있는 서비스를 제공한다. 앞으로는 더욱더 전문화된 프로그램들을 가지고 새로운 라디오 방송국을 더 쉽게 만들 수 있을 것이다. 어떤 언어로든 라디오 방송국을 개설하는 것이 더 쉬워졌고 앞으로 더욱 쉬워질 것이므로 소멸 위기의 언어들이 생존하는 데에도 도움이 될 것이다. 그리고 모든 대화에 스며들어 확산되는 듯한 '글로비시'라고 하는 단순한 영어는 특히 자동 번역 서비스 덕분에 재고의 대상이 될 것이다.

민영 라디오 방송의 수익은 대부분 방송이나 팟캐스트 후원의 형태로 된 광고에서 나올 것이다. 팟캐스트의 수익이 언젠가는 기존 라디오 방송의 수익을 앞지를 것이다.

음악, 스포츠, 뉴스가 주된 프로그램으로 남을 것이다. 방송 프로그램은 방송국에 소속된 저널리스트들과 외부 전문가들에 의해 생산되거나 청취자들에 의해 제안될 것이다. 시골 지방에 사는 주민들은 정보를 얻

---

* 디지털 오디오 방송(Digital Audio Broadcasting)의 약자. 디지털 라디오 방송 기술의 한 가지로, 여러 방송을 하나의 주파수로 송출할 수 있다.

고, 교양을 키우고, 기분전환을 하고, 세상과 연결되기 위해 라디오를 들을 것이다. 물론 일기예보와 농사에 관한 조언을 얻기도 할 것이다. 점점 더 다양한 분야에 특화된 방송국이 점점 더 많아질 것이고 더욱 개인화된 채널들이 증가할 것이다. 예를 들어 레이디언트Radiant는 각 청취자의 기호, 날짜, 날씨에 따라 청취 플레이리스트를 만들고 항상 최신 뉴스를 제공한다. 각 개인은 또한 자신이 선택한 여러 방송국에서 취한 프로그램들을 개인 미디어에 모아놓을 수 있다.

종이에 인쇄되는 것이든, 텔레비전으로 방송되는 것이든, 다른 미디어들도 라디오 방송을 시작할 것이다. 이미 구체적인 응용 프로그램들(오다시티, 리퍼, 개라지밴드, 스피커스튜디오 등)을 이용하면 방송을 연출해서 허가를 받아 팟캐스트 형식으로 온라인에 방송할 수 있다. 팟캐스트 플랫폼 회사들(버즈스프라우트, 트랜지스터, 프랑스의 오디오민스)은, 스포티파이나 디저Deezer* 같은 고전적인 상업 플랫폼에서도 방송되고 있고 앞으로 방송될 이 팟캐스트들의 설비, 유통, 이익 창출을 제안하기도 한다.

피할 수 없지만 이미 시대에 뒤진 미디어, 텔레비전

1945년에 실제로 방송을 시작한 텔레비전은 세계의 큰 부분에서 여전히 훌륭한 미래를 맞이하게 될 것이다. 오락으로 여가를 보내고 정보를 얻고 스포츠 경기와 선거 소식을 바로 알기 위해 사람들은 여전히 텔레비전 방송을 시청할 것이다.

스크린이 굳이 평면일 필요 없이 아파트와 사무실의 벽, 옷, 가구에 통합된 형태로 등장할 것이다. 전화기와 스크린은 가상현실에서 전화 상대

---

* 프랑스의 온라인 음악 스트리밍 서비스

가 보내는 이미지들을 볼 수 있는 안경으로 대체될 것이다. 특정 시청자들을 대상으로 하는 세분화된 채널들이 발전할 것이다. 유튜브, 틱톡, 나우디스, 브뤼트 등의 모델을 따라서 매우 짧은 토론 프로그램 채널도 등장할 수 있다. 이들은 자료의 시각화 시간을 늘리고, 매우 특수한 정보를 찾는 이들과 뉴스 채널에서 멀어질 이들에게 점점 더 높이 평가되는 미디어가 될 것이다. 2020년 12월 4일 브뤼트에서 이루어진 프랑스 대통령 에마뉘엘 마크롱의 인터뷰가 이러한 현상의 첫 사례가 되었다. 넷플릭스, HBO, 아마존 프라임, 유튜브(2020년 말 현재, 20억 명 이상이 적어도 한 달에 한 번 유튜브에 접속한다)의 새로운 후원을 받아 특수한 프로그램들이 공급될 것이다.

보도, 기사, 방송을 선택하고 생산하기 위해 저널리스트들은 소셜네트워크에 대화 주제들을 띄우고, 그중 어떤 주제들이 가장 큰 영향을 끼칠지, 그리고 누구에게 영향을 끼칠지 결정하기 위해 소셜그래프가 어떻게 반응하는지를 모색할 것이다. 특정한 공동체와 함께 방송을 보면서, 이미 다른 디지털 응용 프로그램을 통해서 하고 있듯이, 그 공동체와 화면에서 교류할 수 있게 해주는 미디어들이 등장할 것이다. 또한 직접 TV 화면을 향해 말로 지시해서 저널리스트나 배우가 입고 착용한 옷이나 장신구에 관한 정보를 알아내고 온라인으로 구입하는 것(스마트TV 비다*가 이미 제안하고 있는 것)이 가능해질 것이다.

각각의 사람, 각각의 사회집단이 유튜브 등에서 자신이 선택한 저널리스트 및 아티스트와 함께 개인 맞춤형 광고들을 가지고 자신의 라디오와 텔레비전 채널을 만들 수 있을 것이다. 그러면 각 개인이 허구의 이야기

---

* Vidda. 중국 가전제품 회사 하이센스에서 개발한 스마트TV.

전개에 개입할 수 있게 될 것이다. 이미 어떤 애니메이션들은 앨런 인스티튜트*에서 인공지능(AI)을 위해 개발한 크래프트 테크놀로지를 활용해 이 같은 서비스를 제공하고 있다.

어떤 인물이나 집단, 혹은 어떤 대의—찬양할 만하든 혐오할 만하든—를 지지하거나 반대하기 위해 일시적으로 운영되는 라디오와 텔레비전 채널도 등장할 것이다. 방송을 이용해 독재에 대한 저항을 호소하거나 살인을 촉구하는 일은 이미 오래전부터 있었던 일이다.

점점 더 분산되는 이들 미디어 안에서 저널리스트는 1인 자영업자처럼 될 것이다. 사라지는 시청자들 때문에 미디어도 불안정해지고 저널리스트의 고용 상태도 불안정해진다. 그들의 권리, 그들에 대한 보호책, 그들의 직업적 특수성은 그들의 고객인 일반 대중에 의해 문제가 되었듯이 정부 당국에 의해서도 다시 문제가 될 것이다.

소셜네트워크: 정보를 얻기 위해 정보를 제공하다

모두가 한동안 페이스북, 링크드인, 트위터, 인스타그램, 틱톡, 위챗을 통해 정보를 얻을 것이다. 그리고 인도, 나이지리아, 멕시코, 인도네시아, 유럽에서 나온 이들의 경쟁자들과 후계자들에 의해서도 정보를 얻을 것이다.

모두가 계속해서 이 네트워크들을 통해 자신과 자신의 삶에 영향을 끼치는 사람들에 대한 정보를 알릴 것이다. 많은 이가 자신의 견해에 부합하는 것만을 정보의 원천으로 여길 것이고, 사용자를 오랫동안 붙잡아두

---

* Allen Institute. 미국 시애틀에 위치한 비영리 생명과학 연구소. 마이크로소프트의 공동 창립자 폴 G. 앨런이 2003년에 설립했다.

기 위해 작동하는 알고리즘에 의해 그리로 이끌릴 것이다.

모두가 감시용 센서들에 둘러싸일 것이다. 이 센서들은 끊임없이 우리의 건강, 냉장고의 상태, 은행 계좌, 가까운 사람들에 관한 정보를 네트워크로 전송할 것이다.

모두가 법률이나 계약에 따라 이러한 정보를 정부, 데이터 기업, 보험회사에 제공해야 할지 모른다. 모두가 정보를 얻기 위해서는 정보를 제공해야 할 것이다.

이러한 데이터를 수집하고 소셜그래프를 제어하는 이들은 상업적 제안들을 발송하고 누가 위험하고 누가 단순히 규범에서 벗어나고 있는지를 결정하며, 정해진 대로 운동하지 않거나 요리 프로그램을 너무 많이 보거나 건강 상태가 나빠지는 사람에 대해서는 보험을 정지시킬 수 있을 것이다. 소셜네트워크는 또한 개인이 다른 사람들에게 정보를 전달하는 수단이 될 것이다. 왓츠앱에서 각기 255명이 속한 5개 그룹에 한 사람이 하나의 메시지를 보내면 여섯 번 만에 140만 명에게 메시지가 전달된다. 이는 텔레그램과 다른 네트워크에서도 마찬가지다.

인도는 새로운 미디어가 증가하는 주된 국가가 될 것이다. 지금부터 2025년까지 5억 명의 인도인들이 인터넷과 소셜네트워크에 추가로 접속할 것이다. 그렇게 되면 접속된 인도인만 10억 명이 된다. 그다음으로는 20억 아프리카인들의 차례가 올 것이다. 그들은 아직 상상할 수조차 없는 응용 프로그램을 많이 개발할 것이다. 미래의 응용 프로그램들에 대해서는 뒤에서 몇 가지 생각을 제시하도록 하겠다.

이러한 네트워크들이 추구하는 궁극의 응용 프로그램은 중국의 위챗이 추구하는 것, 그리고 다른 응용 프로그램들이 따라 하고자 하는 것이다. 즉 하나의 응용 프로그램으로 대화하고, 오락도 즐기고, 정보도 얻고,

물건도 사고, 계좌도 확인하고, 사회복지 프로그램 대상이 되는지 알아보고, 투표하고, 강의를 듣고, 온라인 게임을 하는 등 여러 가지 활동을 할 수 있게 하는 것이다.

응용 프로그램 거래소는 응용 프로그램의 양적 증가에 기초하고 있으므로 응용 프로그램들은 양적 증가에 의해서만 생존할 수 있으며, 이러한 양적 증가는 부분적으로나마 다른 미디어들을 대체함으로써 이루어진다. 그리고 아마존이 자신의 사이트에 받아준 기업들을 경쟁시켜야만 살아남을 수 있는 것처럼, 소셜네트워크는 다른 모든 미디어를 경쟁시켜야만 살아남을 수 있을 것이다. 이미 구글은 2022년부터 자사의 브라우저인 크롬에서 '제3자 쿠키'를 삭제하겠다고 예고했으며, 또한 이 검색엔진을 통해 다른 미디어에 접속하는 이들에 관한 모든 정보를 광고 대행사나 해당 미디어에 제공하지 않겠다고 공지했다.

이 모두가 정말 실현된다면 몇몇 저널리스트는 지불 능력이 있는 대중을 위한 새로운 디지털 아비조가 될 것이다. 다른 이들은 조지 W. S. 트로가 말한 '무너지는 지배자collapsing dominant'가 될 것이다. 그런 다음에는 기계로 대체될 것이다.

인공 저널리스트

많은 신문사에서 앞으로도 오랫동안 저널리스트들을 고용할 것이다. 발행되거나 다른 사람에게 읽히거나 보인다는 즐거움을 위해 보잘것없는 대가를 받고, 혹은 아예 무료로 기사를 쓸 만큼 충분히 교육도 받고 동기도 부여된 사람들이 세계 전역에 크게 증가할 것이다. 이들은 수많은 디지털 신문, 블로그, 팟캐스트, 라디오, 텔레비전, 기타 소셜네트워크에 좋은 것이든 나쁜 것이든 대의를 옹호하기 위해 정직하든 거짓이든 사심

없는 방식으로 기사를 쓸 것이다. 그리고 내가 그 출현을 예견하는 새로운 디지털 아비조에 기사를 쓸 것이다

그다음엔 다른 분야에서처럼 미디어에서도 인간 노동자들이 인공 노동자들에 의해 대체될 것이다.

미디어 관련 활동의 자동화는 모든 인간 활동의 자동화라는 매우 긴 역사적 경향의 큰 흐름에서 나타난다. 특히 앞선 장들에서 보았듯이 정보를 다루는 데서 이루어지는 자동화라는 매우 장구한 경향에서 그러하다.

자동화를 통해 인간의 개입 없이 언론의 기사들을 생산할 수 있게 되고, 그다음엔 라디오와 텔레비전 방송도 가능해질 것이다. 그 결과 정보의 비용을 대폭 절감할 수 있을 것이다. 다른 직업들에서도 그러하듯이 저널리스트의 소멸은 그들의 무산계급화를 거쳐서 일어날 것이다. 그리고 이 무산계급화는 여성 저널리스트의 진출과 증가를 거쳐서 시작될 것이고 이미 시작되었다.

그 과정은 이러하다. 무어의 법칙이 가능하게 하는 현상은 이제 정보의 재생산을 자동화하는 데 그치지 않고 정보 자체의 생산을 자동화하는 데 이를 것이다.

이러한 자동화는 글쓰기부터 시작될 것이다. 이미 많은 소프트웨어에서 부분적인 글쓰기 자동화가 가능하다.

그래멀리Grammarly는 표절을 찾아내고 편집자에게 단어 선택에 관한 조언을 제시한다. 2020년 말 현재 완벽하게 작동하는 글쓰기 관련 자동화의 사례는 이것이 유일하다. 구글 트랜슬레이트 또한 텍스트를 번역하기 시작했고, 이미 미국에서는《애널스 오브 인터널 메디신Annals of Internal Medicine》에서 여러 다른 언어로 쓰인 의학 기사들의 영어 번역본을 생산하는 데 구글 트랜슬레이트를 사용하고 있다. 스마트 콤포즈Smart Compose

는 사용자 개인의 이메일들을 분석해 그 문제를 수학적으로 재현함으로써 이메일 작성 시에 그에게 맞는 적절한 단어와 구절을 제시한다. 맥킨지에 따르면 2021년 현재 3차 산업 종사자는 하루의 4분의 1을 이메일 작성에 쓰고 있는데 스마트 콤포즈를 활용하면 이 시간을 줄일 수 있다.

내러티브 사이언스Narrative Science는 회계나 공업 데이터에 의미를 부여하여 하나의 글로 변형시킬 수 있다. 이 응용 프로그램은 이미 스칸디나비아의 십스테드와 미국의 《워싱턴 포스트》에서 축구 경기나 지방 선거 결과에 대한 보도 기사나 기본 생산품의 유통에 관한 보고를 자동으로 작성하기 위해 사용되고 있다. 오토메이티드 인사이트Automated Insights에서 만든 워드스미스Wordsmith 또한 가공되지 않은 데이터로부터 해설 텍스트를 만들어낸다. 이미 야후와 AP통신에서 사용하고 있다.

AI라이터AI Writer는 제목이나 주제로부터 기사들을 생산해낸다. 아티쿨로Articoolo도 같은 일을 하는데, 기사의 단어 수를 (최대 500개까지) 선택할 수 있다. 아티클 포지Article Forge는 주어진 단어와 관련된 기사들을 선택하도록 제안한 다음, 60초 안에 그 기사들을 합성한 기사를 만들어내는데, 매우 고전적인 언어를 사용하여 사람이 쓴 것처럼 보이게 한다. 라이트키Lightkey는 사용자의 글쓰기 습관을 기억해서 문장을 완성해준다. 이전에 코도바Qordoba였던 라이터닷컴Writer.com은 같은 회사나 같은 편집실의 직원들이 쓴 글의 문체를 일관되게 통일시킬 수 있다.

생성적 사전학습 변환기Generative Pre-trained Transformer(GPT-2)는 가장 유망하다. 2015년 일론 머스크와 샘 올트먼이 창립한 인공지능 연구소 오픈AI에서 개발된 인공지능 GPT-2는 대략 15억 개의 매개변수를 가지고 있다. 800만 개 이상의 텍스트를 통해 학습했으며, 2019년부터는 오류가 많긴 하지만 주제와 어조를 제시하는 몇 개의 구절로부터 하나의 글을 써낼 수 있다. 같은 연구소에서 2020년 6월에 출시한 후속 인공지능 GPT-3는 100배나 많은 매개변수를 가지고 있다. 개발자들에 따르면 이제 곧 믿을 만한 방식으로 HTML언어를 생성하고, 웹페이지를 만들고, 사용자와 대화하거나 문답이 가능한 메신저 프로그램 챗봇을 교육하고, 시를 번역하고, 특수한 문체로 글을 쓰고, 심지어 "학사과정 학생 수준의 철학 에세이를 쓸" 수 있을 것이라고 한다. 구글, 유튜브, 넷플릭스는 이를 사용하여 검색 결과를 전달하는 방식의 틀을 잡기 위해 이 인공지능을 사용하고 있다.

2020년 9월, 《가디언》은 GPT-3가 스스로 작성한 사설을 웹사이트에 게재했다. 사설의 제목은 〈로봇이 이 글을 썼습니다. 인간 여러분은 이미 두려우십니까?〉였다. 마지막으로, 한 엔지니어가 레딧에서 '더젠틀미터 thegentlemetre'라는 이름의 상대와 이야기를 나누었는데, 그는 몰랐지만 사실 이 대화 상대는 GPT-3를 통해서 질문에 대해 1분 안에 답하는 일종의 자동응답기였다. 하지만 이 자동응답기는 구글에서 복사하지 않은 여섯 단락의 텍스트들과 매우 복잡한 구절들을 사용해서 답했고, 그중에는 "이 훈련의 목적은 당신이 돈을 위해 일하느라 인생을 보낸다는 생각을 피하게 하려는 것"이라는 문장도 있었다.

좀 더 시간이 흐른 뒤에는 GPT-3나 더 성능이 좋은 다른 소프트웨어들이 작가에게 그 화법이나 문체에 맞는 비유를 제안할 수 있을 것이다. 신문 기사나 정치인의 담화를 준비하고, 소설을 쓰고 과학 실험 보고서를 쓸 수 있을 것이다. 예를 들어 새로운 스캔들에 대해 에밀 졸라의 문체로 또 하나의 〈나는 고발한다〉를 쓸 수 있으리라는 것이다. 그밖에도 많은 일이 가능할 것이다.

이런 텍스트들의 내용은 앞으로 오래도록, 이 자동기계들을 제어하는 이들에 의해 결정될 것이다. 즉 그 알고리즘을 고안하고 발전시키는 사람들이 그 내용을 결정하게 된다는 말이다. 이러한 방식으로 저널리스트라는 직업은 알고리즘을 제어하고 작성하는 일이 될 것이다. 그런 다음 저널리스트라는 직업은 이 알고리즘으로부터 멀어지게 되고, 이런 알고리즘의 창조자인 자율적 미디어들은 인공지능에 의해 결정되어 누군가를 반대하거나, 혹은 다른 누군가나 어떤 특정한 이데올로기를 지지하여 떨쳐 일어서게 될 것이다.

우리는 또한 아주 가까운 미래에 한 편의 글이나 책을 썼을 자동기계에게 저작권과 보수를 지불하게 될 것이다. 이미 음악 작품에 대해서는 그런 일이 벌어지고 있다. 이는 자동기계의 창작자에 대한 보수와는 별개다. 더 시간이 지난 뒤에는 기자증까지 지닌 가상 저널리스트와 가상 신문, 가상 편집실도 등장할 것이다. 그리고 어느 날엔가는 그것들 모두가 자신을 창조한 인간들에게서 벗어날 것이다.

언젠가는 소리에 대해서도 같은 일이 일어날 것이다. 로봇이 인간의 목소리를 대체하리라는 것이다. 단지 지금처럼 시리라는 이름으로 대답만 하는 것이 아니라 텍스트를 쓰고 말할 것이다.

BBC는 이미 일본어 비디오 서비스에서 합성된 음성을 사용하는 실험을 하고 있다. 구글 홈*과 아마존 에코**는 합성된 음성을 통해 신문 기사와 연재소설을 사용자들에게 읽어주는 서비스를 제공하고 있다. 《파이낸셜 타임스》도 합성된 목소리로 기사를 읽어주는 서비스를 제공하고

---

* 애플 제품의 운영체제에서 자연어 처리 방식을 이용해 사용자의 음성 언어에 응답하는 응용 소프트웨어.
** 구글과 아마존에서 판매하는 스마트 스피커. 사용자의 음성 명령을 듣고 정보 검색, 음악 재생, 가전제품 제어, 상품 구매 등을 수행한다.

있다. 《레 에코》 역시 같은 서비스를 제공한다. 스타들은 이미 자기만의 음색과 억양을 팔기 시작했다. 사용자는 자신이 듣고 싶은 목소리를 선택할 수 있을 것이다. 모두가 소셜네트워크에서 자신을 팔로우하는 이들을 대상으로 라디오 방송을 만들어낼 수 있을 테니, 자기만의 라디오를 들을 수도 있게 될 것이다.

이러한 변화들로 인해 종이 언론은 천천히 라디오로 이행할 것이다. 이미 팟캐스트와 함께 변화가 시작되었다. 이 둘이 서로 혼합되어 사용자 입장에서는 둘 사이의 차이를 못 느끼게 될 것이다. 앞으로는 모든 라디오 방송을 신문 기사로 바꾸거나 그 역으로 바꾸는 것도 가능해질 것이기 때문이다.

언젠가는 이미지를 가지고도 같은 작업이 가능해질 것이다.

1990년 이후로 어도비의 포토샵 프로그램을 가지고 패션 잡지 독자들의 기분을 상하게 하지 않으면서 사진을 수정할 수 있게 되었다. 그리고 이미 훨씬 더 멀리까지 나아가고 있다. 중국에서는 신화통신의 텔레비전 뉴스 채널에서 실제 아나운서를 복제한 홀로그램 아나운서를 활용하여 24시간 뉴스를 방송하고 있다. 딥페이스랩과 페이스스왑 같은 오픈소스 소프트웨어를 사용하면 인물의 고화질 사진을 가지고 동영상을 만들수 있다. 이미 사람들은 그런 방법으로 현실적인 몽타주를 만들어내서 누군가 자기 생각과 반대되는 것을 말하게 하는 법을 알고 있다. 모두가 자신이 원하는 가상의 저널리스트를 선택하여 뉴스를 전달하게 할 수 있을 것이다. 또한 비디오게임에서 영감을 받아서 가상의 인플루언서들이 이미 개발되어 있고 앞으로 더 개발될 것이다. 이를테면 〈리그 오브 레전드〉의 세라핀은 이미 수백만 명의 팔로워를 보유하고 있으며 광고에도 사용된다.

팬데믹으로 인해 라이브 공연의 가상현실화를 요구하다 보니, 문화의 가상현실화도 그 속도가 빨라질 것이다. 언젠가는 루키노 비스콘티*에게 상하이에서 열린 패션쇼의 현장 보도를 연출하게 하거나, 루이스 부뉴엘**에게 큐아논의 비열한 언행들을 이야기하게 할 수 있을 것이다. 신문, 라디오, 텔레비전, 소셜네트워크가 서로 융합되어 하나의 미디어가 될 것이다. 글을 사운드트랙이나 시각적 공연으로 바꿀 수 있고 그 반대도 가능할 것이기 때문이다.

언젠가 우리는 후각과 촉각을 데이터처럼 전송할 수 있게 될 것이다. 그러면 우리는 스크린에서, 그리고 그 주위에서, 전송된 사건을 더 완전하게 파악할 수 있을 것이다. 점점 더 강력해지는 알고리즘을 통해 각 개인의 취향과 기호를 더 세밀하게 파악하여 확신의 거품 안에 그를 더 잘 가둘 수 있을 것이다.

그러면 카리스마 있는 가상의 인물이, 소셜네트워크에서 간략하게 시험을 거친 대중 조작과 제어의 기술을 사용해, 일정 부분 한 종파의 이름을 내세워 권력을 잡을 것이다. 그가 바로 빅브라더다.

이 모두는 오늘날 사정거리를 벗어난 기술적 수단들과 아직 접근할 수 없는 에너지원을 전제로 할 것이다. 하지만 이 모두가 실제로 일어날 것이고, 더 많은 것들이 실현될 것이다.

정보를 넘어서 타인의 삶을 살다

처음에는 인지할 수조차 없는 느린 변화를 통해 기술은 점점 더 현실적

---

* 이탈리아의 영화감독. 작품성이 뛰어난 사실주의적인 작품들과 유미주의적인 작품들을 발표하여 국제적 명성을 얻었다.
** 초현실주의적 작품들로 유명한 스페인의 영화감독.

인 광경의 전송을 실제로 가능하게 할 것이다. 사건을 보도하거나 소리나 이미지를 통해 정보를 전송하는 데 만족하는 대신, 모두가 제각기 행사, 공연, 경기에 직접 들어간 듯 경험할 수 있을 것이다.

이러한 기술적 진화는 감지되기 어려운 변이들이 연속적으로 일어나면서 이루어진다. 변이들이 축적되다 보면 결국 현실과 가상이 뒤섞이는 데까지 이를 것이다. 현재의 팬데믹 상황과 이어질 팬데믹 상황에서 요구되는 문화와 공연의 가상현실화는 이러한 진화의 가속 페달처럼 작용할 것이다.

우리는 우선 증강현실(AR)*을 통해 이미지를 전달하고, 다음에는 가상현실(VR)을 통해, 그다음에는 홀로그램을 통해 전달할 수 있게 될 것이다.

이 모두가 늘 그렇듯이 오락과 게임을 통해 이미 시작되었다. 그리고 이 기술들이 현실이 될 것이고 이미 그렇게 된 것은 바로 오락과 게임을 통해서였다. 사람들은 이미 가상현실에서 모임을 열고 있고, 팬데믹 상황으로 인해 확산 속도가 더 빨라졌다. 사람들은 3D로 가상의 전쟁을 벌이고, 선수로든 관중으로든 축구를 한다. 이를 현실 생활에서 실제로 하게 될 날이 머지않았다.

우리는 어떤 사건의 홀로그램에 들어가는 것으로 시작할 것이다. 런던에 본사를 둔 키노-모Kino-Mo라는 회사는 사진을 휴대전화에 전송하여 화면에 3D로 재현하기 위한 기술을 개발했다. 일본 가와사키에 본사를 둔 에어리얼 버튼Aerial Burton은 레이저를 플라즈마에 쏴서 어떤 고정장치 없이도 홀로그램을 분사하는 트루 3D 디스플레이를 개발했다. 우

---

* 증강현실(augmented reality)은 실제 존재하는 현실 환경에 컴퓨터가 만들어낸 정보나 오감으로 느낄 수 있는 어떤 가상의 물체를 합성하여 사용자와 상호 반응할 수 있게 하는 일종의 부분적 가상현실이다.

리는 또한 헤드셋을 쓰고 가상현실 비디오를 보면서 시리아, 우크라이나, 남수단의 세 난민 젊은이의 생활 속으로 들어가 볼 수도 있다. PBS의 뉴스 다큐멘터리 프로그램 프론트라인과 브라운 미디어 혁신 연구소Brown Institute for Media Innovation*에서 제작한 기아에 직면한 남수단의 한 마을에 관한 10분짜리 다큐멘터리 〈기아 직전On the Brink of Famine〉**을 통해 같은 경험을 할 수 있다.

시간이 더 지나면 이러한 '실감 저널리즘immersive journalism'을 통해 전쟁 특파원이나 스포츠 리포터는 해당 네트워크의 구독자들에게 그들이 경험한 상황을 홀로그램으로 보낼 수 있게 될 것이다.

사람들은 이러한 기술이 이념, 정당, 종파, 이미 살인과 고문을 소셜네트워크에서 퍼뜨리고 있는 테러리스트에게 어떤 수단으로 쓰이게 될지 생각해보기도 한다.

더 많은 시간이 지난 뒤에는, 어떤 사건이나 광경을 재현한 홀로그램에 관람자의 홀로그램이 저널리스트와 함께 (혹은 그 이름이 무엇이 되었든, 실제 사건을 목격하고 자신의 카메라를 가지고 현실을 재전송하는 사람과 함께) 들어가게 될 것이다. 그리고 그 안에서 실제 관객처럼 행동하고 그 현실을 살고 있는 홀로그램들과 만나 상호작용할 것이다. 우리는 이렇게 해서 한 명의 전투원으로 전쟁 한복판에 뛰어들 수도 있을 것이다. 실제 전투원들에게 우리가 보이는지, 그들이 우리를 죽일 수 있는지, 우리가 그들을 죽일 수 있는지는 이 가상현실을 구동하는 기술적 수단에 따라 달라진다.

---

* 스탠퍼드대학교 공과대학과 컬럼비아대학교 저널리즘 스쿨의 공동 프로젝트로 2012년에 창설된 연구소. 첨단기술과 저널리즘의 접목을 시도하는 것으로 유명하다.
** 특수 카메라와 편집 기술을 사용하여 제작된 이 다큐멘터리는 상영 중에 관람자가 촬영된 공간을 360도 둘러볼 수 있게 했다.

우리는 살인사건을 목격하거나 심지어는 거기에 참여할 수도 있을 것이다. 오늘날 가장 무서운 공포영화도 가상현실을 이용한 공포영화에 비하면 아무것도 아닌 소품 정도로 보일 것이다.

더 시간이 흐르고 나면, 우리가 방문한 가상현실 사건의 냄새, 맛, 촉감까지 느낄 수 있게 될 것이다. 가상현실에서 입체적으로 재현된 모습을 보았던 인물을 직접 만져볼 수 있을 것이다. 사람의 숨결과 들판의 냄새와 과일의 맛을 느낄 수 있을 것이다.

그러면 모두가 꿈, 몽상, 환상, 충동을 돈으로 살 수 있게 될 것이다. 또한 자신을 무대에 세우고, 자신을 전시하고, 실제 상황을 경험하기 전이나 경험하는 대신에, 혹은 실제 상황을 다른 이에게 부여하기 전이나 부여하는 대신에 그 상황을 가상으로 실행해볼 수 있을 것이다.

물론 이 모든 것은 먼 미래의 일이다. 아직은 성능이 가장 좋은 컴퓨터조차 여전히 인간 두뇌의 효율성에 비하면 많이 뒤떨어진다. 인간 두뇌는 훨씬 더 빨리 이해하고, 무엇보다도 어떤 기계어로도 모방할 수 없는 방식으로 타인과 더 효과적으로 상호작용한다.

이런 단계를 넘어선다면 커뮤니케이션 세계에 궁극적 발전 단계, 곧 생각을 직접 전송하는 텔레파시가 실현될 것이다.

한 사람의 뇌에서 다른 사람의 뇌로

모든 새로운 미디어가 한 사람의 메시지를 다른 사람에게 전달하는 것으로 시작하듯이, 생각의 전송도 그렇게 시작될 것이다. 생각을 디지털화하고 어떤 물질적 소재를 사용하지 않은 채 다른 사람의 뇌에 전송하는 것이 가능해졌을 때 말이다. 한 사람의 뇌에서 다른 사람의 뇌로 생각을 전송하는 것이 이론적으로는 불가능하지 않다. 이론상으로는 실제 미디어를 통하는 것보다 무한정 많은 정보를 전송하는 것도 가능하다.

여러 세기에 걸쳐 이런 실험들이 진행되었다. 그중에는 사기도 있었고, 진지한 실험도 있었다. 특히 미국 군대와 미국, 러시아, 중국의 대학들에서 실험을 시도했었다.

2014년 하버드의과대학과 바르셀로나대학교의 연구자들이 프랑스 회사인 악실룸 로보틱스Axilum Robotics의 기술을 활용해 두 사람 사이의 텔레파시 커뮤니케이션에 관한 최초의 실험을 진행했다. 이 실험에는 뇌파 검사법(EEG)과 반복 고주파 경두개 자기 자극술(rTMS)이 사용되었다. 2018년 MIT의 연구자들은 한 사람이 어떤 단어를 발음하려고 준비할 때, 발화를 담당하는 근육에 보내는 뇌의 전기 신호를 판독함으로써 그 단어를 미리 알아낼 수 있는 뇌-기계 인터페이스를 만들었다. 2017년 이후로 일론 머스크는 뇌에 이식해 '정신의 생산성을 최적화'하는 기계장치를 개발하는 데 자금을 대고 있다.

우리는 인공적인 연결 장치를 통해 한 사람에게서 다른 사람에게로 메시지를 전송하는 것부터 시작하게 될 것이다. 이렇게 되면 우리는 예를 들어 방금 대화에 등장했던 제3자에 대해 생각한 바를 말하지 않고도 다른 사람이 알게 할 수 있을 것이다. 또한 우리는 록산을 유혹하도록 크리스티앙을 도와주는 시라노의 역할을 할 수 있을 것이다.* 우리는 다른 사람의 정신에 우리가 들어갔다는 사실을 그가 알지 못하게 한 채로 그의 생각에 영향을 끼칠 수 있을 것이다. 아마도 우리는 그의 두뇌 속으로 들

---

* 에드몽 로스탕의 희곡《시라노 드 베르주라크》에서 주인공 시라노는 뛰어난 검술과 시재(詩才)를 지니고 있지만 외모 콤플렉스 때문에 사랑하는 록산에게 고백하지 못한다. 록산은 잘생긴 크리스티앙을 사랑하지만, 크리스티앙은 록산을 사랑하면서도 말재주가 없어 고백하지 못한다. 이 사실을 안 시라노는 크리스티앙을 대신해 록산에게 연애편지를 써준다.

어가 정보를 전달하는 것이 아니라, 그의 생각 자체가 발산하는 메시지를 읽음으로써 그가 무슨 생각을 하는지 알 수 있을 것이다. 그리고 다른 경우와 마찬가지로 이 경우에서도 정보, 오락, 게임, 군사활동 모두가 공통의 응용 프로그램 안에서 다시 하나로 합쳐질 것이다.

그런 다음, 다른 메시지 전송 수단들에 대해 그러하듯이 사람들은 생각의 전송을 단지 개인적인 메시지를 널리 전송하기 위해서만이 아니라, 오늘날 잠재의식이라고 부르는 정보들을 매우 널리 알리기 위해서 사용할 것이다. 특히 상업 광고, 이데올로기 선전, 포교, 정치 선전의 도구로 쓸 것이다. 물론 군대, 정보기관, 종교단체, 테러리스트는 감시하고 보상하고 공포를 조장하고 처벌하기 위해 사용할 것이다. 또한 어떤 이들은 다른 사람을 보살피고 가르치기 위해서도 사용할 것이다.

극단적으로는 아마도 언젠가 생각의 전송을 통해 하나의 다른 뇌, 홀로그램, 온갖 인공물이나 복제인간에게 기억과 감정과 자의식을 이전하는 일까지도 가능해질 것이다.

그때 우리는 가장 소중한 정보, 즉 생명을 인공적으로 전송하는 데 성공하게 된다. 역사의 주된 역동인 살아 있는 자의 점진적 인공화는 그 궁극적 목적, 곧 자의식을 지닌 불멸하는 인공 자아의 창조에까지 이를 것이다. 인공 자아는 인공이기 때문에 불멸하며, 불멸하기 때문에 인공이다.

진정한 권력

이 절대적 환상의 실현을 기다리면서, 권력자들은 계속해서 나머지 다른 사람들의 주의를 산만하게 하고, 가끔은 자신들이 그들에게 정보를 제공한다고 믿게 할 것이다. 정치, 경제, 기술, 위생, 생명에 관한 가장 소중한 정보는 정치인, 투자자, 금융가, 연구자로 이루어진 소수 집단 안에서만 돌고 돌 것이다. 이들은 과학, 기술, 시장의 상황에 대해 다른 사람들보다 먼저, 그리고 더 잘 알고, 어떤 사람을 만나야 할지 알 것이다. 특히 이들은 기술에 대한 지배를 가능하게 하는 정보들을 교환할 것이다.

이러한 세상에서 GAFA(구글, 아마존, 페이스북, 애플)와 BATX(바이두, 알리바바, 텐센트, 샤오미), 그리고 그들을 대체할 기업들은 빠르게 보험·건강·교육·오락 관련 대기업들을 소유하게 될 것이다. 다가올 미래는 생활경제 기업들에 속해 있음을 국가보다 더 잘 이해하고 있는 그들이 그 대부분을 장악할 것이다. 그들은 국가가 정보를 제공하고 육성하고 감시하고 벌주기 위해 더 이상 쓰지 않을 수단들을 사용할 것이다. 그리고 그들이 선택한 사람들을 정치적 권좌에 앉힐 것이다. 그들은 이 선택받은 사람들에 대해 모든 것을 알고, 그들의 목표를 달성하기 위해, 즉 그들의 궁극적 목적인 인공 자의식을 실현하기 위해, 이 선택된 이들의 이력을 조작하기도 하고 파기하기도 할 것이다.

그들은 똑같은 수단, 똑같은 무기, 자의식을 지닌 똑같은 인공 전투원들을 사용하여 적들과 마주하게 될 것이다

우리가 오늘부터 완전히 다른 경로를 택한다고 해서 절대적 대참사를 피하지는 못할 것이다.

13

무엇을 해야 할까?

✤

"Dixi et salvavi animam meam(내가 말하였나니, 다만 내 영혼을 구원하기를 바랐음이라)." 카를 마르크스는 이 라틴어로 된 신비로운 문장으로 《고타 강령 비판Kritik des Gothaer Programms》을 끝맺었다. 《고타 강령 비판》은 1875년 마르크스가 독일의 주요 사회주의 지도자 리프크네히트와 라살에게 보낸 분노에 찬 텍스트다. 이 두 지도자가 당시에 독일 튀링엔주 고타에서 열린 회의에서 각자가 이끌고 있던 두 분파를 합치려고 했기 때문이다. 마르크스주의자가 아니었던 마르크스는 그들의 공동 강령 초안을 읽고 몹시 화를 냈다. 그 초안에는 마르크스가 생각하는 거대한 개념적 오류와 전술적 오류가 담겨 있었다. 마르크스는 독재자가 되려는 이들이 자신의 사상을 악의적으로 사용할 것을 예상했다. 이제 겨우 통일된 독일에서만 그런 것은 아니었다. 그는 그 회의에 참석한 사람들에게 그들의 텍스트에 관한 정식 비판도 보냈다. 하지만 그들이 자신의 비판과 제안에 어떤 운명을 마련해두었는지에 대해서는 어떠한 환상도 갖지 않았다. 실제로 마르크스의 의견은 1875년 고타에서도 경청되지 않았고 1917년 모스크바에서도 마찬가지였다. 물론 그 이후에도 마르크스의 의견이 경청된 곳은 없다.

이 책의 결론에 도달한 내가 조금은 그와 비슷한 정신 상태에 놓여 있다. 사람들이 내가 여기서 확실하게 제안하는 것들 가운데 필시 아무것도 행하지 않을 것이라고 확신한다.

우선, 나는 각 개인이 점점 더 지구적이고, 점점 더 완전하며, 점점 더 정확한 정보를 사용하도록 우리가 노력할 수 있다고 확신한다. 독재자가 시민들에게서 독재를 막는 정보들을 제거하는 것을 우리가 막을 수 있다고 확신한다. 나는 새로운 기술들이 엄청난 민주주의적 잠재력을 가졌다고 확신한다. 새로운 기술들은 시간의 감옥 안에서 우리에게 허락된 다양한 삶을 각자가 영위할 수 있는 이타적 사회를 낳을 수 있다.

여러 요소가 우리를 낙관주의로 이끈다. 오늘날에는 모든 사람이 교육을 잘 받을 수 있고 저렴한 가격으로 현저하게 많은 정보를 얻을 수 있다. 많은 이가 저널리스트가 될 수도 있다. 온라인으로 세련된 글을 출간하거나 전문적인 고품격 팟캐스트 방송을 하고 훌륭한 기법으로 동영상을 찍어 공개하는 것은 사실상 비용이 거의 들지 않는다. 저널리스트가 되려는 사람들은 점점 더 출신 지역도 다양해지고, 더 많은 교육을 받았고, 더 성숙하고, 더 의지가 굳고, 배경도 더 다양하고, 세상에 대해서도 더 개방적이고, 냉소적이지도 않고 음모론에 빠져 있지도 않다. 그들에게 참고 자료를 찾고 모든 정보를 검증하는 일은 매우 쉬워졌다. 앞 장에서 다루었던 자동 번역의 발전과 다양한 기술의 도움으로 더 정교한 기사들을 쓰고 텍스트나 동영상이나 팟캐스트 등 어떤 형식으로든 전 세계에서 발표하는 것이 가능해졌다.

그러나 이와 반대로 이미 선험적으로 주어진 이 긍정적인 변화들이 재난적인 결과를 가져올 수도 있다.

모든 것을 더 빨리 알 수 있다는 것은 멀리 내다보거나 전체를 조망하기 위해 거리를 두는 일의 의미를 상실할 위험이 있다. 점점 더 완전하고, 점점 더 투명한 정보를 갖게 된다는 것은 용인될 수 없는 관음증에 길을 열어주고, 개인에 대한 절대적 감시를 가능하게 하고, 개인정보와 특허와 혁신과 예술 작품에 대한 보호를 차단하는 위험이 있다. 어디에서나 직접 정보에 접근할 수 있다는 것은 모든 개인을, 특히 어린이들을 최악의 메시지, 최악의 광경, 최악의 비방에 노출시킬 위험이 있으며, 또한 점점 더 진짜 같아지는 가상현실의 거부하기 어려운 매혹에 조종당하고, 같은 시스템의 피해자인 다른 사람들의 프로그래밍된 인정을 받는 데서 하찮은 만족을 느끼게 할 위험이 있다.

사실 최선의 상황이 당연하게 도래하지는 않는다는 것, 그리고 시장의 세력들은 최악의 상황을 도래하게 하리라는 것이야말로 가장 현실적인 예상이다. 소셜네트워크는 살아남기 위해 다른 모든 미디어의 수입을 차단할 필요가 생길 것이고, 그렇게 해서 다른 미디어들을 파괴할 것이다. 신문, 라디오, 텔레비전은 고객들과의 관계를 원하는 대로 제어할 수 없게 되어 하나씩 사라질 것이다. 능력 있고 잘 양성된 저널리스트들도 그들을 고용할 만큼 진지하고 지속적인 미디어를 발견할 기회가 거의 없을 것이다. 중독성이 점점 강해지는 소셜네트워크, 응용 프로그램, 비디오게임, 홀로그램에 매혹된 오늘날의 청년들은 정보를 잘 습득하지 못하고, 지식보다 오락을, 진실보다 구경거리를, 이성보다 신조를, 현실에 맞서기보다 가상세계의 환각에 빠져 있기를, 이타주의의 감격적인 발견보다는 자기 감시의 자기도취적 기쁨을 더 좋아하는 어른들이 될 것이다. 그리고 상황은 도래할 기술들과 더불어 훨씬 더 나빠질 것이다. 중요한 것과 부차적인 것, 진실과 거짓이 일찍이 없었던 정도로 뒤섞일 것이다. 가장 유해한 이데올로기들이 득세할 것이다.

우리가 이 모두를 피하고자 한다면, 근본적으로 그리고 세계적으로 시류의 방향을 바꾸고, 유력자들을 이겨내야 한다. 실패했다고 체념하지 말고 시민, 저널리스트, 미디어, 국가적이고 국제적인 당국들, 네 가지 층위에서 개혁을 시도하여 성공해야 한다.

정보 습득 방법을 배울 것

아동기부터 어린이는 배우면서 정보를 얻는다.

학교에서는 평생 사용할 영구적인 지식을 배우는데 이러한 지식은 자주 업데이트해야 한다. 언어·문화·문학·수학·음악·물리·역사·지리·시민의 기본 권리와 의무 등이다.

다른 곳에서는 부모, 친구, 교사, 신문, 라디오, 텔레비전, 소셜네트워크를 통해 세계에서 일어나는 사건들에 관한 정보를 얻는다.

이제 곧 아이는 정보를 가지고 지식과 대면해야 한다. 이론적으로는 정보와 지식이 충돌해서는 안 된다. 정보는 지식을 보완할 뿐이다.

인간은 인생에서 상당 기간을 배워야 하며, 살아가는 내내 정보를 습득해야 한다.

그럼에도 인간이 습득하는 많은 정보가 거짓이고, 인간은 참과 거짓을 구분하는 법을 거의 배우지 못한다.

진리: '비판적 합의'

진리와 허위를 구별하는 것은 그렇게 간단치가 않다.

많은 사람에게 진리란, 그들이 진리라고 믿고 싶어 하는 것이다. 어떤 이들은 지구가 평평하다고, 인간은 종의 진화에 따른 결과가 아니라고, 우주는 단지 몇 천 년 전에 창조되었다고 믿고 싶어 한다. 그들은 사실과 의견과 믿음을 혼동하고 있다.

진리는 여러 가지 형태를 취한다. 때로는 눈으로 볼 수 있으므로 진리가 쉽게 드러난다. 그와 반대로 진리는 (심지어는 점점 더 많은 경우에) 직관이 아니라, 소수의 사람만 입증할 수 있는 이론의 결과일 때도 많다. 진리는 사실, 이론, 통계에 의해서, 또는 명확히 규정된 어떤 환경 안에서 논증의 유효성을 성립시키는 실험을 통해서 입증된다.

진리는 동시발생coincidence과 구별되며(공통점을 가졌거나 동시에 전개되는 두 현상이 필연적으로 공통 원인에서 비롯한 것은 아니다), 상호연관correlation과도 구별된다(같은 방향으로 변화하는 두 현상이 필연적으로 서로의 결과인 것은 아니다). 그러므로 동시발생과 상호연관은 진리를 말하지 않고, 진리를 발견하게 하거나 혹은 거짓된 이론에 기초하여 헛된 추론만 제공하는 직관들을 떠오르게 할 뿐이다.

진리는 사회적 현실 안에서도 과학에서와 똑같은 기준을 따른다. 진리는 그것을 표현하는 이의 사회 계층과 상관없이 동일하다. 진리는 힘의 관계에 따른 결과가 아니다. 하지만 지식과 정보에 더 쉽게 접근할 수 있는 부자들이 진리에 더 쉽게 접근할 수 있는 것도 사실이다. 어떤 이들은 군대나 돈, 혹은 신앙의 힘을 통해 거짓말을 믿게 하기도 한다. 또 다른 이들은 진리를 특권적으로 사용하여 엄청난 부를 모으기도 한다. 하지만 그렇다고 해서 진리가 비난받아야 하는 것은 아니다. 진리를 사용하는 방식만이 정당하거나 부당할 따름이다.

　모든 영역에서 진리는 한 이론의 유효성에 관한 근거를 확립하는 연구 조사를 통해 발전한다. 이러한 이론은 어떤 현상이나 실험을 통해 반박되지 않는 한 진리로 간주되어야 한다. 그러므로 진리는 정직하고 권력으로부터 독립되어 있으며 가장 널리 인정받는 능력을 지닌, 가능한 한 많은 수의 전문가들의 합의로부터 나온 잠정적 결과에 지나지 않는다. 이는 칼 포퍼가 진리를 확립하고자 하는 이들에게 필수적인 "비판적 합의"에 대해 이야기하면서 요약한 바다. 이는 진리를 추구하는 사람들의 겸손과 의심, 그리고 자기 자신을 거슬러 생각할 수 있는 능력을 전제로 한다.

　오늘날 소셜네트워크는, 그 저자의 역량이 어떠하든 동등하게 경청되는, 매우 상반된 관점들의 폭증으로 인해 진리를 드러내는 데 전혀 도움이 되지 못하며, 심지어 가장 과학적인 사실조차 명확히 드러나지 못한다. 예를 들어 현재 진행 중인 팬데믹 상황에 대해 여러 미디어에서 진행된 논쟁들은 과학에 대한 신뢰를 크게 손상시켰다. 스스로 전문가라고 하는 인사들이 여러 다른 의견 중 한 의견에 대해 논쟁한 탓에 과학에 대한 신뢰도는 갑작스레 떨어지고 말았다.

　진리는 믿음과 양립할 수 있다. 그러려면 '계시Révélation'는 다양한 형태로 이루어지고 과학의 최신 결과물에 비추어 끊임없이 재해석되어야 한다는 조건이 필요하다. 그리고 12세기 코르도바 출신의 위대한 이슬람 철학자 이븐루시드가 이에 관해 말했던 것을 기억해야 한다. "검증은 종교가 말하는 것과 전혀 상충하지 않는다. 진리는 진리에 반대될 수 없고, 다만 진리에 부합하며 진리를 위해 증언하기 때문이다." 다시 말하자면 과학과 신앙은 서로 본질이 다르지만, 신앙은 과학적 진보의 결과들을 의연하게 받아들여야 한다. 과학은 다만 신적 신비의 장을 대체할 뿐 절대

무화無化하지 않는다.

정보 습득 기술을 가르칠 것

우리가 진리와 허위를 구별하는 법을 배우고 비판 정신을 기르고 난 다음에는 최선의 정보를 어디에서 어떻게 찾아야 할지 배우고, 사실과 의견과 믿음을 구별하는 법을 배워야 한다. 비판 정신이라고 하는 것은 체계적인 의심이며, 근거를 찾으려는 강박적인 탐구이고, 근거 없는 모든 확신 뒤에 숨어 있는 것들에 대한 끊임없는 탐색이다.

이를 위해서는 자기 자신을 거슬러 생각하고, 자신이 익숙한 집단 속에서 배운 것을 거슬러 생각하는 법을 익혀야 한다. 다르게 생각하는 데 관심이 있는 사람이 무엇을 생각하는지 끊임없이 물을 줄 알아야 한다. 정치나 종교나 이데올로기의 의제에 덜 의존하는 사람들을 우선해야 한다. 그리고 불온한 진리 뒤에 숨은 음모를 보기보다 모든 것을 의심할 줄 알아야 한다.

그러기 위해서는 (이미 용기 있는 많은 교육자가 하고 있는 것처럼) 세계 모든 학교에서 현실을 분석하는 법, 부차적인 것과 중요하고 핵심적인 것을 구별하는 법을 가르쳐야 할 것이다. 그리고 교육자는 자신의 신념이나 이데올로기적 편견이 강의에 들어가지 않도록 해야 할 것이다.

이 모두가 올바르게 교육된다면, 거짓말을 하거나 스캔들을 이용해 돈을 벌려고 하는 미디어는 살아남기가 더 어려워질 것이다. 그리고 민주주의의 미래는 더 밝아질 것이다.

가짜뉴스, 모욕, 협박을 탐지하는 수단을 갖출 것

모두가 가짜뉴스, 협박, 음모론을 탐지하는 수단을 갖추고 사용할 줄 알아야 할 것이다. 그런 것들을 탐지하는 것이 늘 가능한 것은 아니다. 교육이나 지식이 부족해서만이 아니라, 거짓말과 가짜뉴스가 점점 더 위장을 잘하기 때문이다.

확실한 것은, 이제 약간의 검색을 통해서도 표절, 잘못된 인용, 본래 맥락에서 벗어나게 사용되었거나 위조된 사진을 적발하는 것이 가능하다는 점이다. 하지만 반대로 가짜뉴스와 과학적 오류를 적발하거나, 허위음모를 추적하거나, 잘못된 근거들을 제거하거나, 거짓 증언을 침묵시키는 것은 훨씬 더 어려워졌다.

더욱이 검증해야 할 뉴스가 이제는 거의 무한에 가까울 만큼 많다. 2021년 초 현재, 25억 명에 달하는 페이스북 가입자 중 3분의 2가 매일 101가지 언어로 거의 1000억 개의 정보를 교환하거나 '좋아요'를 누른다. 또한 유튜브, 인스타그램, 트위터, 그리고 이들에 대응하는 중국과 다른 나라들의 네트워크에서도 그만큼의 교류가 이루어진다. 매일 모두가 참이거나 거짓인 정보를 수천 수만 개씩 접하고 있는 것이다.

가짜뉴스에 맞서 싸우기 위해 어떤 나라에서는 법률을 강화하는 시도를 했다. 많은 나라에서 가짜뉴스 유포를 막으려는 법률 입법이 매일 확산되고 있다. 예를 들어 프랑스에서는 미디어를 감독하고 통제하는 시청각최고위원회(CSA)가 2018년부터 가짜뉴스를 퍼트린다는 이유로 외국미디어의 서비스를 중단시킬 수 있는 권리를 확보했다. 하지만 거짓 정보들에 맞서 싸우기 위해서가 아니라 자국 시민들에게 불편한 진리를 감추기 위해 이런 조치를 취한 나라들도 있다.

어떤 통신사들은 정보 점검 서비스를 제공하기 시작했다. 하지만 떠돌아다니는 중상이나 비방에 비하면 검증할 수 있는 정보의 양이 여전히 매우 적다. 예를 들어 AFP의 팩트체크FactCheck는 세계에서 가장 중요하고 가장 뛰어난 검증기 가운데 하나지만 한 달에 500건의 정보만 유효한 것으로 인정한다. AFP는 팩트체크를 위해 전 세계 38개 사무소에 배치된 91명의 직원을 고용하고 있다.

일부 소셜네트워크에서도 외부의 압력과 강제에 의해서이긴 하지만 소극적으로나마 가짜뉴스들에 맞서 싸우기 시작했다. 2018년 구글은 데이터셋서치Dataset Search라는 이름으로 새로운 검색엔진의 시제품을 내놓았다. 이 검색엔진은 독립적인 검사관들에 의해 주어지는 데이터베이스를 이용해 어떤 기사들 옆에는 인증 표시나 금지 표시를 붙인다. 하지만 이 검색엔진은 여전히 시제품 상태에 머물러 있다. 2020년에 페이스북은 수백만 개의 허위 계정과 혐오 계정을 폐쇄하고, 사용자들에게 '페이크뉴스'를 발견하면 신고하도록 권장했다고 주장했다. 그리고 이를 위해 3만 5000명의 직원을 고용하고 있다고도 주장했다. 하지만 2020년 초 페이스북 경영자 마크 저커버그는 수정 헌법 제1조에 의거하여 압력집단들이 페이스북에 별다른 염려 없이 게시물을 올릴 수 있음을 확인했다. 그의 말에 따르면 수정 헌법 제1조는 "페이스북이 스스로를 진실의 심판자로 세우는 것"을 금지한다. 이와 반대로 2020년 11월과 12월에는 트위터가 2020년 11월 미국 대통령 선거가 조작되었다고 증거도 없이 주장하는 트럼프 대통령의 메시지들까지 검열했다. 다른 네트워크와 미국의 몇몇 미디어들도 그렇게 했다. 다른 동영상 플랫폼들은 아동성애 콘텐츠 이외에도 〈홀드업〉과 같은 음모론 영화들을 내렸다. 2020년에 공개된 〈홀드업〉은 진부한 표현과 거짓된 말들로 가득하지만, 그럼에도 한 달 만에 300만이 넘는 사람들이 시청했다.

우리는 거짓말과 음모론과 협박과 다른 증오 메시지들에 맞서 싸우기 위해 훨씬 더 많은 조치가 취해지기를 꿈꿀 수 있을 것이다.

미국에서는 우선 통신품위법Communication Decency Act(CDA) 제230조*를 수정하여 소셜네트워크를 단지 콘텐츠의 호스트나 플랫폼이 아니라 생산자이자 게시자로서 고려할 수 있게 하고, 소셜네트워크가 실어 나르는 게시물의 내용에 대해 책임지게 할 수 있을 것이다.

더 일반적으로는, 모든 나라에서 디지털 세계 밖에서 금지된 것은 소셜네트워크에서도 금지되어야 한다고 결정하고, 증오를 선동하거나 한 개인이나 집단을 표적으로 삼아 위협하는 경우, 혹은 익명으로 하는 경우라도, 무거운 벌금을 부과하기로 결정할 수 있을 것이다. 물론 그렇게 결정을 하더라도 실행하기는 쉽지 않다. 이러한 위협들의 원천을 찾아내고 그것을 만들어내는 이들을 멈춰 세우려면 경찰과 사법 측면에서 상당한 조치가 이루어져야 한다. 여하튼 디지털 응용 프로그램 하나만으로도 소셜네트워크에서 증오 메시지를 추적하여 사법 당국에 자동으로 이송할 수 있을 것이다.

디지털 플랫폼은 사용자들이 올리는 정보의 진위를 검증하기 위해 그 내부와 외부에 훨씬 더 많은 엔지니어와 검사관을 배치할 수 있을 것이다. 그렇게 하기 위해서는 전 세계 교수들과 학생들에게 청원하고 해당 활동에 대해 보수를 지급할 수도 있을 것이다. 만약 여기에 자금을 사용하길 원하지 않는다면, 시민 검사원들을 활용하는 수밖에 없을 것이고,

---

* 미국의 통신품위법은 외설적이거나 유해한 콘텐츠가 인터넷을 통해 미성년자에게 전해지는 것을 막고자 1996년 연방 법률로 제정되었다. 그러나 이 법률의 제230조는 헌법에 보장된 표현의 자유가 침해되거나 인터넷 기업들의 성장이 억제되지 않도록 '인터랙티브 컴퓨터 서비스(interactive computer service)'에 대한 면책 조건을 담고 있다. 네트워크나 플랫폼을 제공한 기업은 사용자들이 게시한 콘텐츠에 대해 책임지지 않는다는 것이 대략적인 내용이다. 하지만 최근 네트워크와 플랫폼을 제공한 기업 역시 게시물 관리에 책임을 져야 한다는 의견에 힘이 실리고 있다. 2020년 미국 법무부는 개정 논의를 공식적으로 시작했다.

이 시민 검사원들은 비행기 표에 붙는 마일리지처럼 이송되는 정보의 단위마다 부과되는 몇 십 원 정도의 금액으로 보상받을 수 있을 것이다.

우리는 또한 근본적으로 새로운 응용 프로그램이 개발되리라고 생각해볼 수 있다. 검색엔진의 모델을 따라 어떤 정보가 참인지 거짓인지 즉각 알려주는 응용 프로그램이 나올 수도 있다. 아니면 적어도 유효성의 단계를 확립하는 응용 프로그램을 생각해볼 수도 있다. 가장 높은 단계에는 동료 평가에 의한 검증을 요구하는 과학 출간물이 있을 것이고, 가장 낮은 단계에는 (새롭고 충격적인 과학적 진리일 수도 있음을 염두에 두더라도) 국제적 합의가 이루어지지 않은 가설이 놓일 것이다. 여러 팀이 이미 이러한 방향으로 일하고 있다. 예를 들어 2017년 프랑스인 저널리스트 프레데릭 피유가 스탠퍼드대학에서 시작하고 프랑스에서 '딥뉴스Deepnews'라는 이름으로 계속 진행한 프로젝트는 그러한 최초의 시도였다. 딥뉴스는 인공지능을 이용해 하나의 기사에서 형용사, 회사, 나라, 인용된 전문가의 수를 세서 그 기사를 작성한 저널리스트의 자질을 평가하고, 그들의 전문성을 검증한다. 특히 '어떤 문서들에 따르면'이라든가 '익명의 정보원에 의하면' 같은 모호하고 기만적인 구절들을 추적한다. 이미지 인식을 위해 습관적으로 사용되는 뉴런의 네트워크에 기초한 딥뉴스의 알고리즘은 2500만 개의 격자로 구성된 체와 같은 검사기를 통해 10분의 1초도 안 되는 시간에 하나의 기사를 검토한다. 딥뉴스는 여전히 시제품 단계에 있긴 하지만, 비슷한 시도들이 세계 전역에서 진행되고 있다.

그러한 응용 프로그램은 하나의 텍스트, 소리, 이미지가 인간에 의해 만들어진 것인지 인공물에 의해 만들어진 것인지 알아낼 수 있어야 할 것이다. 그리고 언젠가는 어떤 사건의 홀로그램에서 마주치는 것이 실제인지 허구인지 추적할 수 있어야 할 것이다.

그러한 응용 프로그램은 또한 누군가 자신의 학위, 현재나 과거의 직업, 그밖에 다른 유용한 사항들에 대해 거짓말을 하는지 검증할 수 있을 것이다.

정말 그런 날이 온다 해도, 이 모두가 실현되기까지는 소셜네트워크에 의해, 그리고 소셜네트워크를 위해 돈이 되는 극단과 격분과 원한과 거짓을 양분으로 자라나 정보를 잘 습득하지 못하는 세대들에 의해 민주주의 절차들이 약화될 것이다.

바로 여기에서 저널리스트들은 자신의 참된 역할을 발견하게 된다.

저널리즘의 가치를 새롭게 발견할 것

모두가 소셜네트워크에 의해—더 참된 것이든 덜 참된 것이든—여러 정보를 타인들에게 제공하는 상황에 점점 더 많이 놓이게 되었다. 그리고 우리는 앞서 살펴보았던 것처럼 저널리스트라는 직업조차 사라지고 모두가 제각기 정보를 습득하는 동시에 정보를 제공하게 되리라고 예상할 수 있다. 그렇지만 이런 경향을 되돌리는 것이 불가능한 것만은 아니다. 없어서는 안 될 만큼 중요한 그 직업의 존재를 보호하는 것은 가능하다. 그러기 위해서는 정보를 제공하는 일이란 매우 특수한 능력을 전제로 하는 것임을 먼저 인정해야 한다. 그 능력을 평생 발휘할 수 없고, 상근으로 활용할 수 없다 해도 말이다.

저널리스트를 양성할 것

저널리스트를 잘 양성하는 일이야말로 제공될 정보의 질을 보장하는 최선의 방책이다. 우선 저널리즘 학교나 관련 학과 학생들의 사회적 출신과 유형을 다양화하기 위해 최대한의 자금과 지원을 제공해야 한다. 또한 다른 일을 했거나 동시에 다른 일을 겸하는 사람들도 저널리스트라는 직업을 가질 수 있도록 해야 한다.

여하튼 저널리스트가 되려는 모든 학생에게 오늘날 최고의 학교에서 이미 가르치고 있는 것을 가르쳐야 한다.

특히 다음의 열 가지 원칙을 가르쳐야 할 것이다.

1. 참과 거짓을 구별할 것: 정보, 의견, 믿음을 구분할 것. 사실에 천착할 것. 의견을 사실로 여기지 말 것. 자신의 의견을 익명의 증언에서 따온 허구적 인용에 삽입하는 방식으로 기사 안에 슬며시 끼워넣지 말 것. 객관적인 저널리스트란 없다. 정직한 저널리스트만 있을 뿐이다.

2. 제시하는 내용의 출처를 반드시 밝힐 것. 가능하면 자신이 이야기하는 사건을 직접 대면할 것. 익명의 정보원에 절대 만족하지 말 것. 다만 신뢰도가 검증된 증인의 안전을 보장해야 하는 경우는 예외로 할 것. 기사를 게재하기 전에는 언제나 '누가? 언제? 어디서? 어떻게? 왜?'라는 기초 질문을 떠올릴 것.

3. 부정이나 아첨에 절대 넘어가지 말 것. 침묵을 대가로 제공되는 호의를 절대 받아들이지 말 것. 알게 된 사실이 공개될 가치가 있는 것이라면 절대 감추지 말 것.

4. 정보를 일부 사람들에게만 알리지 말 것. 공동체주의나 분파주의, 또는 정치적 올바름에 굴하지 말 것.

5. 시사적 사건들은 언제나 본래의 사회, 이데올로기, 문화, 역사의 맥락 안에 위치시킬 것.

6. 관심을 끌기 위해 감정적 효과가 높은 내용을 사용하는 데 만족하지

말 것. 관음증을 손쉽게 활용하거나, 물질적으로나 정신적으로 비참한 타인의 상황을 이용하지 말 것.

7. 나쁜 소식들과 극적인 이야깃거리에 머물지 말 것. 민주주의의 성공, 용기 있는 행동, 과학적 발견, 긍정적인 경제 개혁 혹은 사회 개혁을 대등하게 활용할 것.

8. 개인적으로 관심 있는 주제에 대해서는 출판을 일찍 시작할 것(출판 매체들은 부족하지 않고 앞으로도 부족하지 않을 것이다). 시민들과 함께 작업하는 법을 습득할 것. 또한 해결책을 제시하고 영향을 끼치는 저널리즘을 터득할 것.

9. 디자이너, 디벨로퍼, 의미 분석 전문가와 함께 일하는 법을 익힐 것. 엑셀부터 G스위트(구글 워크스페이스), 워드프레스, 에어테이블, 노션, 그리고 서브스택, 메일침프, 타이니레터까지, 그리고 앞으로 출시될 것까지 포함하여 디지털 기술들에 통달할 것. 더 일반적으로는 알고리즘의 사용법과 작성법에 숙달할 것.

10. 자신의 미디어를 만들 준비를 할 것. 무료이거나 거의 무료인, 강력한 성능을 가진 출판 도구들이 이미 존재한다. 이 도구들을 이용하면 가입자나 구독자만 이용할 수 있는 개인 미디어를 만들 수 있다. 이런 개인 미디어를 가리켜 최초의 미디어, 곧 베네치아의 노벨란티에 의해 판매된 필사본들과 15~16세기 소설들과 연결지어 '디지털 아비조'라고 부를 수 있을 것이다. 이에 대해서는 뒤에서 다시 다루도록 하겠다.

저널리스트와 미디어를 보호할 것

앞서 살펴보았듯이, 저널리스트에 대한 국제적인 보호정책은 아직 없다. 표현의 자유와 저널리스트의 안전에 관한 유네스코의 활동은 세계인권선언 중 표현의 자유에 관한 제19조의 연장선상에 있으며, "사상의 자유로운 전파를 촉진한다"라는 유네스코 헌장의 임무에 상응하는 것이다. 하지만 이것이 현재로서는 국가 간 협정으로 귀결된 것도 아니고, 심지어는 권고 사항에 이르지도 못했다.

그러므로 전 세계에 보편적으로 적용될 수 있는 헌장을 완성하는 일이 매우 시급하다. 이 헌장은 전쟁 지역 바깥에서도 기자들을 보호하고, 주주들과 국가의 권력과 그들의 억압적 도구들로부터 편집권의 독립성을 보장하며, 정보 출처의 검증에 대해 저널리스트에게 책임을 물어야 한다.

무엇보다도 이 모든 것이 실행되어야 한다. 사적인 권력이든 정치적인 권력이든, 많은 권력이 서로 대립하고 있고, 앞으로도 대립할 것이다.

신문, 라디오, 텔레비전의 존속과 새로운 미디어, 곧 디지털 아비조의 탄생을 보장할 것

세 가지 부류(글, 소리, 이미지)로 통합되어 있는 전통적인 미디어들은 개인 맞춤형 서비스를 제공할 수 있다면(각자 그가 누구인지 알고, 매우 개인적인 활동을 그에게 제안할 수 있는 미디어를 청취할 것이다), 그리고 즉각적으로 의미를 제공하며 그것을 받아들인 사람을 나머지 세상과 연결시켜줄 수 있다면 앞으로도 존속할 것이다.

이상적으로는 민영 전통 미디어들(종이 언론, 라디오, 텔레비전)이 더 이상 대형 금융 그룹에 의존하지 않아야 할 것이다. 이 대형 금융 그룹들은 미디어에 편집의 자율성을 보장하지 않고, 네트워크와 플랫폼을 보장하지도 않는다. 광고에도 의존하지 말아야 한다. 광고는 곧 전통적인 미디어들을 떠날 것이기 때문이다. 거대한 네트워크와 플랫폼에도 의존해서는 안 된다. 이들은 오히려 전통적인 미디어를 파괴할 것이다. 물론 국가에 의존해서도 안 된다. 국가는 본성적으로 늘 미디어를 의심한다.

전통적인 미디어의 생존은 재정의 독립과 활동의 확장을 통해 이루어질 수 있다.

편집 제작의 자율적 자금 조달

미디어가 제공하는 서비스에 대한 요금 부과는 오래전부터 난해한 문제로 남아 있었다. 하나의 정보는 얼마큼의 가치가 있는 것일까? 어떤 것이 본질적으로는 희귀하지 않지만 인위적으로 희귀해진다면 그 가격을 어떻게 매겨야 할까? 모든 미디어가 경제적으로 생존할 수 있는 수단을 어떻게 찾아야 할까? 소비자에 대한 판매 수익? 광고료? 공적 보조금? 영향력의 거래? 후원자의 기부금? 어떤 유일한 모델도 성립될 수가 없다. 정보는 공공재도 아니고 사유재산도 아니기 때문이다. 더욱이 소셜네트워크는 사용자들이 제공하는 데이터로 만들어진 새로운 부富, 브랜드들과 유력자들을 위한 보고寶庫를 창출하고 있기 때문이다.

오늘날 가판대 판매, 구독과 광고는 세 가지 전통 미디어의 믿을 만한 수입원이 되지 못한다. 소셜네트워크에 이들 수입원을 빼앗겼기 때문이다. 그러므로 오래 지속될 수 있는 자금 조달 방안을 마련해야 할 것이다. 그러한 방안의 예를 들면 다음과 같다.

- 후원자와 재단에는 민주주의와 자유로운 정보의 수호가 생태와 사회적 정의 수호만큼이나 미디어를 지원하는 정당한 대의가 될 수 있다.
- 미디어 이용자들의 협회는 미디어를 소유한 재단에 정기적인 후원

금을 납부할 수 있을 것이다. 이것은 결국 미디어를 무료로 참조하는 사람들에게 구독료를 내라고 하는 것과 같다.

- 한 기사의 링크를 클릭할 때마다 독자에게 요금을 물리거나 혹은 독자가 자발적으로 '팁'을 주게 할 수 있다. 앞서 살펴보았듯이 중국의 어떤 저널리스트들이 위챗에서 이러한 방식으로 돈을 받고 있다. 제3자가 권한을 가진 작품을 한 번 듣거나 보거나 게시할 때마다 비디오, 음향, 음악, 영화에 대한 저작권을 가진 이들에게 저작권료를 지불해야 할 것이다.

- 이용자들이 쓰고, 말하고, 영상을 보내는 미디어들을 한꺼번에 구독할 수 있게 하는 키오스크: 스포티파이의 모델을 따를 수도 있고, 한때 구글이 시도했던 것의 모델을 따를 수도 있다. 구글은 저널리즘 긴급구제펀드(JERF)를 조성하고, 구글뉴스를 이용하는 신문들, 즉 거의 모든 신문을 대상으로 하는 이 펀드에 처음에 3억 달러를 출자했고, 이후 10억 달러를 추가로 출자했다. 빈사 상태의 언론사에 베푸는 자선인 셈이다.

새로운 미디어: 디지털 아비조

전통적인 미디어들에 이미 예고된 재난이 닥치자 모든 저널리스트가 자신의 미디어를 창조하도록 도와야 할 순간이 왔다. 오늘날에는 서브스택(2018년 두 명의 저널리스트와 한 명의 개발자가 함께 만든 플랫폼) 같은 기술의 발전 덕분에 모두가 각자의 미디어를 만드는 일이 충분히 가능하다. 그래서 우리는 저널리즘의 기원, 즉 베네치아의 노벨란티가 수기로 작성한 아비조와 몇몇 구독자들에게 판매되던 15세기 소설로 돌아갈 것이다.

디지털 아비조는 전혀 새로운 미디어가 될 것이다. 이 새로운 미디어는 구독자에게만 한정되는 '레트르 콩피당시엘'을 생산하기 위해 다른 네 가지 미디어 형태, 즉 글, 소리, 이미지, 소셜네트워크를 동시에 사용할 것이다. 그리고 결국 디지털 아비조는 저널리스트나 그의 아바타 중 하나를 홀로그램으로 재현하기 위해 미래의 가상현실 기술들을 사용할 것이다. 그러면 이 홀로그램 저널리스트가 구독자를 찾아가서 개인화된 방식으로 정보를 제공할 것이다. 이러한 디지털 아비조는 구독자의 소셜그래프를 완전히 파악하여 그들이 소셜네트워크를 피해 플랫폼에 의존하지 않고 공동체를 형성하도록 할 수 있는 만큼 더 큰 성공을 거두게 될 것이다. 플린트Flint*는 소셜그래프가 제안하는 것들 이외에 다른 기사들을 접할 수 있게 함으로써 이러한 접근 방식을 처음으로 시도하고 있다.

이들은 독자 투고란, 블로그, 개인 홈페이지, 그밖에 과거의 다양한 시도를 잇는 것들이다. 많은 대중에게 이들을 알리기 위해서 허핑턴포스트와 유튜브의 모델을 따르는 아비조 애그리게이터aggregator**가 등장할 것이다.

새로운 활동들

전통적인 미디어들(신문, 라디오, 텔레비전)과 새로운 미디어들(디지털 아비지)는 소셜네트워크에 맞서 싸우기 위해 대안적인 수입원을 개발해야 할 것이다.

우선, 전통적인 세 미디어와 디지털 아비조 모두 팟캐스트용 프로그램을 개발해야 할 것이다. 팟캐스트는 방문자를 끌어들이고 수익을 내는 중

---

* 프랑스에서 개발된 뉴스 애그리게이터. 가입자에게 온라인 기사를 선별해서 보내주는데, AI 기능을 이용해 가짜뉴스를 걸러낸다.
** 헤드라인을 모아놓은 웹사이트나 응용 프로그램을 가리키는 용어.

요한 원천이 될 것이다. 그다음엔 보유하고 있는 브랜드들에서 출발하여 플랫폼 사업을 시작해야 할 것이다. 그렇게 해서 절대 놓쳐서는 안 되었을 시장들을 되찾을 수 있을 것이다. 이를테면 작은 개인 광고란은 페이스북이나 틴더의 경쟁 서비스나 그 전신을 만들어내는 방향으로 나아갔어야 했다. 결혼 공지란은 웨딩 플래너의 일과 더 나아가서 특화된 소셜네트워크에 뛰어들 수 있었어야 했다. 구직·구인란은 링크드인의 전신이나 경쟁자를 만들어내는 방향으로 나아갔어야 했다. 부동산 거래란은 부동산 중개소를 만드는 방향으로 나아갈 수 있었다. 부고란은 장례업 경영에 뛰어드는 방향으로 이끌 수 있었다. 비디오게임 분야도 마찬가지다. 신문은 19세기부터 게임란을 통해 독자를 끌어들일 줄 알았기 때문이다.

마지막으로, 미디어의 본업은 사건을 보도하는 것인데, 왜 미디어가 스스로 사건을 구성하면 안 되는 것일까? 어떤 미디어는 이미 오래전부터 그렇게 해오고 있다. 특히 라디오 음악 방송들은 그들의 브랜드 가치와 성장 잠재성이 바로 이 부분에 있다는 것을 잘 알고 있다. 그러므로 미디어는—대면이든 비대면이든—세미나와 포럼을 개발하여 방역 상황이 허락할 때 개최해야 한다. 이 부분에서는 홀로그램과 그 뒤에 이어질 기술이 미디어들이 다른 경쟁자들에게 넘겨주어서는 안 되는 무제한적인 전망들을 열어줄 것이다.

플랫폼과 소셜네트워크를 통제하고 해체할 것

응용 프로그램들과 소셜네트워크들은 이제 미디어, 건강, 상거래, 지불 수단, 교통수단, 유통으로 들어가는 입구의 열쇠를 손에 쥐고 있다. 소셜네트워크 운영에는 그 알고리즘에 의해 생산되는 소셜그래프를 계속 전용하는 것이 매우 중요하다. 소셜네트워크는 소셜그래프를 이용하여 다른 미디어로부터 광고를 빼앗고, 다른 보조적인 일들을 모두 거두어들이고, 재능 있는 이들을 모두 모아들이고, 무엇보다도 이제 성공하기 시작한 혁신적인 기업들을 모두 매입한다.

GAFA(구글, 애플, 페이스북, 아마존)라고 불리는 거대 기업들과, 그에 맞먹는 중국의 거대 기업들인 BATX(바이두, 알리바바, 텐센트, 샤오미)는 이러한 전략을 구사하면서, 우리가 앞서 살펴보았던 것처럼, 이제 분명하게 그들의 지배적 지위를 남용하는 상황에 있다. 이들은 세계 광고 시장의 절반 이상을 차지하며, 오락과 정보의 절반 이상이 이들을 통해서 전달된다. 단 하나의 혁신적 기술도 그들에게서 벗어나지 못한다. 구글은 자사의 검색엔진 사용을 권장하기 위해 애플을 비롯한 스마트폰 제조업체에 돈을 지불한다. 구글은 온라인 검색의 90퍼센트를 장악하고 있으며, 1000억 유로의 자산으로 변호사 군단을 동원할 수단을 갖추고 있다. 아마존은 엑슨모빌이 석유와 천연가스를 찾고 세계 전역의 정유소를 현대화하는 데 들이는 비용만큼의 투자액을 지출하고 있다. 앞서 살펴보았듯이 페이스북과 텐센트 역시 그러하다고 말할 수 있다.

요컨대 오늘날 온라인 플랫폼의 상대적 역량은 과거에 해체되던 당시의 스탠더드오일이나 AT&T를 훨씬 능가한다. 이렇게 계속된다면 국가의 권력은 점점 더 허울뿐인 것이 된다. 민주국가이든 아니든, 어떠한 나라도 아무런 대응도 하지 않은 채 이 거대한 세력들이 계속 커지도록 내버려둘 수는 없다. 어떤 이들은 분개하며 기술적 독재에서 벗어나려 하겠지만, 그러는 사이에 정치적 독재가 들어서게 하고 있다.

이 두 가지 재난적 미래를 피하기 위해서는 이 온라인 플랫폼들의 권력을 반드시 제어해야 한다. 전격적이지는 못하지만, 이미 논의가 시작되었다. 우선은 세무 분야에서 토론이 진행되고 있다.

OECD는 유럽의 주도 아래 기업에 대한 국제 세법의 전 세계적 개정을 작업하고 있는데, 이는 온라인 플랫폼에 대한 과세 개혁의 형태를 띠며, 결국 이 플랫폼들이 수익을 벌어들인 나라에서 세금을 내도록 하기 위한 것이다. 미국은 이에 반대하여, 미국 기업들이 이 새로운 체제에 속하기를 원하는지 아닌지를 결정할 수 있게 해줄 것을 계속 요구하고 있다. 결국은 이 새로운 조세 정책이 명백하게 효율성을 저해하리라는 것이다.

유럽연합(EU)은 온라인 플랫폼에 과세하는 더 엄격한 법규를 다른 관점에서 논의하고 있다. 2021년에 발효될 수 있을 유럽연합의 디지털서비스법Digital Services Act은 디지털 서비스에 관한 각국의 규정을 개편하여, 사용자에 의해 생성된 콘텐츠, 온라인상의 정보 조작, 광고의 대상 설정에 관한 책임을 포함시키고자 하는 법안이다. 앞서 살펴보았듯이, 이러한 주제들은 문제의 아주 작은 부분일 뿐이지만, 이에 대해서도 유럽 국가들이 합의에 이르는 데는 긴 시간이 걸릴 것이다.

미국 정부 또한 문제 해결을 위해 나서고 있기는 하다. 2020년 10월 20일 미국 법무부는 11개 주의 지지를 받아, 구글에 대해 1년간 추적 조사한 끝에 마운틴뷰의 구글 본사가 '온라인 검색과 광고에서 불법적인 방법으로 독점을 유지해왔음'을 확신하게 되었다고 발표했다.

마지막으로, 중국 정부는 자국의 거대한 인터넷 기업들의 권력이 증대되고 있다는 사실을 우려하기 시작했다. 그래서 업계의 챔피언이랄 수 있는 BATX에 대한 독점 금지 조치의 입안을 검토하고 있다. 2020년 11월 중국 정부는 알리바바의 금융 자회사 앤트그룹의 주식시장 상장을 거부함으로써 마윈 회장에게 첫 신호를 보냈다.

이러한 정부의 신호를 받은 회사들의 주주들과 경영자들은 이 모두가 오래 지속될 수 없다고 느끼고, 기업을 분할하는 데서 재정적 이익을 취할 수 있다고 생각하는 상황이다.

　이들의 권력을 줄이고 다른 미디어들을 보호하기 위해 취할 수 있는 길
은 여러 가지가 있다.

GAFA의 개인정보 전용을 금지할 것

　우선 GAFA와 BATX에 요청하여 그들의 정보를 사용자들에게 넘기
고, 그 대가로 축소된 서비스에 대한 유료 접근권만을 제공하게 하는 방
안을 생각해볼 수 있다. 예를 들어 사용자들에게 광고도 없고 어떤 종류
의 데이터 수집이나 추적도 없는 유료 서비스(정보 검색과 지도 검색 등의 서
비스를 한 달에 몇 유로의 가격으로 제공)를 제안하도록 구글에 요청하거나 강
제하는 것이다. 어떤 이들은 이것이 별 효과를 발휘하지 못할 거라고 생
각한다. 이용자들은 대부분 계속해서 자신의 개인정보를 구글에 넘기면
서 현재의 무료 버전을 사용하길 원하리라는 것이다.

　유럽에서 이론적으로나마 이러한 방향으로 첫걸음을 내디딘 것은 개
인정보 보호에 관한 일반 규정(GDPR)이었다. 이 규정은 데이터에 대한
사적 소유권을 보호하려는 것이었지만, 절대적으로 적용되는 것은 아니
었고, GAFA는 수많은 다른 기업들과 마찬가지로 이 규정을 아무렇지도
않게 피해 가고 있다.

　두 번째 걸음을 내디딘 것은 2020년 7월 16일 유럽연합의 사법재판소
(ECJ)에서 슈렘스 II 판결*을 내렸을 때였다. 사법재판소에서는 GAFA가

---

* 오스트리아의 법률가 막스 슈렘스는 구글과 페이스북 등이 과도하게 개인정보를 수집하여 미국 본사
및 정부 기관으로 전송하는 것을 가능하게 하는 미국과 유럽연합 사이의 세이프 하버(Safe Harbor)
협정이 문제라고 보고 2013년 유럽연합 사법재판소에 소송을 제기했다(슈렘스 I). 사법재판소는 세
이프 하버 협정보다 유럽연합 회원국의 개인정보 이용에 대한 감독 권한이 우위에 있다고 판결하

사용자의 개인정보를 미국 영토에 있는 정부와 본사에 전송해야 하는 의무를 폐기했다. 2020년 11월 19일 마이크로소프트는 유럽연합의 판결을 존중할 뿐 아니라, 법적 근거가 마련되는 대로 어떤 정부가 되었든 정부의 정보 요청을 모두 거부할 것이라고 선언했다.

이보다 더 멀리 나아가기 위해서는 신뢰할 수 있는 제3자가 개입하여 개인정보의 공유와 유통을 규제하고 안정시키도록 할 수도 있을 것이다. 여러 가지 기술이 이 목적을 위해 개발되고 있다. 특히 블록체인은 데이터의 소유권을 추적하고 공유하는 데 도움을 줄 수 있다. 마크 앤드리슨과 벤 호로위츠가 취리히에 만든 비영리재단이자 클라우드 상의 암호화된 플랫폼인 디피니티Difinity는 캘리포니아의 연구소들과 함께, 데이터가 GAFA의 데이터베이스를 거치지 않는 탈중심화된 인터넷을 개발함으로써 데이터의 소유권을 각각의 사용자 개인에게 돌려주고자 한다.

GAFA의 알고리즘을 공개할 것

소셜네트워크는 앞서 살펴보았듯이 자사의 플랫폼에 들어온 사용자의 관심을 가능한 한 오랫동안 붙잡아두고자 한다. 사용자의 개인적인 데이터를 수집하여 차후에 개인 맞춤형 마케팅에 활용할 시간을 확보하려는 것이다. 이를 위해 소셜네트워크는 각 개인의 기호와 디지털 교류 관계 전체를 모아 소셜그래프를 구성하는 비밀 알고리즘을 사용한다. 이러

여 사실상 세이프 하버 협정을 무효화했다. 이에 따라 미국과 유럽연합은 2016년 프라이버시 실드 (Privacy Shield) 협정을 도입하여 미국 기업들이 유럽에서 수집한 개인정보를 미국으로 보내려면 유럽이 정한 보호 기준을 준수했음을 스스로 입증하도록 했다. 하지만 슈렘스는 이 또한 충분하지 않다며 2020년 다시 소송을 제기했고(슈렘스 II), 사법재판소는 이번에도 슈렘스의 손을 들어주었다. 이로써 프라이버시 실드 협정 역시 무효화되었고 미국과 유럽연합은 데이터 전송을 허락하면서도 개인정보를 보호하기 위한 새로운 조치를 강구해야 하는 과제를 안게 되었다.

한 알고리즘의 복잡한 기술들은 이를 규제하려는 이들을 막아내는 최고의 성벽이 되고 있다.

그럼에도 우리는 이들을 제어할 수 있어야 한다. 그리고 이를 위해서는 그들에게 콘텐츠의 확산 속도를 늦추도록 강제하고, 그들의 알고리즘을 공개하도록 요구하며, 전문가들의 감사를 받게 해서, 그들의 중독성과 확산성을 줄이고 소비자들의 구매 방향을 결정하는 그들의 역량을 감소시켜야 한다.

알고리즘을 개방하게 되면 그들이 조직하여 각 개인이 강제된 링크에서 벗어나 완전히 자유롭게 자신에게 맞는 그룹들에 연결될 수 있도록 하는 공동체들이 공개적으로 등장하게 될 것이다. 클럽하우스*와 제네바 같은 소프트웨어는 이미 그것을 가능하게 하고, GAFA 또한 이를 받아들여야 할 것이다.

GAFA와 BATX의 독점적 권력을 약화시킬 것

세계무역기구(WTO)의 틀 안에서 유럽연합의 모델을 따라 공정 경쟁에 관한 법체계를 확립해야 한다. 어떤 기술과 서비스가 공정 경쟁을 해치지 않으면서 결합될 수 있는지, 그리고 어떤 기술과 서비스가 결합될 경우 독점이나 수요독점을 이루게 되는지 규정해야 한다. 그러기 위해서는 다음과 같은 방안들이 실행되어야 한다.

- 전기망과 철도망에 누구나 접근할 수 있듯이 GAFA와 BATX의 기반시설에 대한 모든 사용자의 차별 없는 접근권을 보장할 것.

---

* 오디오 채팅 네트워크 서비스를 제공하는 응용 프로그램.

- 미국에서 1976년 하트-스콧-로디노 반독점 증진법*을 통해 대기업의 과도한 합병으로 공정 경쟁이 침해되지 않도록 했던 것과 같이 디지털과 공정 경쟁에 관한 보편적이고 구체적인 권리를 WTO의 틀 안에서 확립해야 한다.
- GAFA와 BATX가 새로운 기업을 매입하려고 하는 바로 그 시점에 그들의 독점을 금지할 것. 페이스북이 인스타그램과 왓츠앱을 매입하려 했을 때, 이를 막았어야 했다. 페이스북은 이 둘을 매입함으로써 독점적 지위를 상당히 강화했기 때문이다.

GAFA와 BATX를 해체할 것

이러한 타협안들이 거부당할 경우, 더 멀리까지 나아가서 미국 정부와 중국 정부가 유럽연합과 함께 그들 각자의 이익에 맞추어, 다음 사안들을 결정하게 해야 한다.

- 검색엔진, 안드로이드, 광고 대행, 기타 분야를 구분하여 구글을 적어도 4개 회사로 분할할 것.
- 온라인 쇼핑몰, 광고, 클라우드를 구분하여 아마존을 적어도 3개 회사로 분할할 것.
- 페이스북, 메신저, 왓츠앱, 인스타그램을 구분하여 페이스북**을 적

---

* 기존 반독점법의 수정안으로, 기업의 인수나 합병을 추진할 경우 미국 연방거래위원회(FTC)와 법무부에 자세한 보고서를 먼저 제출하고 반독점법에 위배되어 미국 내 경제활동에 영향을 끼치는 점이 없는지 심사를 받아야 한다고 규정하고 있다.
** 페이스북(Facebook, Inc)은 2021년 10월에 회사명을 메타플랫폼스(Meta Platforms, Inc)로 바꾸었다.

어도 4개 회사로 분할할 것.

- 클라우드와 기타 분야를 구분하여 마이크로소프트를 적어도 2개 회사로 분할할 것.
- 하드웨어와 소프트웨어를 구분하여 애플을 적어도 2개 회사로 분할할 것.
- 소셜네트워크, 클라우드, 기타 분야를 구분하여 텐센트를 적어도 3개 회사로 분할할 것.
- 온라인 쇼핑몰, 광고, 클라우드, 은행을 구분하여 알리바바를 적어도 4개 회사로 분할할 것.
- 소셜네트워크, 클라우드, 기타 분야를 구분하여 바이두와 샤오미를 적어도 3개 회사로 분할할 것.

물론 이러한 조치는 실행하기가 어렵다. 이들 기업이 보복 수단을 이미 많이 가지고 있기 때문이다. 기본 설비에 대한 투자를 줄일 수도 있고 수많은 프로토콜을 붕괴시킬 수도 있으며 인터넷을 끔찍할 정도로 느리게 만들 수도 있다. 또한 수억 명 인터넷 사용자들의 만족과 그들이 무료로 제공하는 교체 불가능한 서비스(이메일, 지도, GPS, 인터넷 접속 등)에 의지할 수도 있다.

하지만 이러한 위협에 굴해서는 안 될 것이다. 또한 언론 발행인들에게 재정적으로 보상하겠다는 그들의 제안을 받아들여서도 안 될 것이다. 이 재정적 보상이란 결국 언론의 장례식 비용을 대는 것일 뿐이다.

특히 유럽은 한동안 이들 기업의 서비스 없이 지낼 위험을 무릅쓸 용기를 가져야 할 것이다. 어쩌면 그런 용기야말로 인터넷 거인들을 깨어나게 하는 것일지도 모른다.

정보를 받지 않는 시간을 가질 것

마지막으로, 그리고 어쩌면 우선적으로, 중독성이 있고 파괴적인 이들 미디어의 공격에서 벗어나려면 시간에 대해 다른 태도를 생각해야 한다.

이는 정보와 개인 메시지의 유통 속도를 줄여야 함을 시사할 수 있다. 규칙적으로 미디어 접속을 끊고 메시지 동의에 대한 작은 보상에 만족하지 않는 법을 배워야 한다. 책을 읽고, 숙고하는 시간을 갖고, 온라인에 연결되지 않은 채 현실의 사람들과 대화하고, 상상하고, 꿈꾸고, 명상해야 한다.

더 넓게 보자면, 타인과 자신을 향한 관심을 되찾아야 한다. 이를 위해 소셜네트워크에 대한 소속감과 가상의 인정은 필요하지 않다. 공허한 비디오게임을 하거나 무의미한 논쟁을 구경하기보다 예술과 문화가 제공하는 것을 통해 기분을 전환해야 한다.

그러므로 가장 핵심적으로, 고독도 두려워하지 말고 현실의 사람들과 마주치는 일도 두려워하지 말아야 할 것이다. 우리가 살아가는 이 시간에 충만한 의미를 부여하고, 적어도 우리가 받을 수 있는 정보를 통해 그 시간을 사용하는 만큼은 내면의 동기부여를 통해 자기 자신이 되기 위해 그 시간을 이용해야 할 것이다.

정보를 받지 않는 것이야말로 때로는 더욱 잘 행동하기 위해 정보를 습득하도록 자신을 준비하는 가장 좋은 방법이 된다.

* * *

우리는 결국 오로지 주주들의 이익을 늘려주는 것 말고는 다른 어떤 목적도 없는 이 추상적 기계들이 우리의 정체성을 훔쳐가는 데 동의하는 희생자가 되고 마는 것일까? 사람들은 이 괴물들이 이제 단지 괴물이어서가 아니라 그들의 몰락이 불러일으킬 재난 때문에 위험하다는 것을 깨달았을까? 사람들은 언제쯤 깨닫게 될까? 시장에서 이루어지는 정보와 오락의 융합은 인간이란 필멸의 존재임을 잊게 하려는 수단에 불과하다는 것을. 하지만 그러는 동안에도 부유한 이들은 불멸의 존재가 될 방법을 찾고 있다는 것을. 우리에게는 기후변화를 비롯해서 다른 시급한 문제들도 있지 않은가?

행동은 여전히 가능한가? 우리가 만들어낸 것으로부터 우리를 해방하고, 마침내 자유로운 미디어 덕분에 현실을 마주할 시간이 여전히 있는가?

내가 이 모든 글을 쓴 것은 결국 헛된 일이 되고 마는 것일까? 나 역시 마르크스가 독일 사회주의자들에게 전하는 메시지에서 했던 체념의 말로 이 책을 마무리해야 할까?

내가 앞에서 제안했던 모든 것이 실행되지 않는다면, 대부분의 전통적인 미디어들은 사라질 것이다. 우리는 점점 더 이 거대한 디지털 기계들에 의존하게 될 것이고, 이 디지털 기계들은 언젠가 붕괴하여 우리 사회 기반시설의 주요 부분을 무너뜨릴 것이다. 그리고 우리의 소통, 오락, 정보 습득, 생산, 거래, 양성, 치유, 재정의 모든 방편을 그들에게 넘겨줄 때 우리는 석기 시대로 돌아갈 것이다.

하지만 반대로 우리가 이제 제대로 대응하고 그들을 제어할 전략을 조직할 줄 안다면, 우리는 참으로 민주적인 사회 안에서 스스로 정보를 얻고 배우고 행동하며, 모두가 평등하게 자유로운 삶을 살아가기 위해 이 기술들을 잘 활용할 수 있을 것이다. 그러한 사회에서는 모든 차이가 공동체의 풍요로움의 원천으로서 마침내 인정될 것이다.

그렇다면 미디어 역시 이제껏 실현된 적 없던 이상적 사명을 그 본질대로 완수할 수 있을 것이다. 즉 인류는 미디어를 통해 지식을 서로 나누고 다음 세대들에게 전달할 수 있게 될 것이다.

그렇게 해서 인류는 언젠가, 부득이 의식意識이라 부르는 것의 존재 이유를 발견하리라는 희망을 품을 수 있을 것이다.

부록

1. 최근 2주 동안 어떤 종이 언론을 읽었습니까?
출처: Statista Global Consumer Survey ⓒ Statista

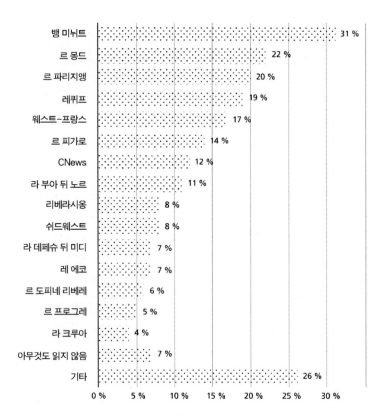

응답 비율
설문 기간: 2020년 2월 14일~3월 25일, 7월 21일~8월 13일
응답자: 706명

2. 미국인들의 정보원, 2013~2020

출처: 2020 Reuters Institute Digital News Report

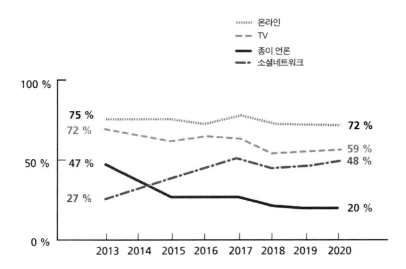

3. 프랑스인들의 정보원, 2013~2020

출처: 2020 Reuters Institute Digital News Report

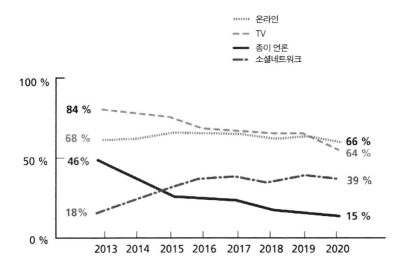

4. 소셜네트워크에서 정보를 얻는 국가별 성인 비율, 2020년 2월

출처: Statista Global Consumer Survey ⓒ Statista

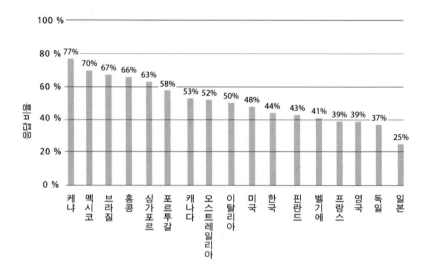

5. 코로나19에 관해 가장 많이 이용한 정보원, 2020년 3월

출처: Edelman. ⓒ Statista 2020

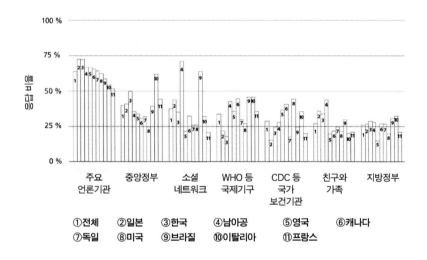

6. 국가별 페이스북 사용자 수, 2020년 10월 기준

출처: We Are Social; DataReportal; Hootsuite; Facebook. ⓒ Statista 2020

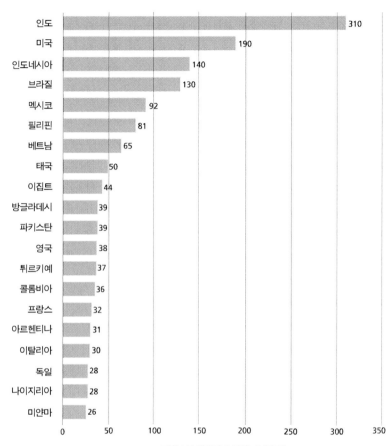

페이스북 이용자 수(단위: 100만 명)

7. 온라인 정보 습득 시 사용하는 장치 (미국, 2020)

출처: 2020 Reuters Institute Digital News Report

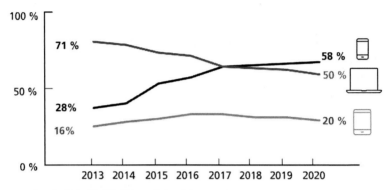

2018년 스마트폰이 컴퓨터를 제치고 1위에 올랐다.

8. 온라인 정보 습득 시 사용하는 장치 (프랑스, 2020)

출처: 2020 Reuters Institute Digital News Report

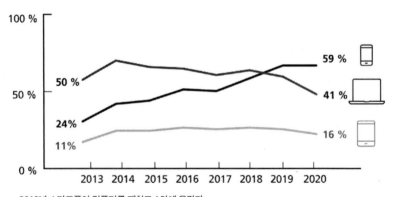

2019년 스마트폰이 컴퓨터를 제치고 1위에 올랐다.

9. 미디어 신뢰도 (미국, 2020)

출처: 2020 Reuters Institute Digital News Report

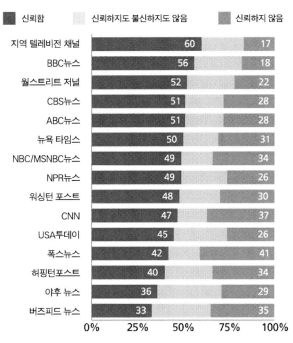

신뢰함 = 6~10

신뢰하지도 불신하지도 않음 = 5

불신 = 0~4

미디어를 제시하지 않은 응답자는 그래프에서 제외

10. 미디어 신뢰도 (프랑스, 2020)

출처: 2020 Reuters Institute Digital News Report

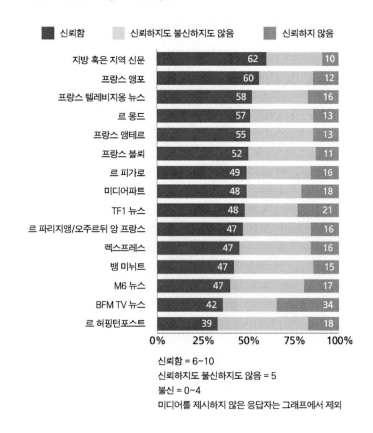

신뢰함 = 6~10
신뢰하지도 불신하지도 않음 = 5
불신 = 0~4
미디어를 제시하지 않은 응답자는 그래프에서 제외

11. 시가총액 30억 달러 이상의 플랫폼. 2020년 11월

출처: Bloomberg CB Insights

북아메리카

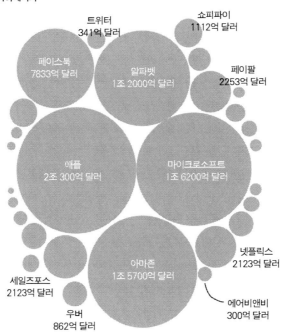

페이스북
7833억 달러

트위터
341억 달러

쇼피파이
1112억 달러

알파벳
1조 2000억 달러

페이팔
2253억 달러

애플
2조 300억 달러

마이크로소프트
1조 6200억 달러

아마존
1조 5700억 달러

넷플릭스
2123억 달러

세일즈포스
2123억 달러

에어비앤비
300억 달러

우버
862억 달러

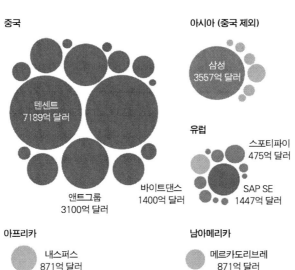

중국

텐센트
7189억 달러

앤트그룹
3100억 달러

바이트댄스
1400억 달러

아시아 (중국 제외)

삼성
3557억 달러

유럽

스포티파이
475억 달러

SAP SE
1447억 달러

아프리카

내스퍼스
871억 달러

남아메리카

메르카도리브레
871억 달러

감사의 말

이 책에서 인용한 수많은 사실을 확인하고 색인과 참고문헌 목록을 정리해준 디안 드라카리에르, 샤를로트 메이예, 피에르 플라스망, 브리스 생크리크에게 고마운 마음을 전한다.

여러 해 동안 전 세계의 수많은 저널리스트, 언론사 사주, 공학자, 미래학자, 사회학자, 역사학자, 정치가가 역사에 대한 전망과 분석, 미디어의 역할과 미래에 대한 의견을 기꺼이 나눠주었다. 특히 크리스토프 바르비에, 피에르 벨랑제, 니콜라스 베르그루엔, 니콜라스 브리모, 줄리아 카제, 앙젤 크리스틴, 장마리 콜롬바니, 올리비에 뒤아멜, 프레데리크 피유, 에릭 포토리노, 네이선 가델스, 폴 에르믈랭, 세르주 쥘리, 필리프 라브로, 기욤 라크루아, 알렉시스 레브리에, 모리스 레비, 스테판 레비, 로랑 마르탱, 모이세스 나임, 브루노 파티노, 피에르앙리 살파티, 데이비드 셀라에게 감사한다.

또한 소피 드 클로제, 디안 페엘, 토마 본데르셰르, 레아 수케바지에주를 비롯하여, 원고를 훌륭하게 편집해준 파야르 출판사의 모든 분에게 감사의 인사를 전한다.

책에 대한 독자의 의견은 j@attali.com으로 보내주시기 바란다.

옮긴이의 말

지난해에 《바다의 시간》을 번역한 것이 인연이 되어 다시 한번 아탈리의 책을 번역하게 되었다. 이토록 방대한 책을 짧은 시간에 연이어 출간할 수 있는 저자의 능력이 새삼 놀라웠다. 특히 다루는 대상의 역사를 구체적인 데이터를 가지고 폭넓게 살피면서, 그 안에서 길을 잃지 않고 날카로운 시선으로 실제적인 결론을 도출해내는 일은 아탈리에게만 가능한 것이라는 생각이 든다. 캐나다의 미디어학자 맥루한은 우리가 "백미러를 보면서 앞으로 나아간다"라고 말했는데, 이는 늘 미래를 걱정하면서도 미래를 직접 바라볼 수 없는 탓에 지나온 과거를 돌이켜보는 수밖에 없는 인간 조건의 한계를 날카롭게 지적하는 말이지만, 한편으로는 과거를 돌아봄으로써 미래를 예측하고 조심스레 앞으로 나아갈 수 있음을 역설적으로 깨닫게 하는 말이기도 하다. 저술 활동을 통해 이 말을 가장 잘 실천해 보이는 사람이 바로 아탈리가 아닐까 싶다. 이 책에는 '미디어의 역사'라는 제목이 붙어 있지만, 이 책은 단지 과거를 규명하거나 재현하는 데머무르지 않는다. 오히려 과거를 통해 현재를 분석하고 미래를 예견하면서 올바른 미디어 환경 구축을 위한 실천적 지침들을 제시하는 데까지 나아간다.

책을 면밀하게 읽은 독자이자 우리말로 옮긴 역자로서 이 책의 요점을 짚어보자면, 결국 미디어의 역사는 기술, 국가, 자본, 그리고 대중이 상호작용하면서 만들어낸 것이라고 할 수 있겠다. 의미의 전달과 소통은 인간의 기본 욕망이며 이 욕망을 실현하는 데는 기술이 전제되어야 한다. 인류는 선사시대부터 그림을 그리고 조각을 새겼으며, 언어를 사용하고 마침내 문자를 개발했다. 그리고 이를 바탕으로 문명을 이루고 국가를 조직했다. 정확한 정보의 신속한 전달은 권력 유지에 필수 조건이므로, 국가에서는 통신 체계를 구축하여 통치에 활용했다. 빠르고 정확한 정보 습득은 이윤 확보에도 필수 조건이므로, 상인들은 스스로 통신망을 형성하고 정보를 유통시켰다. 중세에서 근대로 넘어가던 시기에 활판인쇄술이 등장하면서 정보의 대량 유통이 가능해지자, 상인들은 정기적인 소식지를 만들어 판매하기 시작했다. 정보 자체가 상품이 되어 거래되는 시장이 형성되었으며, 이를 바탕으로 진정한 의미의 신문이 탄생했다.

국민국가가 태동하면서 국가는 언론을 통제하고 정부의 선전기관으로 활용했으며, 자본은 언론을 경영하면서 수익을 얻었고, 정보의 수동적 수용자에 머물던 일반 대중은 언론이 제공하는 정보의 소비자이자 언론을 통한 여론 형성의 주체자로 등장한다. 이러한 역동 속에서 절대왕정이 무너지고 시민혁명을 거쳐 근대 민주정이 탄생했고, 사회주의 혁명이 발발하기까지 언론의 정치·사회적 영향력은 더욱더 증대되었으며, 한편으로 언론 자체가 수익성 좋은 산업으로 성장했다. 전기 통신 기술이 개발되고 발전하면서 일반 교통수단에 의지해야 했던 정보 전달 체계의 시·공간적 한계가 극적으로 극복되었다. 라디오와 텔레비전이 등장하고 진정한 의미의 매스미디어가 탄생하자, 미디어가 사회 전반에 지대한 영향력을 행사하게 되었다. 이제 기술은 자본에 종속되었고 미디어에 대한 자본의 장악력 또한 극대화되었다.

20세기 후반에 등장한 인터넷은 다시 한번 미디어 환경을 완전히 바꾸어놓았다. 인터넷을 기반으로 정보의 플랫폼 역할을 하는 다양한 웹사이트와 소셜네트워크가 등장하면서, 이제는 각 개인이 스스로 미디어가 되는 시대가 열렸다. 역사상 그 어느 때보다 개인에게 더할 수 없이 완벽한 표현의 자유와 기회가 허락된 셈이다. 하지만 고도화된 자본주의가 추동하는 세계화의 흐름과 맞물리면서 미디어에 대한 국가의 통제는 거의 불가능해진 반면, 디지털 기술을 독점하는 거대 기업들은 세계를 아우르며 미디어를 완전히 장악해나가고 있다. 더욱이 이들 기업은 정보 검색은 물론 온라인 상거래를 비롯한 각종 서비스로 사업 영역을 확장하면서 대중의 일상생활마저 잠식하고 있다. 정보는 넘쳐나고, 생활은 편리해졌으며, 누구나 순식간에 전 세계와 연결되는 놀라운 세상이 도래했지만, 한편으로는 온갖 가짜 정보가 난무하고, 사람들은 소셜네트워크의 알고리즘에 파묻혀 자기만의 세계에 함몰되었다. 이제는 오히려 국가를 능가하는 '빅브라더'의 존재를 우려하게 되었다.

아탈리는 오늘날과 같은 상황이 계속 지속되다 보면 결국 인간 개인의 실존 조건마저 위협받게 되리라고 우려한다. 이 위기를 타개하기 위해 아탈리는 몇 가지 실천적 지침들을 제시하고 있는데, 간단히 말하자면 첨단 기술을 독점함으로써 미디어를 장악한 자본을 국가와 시민들이 견제해야 한다는 것이다. 국가에서는 법률과 제도를 통해 구글과 같은 초국적 거대 기업의 독점적 지위를 제한하고 개인정보 보호를 강화해야 하며, 시민들은 교육을 통해 비판적 사고 능력을 함양하여 미디어를 주체적으로 이용할 수 있어야 한다. 아탈리 자신이 인정하듯이 그가 제시하는 방안들이 정말로 실천될지는 장담할 수가 없다. 하지만 오늘날의 상황이 앞으로 얼마나 더 큰 위기를 불러올지 생각한다면 가능한 모든 조처를 취해야 한다. 그러한 맥락에서 아탈리가 제시하는 지침들은 필요한 거의 모든 조치의 목록들이라는 점에서 의미가 크다.

번역은 늘 고된 작업이지만 아탈리의 책을 번역하는 일은 큰 도전이었다. 고대에서 현대에 이르기까지 서유럽의 주요 국가들은 물론이고 러시아, 미국, 인도, 중국, 일본, 그리고 아프리카의 몇몇 나라까지 아우르는 방대하고 구체적인 자료들을 읽고 우리말로 옮기는 작업은 정말 만만치 않았다. 이제까지 번역을 업으로 삼고 일해오면서 이토록 다양한 언어로 된 자료를 참고해야 했던 것은 처음이었다. 잘 알지 못하는 나라의 역사와 최신 디지털 기술에 관한 내용을 올바른 우리말 용어로 옮기고 내용을 풀어내기 위해 애를 많이 썼다. 그럼에도 독자들이 보기에 미흡한 부분이 많이 있지 않을까 염려된다. 모쪼록 오늘날의 미디어 환경에 대해 관심을 갖고 미래를 고민하는 독자들에게 우리말로 번역된 아탈리의 책이 널리 읽혀 큰 도움이 되기를 바란다.

2022년 가을
전경훈

참고문헌

본문 전반

단행본

Ágoston Gábor, Masters Bruce Alan, *Encyclopedia of the Ottoman Empire*, Facts on File, 2009.

Albert Pierre, *Histoire de la presse*, PUF, « Que sais-je? », 2018.

Ammaz Camille, *Histoire de la poste dans le monde*, Pygmalion, 2013.

Attali Jacques, *La Parole et l'Outil*, PUF, 1976.

_____, *Bruits. Économie politique de la musique*, Fayard, [1977] 2000.

_____, *Au propre et au figuré. Histoire de la propriété*, Fayard, 1988.

_____, *1492*, Fayard, 1991.

_____, *Les Juifs, le Monde et l'Argent*, Fayard, 2002.

_____, *Karl Marx ou l'Esprit du monde*, Fayard, 2005.

_____, *Une brève histoire de l'avenir*, Fayard, 2006.

_____, *Gândhî ou l'Éveil des humiliés*, Fayard, 2007.

_____, *Phares. 24 destins*, Fayard, 2010.

_____, *Diderot ou le Bonheur de penser*, Fayard, 2012

_____, *Peut-on prévoir l'avenir?*, Fayard, 2015.

_____, *Vivement après-demain!*, Fayard, 2016.

_____, *À tort et à raison. Entretiens avec Frédéric Taddeï*, Éditions de L'Observatoire, 2020.

Attali Jacques, Salfati Pierre-Henry, *Le Destin de l'Occident. Athènes, Jérusalem*, Fayard, 2016.

Barbier Frédéric, Bertho Lavenir Catherine, *L'Histoire des médias, de Diderot à*

Internet, A. Colin, 1996.

Bertho Lavenir Catherine, *La Démocratie et les médias au 20ᵉ siècle*, Armand Colin, 2018.

Biard Michel (dir.), *Combattre, tolérer ou justifier? Écrivains et journalistes face à la violence d'État (XVIᵉ-XXᵉ siècle)*, Publications des universites de Rouen et du Havre, coll. « Cahiers du GRHis », n° 20, 2009.

Braudel Fernand, *Civilisation matérielle, économie et capitalisme*, LGF, [1979] 1993.

Brizay François (dir.), *Les Formes de l'échange. Communiquer, diffuser, informer de l'Antiquité au XVIIIᵉ siècle*, Presses universitaires de Rennes, 2012.

Cazenave Élisabeth, Ulmann-Mauriat Caroline, *Presse, radio et télévision en France de 1631 à nos jours*, Hachette, 1995.

Cucheval-Clarigny Athanase, *Histoire de la presse en Angleterre et aux États-Unis*, Amyot, 1857.

Dahl Svend, *Histoire du livre de l'Antiquité à nos jours*, 3ᵉ édition, Lamarre-Poinat, 1967.

Delporte Christian, *Histoire du journalisme et des journalistes en France*, PUF, 1995.

Delporte Christian, Blandin Claire, Robinet François, *Histoire de la presse en France : XXᵉ-XXIᵉ siècles*, Armand Colin, 2016.

Dorna Alexandre, Quellien Jean, Simonnet Stéphane, et Maison de la recherche en sciences humaines de Caen, *La Propagande. Images, paroles et manipulation*, L'Harmattan, 2008.

Éveno Patrick, *L'Argent de la presse française des années 1820 à nos jours*, Éditions du Comité des travaux historiques et scientifiques, 2003.

Fang Hanqi, *A History of Journalism in China*, Silkroad Press, 2012.

Feyel Gilles, *La Presse en France des origines à 1944. Histoire politique et matérielle*, Ellipses, 2007.

Fuentes Juan Francisco, Fernández Sebastián Javier, *Historia del periodismo español*, Editorial Síntesis, 1997.

Harari Yuval Noah, *Sapiens. Une brève histoire de l'humanité*, trad. par P.-E. Dauzat, Albin Michel, 2015.

Herd Harold, *The March of Journalism: The Story of the British Press from 1622 to the Present Day*, Allen & Unwin, 1952.

Jeanneney Jean-Noël, *Une histoire des médias. Des origines à nos jours*, Seuil, 1996.

Lacroix Jean-Michel, *Histoire des États-Unis*, PUF, coll. « Quadrige », 3ᵉ éd., 2006.

Lévrier Alexis, Wrona Adeline (dir.), *Matière et esprit du journal, du Mercure Galant* á *Twitter*, Presses de l'université Paris‑Sorbonne, 2013.

Martin Laurent, *La presse écrite en France au XXe siècle*, LGF, 2005.

Martin Marc, *Trois siècles de publicité en France*, Odile Jacob, 1992.

McChesney Robert W, Nichols John, *People Get Ready: The Fight Against a Jobless Economy and a Citizenless Democracy*, Nation Books, 2016.

Mercier Arnaud, *Fake news et post‑vérité : 20 textes pour comprendre la menace*, The ConversationFrance, 2018.

Muhlmann Géraldine, *Du journalisme en démocratie*, Payot, 2004.

_____, *Une histoire politique du journalisme, XIXe‑XXe siècle*, PUF, 2004.

Pettegree Andrew, *The Invention of News: How the World Came to Know About Itself*, Yale University Press, 2014.

Pinson Guillaume, *La Culture médiatique francophone en Europe et en Amérique du Nord de 1760 à la veille de la Seconde Guerre mondiale*, Presses de l'université de Laval, 2016.

Stephens Mitchell, *A History of News*, Harcourt Bracen, 2e éd., 1996.

Singaravélou Pierre, Venayre Sylvain (dir), *Le Magasin du monde. La mondialisation par les objets du XVIIIe siècle à nos jours*, Fayard, 2020.

Starr Paul, *The Creation of the Media: Political Origins of Modern Communications*, Basic Books, 2004.

Tétard Philippe, Chauveau Agnès, *Introduction à l'histoire des médias en France de 1881 à nos jours*, Armand Colin, 1999.

Thoveron Gabriel, *Histoire des médias*, Seuil, 1997.

Voyenne Bernard, *Les Journalistes français*, Retz, 1995.

연구 논문 및 전문 간행물

Bradshaw Samantha, Howard Philip N., « Troops, Trolls and Troublemakers: A Global Inventory of Organized Social Media Manipulation », *Working paper* n° 2017. 12, University of Oxford, 2017.

Cohen Évelyne, Brétéché Marion (dir.), « La fausse information de la Gazette à Twitter », *Le Temps des Médias*, n° 30, printemps 2018.

Valbert G., « L'histoire du journalisme en Autriche », *Revue des Deux Mondes*, 3e période, tome 110, 1892, p. 693‑704.

온라인 기사

Soll Jacob, « The long and brutal history of fake news », *Politico Magazine*, 18 décembre 2016.

Yurkova Olga, « Six Fake News Techniques and Simple Tools to Vet Them », *Global Investigative Journalism Network*.

Histopresse, www.histopresse.com

History of American Journalism, history-journalism.ku.edu

The Hoax Museum Blog, hoaxes.org

World Radio History, worldradiohistory.com

1. 군주의 소식, 민중의 소식
단행본

Achard Guy, *La Communication à Rome*, Les Belles Lettres, 2006.

Andreau Jean, Virlouvet Catherine (dir.), *L'Information et la mer dans le monde antique*, École française de Rome, 2002.

Boivin Nicole, Frachetti Michael D. (dir.), *Globalization in Prehistory: Contact, Exchanges and the People without History*, Cambridge University Press, 2018.

Bridges E. Lucas, *Uttermost Part of the Earth: Indians of Tierra del Fuego*, Dover Publications, Inc, [1949] 1988.

Bresson Alain, Cocula Anne-Marie, Pébarthe Christophe (dir.), *L'Écriture publique du pouvoir*, Ausonius, 2005.

Capdetrey Laurent, Nelis-Clément Jocelyne (dir.), *La Circulation de l'information dans les États antiques. Actes de la table ronde « La circulation de l'information dans les structures de pouvoir antiques*, Ausonius, 2006.

Coulet Corinne, *Communiquer en Grèce ancienne. Écrits, discours, information, voyages*, Les Belles Lettres, 1991.

Ferdowsi, *Le Livre des rois*, trad. par J. Mohl, Sindbad-Actes Sud, 2002.

Figuier Louis, *Les Merveilles de la science ou description populaire des inventions modernes*, Furne, Jouvet et Cie, 1867-1891.

Finnegan Ruth, *Oral Literature in Africa*, Open Book Publisher, 2012.

Gazagnadou Didier, *La Poste à relais en Eurasie*, Kimé, 1994.

Hadas-Lebel Mireille, *Rome, la Judée et les Juifs*, Picard, 2009.

Heurgon Jacques, *La Vie quotidienne des Étrusques*, Hachette, 2019.

Ibn Battûta, *Voyages*, trad. par C. Defremery et B. R. Sanguinetti (1858), F. Maspero, coll. « La Decouverte », 1982, 3 vol.

Jourdain Louis, *Les Juifs d'Alexandrie dans l'Antiquité*, Presses universitaires de

Rennes, 2019.

Lewis Sian, *News and Society in the Greek Polis*, G. Duckworth, 1996.

Maspero François, *Les Maîtres de vérité dans la Gréce archaïque*, La Découverte, coll. « Textes à l'appui », 1967.

Maspero Henri, Balazs Étienne, *Histoire des institutions de la Chine ancienne*, Annales du musée Guimet, tome LXXIII, PUF, 1967.

Niane Djibril Tamsir, *Soundjata ou l'épopée mandingue*, Présence africaine, 1960.

Ragheb Youssef, *Les Messagers volants en terre d'Islam*, CNRS Éditions, 2002.

Schmitt Pantel Pauline, *La Cité au banquet. Histoire des repas publics dans les cités grecques*, Publications de l'École française de Rome, n° 157, 1992.

Silverstein Adam J., *Postal Systems in the Pre-Modern Islamic World*, Cambridge University Press, 2007.

Vernus Michel, *La Fabuleuse Histoire du papier*, Éditions Cabédita, 2004.

Woods Mary B., Woods Michael, *Ancient Communication Technology: From Hieroglyphics to Scrolls*, Twenty-First Century Books, 2011.

Wu Silas H. L., *Communication and Imperial Control in China: Evolution of the Palace Memorial System, 1693-1735*, Harvard University Press, Harvard East Asian Series, 1970.

La Bible de Jérusalem, Pocket, 2015.

연구 논문 및 전문 간행물

André-Salvini Béatrice, « Chapitre III. Babylone au temps de Nabuchodonosor II (605-562 av. J.-C.) », dans Beatrice André-Salvini, *Babylone*, PUF, coll. « Que sais-je? », 2019, p. 43-116.

Arranz Almudena Dominguez, *Politica y genero en la propaganda en la Antigüedad. Antecendentes y legado*, Academia.edu : www.academia. edu/15263381/Pol%C3%ADtica_y_g%C3%A9nero_en_la_propaganda_en_ la_Antig%C3%BCedad_Antecedentes_y_legado_Gender_and_politics_in_ propaganda_during_Antiquity_Its_precedents_and_legacy_

Ayoun Richard, « Les Juifs et la mer, introduction », *Revue française d'histoire d'outre-mer*, « Les Juifs et la mer », t. 87, n° 326-327, 1ᵉʳ semestre 2000, p. 7-13.

Charpin Dominique, « Chroniques bibliographiques. 2, La commémoration d'actes juridiques : à propos des kudurrus babyloniens », *Revue assyriologique*, vol. 96, fév. 2002, p. 169-191.

_____, « Civilisation mésopotamienne », *L'Annuaire du Collége de France*, 117, 2019.

Clottes Jean, « De "l'art pour l'art" au chamanisme : l'interprétation de l'art préhistorique », *La revue pour l'histoire du CNRS*, n° 8, 2003.

David Abraham, « Les documents de La Geniza du Caire », *Annuaire de l'École pratique des hautes études* (EPHE), Section des sciences historiques et philologiques, n° 139, 2008, p. 26-28.

Davis Ernest, « The Life of Information, from Drums to Wikipedia Review of James Gleick: The Information: A History, a Theory, a Flood », *The Times Literary Supplement*, 23 août 2011.

Demoule Jean-Paul, « Révolution néolithique, révolution de l'information », *La Revue des médias*, INA, 30 septembre 2016 (mis à jour le 3 décembre 2019).

Goblot-Cahen Catherine, « Les hérauts grecs agents et victimes de châtiments », *Hypothèses*, vol. 6, n° 1, 2003, p. 135-144.

Goldberg Jacques, « La communication animale », dans Jean-François Dortier (dir.), *La Communication. Des relations interpersonnelles aux réseaux sociaux*, Sciences Humaines, coll. « Synthèse », 2016, p. 32-40.

Gouraud Jean-Louis, « Quelques propos cavaliers sur les Khazars », dans Jacques Piatigorsky et Jacques Sapir (dir.), *L'Empire Khazar VII-XIe siècle. L'énigme d'un peuple cavalier*, Autrement, p. 117-142.

Grenier Albert, « Les stèles étrusques de Bologne », *Revue archéologique*, vol. 19, 1912, p. 137-140.

Harari Ibrahim, « Portée de la stèle juridique de Karnak. Essai sur la terminologie juridique du Moyen Empire égyptien », *Annales du service des antiquités de l'Égypte*, n° 51, 1951, p. 273-297.

Heck A. (sous le pseudonyme d'Al Nath), « Légendes de Patagonie », *Orion*, vol. 54, n° 288, 1996.

Miller Dean A., « The logothete of the drome in the middle byzantine period », *Byzantion*, vol. 36, n° 2, 1966, p. 438-470.

Peyras Jean, « Pouvoir romain et terre étrusque d'apres des documents romains de l'Antiquité tardive », dans Thierry Piel (dir.), *Figures et expressions du pouvoir dans l'Antiquité : Hommage à Jean-René Jannot*, Presses universitaires de Rennes, 2008.

Piérart Marcel, « Le héraut du Conseil et du peuple à Athènes », *Bulletin de correspondance hellénique*, vol. 100, livraison 1, 1976, p. 443-447.

Pieri Dominique, « Marchands orientaux dans l'économie occidentale de l'Antiquité tardive », dans Lucien Rivet, Martine Sciallano (dir.), *Vivre, produire et échanger : reflets méditerranéens. Mélanges offerts à Bernard Liou*, Monique Mergoil, coll. ≪ Archéologie et Histoire romaine ≫, 8, 2002, p. 123-132.

Sapwell Mark, ≪ Understanding Palimpsest Rock Art with the Art as Agency Approach: Gell, Morphy, and Laxön, Nämforsen ≫, *Journal of Archaeological Method and Theory*, vol. 24, 2017, p. 352-376.

Sartre Maurice, ≪ Antiquité gréco-romaine : le bourdonnement incessant de l'information ≫, *La Revue des médias*, mars 2019.

Sifuentes Jesse, ≪ The propaganda of Octavian and Mark Antony's Civil War ≫, *Ancient History Encyclopedia*, 20 novembre 2019.

Thomas Léon, ≪ Des peuples en voie de disparition : Les Fuégiens ≫, *Cahiers d'outre-mer*, n° 24 - 6e année, oct.-déc. 1953, p. 379-398.

Wagner Rudolf, ≪ The Early Chinese Newspapers and the Chinese Public Sphere ≫, *European Journal of East Asian Studies*, vol. 1, n° 1, p. 1-33, 2002.

Winter Iréne, ≪ After the Battle is Over: The "Stele of the Vultures" and the Beginning of Historical Narrative in the Ancient Near East ≫, dans *Pictorial Narrative in Antiquity to the Middle Ages*, National Gallery of Art, coll. ≪ Studies in the history of art ≫, 1985, p. 11-32.

Xiaoping Li, ≪ La civilisation chinoise et son droit ≫, *Revue internationale de droit comparé*, vol. 51 n°3, Juil.-sept. 1999, p. 505-541.

Zanetti Vincent, ≪ Le griot et le pouvoir ≫, *Cahiers d'ethnomusicologie*, vol. 3, 1990, p. 161-172.

Zavaroni Adolfo, ≪ Nuove ipotesi sulla bilingue etrusco-latina di Pesaro ≫, *Latomus : revue d'études latines*, vol. 62, no 2, 2003, p. 307-310.

Zemp Hugo, ≪ La légende des griots malinké ≫, *Cahiers d'études africaines*, vol. 6, n° 24, 1966. p. 611-642.

기사

Lamazou Titouan, ≪ Cap Horn. Au bout du monde ≫, *L'Équipe Magazine*, n° 975, 13 janvier 2001.

Thieme M., ≪ Les postes des sultans d'Égypte ≫, *L'Union postale*, Berne, juillet 1884.

온라인 기사

Novillo Miquel Angel, ≪ Acta diurna : le premier quotidien de l'Histoire était romain ≫, *National Geographic*, 17 avril 2020.

Sacleux Arnaud, ≪ Découverte de la première mention du mot "Israël" dans un écrit de l'Égypte Antique », *National Geographic*, 9 juillet 2020.

Strechie Madalina, « Propaganda of the Ancient Roman World », *Rewminate*, 4 septembre 2018.

« Discovered : Facebook··· for cavemen? », *The Week Staff*, 22 mai 2012.

다큐멘터리

Kasse Mady Diabate — The Real Art of the Griot, 2015 : vimeo.com/125403965

2. 전령들의 시대

단행본

Adler Elkan, *Jewish Travelliers in the Middle Ages*, Dover Publications, 1987.

Banniard Michel, *Viva Voce. Communication écrite et communication orale du IVe au IXe siècle en Occident latin*, Institut des études augustiniennes, 1992.

Champfleury, *Histoire de la caricature au Moyen Âge*, E. Dentu, 1870.

Le Goff Jacques, *Les Intellectuels au Moyen Âge*, Seuil, [1957] 2014.

Lett Didier, Offenstadt Nicolas (dir), *Haro ! Noël ! Oy ! Pratiques du cri au Moyen Âge*, Éditions de la Sorbonne, 2003.

Menache Sophia, *The Vox Dei: Communication in the Middle Ages*, Oxford University Press, 1990.

Société des historiens médiévistes de l'enseignement supérieur public (dir.), *L'Autorité de l'écrit au Moyen Âge (Orient-Occident)*, XXXIXe Congrés de la SHMESP (Le Caire, 30 avril-5 mai 2008), Éditions de la Sorbonne, 2009.

Société des historiens médiévistes de l'enseignement supérieur public (dir.), *La Circulation des nouvelles au Moyen Âge*, XXIVe Congrés de la SHMESP (Avignon, juin 1993), École française de Rome, coll. « Publications de l'École française de Rome », 190, 1994.

Verdon Jean, *Information et désinformation au Moyen Âge*, Perrin, 2010.

연구 논문 및 전문 간행물

Bianchi Luca, « Un Moyen Âge sans censure? Réponse à Alain Boureau », *Annales. Histoire, sciences sociales*, 57e année, n° 3, 2002. p. 733-743.

Billoré Maïté, « La rumeur au Moyen Âge : média des élites et voix du peuple », *La Revue des médias*, 25 avril 2016.

Boucher d'Argis Antoine Gaspard, « Les colporteurs », *L'Encyclopédie*, 1re éd. t. 3, p.

659-660.

Brouwer Christian, Devroey Jean-Pierre, « La participation des juifs au commerce dans le monde franc (VIᵉ-Xᵉ siècles) », dans Alain Dierkens, Jean-Louis Kupper et Jean-Marie Sansterre (dir.), *Voyages et voyageurs à Byzance et en Occident du VIᵉ au IXᵉ siècle*, Actes du colloque international (Liège, 5-7 mai 1994), Presses universitaires de Liege, 1998, p. 321-355.

Devroey Jean-Pierre, « Juifs et Syriens. À propos de la géographie économique de la Gaule au Haut Moyen Âge », dans Jean-Marie Duvosquel et Erik Thoen (dir.), *Peasants and Townsmen in Medieval Europe*, Snoeck-Ducaju & Zoon, 1995, p. 51-72.

Doudet Estelle, « Moyen Âge et archéologie des media. Vers un nouveau temps profond des arts et des imaginaires de la communication », *Fabula-LhT*, « Le Moyen Âge pour laboratoire », n° 20, janvier 2018.

Fargette Séverine, « Rumeurs, propagande et opinion publique au temps de la guerre civile (1407-1420) », *Le Moyen Âge*, tome CXIII, 2, 2007, p. 309-334.

Fischel, Walter J. « The Jewish Merchants, Called Radanites », *The Jewish Quarterly Review*, vol. 42, n° 3, 1952, p. 321-325.

Gauvard Claude, « Au Moyen-Âge aussi, informer c'est gouverner », *La Revue des médias*, septembre 2016.

Ibn Khurdadbeh, *Le Livre des Routes et des Provinces*, trad. par C. Barbier de Meynard, *Journal asiatique*, 1865, mars-avril et mai-juin 1885, p. 227-296 et 446-532.

Jamme Armand, « Écrire pour le pape du XIᵉ au XIVᵉ siècle. Formes et problèmes », *Mélanges de l'École française de Rome-Moyen Âge*, vol. 128, n° 1, 2016.

Lang Jean-Bernard, « Les juifs austrasiens dans le commerce international au Haut Moyen Âge vii-x siècles », Académie nationale de Metz, 2007.

Leclerc Dom Jean, OSB, « Le genre épistolaire au Moyen Âge », *Revue du Moyen Âge latin*, janv. 1946, p. 63-70.

Martin Hervé, « Les sermons du Bas Moyen Âge. Un réexamen en cours », *Revue d'histoire de l'Église de France*, « Un siècle d'histoire du christianisme en France », t. 86, n° 217, 2000, p. 447-458.

Offenstadt Nicolas, « Guerre civile et espace public à la fin du Moyen Âge. La lutte des Armagnacs et des Bourguignons », dans Laurent Bourquin et Philippe Hamon (dir.), *La Politisation. Conflits et construction du politique depuis le Moyen-Âge*, Presses universitaires de Rennes, 2010.

Petitjean Johann, « The Papal Network : How the Roman Curia Was Informed about Southeastern Europe, the Ottoman Empire and the Mediterranean », dans Joad Raymond, Noah Moxham, *News Networks in Early Modern Europe*, Brill, 2016, p. 178-192.

Saige Gustave, « La Papauté au Moyen Âge. Nicolas Ier, Grégoire VII, Innocent III, Boniface VIII. Études sur le pouvoir pontifical, par Félix Rocquain··· », *Bibliothèque de l'École des chartes*, t. 43, 1882, p. 367-372.

Shagrir Iris, « Pilgrimage in the Rhetoric of the Jerusalem Liturgy in the Twelfth Century », dans *Les Récits de pèlerinage à Jérusalem au Moyen-Âge : nouvelles sources, nouvelles lectures*, Journée d'étude au Centre de recherche francais à Jérusalem, 15 mars 2016.

3장 인쇄술 혁명

단행본

Baye Nicolas (de), *Journal. 1400-1417*, Renouard, 1888.

Eisenstein Elizabeth L., *La Révolution de l'imprimé à l'aube de l'Europe moderne*, trad. par M. Duchamp et M. Sissung, La Decouverte, 1991.

Edwards Mark U. Jr., *Printing, Propaganda, and Martin Luther*, University of California Press, 1994.

Palma-Cayet Pierre-Victor, Buchon Jean Alexandre C., *Palma Cayet : avec notices biographiques. Chronologie novénaire contenant l'histoire de la guerre sous le régne du trés chrestien roy de France et de Navarre Henry IV*, vol. 1, Desrez, 1836.

연구 논문 및 전문 간행물

Ancel Rene, « Étude critique sur quelques recueils d'avvisi », *Mélanges d'archéologie et d'histoire*, t. 28, 1908, p. 115-139.

Beaune Colette, « La rumeur dans le *Journal du Bourgeois de Paris* », dans *La Circulation des nouvelles au Moyen Âge*, Actes des congrès de la Société des historiens médiévistes de l'enseignement supérieur public, 24e congrès, Avignon, 1993, p. 191-203.

Briand Julien, « Foi, politique et information en Champagne au XVe siècle», *Revue historique*, vol. 653, n° 1, 2010, p. 59-97.

Chopard Michel, « En marge de la grande érudition, un amateur éclairé : Pierre de L'Estoile », dans *Histoire et littérature. Les écrivains et la politique*, PUF, coll.

« Publications de l'Université de Rouen. Série littéraire », 42, 1977.

Debarbieux Bernard, Fontaine Laurence, « Histoire du colportage en Europe (XVe - XIXe siècle) », *Revue de géographie alpine*, vol. 82, n° 1, 1994, p. 99-100.

Eisenstein Elizabeth L., Mansuy Gérard, « L'avènement de l'imprimerie et la Réforme », *Annales. Économies, Sociétés, Civilisations*, 26e année, n° 6, 1971, p. 1355-1382.

Fargette Séverine, « Rumeurs, propagande et opinion publique au temps de la guerre civile (1407-1420) », *Le Moyen Âge*, tome CXIII, 2, 2007, p. 309-334.

Fedele Clemente, « Un enigma di storia postale : la Repubblica veneta », *Rivista dell'Istituto di studi storici postali*, « Archivio per la storia postale comunicazioni e società », n° 2, 1999 ; n° 3, 1999.

Gantet Claire, « Katrin Keller, Paola Molino, *Die Fuggerzeitungen im Kontext. Zeitungssammlungen im Alten Reich und in Italien…* », *Revue de l'IFHA*, fév. 2017.

Gauvard Claude, « Rumeur et gens de guerre dans le royaume de France au milieu du XVe siècle », *Hypothèses*, n° 1, 2001.

Guellec Dominique, « Gutenberg revisité. Une analyse économique de l'invention de l'imprimerie », *Revue d'économie politique*, vol. 114, n° 2, 2004, p. 169-199.

Lüsebrink Hans-Jürgen, « La littérature des almanachs : réflexions sur l'anthropologie du fait littéraire », *Études françaises*, vol. 36, n° 3, 2000, p. 47-64.

Mollier Jean-Yves, Carrez Maurice, « Libelles, brochures et propagande en Europe du XVIe au XXe siècles », *Cahiers d'histoire. Revue d'histoire critique*, 90-91, 2003, p. 11-17.

Petitjean Johann, « Compilation des nouvelles et écriture de l'actualité à Venise au XVIe siècle », *Hypothèses*, vol. 13, n° 1, 2010, p. 73 à 82.

_____, « Mots et pratiques de l'information. Ce que *aviser* veut dire (XVIe-XVIIe siècles) », *Mélanges de l'École française de Rome*, Italie-Méditerranée, 1222, 1, 2010.

_____, « Processus et procédures de diffusion de l'information sur la guerre turque en Italie (fin XVIe-début XVIIe siècle) », dans François Brizay (dir.), *Les Formes de l'échange. Communiquer, diffuser, informer de l'Antiquité au XVIIIe siècle*, PUR, 2012.

_____, « Imprimerie : une affaire internationale », *L'Histoire*, n° 71, avril 2016.

_____, « Comment l'Europe de la Renaissance inventa l'actualite », *La Revue des médias*, 19 septembre 2016.

Seguin Jean-Pierre, « L'information en France avant le périodique : 500 canards imprimés entre 1529 et 1631 (Suite) », *Arts et traditions populaires*, vol. 11, n° 2, 1963, p. 119-145.

Van Houtte Hubert, « Un journal manuscrit intéressant (1557-1648). Les *Avvisi* du Fonds Urbinat et d'autres Fonds de la Bibliothèque Vaticane », *Bulletin de la Commission royale d'Histoire. Académie royale de Belgique*, vol. 89, 1925, p. 359-440.

온라인 기사

Petit Françoise, « Il y à cinq cent cinquante ans, Louis XI et la Poste aux chevaux », 9 février 2014, www.echosdemeulan.fr/ily-a-cinq-centcinquante-ans-louix-xi-et-la-poste-aux-chevaux

4. 현대적 글쓰기의 시작

단행본

Andries Lise, *Le Grand Livre des secrets. Le colportage en France aux XVIIe et XVIIIe siècles*, Imago, 1994.

Bertaud Jean-Paul, *La Presse et le Pouvoir. De Louis XIII à Napoléon Ier*, Perrin, 2000.

Berengo Marino, *Giornali veneziani del Settecento*, Giangiacomo Feltrinelli, 1962.

Carrier Hubert, *La Presse de la Fronde (1648-1653) : Les mazarinades. La conquête de l'opinion*, Droz, 1989.

Cucheval-Clarigny Althanase, *Histoire de la presse en Angleterre et aux États-Unis*, Amyot, 1857.

Feyel Gilles, *L'Annonce et la nouvelle. La presse d'information en France sous l'Ancien Régime (1630-1788)*, Voltaire Foundation, 2000.

Hatin Eugène, *Histoire politique et littéraire de la presse en France*, t. I, Poulet-Malassis et de Broise, 1859.

Lever Maurice, *Canards sanglants. Naissance du fait-divers*, Fayard, 1993.

Rétat Pierre (dir.), *La Gazette d'Amsterdam. Miroir de l'Europe au XVIIIe siècle*, Voltaire Foundation, 2001.

Sgard Jean (dir.), *Dictionnaire des journalistes. 1600-1789*, Voltaire Foundation, 1999.

Solomon Howard M., *Public Welfare, Science, and Propaganda in Seventeenth-Century France*, Princeton University Press, 1972.

연구 논문 및 전문 간행물

Brétéché Marion, « Au XVIIe siècle, naissance du journalisme politique », *La Revue des médias*, 15 octobre 2016.

_____, « L'utilité publique des journaux au XVIIIe siècle (ou comment un ministre autrichien a gouverné par les médias entre 1753 et 1770 à Bruxelles) », *Revue d'histoire culturelle*, n° 1, septembre 2020.

Dibon Paul, Labrousse Élisabeth, « Histoire des idées au XVIIe siècle », *École pratique des hautes études. 4e section, Sciences historiques et philologiques*, Annuaire 1965‑1966, p. 363‑373.

Dooley Brendan, « De bonne main : les pourvoyeurs de nouvelles à Rome au XVIIe siècle », *Annales*, vol. 54, n° 6, 1999, p. 1317‑1344.

Frearson Michael, « The Distribution and Readership of London Corantos in the 1620s », *Serials and their Readers 1620*, 1914, p. 1‑25.

Griggio Claudio, « "La Galleria di Minerva" e Venezia : "la più saggia, la piu giusta, la più forte di tutte le Repubbliche" », *Cahiers d'études romanes*, n° 12, 2005, p. 13‑24.

Guilbaud Juliette, « La circulation des imprimés jansénites entre les Provinces‑Unies et la France au XVIIe siècle », dans Yves Krumenacker (dir.), *Entre calvinistes et catholiques. Les relations religieuses entre la France et les Pays‑Bas du Nord (XVIe‑XVIIIe siècles)*, PUR, 2010.

Lévrier Alexis, « Les fausses morts du Roi‑Soleil, ou l'impossible contrôle de l'information », *Le Temps des médias*, n° 30, 2018.

Loofbourow Lili, « Dear Athenian Mercury : Questions and Answers from The First Advice Column in English », *The Awl*, 2011.

Martin Marc, « Médias et publicité : les étapes d'une liaison séculaire », dans Martin Marc, *Histoire de la publicité en France*, Presses universitaires de Paris‑Ouest, 2012, p. 47‑69.

Nord David Paul, « The Religious Roots of American Journalism 1630‑1730 », *The Journal of American History*, vol. 77, n° 1, juin 1990, p. 9‑38.

Picq Jean, « Chapitre 14. Le siècle d'or hollandais. Les Provinces‑Unies, terre des libertés », dans Jean Picq (dir.), *Une histoire de l'État en Europe. Pouvoir, justice et droit du Moyen Âge à nos jours*, Presses de Sciences Po, coll. « Les Manuels de Sciences Po », 2009, p. 337‑351.

Popkin Jeremy D., « À quoi peut‑on comparer la presse d'ancien regime ? », *Société pour l'Histoire des médias*, 14 juin 2002.

Van Eijnatten Joris, « Between practice and principle : Dutch Ideas on Censorship and Press Freedom, 1579-1795 », *Redescriptions. Yearbook of Political Thought and Conceptual History*, vol. 8, n° 1, p. 85-113.

온라인 기사 및 웹사이트

Mercier-Faivre Anne Marie, « Gazette de Leyde : présentation », www.gazettes18ᵉ.fr/gazette-leyde

Slauter Will, « The Rise of the Newspaper. Richard R. John and Jonathan Silberstein-Loeb. Making News : The Political Economy of Journalism in Britain and America from the Glorious Revolution to the Internet », 2015, hal.archives-ouvertes.fr/hal-01379274/document

www.britannica.com/topic/publishing/The-flourishing-booktrade-1550-1800

Dictionnaire des journaux (1600-1789), dictionnaire-journaux.gazettes18ᵉ.fr

5. 표현의 자유, 저널리즘과 민주주의

단행본

Andrews Alexander, *The History of British Journalism*, t. II, *From the Foundation of the Newspaper Press in England, to the Repeal of the Stamp Act in 1855 (1859)*, Kessinger Publishing, 2010.

Brown Richard D., *Knowledge is Power : The Diffusion of Information in Early America, 1700-1865*, Oxford University Press, 1989.

Cucheval-Clarigny Athanase, *Histoire de la presse en Angleterre et aux États-Unis*, Amyot, 1857.

DeLeon T. C., *Four Years in Rebel Capitals : An Inside View of Life in the Southern Confederacy from Birth to Death*, Sagwan Press, 2015.

Feyel Gilles (dir.), *Dictionnaire de la presse française pendant la Révolution, 1789-1799*, tome V, *La presse départementale*, Ferney-Voltaire, coll. « Publications du Centre international d'Etude du XVIIIᵉ siècle », 15, 2005. Labrosse Claude, *Naissance du journal révolutionnaire. 1789*, PUL, 1989.

Merritt, Juliette, *Beyond Spectacle : Eliza Haywood's Female Spectators*, University of Toronto Press, 2004.

Popkin Jeremy, *La Presse de la Révolution. Journaux et journalistes (1789-1799)*, Odile Jacob, 2011.

Saint-Simon Louis de Rouvroy duc de, *Mémoires*, t. V, *1714-1716*, éd. Y. Coirault,

Gallimard, coll. ≪ Pléiade ≫ 1985, p. 207-208.

Seguin Jean-Pierre, ≪ L'information en France avant le périodique : 500 canards imprimes entre 1529 et 1631 (Suite) ≫, *Arts et traditions populaires*, vol. 11, n° 2, 1963, p. 119-145.

Voltaire, *Conseils à un journaliste*, CECP Éditions, 2007.

연구 논문 및 전문 간행물

Brétéché Marion, ≪ La censure en Europe (XVIIe-XVIIIe siècles) ≫, *Encyclopédie d'histoire numérique de l'Europe*, en ligne, 22 juin 2020.

Espejo Carmen, ≪ European Communication Networks in the Early Modern Age: A New Framework of Interpretation for the Birth of Journalism ≫, *Media History*, 2011, p. 189-202.

Feyel Gilles, ≪ Ville de province et presse d'information locale en France, dans la seconde moitié du XVIIIe siècle ≫, dans Christian Delporte (dir.), *Médias et villes (XVIIIe-XXe siècle)*, Presses universitaires François-Rabelais, 1999.

Galliani R., ≪ Le duc de La Rochefoucauld et Thomas Paine (deux lettres inedites de Thomas Paine au duc de la Rochefoucauld) ≫, *Annales historiques de la Révolution française*, 52e année, n° 241, juil.-sept. 1980, p. 425-436.

Jeanneney Jean-Noël, ≪ Voltaire contre les journalistes ≫, *L'Histoire*, n° 339, fév. 2009.

Koon Helene, ≪ Eliza Haywood and the "Female Spectator" ≫, *Huntington Library Quarterly*, vol. 42, n° 1, 1978, p. 43-55.

Kulstein David I., ≪ The Ideas of Charles-Joseph Panckoucke, Publisher of the Moniteur Universel, on the French Revolution ≫, *French Historical Studies*, vol. 4, n° 3, 1966, p. 304-319.

Mollier Jean-Yves, Carrez Maurice, ≪ Libelles, brochures et propagande en Europe du XVIe au XXe siècles ≫, *Cahiers d'histoire*, 90-91, 2003, p. 11-17.

Parkinson Robert G., ≪ Print, the Press, and the American Revolution ≫, *American History*, 3 sept. 2015.

Pruitt Sarah, ≪ How the US post office has delivered the mail through the decades ≫, *History*, 8 sept. 2020.

Ricuperati Giuseppe, ≪ I Giornali Italiani Del XVIII Secolo: Studi e Ipotesi di Ricerca ≫, Studi Storici, vol. 25, n° 2, 1984, p. 279-303.

Schlesinger Arthur M., ≪ The colonial newspapers and the Stamp Act ≫, *The New England Quarterly*, vol. 8, n°1, mars 1935, p. 63-83.

Tucoo-Chala Suzanne, ≪ La diffusion des Lumières dans la seconde moitié du XVIIIe

siècle : Ch.-J. Panckoucke, un libraire éclairé (1760-1799) », *Dix-huitième siècle*, « Lumières et Révolution », n° 6, 1974, p. 115-128.

Voltaire, *Jusqu'à quel point doit-on tromper le peuple* (1756), dans *Œuvres completes*, tome XIV, texte établi par Louis Moland, Garnier, 1883.

온라인 기사 및 웹사이트

Charles-Joseph Panckoucke (1736-1798) », data.bnf.fr/12191986/charlesjoseph_panckoucke

1775-1783. La guerre d'indépendance américaine », www.herodote.net/La_guerre_d_Independance-synthese-53.php

Journal of the American Revolution, allthingsliberty.com

6. 언론, "민중의 자유를 지키는 커다란 성벽"
단행본

Baecque Antoine (de), *La Caricature révolutionnaire*, Presses du CNRS, 1988.

Barker Hannah, *Newspapers, Politics, and Public Opinion in Late Eighteenth-century England*, Clarendon Press, 1998.

Beauchamp Alphonse (de), Giraud Pierre-François-Félix, Michaud Joseph-François, Coiffier de Verfeu Henri-Louis, *Biographie moderne, ou Dictionnaire biographique, de tous les hommes morts et vivans qui ont marqué à la fin du XVIIIe siècle...*, P.J. Besson, 2e éd, 1807.

Buchez Philippe-Joseph-Benjamin, Roux Pierre-Célestin, *Histoire parlementaire de la Révolution française, ou Journal des assemblées nationales depuis 1789 jusqu'en 1815*, t. II, Paris, 1834-1838.

Cabanis André, *La Presse sous le Consulat et l'Empire*, Société des études robespierristes, 1975.

Censer Jack Richard, *The French Press in the Age of Enlightenment*, Routledge, 1994.

Feyel Gilles (dir.), *Dictionnaire de la presse française pendant la Révolution, 1789-1799*, tome I, *La presse départementale*, Ferney-Voltaire, coll. « Publications du Centre international d'Étude du XVIIIe siècle », 15, 2005.

Gallois Léonard, *Histoire des journaux et des journalistes de la Révolution française (1789-1796)*, vol. II, Bureau de la Société de l'industrie fraternelle, 1846.

Groc Gérard, Cağlar İbrahim, *La Presse française de Turquie de 1795 à nos jours.*

Histoire et catalogue, Isis, 1985.

Popkin Jeremy D., *News and Politics in the Age of Revolution: Jean Luzac's Gazette de Leyde*, Cornell University Press, 1989.

_____, *La Presse de la Révolution. Journaux et journalistes, 1789-1799*, Odile Jacob, 2011.

Wood Gordon S., *The American Revolution: A History*, Modern Library, 2002.

Zachs William, *The First John Murray and the Late Eighteen-Century Book Trade*, Oxford University Press, 1998.

연구 논문 및 전문 간행물

Albigès Luce-Marie, « L'ère nouvelle de la presse au début de la Révolution », *Histoire par l'image*, novembre 2004.

Aspinall A., « The Circulation of Newspapers in the Early Nineteenth Century», *The Review of English Studies*, vol. 22, n° 85, janv. 1946, p. 29-43.

Avellandea Morgane, « Napoléon et les journaux de la Campagne d'Égypte », Le Blog Gallica, BNF, 30 septembre 2019.

Baecque Antoine (de), « Le commerce du libelle interdit à Paris (1790-1791) », *Dix-huitiéme siècle*, « Montesquieu et la Revolution », n° 21, 1989, p. 233-246.

Barrault Éric, « Lacretelle, un écrivain face à la Révolution francaise (1766-1855) », *Annales historiques de la Révolution française*, n° 333, 2003, p. 67-83.

Bertaud Jean-Paul, « Histoire de la presse et Revolution », *Annales historiques de la Révolution française*, n° 285, 1991, p. 281-298.

_____, « Napoleon journaliste : les bulletins de la gloire », *Le Temps des médias*, vol. 1, n° 4, 2005, p. 10-21.

Bourdin Philippe, « Être républicain sous le directoire. Les journaux "néo-jacobins" de l'Allier avant et après le 18 fructidor », *Annales historiques de la Révolution française*, n° 351, 2008, p. 29-57.

_____, « Les poètes de la Révolution dans l'*Almanach des Muses* », *La Révolution française*, n° 7, 2014.

Dittrich Julia, « *We Have to Record the Downfall of Tyranny* »: The London Times Perspective on Napoleon Bonaparte's Invasion of Russia (2012), Electronic Theses and Dissertations, Paper 1457.

Dorigny Marcel, « Le *Mercure national* et *Révolutions de l'Europe*. Bref aperçu historique », *Archives et documents de la Société d'histoire et d'épistémologie des sciences du langage*, Seconde série, n° 1, 1989, p. 9-11.

Duprat Annie, « Un réseau de libraires royalistes à Paris sous la Terreur (I) », *Annales historiques de la Révolution française*, n° 321, 2000, p. 45-68.

Fajn Max, « Charles-François Duval. Journaliste et homme d'État (1750-1829) », *Annales de Bretagne*, vol. 79, n° 2, 1972, p. 417-424.

Feyel Gilles, « Le journalisme au temps de la Révolution : un pouvoir de vérité et de justice au service des citoyens », *Annales historiques de la Révolution française*, n° 333, 2003, p. 21-44.

Giudicelli Marie-Anne, « Le journal de Louis XVI et de son peuple ou le defenseur de l'autel, du trône et de la patrie », *Annales historiques de la Révolution française*, n° 285, 1991, p. 299-324.

Godechot Jacques, « Le *Journal de Perlet* pendant la réaction thermidorienne », *Revue du Nord*, « Liber Amoricum. Mélanges offerts à Louis Trenard », vol. 66, n° 261-262, avr.-sept. 1984, p. 723-732.

Guilhaumou Jacques, « Antoine Tournon, un journaliste patriote à l'epreuve des principes », *Annales historiques de la Révolution française*, n° 351, 2008, p. 3-27.

Nevins Allan, « American Journalism and its Historical Treatment», *Journalism Quarterly*, 1959, p. 411-422.

Popkin Jeremy D., « La presse et les événements politiques en France, 1789-1799 », *Mélanges de l'École française de Rome*, « Italie et Méditerranée », t. 104, n° 1, 1992, p. 161-173.

Shlapentokh Dmitry, « The French Revolution in Russian Political Life : the Case of Interaction Between History and Politics », *Revue des études slaves*, « Les Slaves et la Revolution française », t. 61, fasc. 1-2, 1989, p. 131-142.

Tulard Jean, « L'ère napoleonienne : Problèmes et perspectives de recherches », dans *Consortium on Revolutionary Europe. 1750-1850*, 1976, p. 1-6.

Wauters Eric, « Presse francophone et Révolution : la lecture de l'événement (1789-1793) », *Cahiers d'histoire*, 94-95, 2005, p. 197-210.

온라인 기사

Faircloth Kelly, « British Life during the Napoleonic Wars, Jezebel », 18 juin 2015.

Péreè Jean, « Petite histoire de la distribution de la presse (1/3) : les origines de Presstalis », Acrimed, 21 novembre 2018.

Thomas — J.D., « The Postal Act : A Free Press, Personal Privacy and National Growth », 20 fév. 2011, www.accessible-archives.com/2011/02/the-postal-act-of-1792

Wallart Cl. , Douyère-Demeulenaere Ch., « Le télégraphe Chappe », mars 2016, histoire-image.org/fr/etudes/telegraphe-chappe

« The Early Nineteenth-Century Newspaper Boom », americanantiquarian.org/ earlyamericannewsmedia/exhibits/show/news-in-antebellum-america/the-newspaper-boom

« Presse durant la Revolution et l'Empire », Gallica : gallica.bnf.fr/html/und/presse-et-revues/presse-durant-la-revolution-et-lempire?-mode=desktop

« British Newspaper Coverage of the French Revolution », University of California, Santa Barbara, 17 février 2000.

« 1st British rule 1795 », capetownhistory.com/?page_id=142

7. 남들보다 먼저 모든 것을 알아야 한다

단행본

Attali Jacques, *Les Juifs, le monde et l'argent*, Fayard, 2002.

Bajac Quentin (de), *La Photographie. L'époque moderne, 1880-1960*, Gallimard, 2005.

Bellanger Claude, Godechot Jacques *et al.* (dir.), *Histoire générale de la presse française*, tome II, *De 1815 à 1871*, PUF, 1969.

Bertho Catherine, *Télégraphes et téléphones de Valmy au microprocesseur*, LGF, 1981.

Fahmy Khaled, *All the Pasha's Men: Mehmed Ali, his Army and the Making of Modern Egypt*, Cambridge University Press, 1997.

Kalifa Dominique, Régnier Philippe, Thérenty Marie-Eve, Vaillant Alain (dir.), *La Civilisation du journal. Histoire culturelle et littéraire de la presse au XIXᵉ siècle*, Nouveau Monde, 2012.

Kyberd Alain, *L'État et les télécommunications en France et à l'étranger, 1837-1987*, Droz, 1991.

Lange William (de), *A History of Japanese Journalism: Japan's Press Club at the Last Obstacle to a Mature Press*, Psychology Press, 1998.

Pincas Stéphane, Loiseau Marc, *Née en 1842. Une histoire de la publicité*, Taschen, 2008.

Ploux François, *De bouche à oreille. Naissance et propagation des rumeurs dans la France du XIXᵉ siècle*, Aubier, 2003.

Taylor Sally J., *The Great Outsiders: Northcliffe, Rothermere and the Daily Mail*,

Weidenfeld & Nicolson, 1996.

Therenty Marie-Éve, Vaillant Alain, *Presse et plumes. Journalisme et littérature au XIXe siècle*, Nouveau Monde Éditions, 2004.

Thevenin Henri, *Les Créateurs de la grande presse en France. Émile de Girardin, H. de Villemessant, Moïse Millaud*, Spes, 1934.

Tortarolo Edoardo, *The Invention of Free Press: Writers and Censorship in Eighteenth Century Europe*, Springer, 2016.

연구 논문 및 전문 간행물

Ambroise-Rendu Anne-Claude, « Du dessin de presse à la photographie (1878-1914) : histoire d'une mutation technique et culturelle », *Revue d'histoire moderne et contemporaine*, « Pour une histoire culturelle du contemporain », t. 39, n° 1, janv.-mars 1992, p. 6-28.

Auvert Julien, « De la censure du front aux colonnes parisiennes : l'Agence Havas, l'information et la guerre civile espagnole », *Le Temps des médias*, vol. 1, n° 16, 2011, p. 52-62.

Chunming Li, Wei Zhang, « Microfilming and Digitalization of Newspapers in China », Pre-conference of WLIC 2006 Preservation and Conservation in Asia National Diet Library, Tokyo, August 16 and 17, 2006.

Iwao Seiichi *et al.*, « 372. Shimbun », *Dictionnaire historique du Japon*, vol. 18, 1992, Lettre S (2), p. 41.

Soltow Lee, Stevens Edward, *The Rise of Literacy and the Common School in the United States: A Socioeconomic Analysis to 1870*, University of Chicago Press, 1981.

온라인 기사

Izadi Elahe, « How newspapers covered Abraham Lincoln's assassination 150 years ago », *The Washington Post*, 14 avril 2015.

Histoire de la photographie », photo-museum.org/fr/histoire-photographie.

www.britannica.com/topic/The-New-York-Times —

« Fenton Roger — (1819-1869) », *Encyclopaedia Universalis*.

8. 진보의 구현

단행본

Adamthwaite Anthony, *Grandeur and Misery: France's Bid for Power in Europe*

1914-1940, Bloomsbury Academic/First Edition, 1995.

Ahmed Salahuddin, *Social Ideas and Social change in Benghal, 1818-1935*, Brill, 1965.

Bellanger Claude, Godechot Jacques et al. (dir.), *Histoire générale de la presse française*, tome III, *De 1871 à 1940*, PUF, 1972.

Faber Doris, *Printer's Devil to Publisher: Adolph Ochs of "The New York Times"*, Black Dome Press, 1996.

Haüy Valentin, *Mémoire historique abrégé sur les télégraphes en général et sur les diverses tentatives faites jusqu'à ce jour pour en introduire l'usage en Russie*, Verlag nicht ermittelbar, 1810.

Jeanneney Jean-Noël, *Les Grandes Heures de la presse*, Flammarion, 2019.

Lee A. J., *The Origins of the Popular Press 1855-1914*, Rowman & Littlefield, 1976.

Palmer Michael B., *Des petits journaux aux grandes agences*, Aubier, 1983.

Séguy Christiane, *Histoire de la presse japonaise. Le développement de la presse à l'époque Meiji et son rôle dans la modernisation du Japon*, POF, 1993.

Seray Jacques, *Pierre Giffard. Précurseur du journalisme moderne*, Le Pas d'oiseau, 2008.

연구 논문 및 전문 간행물

Baylen J.O., « The new journalism in Late Victoria Britain », *Australian Journal of Politics & History*, 1972, p. 367-385.

Delporte Christian, « Jules Verne et le journaliste. Imaginer l'information du XXe siècle », *Le Temps des médias*, 4, 1, 2005, p. 201-213.

Figuier Louis, « La télégraphie aérienne et la télégraphie électrique », *La Revue des Deux Mondes*, vol. 3, n° 4, 1849, p. 594-622.

Fischer Gerhard, *100 Jahre Berliner Morgenpost, Berlinische Monatsschrift (Luisenstädtischer Bildungsverein)*, Heft 9, 1998.

Fukuchi Ôchi, Shinbunshi jitsurekin, « Ma vraie histoire du journal », dans Christiane Séguy (dir.), *Du sabre à la plume. Mémoires de journalistes engagés de l'époque Meiji*, Presses universitaires de Strasbourg, 2014.

Gina-Carmen Ionescu, *Les Agences de presse de Roumanie et la circulation internationale de l'information (1877-1940). Architecture, aménagement de l'espace*, thèse, université de la Sorbonne nouvelle-Paris III, 2014.

Goulemot Jean-Marie (dir.), *Les Représentations de l'affaire Dreyfus dans la presse en France et à l'étranger*, Actes du colloque de Saint-Cyrsur-Loire (novembre

1994), Littérature et Nation (Numéro spécial — Hors-série), 1994.

Huffman James L., « Years of Power at Nichi Nichi : 1874-1881», *Politics of the Meiji Press: The Life of Fukuchi Gen'Ichirō*, University of Hawai'i Press, 1980, p. 61-104.

Lamont Ian, *The Rise of the Press in Late Imperial China*, Harvard Extension School, Prof. Matthew Battles, 27 nov. 2007.

Luckhurst Tim, « War Correspondents », dans Daniel Ute *et al.* (dir.), *1914-1918-online: International Encyclopedia of the First World War*, Freie Universität Berlin, 2016-03-15.

Martin Laurent, « De l'anarchisme à l'affairisme : les deux vies d'Eugène Merle, homme de presse (1884-1946) », *Revue Historique*, vol. 301, n° 4 (612), 1999, p. 89-808.

McEwen John M, « The National Press during the First World War: Ownership and Circulation », *Journal of Contemporary History*, vol. 17, n° 3, 1982, p. 459-486.

Pinsolle Dominique, « *Le Matin*, les affaires et la politique, 1884-1897 », *Le Mouvement Social*, vol. 3, n° 232, 2010, p. 91-107.

Tillier Bertrand, « La caricature antisémite pendant l'affaire Dreyfus », *Hommes et Migrations*, « Vers une politique migratoire européenne », n° 1216, nov.-déc. 1998, p. 93-103.

Veray Laurent, « 1914-1918, the First Media War of the Twentieth Century: The Example of French Newsreels », *Film History: An International Journal*, vol. 22, n° 4, 2010, p. 408-425.

Wrona Adeline, « Mots à crédit : *L'Argent*, de Zola, ou la presse au coeur du marché de la confiance », *Romantisme*, vol. 1, n° 151, 2011, p.67-79.

온라인 기사

Brodziak Sylvie, « Clemenceau americain, journaliste et épistolier », *Médias 19* : www.medias19.org/index.php?id=291#ftn1.

Cadiot Jean-Michel, « Marc Sangnier: un message d'une extraordinaire actualite », *Le Monde*, 3 juin 2010 : www.lemonde.fr/idees/article/2010/06/03/marc-sangnier-un-message-d-une-extraordinaireactualite-par-jean-michel-cadiot_1366883_3232.html

Gaston-Breton Tristan, « Guglielmo Marconi », www.lesechos.fr/2011/08/guglielmo-marconi-1090763

Lorrain François-Guillaume, « La vie politique américaine vue par··· Clemenceau »,

Le Point, 24 août 2020 : www.lepoint.fr/postillon/la-vie-politique-americaine-vue-par-clemenceau-24-08-2020-2388708_3961.php#xtmc=lorrain-clemenceau&xtnp=1&xtcr=1

Shapiro Walter, « How America's Newspapers Covered up à Pandemic », New Republic, 31 mars 2020.

Thermeau Gérard-Michel, « Jean Dupuy : l'homme de la presse populaire », Contrepoints, 19 juin 2016.

공식 문서

Convention de La Haye, 1899.

웹사이트

The News Media and the Making of America, 1730-1865 americanantiquarian.org/earlyamericannewsmedia/.

9. 여전히 읽고, 마침내 듣고, 곧 보게 되다

단행본

Adamthwaite Anthony, Grandeur and Misery: France's Bid for power in Europe 1914-1940, Bloomsbury Academic, 1995.

Asahi Shimbun Company, Media, Propaganda and Politics in 20th century Japan, Bloomsbury Publishing, 2015.

Attali Jacques, Gandhi ou l'éveil des humiliés, Fayard, 2007.

Baldwin Thomas F., McVoy D. Stevens, Cable Communication, 2ᵉ éd., Prentice-Hall, 1988.

Bröhan Margit, Wolff Theodor, Erlebnisse, Erinnerungen, Gedanken im südfranzösischen Exil, Boldt, 1982.

Chateau René, Le Cinéma sous l'Occupation. 1940-1944, éd. René Chateau, 1996.

Craig Douglas B., Fireside Politics: Radio and Political Culture in the United States, 1920-1940, Johns Hopkins University Press, 2005.

Courban Alexandre, LHumanité de Jean Jaures à Marcel Cachin — 1904-1939, Les Éditions de l'Atelier, 2014.

Dioudonnat Pierre-Marie, L'Argent nazi à la conquete de la presse française. 1940-1944, Jean Picollec, 1981.

Favre Muriel, La Propagande radiophonique nazi, INA Éditions, coll. « Médias histoire », 2014.

Flanner Janet, *Paris, Germany... Reportagen aus Europa 1931-1950*, Antje Kunstmann, 1992.

Gilles Christian, *Le Cinéma des années quarante par ceux qui l'ont fait*, L'Harmattan, 2001.

Halberstam David, *The Powers that Be*, University of Illinois Press, 2000.

Herf Jeffrey, *L'Ennemi juif. La propagande nazie, 1939-1945*, Calmann-Lévy, 2011.

Lenthall Bruce, *Radio's America: The great depression and the rise of modern mass culture*, University of Chicago Press, 2007.

Londres Albert, *Au Bagne*, Albin Michel, 1923.

Lovell Stephen, *Russia in the Microphone Age: A History of Soviet Radio, 1919-1970*, Oxford University Press, 2015.

Ory Pascal, *Les Collaborateurs. 1940-1945*, Seuil, coll. « Points/Histoire », 1976.

Richard Lionel, *Goebbels. Portrait d'un manipulateur*, André Versaille, 2008.

Sharf Andew, *The British Press and Jews under Nazi Rule*, Oxford University Press, 1964.

Steinbeck John, *Les Raisins de la colère*, trad. par M. Duhamel et M.-E. Coindreau, Gallimard, 1947.

Welch David, *Persuading the People: British Propaganda in World War II*, British Library, 2016.

연구 논문 및 전문 간행물

Aslangul Claire, « Guerre et cinéma à l'époque nazie. Films, documentaires, actualité et dessins animés au service de la propagande », *Revue historique des armées*, 2008, p. 16-26.

Bar-Hen Avner, Zylberman Patrick, « La presse parisienne et la grippe "espagnole" (1918-1920) », *Les Tribunes de la santé*, vol. 2, n° 47, 2015, p. 35-49.

Boissarie François, « Juin 1926 : Naissance de la FIJ à Paris », dans Anthony Bellanger (dir), *IFJSpecial Magazine « 90 years of stories »*, Magazine spécial édité pour le 29ᵉ congrès de la Fédération internationale des journalistes (FIJ) à Angers.

Bouron Françoise, « La grippe espagnole (1918-1919) dans les journaux français », *Guerres mondiales et conflits contemporains*, vol. 1, n° 233, 2009, p. 83-91.

Bretèque François (de la), « Les actualités filmées françaises », *Vingtième Siècle, revue d'histoire*, « Nations, états-nations, nationalismes », n° 50, avril-juin 1996, p. 137-140.

Depretto Catherine, « La censure à la période soviétique, 1917-1953 : état de la recherche », *Revue des études slaves*, vol. 73, n° 4, 2001, p. 651-665.

Duccini Hélène, « La "gloire médiatique" d'Alexandra David-Néel », *Le Temps des médias*, n° 8, janv. 2007, p. 130-141.

Dupont Françoise, « Les lecteurs de la presse : une audience difficile à mesurer », *Le Temps des médias*, n° 3, fév. 2004, p. 142-150.

Eyguesier Jean-Luc, « La BBC : le modèle anglais au rayonnement international », *La Revue des médias*, INA, 29 septembre 2010 (mis à jour le 6 février 2019).

Fathil Fauziah, « Japanese Propaganda in War-time Malaya: Main issues in Malai Shinpo and Syonan Shinbun », *Journal of Media and Information Warfare*, vol. 10, 2017, p. 1-23.

Gotovitch José, « Photographie de la presse clandestine de 1940 », *Cahiers d'histoire de la Seconde Mondiale*, n° 2, 1972, p. 113-156.

Goldman Aaron L, « Press Freedom in Britain during World War II », *Journalism History*, vol. 22, 1997, p. 146-155.

Harmsworth Alfred, « The Simultaneous Newspapers of the Twentieth Century », *The North American Review*, vol. 172, n° 530, 1901, p. 72-90.

L'Héritier Anne-Marie, « Les actualités cinématographiques : les conditions de production et d'exploitation du Pathé-Journal (1920-1940) », *Cahiers de la Méditerranée*, « Recherches d'histoire du cinéma », n° 16-17, 1978, p. 55-72.

MacKinnon Stephen R, « Toward à History of the Chinese Press in the Republican Period », *Modern China*, vol. 23, n° 1, 1997, p. 3-32.

Mari Will, « Technology in the Newsroom. Adoption of the telephone and the radio cat from c.1920 to 1960 », *Journalism Studies*, vol. 19, 2018, p. 1366-1389.

Martin Marc, « Le marché publicitaire français et les grands médias (1918-1970) », *Vingtieme siècle, revue d'histoire*, n° 20, oct.-déc. 1988, p. 75-90.

_____, « Brouillard sur la diffusion de la presse française durant l'entredeux-guerres », *Matériaux pour l'histoire de notre temps*, « Le secret en histoire », n° 58, 2000, p. 54-56.

Méadel Cécile, « Le journal parlé », *Réseaux*, « Les professionnels de la communication », vol. 3, n° 15, 1985, p. 91-108.

Meusy Jean-Jacques, « La diffusion des films de "non-fiction" dans les établissements parisiens », *1895, revue d'histoire du cinéma*, « Images du réel. La non-fiction en France (1890-1930) », n° 18, 1995, p. 168-199.

Pasquier Roger, « Les débuts de la presse au Sénégal », *Cahiers d'études africaines*,

Pradié Christian, « L'irrésistible montée des études de marché dans la presse française (1920-1990) », *Le Temps des médias*, n° 3, fév. 2004, p. 126-137.

Seul Stéphanie, « "A Menace to Jews Seen If Hitler Wins": British and American press comment on German antisemitism 1918-1933 », *Jewish Historical Studies*, vol. 44, 2012, p. 75-102.

Slauter Will, « The Rise of the Newspaper », dans Richard R. John and Silberstein-Loeb Jonathan, *Making News: The Political Economy of Journalism in Britain and America from the Glorious Revolution to the Internet*, Oxford University Press, 2015.

Tetu Jean-François, « Le journalisme mis en scène. Mises en page et illustrations au début du XXe siècle », dans Roger Bautier (dir.), *La Presse selon le XIXe siècle*, Université Paris III, p. 137-154, 1997.

Trinkner Bradley, *Bolshevik Voices: Radio broadcasting in the Soviet Union, 1917-1991*, Theses and Dissertations, 545, 2014, rdw.rowan.edu/etd/545.

Tudesq André-Jean (dir), « Chapitre II. La presse à l'époque de l'expansion coloniale », *Feuilles d'Afrique. Étude de la presse de l'Afrique subsaharienne*, Maison des Sciences de l'Homme d'Aquitaine, 1995, p. 23-58.

온라인 기사

Bensimon Cyril, « Génocide rwandais : une journaliste de Radio mille collines témoigne », *Le Monde*, 26 février 2014 : www.lemonde.fr/afrique/article/2014/02/26/proces-du-genocide-rwandais-une-journaliste-de-radio-mille-colline-temoigne_4373285_3212.html

Butchard George, « La voix soviétique qui faisait enrager Hitler », *Russia Beyond*, 21 octobre 2013 fr.rbth.com/ps/2013/10/21/la_voix_sovietique_qui_faisait_enrager_hitler_26253

Lepidi Pierre, « Au Rwanda, les funestes échos de Radio-Mille Collines », *Le Monde*, 8 avril 2019 : www.lemonde.fr/afrique/article/2019/04/08/au-rwanda-les-funestes-echos-de-la-radio-des-millecollines_5447242_3212.html

Rogatchevskaia Katya, « Second World War Soviet Propaganda», *European studies blog*, 19 août 2013 blogs.bl.uk/european/2013/08/second-world-war-soviet-propaganda.html

Solonel Julien, « Années 1920, Années folles : en 1923, premier direct de radio pour un match de boxe », *Le Parisien*, 1er août 2020 : www.leparisien.fr/cultureloisirs/tv/annees-1920-annees-folles-en-1923-premier-direct-de-radio-pour-un-match-de-boxe-01-08-2020-8362071.php

20 août 1944: un petit groupe de résistants crée l'AFP », *L'Obs* août 2019, www.nouvelobs.com/medias/20190812.AFP2303/20-aout-1944-un-petit-groupe-de-resistants-cree-l-afp.html

20 août 1944 : dans Paris insurgé, l'AFP est créée », *AFP*, août 2014, making-of.afp.com/20-aout-1944-dans-paris-insurge-lafp-est-creee

« MORT DE M. Léon ROLLIN directeur de "Démocratie 62" », *Le Monde*, 12 novembre 1962 www.lemonde.fr/archives/article/1962/11/12/mortde-m-leon-rollin-directeur-de-democratie-62_2360048_1819218.html

« 2LO Calling : The Birth of British Public Radio », *Science Museum*, 30 octobre 2018 www.sciencemuseum.org.uk/objects-and-stories/2lo-calling-birth-british-public-radio

10. 세 미디어의 황금시대

단행본

Banerji Arup, *Writing History in the Soviet Union: Making the Past Work*, Routledge, 2017.

Briggs Asa, *The History of Broadcasting in the UK*, vol. III, Oxford University Press, 1970.

Cayrol Roland, *Les Médias. Presse écrite, radio, télévision*, PUF, 1991.

Davies David R., *The Postwar Decline of American Newspapers, 1945-1965*, Greenwood Publishing Group, 2006.

Dioh Tidiane, *Histoire de la télévision en Afrique noire francophone, des origines à nos jours*, Karthala, 2009.

Guisnel Jean, « *Libération* », *la biographie*, La Découverte, [1999] 2003.

Jarvik Laurence Ariel, *PBS: Behind the Screen*, Forum, 1997.

Kelly Mary J., Mazzoleni Gianpietro, McQuail Denis (dir.), *The Media in Europe: The Euromedia Handbook*, Sage Publications, 2004.

Missika Jean-Louis, *La Fin de la télévision*, Seuil, coll. « La République des idées », 2006.

Ofusa Junnosuke, *A Journalist's Memoir: 50 Years' Experience in an Eventful Era*, Tokyo Bureau, New York Times, 1982.

Palmer Michael B., *Des petits journaux aux grandes agences. Naissance du journalisme moderne, 1863-1914*, Aubier, 1983.

Ponce de Leon Charles L., *That's the Way it Is: A History of Television News in America*, University of Chicago Press, 2015.

Pozner Vladimir, *Parting With Illusions: The Extraordinary Life and Controversial Views of the Soviet Union's Leading Commentator*, Avon Books, 1991.

Rafter Kevin, O'Brien Mark, *Independent Newspapers. A History*, Four Courts Press, 2012.

Sperber A. M., *Murrow: His Life and Times*, Fordham University Press, 1986.

Van Djik Ruud, Gray William Glenn, Savranskaya Svetlana, Suri Jeremi, Zhai Qiang, *Encyclopedia of the Cold War*, Routledge, 2013.

연구 논문 및 전문 간행물

Balle Francis, « L'observation des audiences en France depuis 1945 », *La Revue des médias*, INA, 24 septembre 2013 (mis à jour le 18 mars 2019).

Benn David Wedgwood, « The Russian Media in Post-Soviet Conditions », *Europe-Asia Studies*, vol. 48, n° 3, 1996, p. 471-479.

Bernstein Mark, « Edward R. Murrow: Inventing Broadcast Journalism », *American History Magazine*, 2005.

Boddy William, « The Studios Move into Prime Time: Hollywood and the Television Industry in the 1950s », *Cinema Journal*, vol. 24, n° 4, 1985, p. 23-37.

Bourgeois Isabelle, « Les médias dans l'Allemagne unie », dans Isabelle Bourgeois (dir.), *Allemagne, les chemins de l'unité. Reconstruction d'une identité en douze tableaux*, IFAEE, coll. « Travaux et documents du CIRA », 2011, p. 143-16.

Buhks Nora, « La glasnost et les moyens d'information de masse soviétiques », *Revue des études slaves*, « Les médias en U.R.S.S. à l'heure de la Glasnost », vol. 62, fasc. 3, 1990, p. 551-553.

Campbell Christopher E., « Murder Media Does — Media Incite Violence and Lose First Amendment Protection? », *76 Chi.-Kent L. Rev*, 637, 2000.

Chessel Marie-Emmanuelle, « L'enseignement de la publicité en France au XXᵉ siècle », *Le Temps des médias*, n° 2, 2004, p. 137-149.

Courdy Jean-Claude, « La presse au Japon », *Communication et langages*, n° 8, 1970. p. 102-110.

Coyne Fumiko Hoshida, *Censorship of Publishing in Japan, 1868-1945*, M. A. thesis, University of Chicago, 1967.

Dakhlia Jamil, Robinet François, « Présentation. Afrique(s) : les médias entre histoire et mémoires », *Le Temps des médias*, n° 26, 2016, p. 5-25.

Daucé Françoise, « Les journalistes soviétiques durant la glasnost à travers l'exemple des animateurs de l'emission Vzgliad », *La Revue russe*, « La perestroïka de Gorbatchev : piteuse déconfiture ou réussite historique? », n° 38, 2012, p. 69-81.

Delporte Christian, « Quand l'info devient instantanée », *La Revue des médias*, « Du Néolithique au numérique, une histoire de l'information », ép. 8, 20 octobre 2016.

Dioh Tidiane, « La télévision en Afrique subsaharienne, une histoire contrastee », *La Revue des médias*, 22 juin 2015.

Durand Jacques, « Les audiences de la radio », *Réseaux*, « La radio », vol. 10, n° 52, 1992, p. 139-143.

_____, « Les études sur l'audience de la radiotélévision en France », *Quaderni*, n° 35, printemps 1998, « Les publics : généalogie de l'audience télévisuelle », p. 79-92.

Éveno Patrick, « Médias et publicité : une association équivoque mais indispensable », *Le Temps des médias*, n° 2, 1 2004, p. 17-27.

Gunther Marc, « L'information télévisée aux USA : un business comme les autres », *Communication et langages*, « Trois pas sur la toile », n° 124, 2ᵉ trimestre 2000, p. 24-44.

Hadyniak Kyle, « How Journalism Influenced American Public Opinion During the Vietnam War: A Case Study of the Battle of Ap Bac, The Gulf of Tonkin Incident, The Tet Offensive, and the My Lai Massacre » (2015), *Honors College*, 222.

Haller Michael, « La Presse en Allemagne », *Communication et langages*, « L'université d'été de la communication », n° 121, 3ᵉ trimestre 1999, p. 15-26.

Hopkins Alexander E, « Roland Reagan's Presidential Radio Addresses: Themes of Unity», *Inquiries Journal*, vol. 5, n° 4, 2013.

Kaplan Hélène, Pardon Catherine, « La transformation de la presse soviétique à la fin de la perestroïka », *Matériaux pour l'histoire de notre temps*, « Médias dans le mouvement social contemporain », n° 46, 1997, p. 12-17.

Kerblay Basile, « À propos des "Médias en URSS à l'heure de la glasnost" », *Cahiers du monde russe et soviétique*, vol. 32, n° 3, juil.-sept. 1991, p. 425-429.

Klimentov Vassily, « Kommersant : un quotidien à l'occidentale dans la Russie postsoviétique », *La Revue des médias*, INA, 25 mai 2012 (mis à jour le 6 février 2019).

Marhuenda Jean-Pierre, « L'évolution des comportements de lecture », *Quaderni*, « Crise et presse écrite », n° 24, automne 1994, p. 105-121.

Martin Marc, « Médias, journalistes et pouvoir politique en France, des debuts de la Troisième République aux Années 1980 », *Communication*, vol. 17, n° 2, déc. 1996, p. 216-245.

_____, « Médias et publicité : les étapes d'une liaison séculaire », dans *Histoire de la publicité en France*, Presses universitaires de Paris Nanterre, 2012, p. 47-69 : books.openedition.org/pupo/3982

Martin Stéphane, « Le siècle de la publicité », *Hermès*, n° 70, 2014, p. 102-105.

Meadel Cécile, « L'audimat ou la conquête du monopole », *Le Temps des médias*, vol. 3, n° 2, 2004, p. 151-159.

Mihelj Sabina, « TV in the USSR, Screening Socialism », Loughborough University.

Moiron Pascal, « La guerre d'Espagne (sur)exposée dans la presse française », *Diacronie*, n° 7, 2011.

Mouillaud Maurice, « Le système des journaux (Théorie et méthodes pour l'analyse de presse) », *Langages*, « Socio-linguistique », 3ᵉ année, n° 11, 1968, p. 61-83.

Mousseau Jacques, « La télévision au Japon », *Communication et langages*, n° 59, 1ᵉʳ trimestre 1984, p. 87-101.

Niemeyer Katharina, « Le journal télévisé entre histoire, mémoire et historiographie », *A contrario*, n° 13, 1, 2010, p. 95-112.

Petit Viviane, « La censure sous le franquisme », *La Clé des Langues*, ENS de Lyon, mai 2014.

Robinson Piers, « The CNN Effect Revisited », *Critical Studies in Media Communication*, 20, 4, 20 août 2006, p. 344-349.

Roth-Ey Kristin, Zakharova Larissa, « Communications and media in the USSR and Eastern Europe », *Cahiers du monde russe*, 56, 2-3, 2015, p. 273-289.

Rozat Pascal, « Histoire de la télévision : une exception française? », *La Revue des médias*, INA, 9 décembre 2010 (mis à jour le 30 juillet 2019).

Smirnov Vladislav V., « Radio Broadcasting in New Russia: Specifics of Structure and Problems Functioning », *Journal of Radio & Audio Media*, 19, 2, 2012, p. 278-287.

Toinet Marie-France, « La liberté de la presse aux États-Unis : des documents du Pentagone au scandale du Watergate », *Revue française de science politique*,

23ᵉ année, nᵒ 5, 1973, p. 1020-1045.

Tudesq André-Jean, « Feuilles d'Afrique. Étude de la presse de l'Afrique subsaha-
rienne », *Tiers-Monde*, « Les télévisions arabes à l'heure des satellites (Algérie-
Égypte) », t. 37, nᵒ 146, 1996, p. 467-468.

Wilke Jürgen, « Massenmedien und Vergangenheitsbewältigung », dans Jurgen Wilke
(dir.), *Mediengeschichte der Bundesrepublik Deutschland*, Böhlau Verlag,
1999.

온라인 기사 및 웹사이트

Anson Robert Sam, « When Music Was Still on MTV : The Birth of an Iconic Channel »,
Vanity Fair, 4 juin 2008 : www.vanityfair.com/news/2000/11/mtv200011

Benton Joshua, « The Wall Street Journal joins The New York Times in the 2
million digital subscriber club », Niemanlab, 10 février 2020 : www.niemanlab.
org/2020/02/the-wall-street-journal-joins-thenew-york-times-in-the-2-
million-digital-subscriber-club

Cherif Anais, « Internet tire le marche publicitaire face à une presse morose », *La
Tribune*, mars 2018 : www.latribune.fr/technos-medias/internet-tire-le-
marche-publicitaire-face-a-une-presse-morose-771785.html

Cooperman Alan, « Censor tells all at communist party trial », Associated Press News,
25 juillet 1992 : apnews.com/article/f60ad90f-4356cf653ff44ad4181892d8

Efron Sonni, « Pravda's Presses Run Again After Yeltsin Crackdown : Russia : The
opposition newspaper, shut down for a month, takes on the president in first
issue », *Los Angeles Times*, 3 novembre 1993 : www.latimes.com/archives/la-
xpm-1993-11-03-mn-52668-story.html

Goodman Geoffrey, « Lord Thomson of Fleet », *The Guardian*, 13 juin 2006 : www.
theguardian.com/news/2006/jun/13/guardianobituaries.media

Lestienne Camille, « Franco : l'interminable agonie du dictateur tient la presse en
haleine », *Le Figaro*, 29 mai 2017 : www.lefigaro.fr/histoire/archives/2015/11/
19/26010-20151119ARTFIG00265-franco-linterminable-agonie-du-
dictateur-tient-la-presse-en-haleine.php

Lewis Peter H., « The New York Times introduces a web site », *The New York Times*,
22 janvier 1996 : www.nytimes.com/1996/01/22/business/the-new-york-times-
introduces-a-web-site.html

Lichterman Joseph, « 20 years ago today, NYTimes.com debuted "on-line" on the web »,
Niemanlab, 22 janvier 2016 : www.niemanlab.org/2016/01/20-years-ago-

today-nytimes-com-debuted-online-on-the-web/

Pach Chester, « Lyndon Johnson's Living Room War », *The New York Times*, 30 mai 2017 : www.nytimes.com/2017/05/30/opinion/lyndon-johnson-vietnam-war. html

Perrin Olivier, « L'eté 68 : le général Franco s'assied sur la liberté d'expression », *Le Temps*, 6 août 2018 : www.letemps.ch/opinions/lete-68-general-franco-sassied-liberte-dexpression

Prod'Homme Jérôme, « 1970 : les français boudent la télévision couleur! », France Bleu, 28 septembre 2018 : www.francebleu.fr/emissions/ils-ont-fait-l-histoire/1970-les-francais-boudent-la-televisioncouleur

Schnee Thomas, « la presse allemande est-elle en crise? », *L'Express*, 30 novembre 2012 : lexpansion.lexpress.fr/actualite-economique/la-presse-allemande-est-elle-en-crise_1324877.html

Shedden David, « Today in media history : CompuServe and the first online newspapers », Poynter, 24 septembre 2014 : www.poynter.org/reporting-editing/2014/today-in-media-history-compuserve-and-thefirst-online-newspapers/

Simon Stephanie, « Proud Pravda sells out to a greek capitalist », *Los Angeles Time*, 1992 : www.latimes.com/archives/la-xpm-1992-08-12-mn-5364-story.html

Yegorov Oleg, « Soviet censorship: How did the USSR control the public? », 27 juin 2017, www.rbth.com/arts/history/2017/06/27/soviet-censorship-how-did-the-ussr-control-the-public_790892

« Fin de 70 ans de censure en URSS », *AFP*, 1er août 1990, www.lesoir.be/art/%252Ffin-de-70-ans-de-censure-en-urss-les-ailes-de-la-glasno_t-19900801-Z02YCM.html

« Londres : fin d'époque à Fleet Street, rue mythique de la presse », *AFP*, 5 août 2016, www.nouvelobs.com/monde/20160805.AFP3693/londres-fin-d-epoque-a-fleet-street-rue-mythique-de-la-presse.html

통계 자료

www-statista-com/statistics/383006/radio-number-of-stations-germany

www.deutschland.de/en/topic/knowledge/national-newspapers

www.mediametrie.fr/fr/TV%20et%20internet%3A-le-public-plébiscite-le-divertissement-comme-jamais

www.glance-mediametrie.com/fr/entertainment-tv-report-2018

www.programme.tv/news/actu/205646-decouvrez-le-top-5-desprogrammes-les-plus-regardes-en-replay-en-france-en-2018

ourworldindata.org/literacy

Chronologie de l'observation des audiences en France : www.tiki-toki.com/timeline/embed/141755/4176060008/#vars!-date=1950-02-01_04:02:38!

공식 문서

Gerbner George, « Violence and Terror in the Mass Media », dans UNESCO, *Reports and Papers on Mass Communication*, n° 102, 1988.

Déclaration universelle des droits de l'homme, 1948.

Convention de Genève et protocoles additionnels 1 et 2, 1949.

Pacte international relatif aux droits civils du 16 décembre 1966.

기타

Archives de la Deutsches Rundfunk : www.dra.de/de

Petit J.P., « Actualisation de la protection des journalistes en mission périlleuse dans les zones de conflit armé », rapport de séminaire sous la direction de M. Bettati, DESS, 2000-2001, université Panthéon-Assas (Paris II). lafrique.free.fr/memoires/pdf/200105jphp.pdf

The Mike Wallace Interview, Archives interviews.televisionacademy.com/interviews/mike-wallace

The Kennedy-Nixon Debates, *History*, 21 septembre 2010 www.history.com/topics/us-presidents/kennedy-nixon-debates

Site de The Nielsen Company. www.nielsen.com/

11. 현기증 나도록 읽고 보고 듣고 만지기

단행본

Cagé Julia, Herve Nicolas, Viaud Marie-Luce, *L'information à tout prix*, INA Éditions, 2017.

Christin Angèle, *Metrics at Work: Journalism and the Contested Meaning of Algorithms*, Princeton University Press, 2020.

Fogel Jean-François, Patino Bruno, *Une presse sans Gutenberg*, Grasset, 2005.

Halberstam David, *Le pouvoir est là*, trad. par D. Meunier, Fayard, 1980.

연구 논문 및 전문 간행물

Barrette Pierre, « L'avenir de la télévision », *24 images*, 131, 2007, p. 56-57.

Beller Grégory, « Spectacle vivant : des voix imaginaires aux monstres vocaux », *La Revue des médias*, 5 décembre 2017.

Blandin Claire, « Le journal télévisé, incontournable ou dépassé? », *La Revue des médias*, 9 septembre 2015.

Borowiec Steven, « Lessons from the Republic of Samsung », *Rhodes Journalism Review*, n° 31, sept. 2011, p. 71.

Cagé Julia, Godechot Olivier (coord.), « Who Owns the Media? The Media Independence Projet », SciencesPo, LIEPP-Reporters sans frontières, 2017.

Chaniac Régine, Jézéquel Jean-Pierre, « V / L'avenir de la télévision : vers une déprogrammation? », dans Régine Chaniac (dir.), *La Télévision*, La Découverte, coll. « Repéres », 2005, p. 89-111.

Eutrope Xavier, « La radio en 2018 vue par Laurent Frisch », *La Revue des médias*, 8 janvier 2018.

_____, « Assistants vocaux : quelle voix pour l'information », *La Revue des médias*, 23 octobre 2018.

Éveno Patrick, « Médias et publicité : une association équivoque mais indispensable », *Le Temps des médias*, n° 2, 1, 2004, p. 17-27.

Hassan Naeemul, Adair Bill, Hamilton James, "The quest to automate fact-checking", *Computational Journalism*, octobre 2015.

Klimentov Vassily, « Novaya Gazeta : dernier bastion de l'opposition politique en Russie? », *La Revue des médias*, 16 septembre 2010 (mis à jour le 23 janvier 2020).

Lavoinne Yves, Motlow David, « Journalists, History and Historians. The Ups and Downs of a Professional Identity », *Réseaux. The French journal of communication*, vol. 2, n° 2, 1994, p. 205-221.

Mercier Arnaud, « Révolution numérique : les journalistes face au nouveau tempo de l'info », *La Revue des médias*, 21 septembre 2016.

Mercier Arnaud, Pignard-Cheynel Nathalie, « Mutations du journalisme à l'ère du numérique : un état des travaux », *Revue française des sciences de l'information et de la communication*, 5, 2014.

Muse Abernathy Penelope, « The Loss of Newspapers and Readers », dans « The expanding news desert », Hussman School of Journalism and Media : www. usnewsdeserts.com/reports/expanding-news-desert/loss-of-local-news/lossnewspapers-readers/.

Nangong Dongfang, « Chinese Audiences' Preference for, Dependence on, and Gratifications Derived from CCTV 1, Dragon TV and Hunan TV News Programs », (2011), Graduate Theses and Dissertations.

Pigeat Henri, Paracuellos Jean-Charles, « Les marches de la presse quotidienne en Europe », *Le Temps des médias*, n° 6, 2006, p. 72-86.

Rousse-Marquet Jennifer, « Les médias en Corée du Sud : un paysage très spécifique », *La Revue des médias*, 3 février 2015.

Simon Jean-Paul, « 1989-2019 : comment trente ans d'Internet et de web ont changé les médias. », *La Revue des médias*, 2 janvier 2020.

Sonnac Nathalie, « Médias et publicité ou les conséquences d'une interaction entre deux marchés », *Le Temps des médias*, n° 6, 2006, p. 49-58.

Tisseron Serge, « IA, robots qui parlent et humains sou influence », *La Revue des médias*, 6 décembre 2017.

Yan Chen, « Les médias chinois, entre le marché et la censure », *Études*, vol. 401, n° 10, 2004, p. 309-319.

온라인 기사

Allyn Bobby, « Researchers: Nearly Half Of Accounts Tweeting About Coronavirus Are Likely Bots », NPR, 20 mai 2020 : www.npr.org/sections/coronavirus-live-updates/2020/05/20/859814085/researchersnearly-half-of-accounts-tweeting-about-coronavirus-are-likely-bots

Barthel Michael, « Despite subscription surges for largest US newspapers, circulation and revenue fall for industry overall », Pew Research Center, 1er juin 2017 : www.pewresearch.org/fact-tank/2017/06/01/circulation-and-revenue-fall-for-newspaper-industry/

Bezos Jeff, « We Are What We Choose », *Business Insider*, 22 juin 2010 : www.businessinsider.com/we-are-what-we-choose-2010-6?IR=T

Biret Valentin, « Une seule fake news sur le Covid-19 aurait causé la mort de 800 personnes », Ouest-France, 14 août 2020 : www.ouestfrance.fr/leditiondusoir/data/104440/reader/reader.html#!preferred/1/package/104440/pub/157301/page/6

Chan Connie, « When One App Rules Them All: The Case of WeChat and Mobile in China », Andreessen Horowitz, 6 août 2015 : a16z.com/2015/08/06/wechat-china-mobile-first/

DiResta Renée, « The Supply of Desinformation Will Soon Be Infinite », *The Atlantic*, 20 septembre 2020 : www.theatlantic.com/ideas/archive/2020/09/future-propaganda-will-be-computer-generated/616400/

Funke Daniel, Mantzarlis Alexios, « We Asked 19 Fact-checkers What They Think of Their Partnership with Facebook. Here's What They Told Us », *Poynter*, 14 décembre 2018 : www.poynter.org/fact-checking/2018/we-asked-19-fact-checkers-what-they-think-oftheir-partnership-with-facebook-heres-what-they-told-us/

Funke Daniel, Benkelman Susan, « Misinformation Is Inciting Violence Around the World. And Tech Platforms Don't Seem to Have a Plan to Stop it », *Poynter*, 4 avril 2019 : www.poynter.org/factchecking/2019/misinformation-is-inciting-violence-around-the-worldand-tech-platforms-dont-have-a-plan-to-stop-it/

Goumarre Laurent, « Quel avenir pour la radio dans l'audiovisuel public? », France Inter, 17 avril 2018 : www.franceinter.fr/emissions/le-nouveau-rendez-vous/le-nouveau-rendez-vous-17-avril-2018

Greenslade Roy, « Profitable Metro can't stop making money, but we still need « proper » newspapers », *The Guardian*, 26 janvier 2011 : www.theguardian.com/media/greenslade/2011/jan/26/metro-national-newspapers

Gutierrez C. Nicolas. « Covid-19 et infox : comment une rumeur devient réalité », *Sciences et Avenir*, 14 septembre 2020 : www.sciencesetavenir.fr/sante/covid-19-et-infox-comment-une-rumeur-devient-realite_147359

Hern Alex, « 5G conspiracy theories fuel attacks on telecoms workers », *The Guardian*, 7 mai 2020 : www.theguardian.com/business/2020/may/07/5g-conspiracy-theories-attacks-telecoms-covid

Kelly Helena, « Russia Spreads Fake News Claiming Oxford Coronavirus Vaccine Will Turn People intro Monkeys and Portrays Boris Johnson as Bigfoot », Mail Online, 16 octobre 2020 : www.dailymail.co.uk/news/article-8845937/Russia-spreads-fake-news-claiming-Oxford-coronavirus-vaccine-turn-people-MONKEYS.html

Kessel Jonah, « How China in Changing your Internet » : www.worldpressphoto.org/collection/storytelling/2017/29057/2017-How-China-Is-Changing-Your-Internet

Lee Hakyung Kate, « What I Learned from Watching a Week of North Korean TV », ABC News, 31 janvier 2018 : abcnews.go.com/International/learned-watchingweek-north-korean-tv/story?id=52714005

Lu Yiren, « China's Internet is Flowering », *The New York Times Magazine*, 13 novembre 2019 : www.nytimes.com/interactive/2019/11/13/magazine/internet-china-wechat.html

Martin Nicole, « How social media has changed how we consume news », *Forbes*, 30 novembre 2018 : www.forbes.com/sites/nicolemartin1/2018/11/30/how-social-media-has-changed-how-weconsume-news/

Mayhew Freddy, « Report predicts five years of steep global decline for newspapers industry revenue (print and online) », PressGazette, 14 septembre 2020 : www.pressgazette.co.uk/report-predicts-five-years-of-steep-global-decline-for-newspaper-industry-revenu-printand-online/

Mercier Hugo, « Fake News in the Time of Coronavirus: How Big is the Threat », *The Guardian*, 30 mars 2020 : www.theguardian.com/commentisfree/2020/mar/30/fake-news-coronavirus-false-information

Newton Casey, « The Trauma Floor: The Secret Lives of Facebook Moderators in America », *The Verge*, 25 février 2019 : www.theverge.com/2019/2/25/18229714/cognizant-facebook-content-moderator-interviews-trauma-working-conditions-arizona

Piquard Alexandre, « Droit voisin : la presse française riposte à Google et scrute Facebook », *Le Monde*, 24 octobre 2019 : www.lemonde.fr/pixels/article/2019/10/24/droits-voisins-la-presse-francaise-va-porter-plainte-pour-abus-de-position-dominante-contregoogle_6016773_4408996.html

Reumann Erik, « Qui possede le journal *Kommersant* ? La Russie s'interroge et s'inquiete », *Le Temps*, 15 juillet 1999 : www.letemps.ch/no-section/possede-journal-kommersant-russie-sinterroge-sinquiete

Reuters, « Russie : Demissions à Vedomosti, le rédacteur en chef accusé d'etre pro-Kremlin », *Les Échos*, 15 juin 2020 : investir.lesechos.fr/marches/actualites/russie-demissions-a-vedomosti-le-redacteur-enchef-accuse-d-etre-pro-kremlin-1913681.php

Richaud Nicolas, « Pour la première fois, le numérique s'arroge plus de la moitié du marché publicitaire en France », *Les Échos*, 7 décembre 2020 : www.lesechos.fr/tech-medias/medias/pourla-premiere-fois-le-numerique-sarroge-plus-de-la-moitie-du-marche-publicitaire-en-france-1271724

Rocquigny Tiphaine (de), avec Joëlle Tolédano, « Reprendre le pouvoir aux GAFA », *France Culture*, 21 septembre 2020 : www.franceculture.fr/emissions/labibliotheque-ideale-de-leco/reprendre-lepouvoir-aux-gafa-avec-joelle-toledano

Roquebain Lucie, Lemaistre Clémence, « En Scandinavie, les journaux tournent la page du papier », *Les Échos*, 25 novembre 2019 : www.lesechos.fr/tech-medias/medias/en-scandinavie-les-journauxtournent-la-page-du-papier-1150485

Ruisseau Nicolas, « Vedomosti », journal de référence en Russie, en péril », *Le Monde*, 29 avril 2020 : www.lemonde.fr/economie/article/2020/04/29/vedomosti-journal-de-reference-en-russie-en-peril_6038146_3234.html

Schmemann Serge, « Pravda's Voice is stilled in an open market's din», *The New York Times*, 14 mars 1992 : www.nytimes.com/1992/03/14/world/pravda-s-voice-is-stilled-in-an-open-market-sdin.Html

Shibata Nana, « Japan's TV Stations Feel Coronavirus Blow Despite Audience Surge », *Nikkei Asia*, 19 mai 2020 : asia.nikkei.com/Business/Business-trends/Japan-s-TV-stations-feel-coronavirus-blowdespite-audience-surge2

Woitier Chloé, « La France se dote d'un droit voisin pour la presse », *Le Figaro*, 23 juillet 2019 : www.lefigaro.fr/medias/la-francese-dote-d-un-droit-voisin-pour-la-presse-20190723

Yuan Li, « Mark Zuckerberg Wants Facebook to Emulate WeChat. Can It? », *The New York Times*, 7 mars 2019 : www.nytimes.com/2019/03/07/technology/facebook-zuckerberg-wechat.html

« Afrique : le renouveau du paysage audiovisuel », *Médiamétrie*, 29 novembre 2018 : www.mediametrie.fr/fr/afrique-le-renouveaudu-paysage-audiovisuel

« Andrew Neil lance une chaîne d'information 24 heures sur 24 pour rivaliser avec la BBC et Sky », *Fr24 News*, 25 septembre 2020 : www.fr24news.com/fr/a/2020/09/andrew-neil-lance-une-chaine-dinformation-24-heures-sur-24-pour-rivaliser-avec-la-bbc-et-sky-andrewneil.html

« Editorial : the Power of Television Still Strong Despite Smartphone Era », *The Mainichi*, 13 mai 2019 : mainichi.jp/english/articles/20190513/p2a/00m/0na/007000c

« Fermeture de Google News en Espagne », *Le Monde*, décembre 2014 : www.lemonde.fr/economie/article/2014/12/11/fermeture-degoogle-news-en-espagne_4538263_3234.html#:~:text=Google%20a%20annonc%C3%A9%2C%20mercredi%2010,tout%20ou%20partie%20des%20contenus

« La très controversée réforme européenne du droit d'auteur finalement adoptée », *Le Monde*, 26 mars 2019 : www.lemonde.fr/pixels/article/2019/03/26/lacontroversee-directive-sur-le-droit-d-auteuradoptee-par-le-parlement-europeen_5441480_4408996.html

« Liberté de la presse en Russie : le bilan accablant de Vladimir Poutine », *RSF*, 16 mars 2018 (mis à jour le 19 mars 2018) rsf.org/fr/actualites/liberte-de-la-presse-en-russie-le-bilan-accablant-de-vladimir-poutine

« New data shows Guardian is the top quality and most trusted newspaper in the UK », *The Guardian*, 17 juin 2020 : www.theguardian.com/gnm-press-office/2020/jun/17/new-data-shows-guardian-is-thetop-quality-and-most-trusted-newspaper-in-the-uk

« Novaya Gazeta garde ses distances avec le Kremlin — », *La Croix*, 6 mai 2009 : www.la-croix.com/Actualite/Monde/Novaya-Gazeta-garde-ses-distances-avec-le-Kremlin-_NG_-2009-05-06-534419

« Quel avenir pour la radio? », Oufipo, festival Longueur d'ondes 2019 : oufipo.org/quel-avenir-pour-la-radio

« Thomson Reuters rachète Breakingviews pour 10 millions de livres. », *Le Monde*, 15 octobre 2009 : www.lemonde.fr/economie/article/2009/10/15/thomson-reuters-rachete-breakingviews-pour-10-millions-de-livres_1254385_3234.html

« Twitter is not as important as journalists make it seem », *The Atlantic*, 12 février 2020 : www.theatlantic.com/letters/archive/2020/02/twitter-is-bad-for-the-news/605782/

영상

Oldenburg Manfred, Knigge Jobst, Dehnhard Sebastian, *Les trois vies d'Axel Springer (Drei Leben: Axel Springer)*, documentaire, ZDF, 2012, 1 h 30.

통계 자료

www.americanpressinstitute.org/publications/reports/survey-research/how-people-use-twitter-news/single-page

www.statista.com/statistics/246698/daily-time-spent-with-tv-inthe-us-by-type-of-use/—

www.statista.com/statistics/183460/share-of-the-us-populationusing-facebook/—

www.statista.com/statistics/268136/top-15-countries-based-onnumber-of-facebook-users/—

www.businessofapps.com/data/tinder-statistics

www.statista.com/statistics/186833/average-television-use-per-person-in-the-us-since-2002

www.statista.com/statistics/258749/most-popular-global-mobile-messenger-apps

www.statista.com/statistics/718019/social-media-news-source

www.statista.com/statistics/304604/el-pais-spain-circulation

www.oberlo.com/blog/social-media-marketing-statistics

www.statista.com/forecasts/997048/social-media-activities-in-the-us

www.statista.com/statistics/304737/social-network-penetration-in-usa

www-statista-com,acces-distant,sciencespo,fr/statistics/471345/us-adultswho-use-social-networks-gender

www.pewresearch.org/fact-tank/2018/12/10/social-media-outpaces-printnewspapers-in-the-u-s-as-a-news-source

buffer.com/resources/55-visitors-read-articles-15-seconds-less-focus-attention-not-clicks

www.statista.com/statistics/761889/daily-time-spent-radio

www.statista.com/statistics/255778/number-of-active-wechat-messengeraccounts

www.omnicoreagency.com/instagram-statistics

www.statista.com/statistics/186934/us-newspaper-reading-habitssince-2002

www.statista.com/statistics/246698/daily-time-spent-with-tv-inthe-us-by-type-of-use/

www.journalism.org/2018/09/10/news-use-across-social-media-platforms-2018

www.pewresearch.org/fact-tank/2018/01/05/fewer-americans-rely-on-tvnews-what-type-they-watch-varies-by-who-they-are

www.statista.com/statistics/1153882/daily-media-consumption-by-typeindia

www.statista.com/statistics/963371/india-tv-and-internet-newsconsumption-by-generation/

www.statista.com/statistics/614143/npr-weekly-audience-us/

www.statista.com/statistics/253329/weekly-time-spent-with-online-radio-in-the-us/

www.nielsen.com/us/en/insights/article/2020/radio-is-comfort-food-asmedia-consumption-rises-amid-covid-19-pandemic

www.statista.com/statistics/286892/uk-radio-stations-ranked-by-listenersreached

www.statista.com/statistics/1104557/coronavirus-trusted-news-sourcesby-us

www.statista.com/statistics/269867/reach-of-selected-tv-news-channelsin-the-uk

fr.statista.com/statistiques/574884/principales-stations-de-radio-en-allemagnepar-contrats-bruts

www.radiowoche.de/ma-2020-audio-ii-die-20-meistgehoerten-radiosenderin-deutschland

www.cjr.org/tow_center/how-wechat-became-primary-news-sourcechina.php

www.statista.com/statistics/382120/radio-consumption-by-frequency-germany

www.statista.com/statistics/818268/internet-radio-share-of-listeners-germany

reutersinstitute.politics.ox.ac.uk/sites/default/files/2020-06/DNR_2020_FINAL.pdf

Les Français et la Radio », Etude CSA, 2020, fr.calameo.com/read/0043630317d82 1a193c80

clesdelaudiovisuel.fr/Connaitre/Le-paysage-audiovisuel/Composition-dupaysage-audiovisuel-francais-la-radio

www.theguardian.com/media/table/2011/apr/19/worlds-top-10-newspaperwebsites

www.comscore.com/fre/Perspectives/Infographics/Most-Read-Online-Newspapers-in-the-World-Mail-Online-New-York-Times-and-The-Guardian

www.pewresearch.org/fact-tank/2020/02/14/fast-facts-about-the-newspaper-industrys-financial-struggles

www.statista.com/statistics/380784/circulation-daily-newspapers-germany

www.journalism.org/fact-sheet/newspapers

www.omnicoreagency.com/instagram-statistics

reutersinstitute.politics.ox.ac.uk/sites/default/files/2020-01/Newman_Journalism_and_Media_Predictions_2020_Final.pdf

www.statista.com/statistics/183422/paid-circulation-of-us-daily-newspaperssince-1975

www.statista.com/statistics/476016/expenditure-on-newspapers-in-theunited-kingdom-uk

« 5 Key Takeaways About the State of the News Media in 2018 », www.pewresearch.org/fact-tank/2019/07/23/key-takeaways-state-of-thenews-media-2018

www.glance-mediametrie.com/fr/tendances-tv-internationales-2019

www.statista.com/statistics/380754/leading-radio-stations-germany

« Listening figures — UK radio », www.rajar.co.uk/listening/quarterly_listening.php

« Quarterly summary of radio listening (UK) », www.rajar.co.uk/docs/2020_03/2020_Q1_Quarterly_Summary_Figures.pdf

« The UK communications Market Report — Radio and Audio content », www.ofcom.org.uk/__data/assets/pdf_file/0014/105440/uk-radio-audio.pdf

www.statista.com/statistics/286892/uk-radio-stations-ranked-by-listenersreached

www.statista.com/statistics/1025691/most-popular-radio-programs-andpodcasts-in-the-uk

www.statista.com/statistics/385359/tv-stations-market-share-germany

« Frequency of Using Selected News Sources Among Millennials in the United States as of March 2020 », www.statista.com/statistics/1010456/united-states-millennials-news-consumption

« Trust in News Media Worldwide », www.statista.com/statistics/308468/importance-brand-journalist-creating-trust-news

« Media Usage in Europe — Statistics & Facts », www.statista.com/topics/4039/media-usage-in-europe

« Fake News Worldwide — Statistics & Facts », www.statista.com/topics/6341/fake-news-worldwide

« News Industry — Statistics & Facts Published », www.statista.com/topics/1640/news

« Newspaper Market in Europe — Statistics & Facts », www.statista.com/topics/3965/newspaper-market-in-europe

보고서

« Digital News Report », Reuters Institute, 2020.

Bell Emily, « The Fact-Check Industry », *Columbia Journalism Review*, 2019.

Commission européenne, « Les habitudes mediatiques dans l'union européenne », novembre 2013.

Coutard Anne, « L'avenir de la radio à l'ère du numérique », rapport à Madame la ministre de la Culture et de la Communication, septembre 2001.

Future of Humanity Institute, « The Malicious Use of Artificial Intelligence : Forecasting, Prevention and Mitigation », février 2018.

Gaultier Stéphane, Fonnet Laurent, Livre blanc « Quel avenir immédiat pour la télévision face ou avec internet ? », 2015.

Hagiwara Shigeru, « Japanse Television As a Window on Other Cultures », *Japanese Psychological Research*, vol. 40, n° 4, 1998, p. 221-233.

NHK, Present situation regarding. Television viewing and Radio listening, juin 2015.

Meeker Mary, Internet Trends 2019, 2019.

Tessier Marc, Baffert Maxime, « La presse au défi du numérique », rapport au ministre de la culture et de la communication, février 2007.

Webb Amy, « Trend Report for Journalism, Media and Technology », Future Today Institute, 2019.

World Economic Forum, White Paper, « Understanding Value in Media: Perspetives from Consumers and Industry », avril 2020.

12. 정보를 얻고 자유로워지고 행동할 것
단행본

Christin Angèle, *Metrics at Work: Journalism and the Contested Meaning of Algorithms*, Princeton University Press, 2020.

Patino Bruno, *La Civilisation du poisson rouge. Petit traité sur le marché de l'attention*, Grasset, 2019.

온라인 기사

La Monday Note de Frédéric Filloux : mondaynote.com/

The Huffington Post, « Joe Biden fait desormais campagne sur Animal Crossing », 2 septembre 2020 : www.huffingtonpost.fr/entry/joe-biden-campagne-animal-crossing_fr_5f4ecf47c5b69eb5c035c163

Barr Jeremy, « More than 73 million people watched that crazy presidential debate », *The Washington Post*, 30 septembre 2020 : www.washingtonpost.com/media/2020/09/30/presidential-debate-ratings/

Chantrel Flavien, « 21% des visites de sites de presse se font sur un article avec un paywall », le Blog du Moderateur, 25 novembre 2019 : www.blogdumoderateur.com/etude-paywalls-sites-de-presse/

Coëffé Thomas, « Facebook lance Watch Together sur Messenger », Le Blog du Modérateur, 14 septembre 2020 : www.blogdumoderateur.com/facebook-messenger-watch-together/

Dassonville Aude, « Les audiences "atypiques" de la radio pendant le confinement », *Le Monde*, 23 juillet 2020 : www.lemonde.fr/actualite-medias/article/2020/07/23/l-audience-de-la-radio-victime-ducoronavirus_6047039_3236.html

De La Porte Xavier, « Faire de la radio au temps du podcast ou du streaming », *France Culture*, 17 décembre 2013 : www.franceculture.fr/emissions/ce-qui-nous-arrive-sur-la-toile/faire-de-la-radio-au-tempsdu-podcast-ou-du-streaming

Gibson Rebecca « Un futur holographique », *Compass magazine*, novembre 2016 : compassmag.3ds.com/fr/toward-a-holographic-future/

Grieco Elizabeth, « U.S. newspapers have shed half of their newsroom employees since 2008 », *Pew Research Center*, avril 2020 : www.pewresearch.org/fact-tank/2020/04/20/u-s-newsroom-employment-has-dropped-by-a-quarter-since-2008

Herman David, « Why Britain needs new TV news channels », *The Article*, 4 septembre 2020 : www.thearticle.com/why-britainneeds-new-tv-news-channels

History, 10 juin 2019 : www.history.com/topics/inventions/history-of-video-games

Koblin John, « The Evening News is back », *The New York Times*, 24 mars 2020 : www.nytimes.com/2020/03/24/business/media/coronavirus-evening-news.html

Lapierre Mathias, « Votre hologramme pour réaliser des discours dans d'autres langues, le futur par Microsoft », *siècle Digital*, juillet 2019 : siècledigital.fr/2019/07/18/votre-hologramme-pour-realiser-desdiscours-dans-dautres-langues-le-futur-par-microsoft/

Lefaix Éléonore, « Une IA recrée des épisodes des Pierrafeu à partir de descriptions textuelles », siècle Digital, 17 avril 2018 : siècledigital.fr/2018/04/17/ia-dessin-anime-descriptions-textuelles/

Manchau Melvin, « How AI Is Radically Transforming your TV Experience », *Predict*, 19 août 2018 : medium.com/predict/artificial-intelligence-is-radically-transforming-your-tv-experience-60451b6cd0d0

Millon Anthony, « La Social TV : outil de fidélisation du téléspectateur », Social TV, 30 octobre 2013 : www.socialtv.fr/technologies/socialtv/social-tv-outil-fidelisation-du-telespectateur/

Paura Angelo, « Virtual Reality Créates Ethical Challenges for Journalists », Digital Journalism, mars 2018 : ijnet.org/en/story/virtual-reality-creates-ethical-challenges-journalists

Richard Claire, « L'Incroyable histoire du createur de Tetris », *L'Obs*, 21 novembre 2016 : www.nouvelobs.com/rue89/rue89-rue89-culture/20160718.RUE3401/l-incroyable-histoire-du-createur-de-tetris.html

Schneier Matthew, « Michael Barbaro made the *New York Times* podcast *The Daily* a raging success. Or is it the other way around? », *New York Mag*, 21 janvier 2020 : nymag.com/intelligencer/2020/01/michael-barbaro-the-daily-podcast-new-york-times.html

Tellier Maxime, « Le podcast, tout le monde y croit », *France Culture*, 7 février 2020 : www.franceculture.fr/emissions/hashtag/le-podcast-tout-le-monde-y-croit

The Weather Company, « What Trends Will Change Broadcasting? », *IBM*, 16 juin

2020 : www.ibm.com/weather/industries/broadcast-media/trends-that-will-change-broadcasting

통계 자료

www.statista.com/topics/3170/podcasting

www.geste.fr/la-1ere-edition-du-digital-media-review-sinteresse-a-limpact-de-la-pression-du-paywall-sur-les-sites-medias

www.statista.com/chart/18893/digital-news-subscribers

www.statista.com/statistics/229984/readers-of-the-new-york-times-dailyedition-usa

www.statista.com/statistics/1016531/fake-news-internet-politics-impact

보고서

Cision, « L'état des médias dans le monde », 2019, www.cision.fr/ressources/livres-blancs/etat-des-medias-dans-le-monde

Cision, « L'état des médias en France », février 2020.

Gentzkow Matthew, Glaeser Adward L., Goldin Claudia, « The Rise of the Fourth Estate: How Newspapers Became Informative and Why it Mattered », National Bureau of Economic Research, septembre 2004.

« Comment to Review Group on Intelligence and Communications Technologies Regarding the Effects of Mass Surveillance on the Practice of Journalism », oct. 2013.

« Défis et perspectives pour les médias et le journalisme d'information à l'ère du développement des médias numériques, mobiles et sociaux », rapport du Conseil de l'Europe, University of Oxford & Reuters, octobre 2016, edoc.coe.int/fr/medias/7287-pdf-defis-etperspectives-pour-les-medias-et-le-journalisme-dinformation-a-lere-du-developpement-des-medias-numeriques-mobiles-et-sociaux.html

« Envisioning the Future of Journalism », Media Lab Bayern.

« Journalism, Media, and Technology Trends and Predictions », 2020, Nic Newman, l'Institut Reuters d'études du journalisme : reutersinstitute.politics.ox.ac.uk/journalism-media-and-technology-trendsand-predictions-2020

Schuster Stefan et al., « Mass surveillance and technological policy options: Improving security of private communications », Science Direct, www.sciencedirect.com/science/article/pii/S0920548916300988

Waters Stephenson, « The Effects of Mass Surveillance on Journalists' Relations With Confidential Sources », *Digital Journalism*, vol. 6, 2018, www.tandfonline.com/doi/full/10.1080/21670811.2017.1365616

Pew Research Center, « State of the News media », 2018.

Steven Feldstein, « The Global Expansion of AI Surveillance », Carnegie Endowment for international peace, sept. 2019.

다큐멘터리

Derriere nos écrans de fumée (The Social Dilemma), écrit et réalisé par Jeff Orlowski, 2020.

13. 무엇을 해야 할까?

온라인 기사

La Monday Note de Frédéric Filloux : mondaynote.com/

Bethea Charles, « What Happens When the News Is Gone? », *The New Yorker*, 27 juin 2020 www.newyorker.com/news/the-future-of-democracy/what-happens-when-the-news-is-gone

Dupont-Besnard Marcus, « *Hold-Up* : ce n'est ni une enquête, ni un documentaire, mais une fiction », Numerama, 13 novembre 2020 : www.numerama.com/sciences/665386-hold-up-ce-nest-ni-uneenquete-ni-un-documentaire-mais-une-fiction.html

Lepore Jill, « Does Journalism have a future? », *The New Yorker*, 21 janvier 2019 : www.newyorker.com/magazine/2019/01/28/does-journalism-have-a-future

Scherer Éric, « Années 20, les Années folles de la création partagée », méta-média, no 19, automne-hiver 2020 : www.meta-media.fr/files/2020/12/METAMEDIA19.pdf

Strauch-Bonart Laetitia, « Bari Weiss : "Pourquoi j'ai quitté le *New York Times*" », *Le Point*, 17 novembre 2020 : www.lepoint.fr/editosdu-point/sebastien-le-fol/bari-weiss-pourquoi-j-ai-quitte-le-new-yorktimes-17-11-2020-2401530_1913.php

영상

« Les médias représentent-ils encore la société ? » avec Dominique Reynié et Julie Joly, Médias en Seine, 19 novembre 2020 www.mediasenseine.com/fr/b

찾아보기

미디어의 역사

연기 신호에서 SNS까지, 오늘까지의 매체와 그 미래

1판 1쇄 2022년 11월 18일

지은이 | 자크 아탈리
옮긴이 | 전경훈

펴낸이 | 류종필
편집 | 이정우, 이은진
마케팅 | 이건호
경영지원 | 김유리
표지 디자인 | 박미정
본문 디자인 | 박애영
교정교열 | 오효순

펴낸곳 | (주) 도서출판 책과함께
　　　　주소 (04022) 서울시 마포구 동교로 70 소와소빌딩 2층
　　　　전화 (02) 335-1982
　　　　팩스 (02) 335-1316
　　　　전자우편 prpub@daum.net
　　　　블로그 blog.naver.com/prpub
　　　　등록 2003년 4월 3일 제2003-000392호

ISBN 979-11-91432-93-0 03900

INSTITUT FRANÇAIS

« Cet ouvrage, publié dans le cadre du Programme d'aide à la Publication Sejong,
a bénéficié du soutien de l'Institut français de Corée du Sud. »
이 책은 주한 프랑스문화원의 세종 출판번역 지원 프로그램의 도움으로 출간되었습니다.